辽宁省"十二五"普通高等教育本科省级规划教材
普通高等教育国际经济与贸易专业系列教材

国际物流管理

第 4 版

主　编　逯宇铎　苏振东
副主编　吴子平　古全美
参　编　项　玎　叶　娇　徐学柳

机械工业出版社

本书共 11 章内容，主要为国际物流管理概论、国际物流系统与网络、国际物流信息化管理、国际物流标准化管理、国际物流检验检疫管理、国际物流配送管理、国际物流海洋运输管理、国际物流其他运输方式、国际货物运输保险、国际物流成本管理、智慧物流等。

本书主要有三个特点：①范围宽。本书涵盖了国际物流理论和整个流程。②观点新。本书介绍了我国国际物流领域的政策及运作现状。③内容实。本书突出国际物流中的国际规则、条例、惯例的实际运作过程和方法。

本书可供物流管理、物流工程、国际经济与贸易等专业的师生选用，也可供相关企业培训使用。

图书在版编目（CIP）数据

国际物流管理 / 逯宇铎，苏振东主编. -- 4版.
北京 ：机械工业出版社，2024.9. --（辽宁省"十二五"普通高等教育本科省级规划教材）（普通高等教育国际经济与贸易专业系列教材）. -- ISBN 978-7-111-76635-3

I. F252
中国国家版本馆CIP数据核字第2024WZ7103号

机械工业出版社（北京市百万庄大街22号　邮政编码100037）
策划编辑：常爱艳　　　　　　责任编辑：常爱艳
责任校对：郑　雪　牟丽英　　封面设计：鞠　杨
责任印制：张　博
北京建宏印刷有限公司印刷
2025年1月第4版第1次印刷
184mm×260mm · 16印张 · 393千字
标准书号：ISBN 978-7-111-76635-3
定价：54.80 元

电话服务　　　　　　　　　　　网络服务
客服电话：010-88361066　　　机 工 官 网：www.cmpbook.com
　　　　　010-88379833　　　机 工 官 博：weibo.com/cmp1952
　　　　　010-68326294　　　金 书 网：www.golden-book.com
封底无防伪标均为盗版　　　机工教育服务网：www.cmpedu.com

前　言
PREFACE

　　党的二十大报告提出，教育、科技、人才是全面建设社会主义现代化国家的基础性、战略性支撑；教育是国之大计、党之大计；落实立德树人根本任务，培养德智体美劳全面发展的社会主义建设者和接班人。报告明确提出要加强教材建设和管理，教材建设首次出现在党的报告之中。

　　本书强化社会主义核心价值观的引领作用。强调思政元素进教材，进课堂，进头脑；夯实理论基础，强调实践操作。

　　国际物流是现代物流的重要组成部分，是货物跨越国家的物流运作方式。在经济全球化的条件下，当前国际物流的发展正面临着前所未有的机遇。全书共11章。第1章国际物流管理概论、第2章国际物流系统与网络、第3章国际物流信息化管理、第4章国际物流标准化管理、第5章国际物流检验检疫管理、第6章国际物流配送管理、第7章国际物流海洋运输管理、第8章国际物流其他运输方式、第9章国际货物运输保险、第10章国际物流成本管理、第11章智慧物流。

　　本书主要有三个特点：

　　（1）范围宽。本书涵盖了国际物流理论和整个流程，使读者能够站在较高的理论起点上了解系统的实务知识，更好地把握国际物流理论与实务的全貌。

　　（2）观点新。本书不仅系统地阐述了国际物流的新知识，还比较全面地介绍了我国国际物流领域的政策及运作现状。

　　（3）内容实。本书以国际物流理论为指导，突出国际物流中的国际规则、条例、惯例的实际运作过程和方法，帮助学生学以致用。

　　第4版修订工作由苏振东、吴子平、古全美、项琤、叶娇、徐学柳、逯宇铎等共同完成。

　　本书参阅了大量国内外经典著作，主要参考书目——列明，特向相关作者致谢。

　　由于水平有限，书中难免有不当之处，敬请广大读者批评指正，深表谢意。

逯宇铎

2024 年 6 月

目　录
CONTENTS

前言

第1章　国际物流管理概论 ………………………………………………………………… 1

1.1　国际物流概述 ………………………………………………………………………… 1

1.2　国际物流管理概述 …………………………………………………………………… 7

1.3　国际物流管理的内容 ………………………………………………………………… 11

1.4　案例分析 ……………………………………………………………………………… 13

复习与思考 ………………………………………………………………………………… 15

第2章　国际物流系统与网络 …………………………………………………………… 16

2.1　国际物流系统的构成要素 …………………………………………………………… 16

2.2　国际物流系统模式 …………………………………………………………………… 21

2.3　国际物流节点 ………………………………………………………………………… 22

2.4　国际物流网络 ………………………………………………………………………… 40

2.5　案例分析 ……………………………………………………………………………… 43

复习与思考 ………………………………………………………………………………… 47

第3章　国际物流信息化管理 …………………………………………………………… 48

3.1　国际物流信息化概述 ………………………………………………………………… 48

3.2　国际物流信息系统的设计 …………………………………………………………… 51

3.3　国际物流信息技术应用 ……………………………………………………………… 56

3.4　条形码技术 …………………………………………………………………………… 65

3.5　射频技术（RFID） …………………………………………………………………… 70

3.6　案例分析 ……………………………………………………………………………… 72

复习与思考 ………………………………………………………………………………… 73

第4章　国际物流标准化管理 …………………………………………………………… 74

4.1　国际物流标准化概述 ………………………………………………………………… 74

4.2　国际物流标准化办法及相关规定 …………………………………………………… 76

4.3　国际物流公共信息平台标准体系 …………………………………………………… 79

4.4　我国的国际物流标准化 ……………………………………………………………… 86

4.5　案例分析 ……………………………………………………………………………… 88

复习与思考 ………………………………………………………………………………… 89

第 5 章　国际物流检验检疫管理 ·· 90

5.1　进出口商品检验检疫的作用 ·· 90

5.2　进出口商品检验的任务 ··· 92

5.3　进出口商品检验的时间和地点 ··· 93

5.4　出入境检验检疫机构 ··· 94

5.5　进出口商品检验检疫的项目 ·· 96

5.6　案例分析 ·· 104

复习与思考 ·· 105

第 6 章　国际物流配送管理 ··· 106

6.1　物流配送概述 ·· 106

6.2　电子商务下的物流配送 ·· 110

6.3　国际物流配送 ·· 114

6.4　案例分析 ·· 116

复习与思考 ·· 117

第 7 章　国际物流海洋运输管理 ··· 118

7.1　国际海洋运输设施及航运公司 ·· 118

7.2　国际航运船舶经营方式 ·· 131

7.3　班轮货运程序 ·· 134

7.4　提单 ··· 135

7.5　班轮运价与班轮公会 ·· 142

7.6　集装箱运输与国际多式联运 ·· 144

7.7　租船程序 ·· 150

7.8　案例分析 ·· 153

复习与思考 ·· 154

第 8 章　国际物流其他运输方式 ··· 155

8.1　国际铁路货物联运 ·· 155

8.2　国际航空货物运输 ·· 165

8.3　国际公路运输 ·· 175

8.4　国际邮政运输 ·· 180

8.5　案例分析 ·· 183

复习与思考 ·· 185

第 9 章　国际货物运输保险 ··· 186

9.1　保险的基本原则 ·· 186

9.2　我国海洋运输货物保险条款 ·· 189

9.3　国际货物运输保险条款 ·· 193

9.4　其他运输方式下的货运保险 ·· 204

9.5　我国货物运输保险实务 ·· 208

9.6　案例分析 ·· 211

复习与思考 ·· 212

第 10 章　国际物流成本管理 ⋯⋯⋯⋯⋯⋯⋯⋯⋯⋯⋯⋯⋯⋯⋯⋯⋯⋯⋯⋯ 213

10.1　国际物流企业成本管理的特点 ⋯⋯⋯⋯⋯⋯⋯⋯⋯⋯⋯⋯⋯⋯ 213

10.2　物流成本管理概述 ⋯⋯⋯⋯⋯⋯⋯⋯⋯⋯⋯⋯⋯⋯⋯⋯⋯⋯⋯⋯ 214

10.3　国际物流企业成本管理优化 ⋯⋯⋯⋯⋯⋯⋯⋯⋯⋯⋯⋯⋯⋯⋯ 216

10.4　国际物流企业成本管理技术指标 ⋯⋯⋯⋯⋯⋯⋯⋯⋯⋯⋯⋯ 218

10.5　案例分析 ⋯⋯⋯⋯⋯⋯⋯⋯⋯⋯⋯⋯⋯⋯⋯⋯⋯⋯⋯⋯⋯⋯⋯⋯ 219

复习与思考 ⋯⋯⋯⋯⋯⋯⋯⋯⋯⋯⋯⋯⋯⋯⋯⋯⋯⋯⋯⋯⋯⋯⋯⋯⋯⋯ 221

第 11 章　智慧物流 ⋯⋯⋯⋯⋯⋯⋯⋯⋯⋯⋯⋯⋯⋯⋯⋯⋯⋯⋯⋯⋯⋯⋯⋯ 222

11.1　智慧物流概述 ⋯⋯⋯⋯⋯⋯⋯⋯⋯⋯⋯⋯⋯⋯⋯⋯⋯⋯⋯⋯⋯⋯ 222

11.2　智慧物流的关键技术 ⋯⋯⋯⋯⋯⋯⋯⋯⋯⋯⋯⋯⋯⋯⋯⋯⋯⋯ 228

11.3　智慧物流功能与场景结合 ⋯⋯⋯⋯⋯⋯⋯⋯⋯⋯⋯⋯⋯⋯⋯⋯ 236

11.4　人工智能和智慧物流 ⋯⋯⋯⋯⋯⋯⋯⋯⋯⋯⋯⋯⋯⋯⋯⋯⋯⋯ 241

11.5　元宇宙和智慧物流 ⋯⋯⋯⋯⋯⋯⋯⋯⋯⋯⋯⋯⋯⋯⋯⋯⋯⋯⋯ 242

11.6　案例分析 ⋯⋯⋯⋯⋯⋯⋯⋯⋯⋯⋯⋯⋯⋯⋯⋯⋯⋯⋯⋯⋯⋯⋯⋯ 244

复习与思考 ⋯⋯⋯⋯⋯⋯⋯⋯⋯⋯⋯⋯⋯⋯⋯⋯⋯⋯⋯⋯⋯⋯⋯⋯⋯⋯ 246

参考文献 ⋯⋯⋯⋯⋯⋯⋯⋯⋯⋯⋯⋯⋯⋯⋯⋯⋯⋯⋯⋯⋯⋯⋯⋯⋯⋯⋯⋯⋯ 247

第1章 ▮▮▮

国际物流管理概论

1.1 国际物流概述

1.1.1 国际物流定义

国际物流（International Logistics）是跨越不同国家（地区）之间的物流活动（见 GB/T 18354—2021 第 3.31 条）。国际物流的实质是按国际分工协作的原则，依照国际惯例，利用国际化的物流网络、物流设施和物流技术，实现货物在国家（地区）间的流动和交换，以促进区域经济的发展和世界资源的优化配置。

国际物流是相对国内物流而言的，是不同国家（地区）之间的物流。国际物流是国内物流的延伸和进一步扩展，是跨国界的、流通范围扩大了的物的流通，有时也称其为国际大流通或国际大物流。国际物流是国际贸易的一个必然组成部分，各国（地区）之间的相互贸易最终都将通过国际物流来实现。

由于国际分工的日益细化和专业化，任何国家（地区）都不可能包揽一切专业分工，因而必须要有国际的合作与交流。只有国际物流工作做好了，才能将国外客户需要的商品适时、适地、按质、按量、低成本地送到，从而提高本国商品在国际市场上的竞争力，扩大对外贸易。同时，可将本国需要的设备、物资等商品及时、高效、便宜地进口到国内，满足国内人民生活、生产建设、科学技术与国民经济发展的需要。

国际物流的狭义理解是：当生产和消费分别在两个或两个以上的国家（地区）独立进行时，为了克服生产和消费之间的空间隔离和时间距离，对物资（商品）进行物理性移动的一项国际商品贸易或交流活动，从而达到国际商品交易的最终目的，即实现卖方交付单证、货物和收取货款，而买方接受单证、支付货款和收取货物的贸易对流条件。

要想实现物流合理化，就必须按照国际商务交易活动的要求来开展国际物流活动。不但要降低物流费用，而且要考虑提高顾客服务水平，提高销售竞争能力和扩大销售效益，即提高国际物流系统的整体效益，而不仅仅是提高局部效益。

国际物流过程离不开贸易中间人，即专门从事商品使用价值转移活动的业务机构或代理人，如国际货物运输是通过国际货物运输服务公司（代理货物的出口运输）完成的，另外如报关行、出口商贸易公司、出口打包公司和经纪人等，他们接受企业的委托，代理与货物有关的各项业务。这是因为在国际物流系统中，很少有企业能依靠自身力量完成各项业务工作。这正是国际物流与国内物流最重要的区别之一。

1.1.2 国际物流的形成因素

企业国际化是国际物流形成的主要因素。唐纳德·J. 鲍尔索克斯（Donald J. Bowersox）

和戴维·J. 克劳斯（David J. Closs）（1996）指出：发展中国家经济的增长、战略联盟观念的普及、全球各区域内的经贸交流增加、信息与通信技术的进步，以及全球运输与金融解除管制等，是推动企业国际化的五大重要因素。然而实质上，除此五大因素外，全球性自然资源与人力资源的不均匀分布，也是造成企业国际化的重要因素。

上述六项因素又可就其本质划分为推力因素与助力因素两大类。

1. 经济与产业的推力因素

（1）发展中国家经济的增长。生产技术的进步使制造商得以大量生产，但发达国家人口生长率下降的趋势使市场萎缩，造成供大于求。因此，为了增加营业收入与利润，发达国家的企业必须将产品外销至其他更大的市场，而经济成长中的发展中国家拥有强大的购买力，更增强了企业国际化的动力。

（2）战略联盟观念的普及。起初制造商最重要的经营战略是内部成本控制，然而自 20 世纪 80 年代起，营运范围扩大到国际范围，仓储与运输等物流活动成本增加，直接减少了业者的获利。后来业者将这些非核心的业务委外，有效降低了运营成本，外包便成了业者获利的重要战略。与这些跨国外包组织的合作逐渐扩大，使战略联盟观念被制造商与流通业者普遍接受。

（3）全球各区域内的经贸交流增加。为了提升区域内经贸交流及保护区域内的经贸伙伴，全球各主要贸易区域纷纷组成区域内经贸协议，这些区域内经贸协议使国与国之间的货物流通更加便利，区域内的国家贸易成本更低，企业国际化后获利的机会也更大。

（4）全球性自然资源与人力资源的不均匀分布。全球性自然资源与人力资源分布不平均，资源丰富的原材料区域、生产成本最低的制造来源与获利最大的市场，多分布在不同的区域。企业为充分利用资源，达到获利最大的目的，必须将全球运作的范围扩大，逐步扩大全球化资源的采购，并且为产品寻找最合适的生产地与市场。因亚洲拥有低廉的人力资源与自然资源，自然成为国际企业最适合的原材料采购与生产地，欧美各国企业积极地在亚洲成立全球采购中心，使亚洲成为全球劳动力、零件或成品的提供地区，并且将产品运输到高消费的欧美市场销售。这些跨国运作的趋势，使得企业国际化的推力增强。

2. 外部环境的助力因素

（1）信息与通信技术的进步。信息与通信技术的进步使全球性的文件往来更为畅通与快速，缩短了制造商订货的时间，增加了制造商间商业往来的机会。另外，信息与通信技术的进步使消费者对流行事物的接收度增强，对国际性产品的接受度也随之提高，这种趋势使全球的消费形态趋于一致，也更进一步刺激制造商提供全球性的产品，以满足全球消费者的需求。

（2）全球运输与金融解除管制。美国于 20 世纪 70 年代末至 20 世纪 80 年代初解除交通事业的管制，国外业者得以进行战略联盟，以营运他国国境内与不同国家间的运输业务。美国还放宽了国内运输必须使用本国运输业者的限制，并且允许运输业者同时拥有并经营复合运输。美国解除运输管制带动了全球交通事业解除管制的风潮，也增进了全球交通往来的便捷性。自由化使运输公司更有效率，减少了国际物流的运输成本，提升了国际物流的业务量。

另外，全球金融解除管制使国际货币市场的电子自动交易系统与各国间的货币不再以黄金为交易，而采用浮动汇率，简化了国家间的货币流通。

运输与金融的管制解除为企业国际运营创造了有利环境。

1.1.3　国际物流的特点

国际物流是为跨国经营和对外贸易服务的，使各国物流系统相互"接轨"，因而在环境、系统范围方面都具有自身特点，并且还需要信息系统的支持和统一的国际标准。

1. 物流环境存在差异

国际物流的一个非常重要的特点是：各国物流环境存在差异，尤其是物流软环境存在差异。不同国家的不同物流适用法律使国际物流的复杂性远高于一国的国内物流，甚至会阻断国际物流；各国经济和科技发展水平的不同会造成国际物流处于不同科技条件的支撑下，甚至有些地区因根本无法应用某些技术而迫使国际物流系统整体水平下降；不同国家的人文环境也使国际物流受到很大局限。

一个国际物流系统需要在多个不同法律、习俗、语言、科技、设施的环境下运行，无疑会大大增加物流的难度和系统的复杂性。

2. 物流系统范围广

物流本身的功能要素、系统与外界的沟通已很复杂，国际物流在这个复杂系统上增加不同国家的要素，这不仅体现在地域和空间的广阔，而且所涉及的内外因素更多，所需的时间更长，广阔的范围带来的直接后果是难度和复杂性增加、风险增大。当然，也正是因为如此，国际物流一旦融入现代化系统技术，其效果才会比以前更显著。例如，开通某个"大陆桥"之后，国际物流速度会成倍提高，效益显著增加。

3. 国际物流必须有国际化信息系统的支持

国际化信息系统是国际物流，尤其是国际联运非常重要的支持手段。国际化信息系统建立的难度有三：一是管理困难；二是投资巨大；三是全球物流信息水平不均衡。

当前，一个较好的建立国际物流信息系统的办法是和各国海关的公共信息系统联网，从而及时掌握各个港口、机场和联运线路、站场的实际状况，为供应或销售物流决策提供支持。国际物流是最早发展电子数据交换（EDI）的领域，以 EDI 为基础的国际物流对物流的国际化产生了重大影响。

4. 国际物流的标准化要求较高

要使国际物流畅通起来，统一标准非常重要。如果没有统一的标准，国际物流水平将难以提高。美国、欧洲基本实现了物流工具、设施的统一标准，如托盘采用 1000mm×1200mm 及集装箱采用统一规格和条码技术等，这大大降低了物流费用和转运的难度，而不向这一标准靠拢的国家，与其发生贸易关系时必然在转运、换车等许多方面耗费时间和费用，从而降低其国际竞争力。

5. 国际物流以海洋运输方式为主

国际物流以海洋运输为主，包括铁路运输、航空运输、公路运输及由这些运输手段组合而成的国际复合运输方式。运输方式选择和组合的多样性是国际物流的一个显著特征。海洋运输由于成本低，能进行长距离、大批量的货运，是国际物流运输中最普遍的方式，因而是国际物流的重要手段。如果能够提高远洋运输的效率，降低远洋运输的成本，就能在国际物流竞争中占有优势地位。目前，在国际物流活动中，为了追求整个物流系统的运作效率和缩短运输时间，"门到门"（door to door）的运输方式越来越受到货主的欢迎，由于国际复合运输方式能够满足这种需要,因此得到了快速发展,逐渐成为国际物流运输中的主流。

1.1.4 国际物流的发展趋势

当前国际物流的发展呈现出以下一系列新的特点:

1. 物流规模和物流活动的范围进一步扩大,物流企业将向集约化与协同化发展

就整个物流产业而言,在物流市场形成初期,由于物流服务的技术含量不高,行业壁垒较低,物流业内模仿行为相对容易出现,因此存在大量潜在进入者,各类物流企业间因经营模式的大同小异而平分秋色。多数物流企业还没有形成独特的经营理念,企业的竞争地位不稳定,凭借"先动优势"获取较大的市场份额是企业惯常的竞争策略。随着物流市场的发展,物流产业将由起步期逐渐过渡到发展期乃至成熟期,物流服务产品的标准化、规范化和全面市场化的发展必将对参差不齐的物流企业进行大浪淘沙般的洗礼。物流行业服务标准的形成和物流市场竞争格局的逐步确立,将使物流产业的规模效应迅速显现出来,物流产业的空间范围将进一步扩大,物流企业将向集约化与协同化发展。

物流产业规模的扩大会相应提升行业壁垒,从而使潜在进入者面临较高的市场进入障碍。在这种情况下,新进入的企业如果规模过小,就会处于成本竞争的劣势;反之,如果采取大规模进入的方式,又会由于新增生产能力对行业供求关系的影响而遭遇行业中现有企业的激烈反应,如通过削价等竞争策略为新进入者制造壁垒。由此可以得出,物流产业规模的扩大将进一步对物流服务标准体系的形成及市场竞争格局的确立产生积极影响。

21世纪,物流企业之间的竞争越发激烈。要想满足区域化或全球化的物流服务,企业必须扩大规模,形成规模效益。这种规模的扩大主要表现在两个方面:

其一是物流企业的兼并与合作。21世纪,各行业企业间的联合与并购推动国际物流业向全球化方向加速发展,而物流全球化的发展走势又推动和促进各国物流企业的联合和并购活动。随着国际贸易的发展,美国和欧洲的一些大型物流企业跨越国境,展开连横合纵式的并购,大力拓展国际物流市场,以争取更大的市场份额。

其二是物流企业间战略联盟的形成。由于商业运作的复杂性,单一的物流服务提供方往往难以实现低成本、高质量的服务,也无法给客户带来较高的满意度。通过联盟解决资金短缺和应对市场波动压力,进而增加服务品种和扩大企业的地理覆盖面,为客户提供"一站式"服务,从联合营销和销售活动中收益,正成为许多具有一定实力的物流企业的发展战略。对物流企业而言,战略合作伙伴既可以选择其他物流企业、货代公司、国际分销公司等,也可以选择信息系统公司、制造商、设备租赁商等。通过结盟,企业在未进行大规模的资本投资的情况下,扩大业务范围,提升市场份额和竞争能力。许多物流业经营和研究人员认为,相同的文化背景和彼此相互依赖、有效而积极的信息沟通、共同的企业经营目标和凝聚力、技术上的互补能力、双方高层管理人员在管理方面的共同努力等,是物流企业联盟成功的关键因素。

2. 物流服务优质化与全球化,构建合同导向的个性化服务体系

随着消费多样化、生产柔性化、流通高效化时代的到来,社会和客户对物流服务的要求越来越高,物流成本不再是客户选择物流服务的唯一标准,人们更加注重物流服务的质量。物流服务的优质化是物流发展的重要趋势。五个亮点"Right"的服务,即把适当的产品(The Right Product)在适当的时间(At the Right Time)、适当的地点(In the Right Place)以适当的数量（In the Right Quantity）、适当的价格（At the Right Price）提供给客户将成为物流企业优质服务的共同标准。

物流服务的全球化是又一重要趋势。荷兰国际销售委员会（HIDC）在一篇题为《全球物流业——供应连锁服务业的前景》的报告中指出，许多大型制造部门在朝着"扩展企业"的方向发展。这种所谓的"扩展企业"基本上包括了把全球供应链条上所有的服务商统一起来，并且利用计算机体系加以控制。同时，该报告认为，制造业已经实行"定做"服务，并且不断加速其活动的全球化，对全球供应连锁服务业提出了一次性销售（即"一票到底"的直销）的需求。这种服务要求拥有灵活机动的供应链，这也迫使物流服务商几乎采取了一种"一切为客户服务"的解决办法。

为客户提供日益完善的增值服务，满足客户日益复杂的个性化需求，将成为现代物流企业生存和发展的关键。物流企业的服务范围将不再限于一项或一系列分散的外协物流功能，而是更加注重客户物流体系的整体运作效率与效益。供应链的管理与不断优化将成为物流企业的核心服务内容。物流企业与客户的关系将越来越多地体现为一种风险共担的战略同盟关系，而不仅仅是一般意义上的买卖关系或服务关系。

随着合同导向的个性化服务体系的建立，物流市场的服务标准将逐渐规范。在物流服务产品化的初期，由于市场尚未形成公认的服务标准，而国外物流业的服务模式又不完全适合我国现阶段的物流市场需求，因此，众多物流产品之间往往千差万别，难以达成基本的行业服务标准。这在某种程度上阻碍了物流产品的优化和服务成本的下降，并且加剧了替代品的竞争。随着合同导向的客户服务观念的确立与普及，以及物流服务产品化、市场化的继续发展，物流市场的服务标准将逐渐趋于规范。

3. 第三方物流快速发展，并且在物流产业中逐渐占据主导地位

第三方物流（Third Party Logistics，3PL）是指在物流渠道中由中间商提供的服务，因此，第三方物流提供者是一个为外部客户管理、控制和提供物流服务作业的公司，他们并不在供应链中占有一席之地，仅是第三方，但通过提供一整套物流活动来服务供应链。

第三方物流的积极作用表现在：

（1）集中主业。企业能够实现资源优化配置，将有限的人力、财力集中于核心业务，进行重点研究，发展基本技术，开发出新产品参与世界竞争。

（2）节省费用，减少资本积压。专业的第三方物流提供者利用规模生产的专业优势和成本优势，通过提高各环节能力的利用率节省费用，使企业获益。

（3）减少库存。企业不能承担多种原料和产品库存的无限增长，尤其是高价值的部件要及时送往装配点，力争实现"零库存"，以保证库存的最小量。

（4）提升企业形象。第三方物流提供者通过全球性的信息网络使顾客的供应链完全透明化，顾客随时可以通过因特网了解供应链的情况；第三方物流提供者用完备的设施和训练有素的员工对整个供应链实现完全控制，减少物流的复杂性；第三方物流通过遍布全球的运送网络和服务，帮助顾客大大缩短交货期，帮助顾客改进服务、树立自己的品牌形象，为顾客在竞争中取胜创造有利条件。

4. 绿色物流是物流发展的又一趋势

物流虽然促进了经济的发展，同时也会给城市环境带来不利的影响，如运输工具的噪声、污染排放、对交通的阻塞等。21世纪，人类面临人口膨胀、环境恶化、资源短缺的三大危机，因此，绿色物流备受关注。绿色物流是指以降低对环境的污染、减小资源消耗为目标，利用先进物流技术，规划和实施运输储存、包装、装卸、流通加工等物流活动。绿色物流从环境的角度对物流体系进行改进，形成了一个与环境共生型的物流管理系统。现代绿色物流强调了全局和长远的利益，强调了全方位对环境的关注，体现了企业的绿色形象，是一种全新的物流形态。

绿色物流发展的现实意义主要有：

（1）绿色物流适应了世界社会发展的潮流，是全球经济一体化的需要。随着全球经济一体化的发展，一些传统的关税和非关税壁垒逐渐淡化，环境壁垒（绿色壁垒）逐渐兴起。我国物流企业要想在国际市场上占一席之地，发展绿色物流是理性选择。

（2）绿色物流是物流不断发展壮大的根本保障。物流作为现代新兴行业，有赖于社会化大生产的专业分工和经济的高速发展。而物流企业要想发展，一定要与绿色生产、绿色营销、绿色消费紧密衔接。人类的经济活动绝不能因物流而过分地消耗资源，破坏环境，以致造成再次重复污染。可见，绿色物流是物流发展的必然。

（3）绿色物流是最大程度降低经营成本的必由之路。据专家分析认为，产品从投产到销出，制造加工时间仅占10%，而几乎90%的时间用于储运、装卸、分装、二次加工、信息处理等物流过程。因此，物流专业化无疑为降低成本奠定了基础。当前物流基本还是高投入大物流、低投入小物流的运作模式，而绿色物流强调的是低投入大物流的方式。显然，绿色物流强调的不仅是一般的物流成本节约和降低，它更重视绿色化和由此带来的节能、高效、少污染，它对生产经营成本的节省可以说是无可估量的。

5. 物流产业将由单一的业种向业态多元化发展

商品流通领域有业种和业态之分，简单来看，业种主要是指经营范围，业态主要是指经营方式。物流业态可理解为物流领域交易方式和组织形态的总和。各种经营类型和业态的共存与充分发展是现代物流规范化的重要标志。

在经济发达国家，随着电子商务、网络技术及物流全球化的迅速发展，广义的区域物流与企业物流通过上下游的延伸与拓展，呈现相互融合的趋势。这一趋势促使物流企业模式，即物流产业经营类型与业态向着多样化和细分化发展。国外物流产业经营类型与业态可粗略归为以下三类：①由交通运输、邮电业发展起来的物流企业，如UPS、FedEx等；②由零售业、批发商发展起来的物流企业，如沃尔玛等；③由大型制造企业物流部门发展起来的物流企业。

随着我国物流业的发展逐步趋于成熟，市场壁垒将随之产生并不断强化，在优胜劣汰中保留下来的物流企业将控制行业的部分市场份额，并且形成稳定的业务渠道，新进入的企业则必须开辟新的市场空间。这也会在一定程度上加速物流业态多元化的发展。

6. 有待发展的第四方物流

第三方物流作为一种新兴的物流方式活跃在流通领域，它的节约物流成本、提高物流效率的功能已为众多企业认可，但第三方物流在整合社会所有的物流资源以解决物流瓶颈、实现最大效率方面力不从心。虽然从局部来看，第三方物流是高效率的，但从地区、国家的整体来说，第三方物流企业各自为政，这种加和的结果很难达到最优，难以解决经济发展中的物流瓶颈，尤其是电子商务中新的物流瓶颈。另外，物流业的发展需要技术专家和管理咨询专家的推动，而第三方物流缺乏高技术、高素质的人才队伍支撑，于是第四方物流（Fourth

Party Logistics，4PL）应运而生。

第四方物流的首要倡议者是安盛咨询公司，它将其定义为"一个调配和管理组织自身的及具有互补性服务提供商的资源、能力与技术，来提供全面的供应链解决方案的供应链集成商"。第三方物流作为整个供应链的一部分，通常情况下不可能向客户提供整个供应链的物流服务，即便是供应链的某些环节的服务，第三方物流也只能完成其中的部分内容。第四方物流是在第三方物流的基础上对管理和技术等物流资源进一步整合，为用户提供全面意义上的供应链物流解决方案。

同第三方物流相比，第四方物流服务的内容更多，覆盖的地区更广，对从事货运物流服务的公司要求更高，它们必须开拓新的服务领域，提供更多的增值服务。第四方物流最大的优越性是它能保证产品被更快、更好、更廉价地送到需求者手中。当今经济形式下，货主/托运人越来越追求供应链的全球一体化以适应跨国经营的需要，跨国公司要想集中精力于其核心业务，就必须更多地仰赖于物流外包。基于此理，它们不只是在操作层面上需要外协，而在战略层面上也需要借助外界的力量，以期能得到更快、更好、更廉价的物流服务。

第四方物流的基本功能有三个方面：一为供应链管理功能，即管理从货主/托运人到用户、顾客的供应全过程；二为运输一体化功能，即负责管理运输公司、物流公司之间在业务操作上的衔接与协调问题；三为供应链再造功能，即根据货主/托运人在供应链战略上的要求，及时改变或调整战略战术，使其经常高效率地运作。而第三方物流要么独自提供服务，要么通过与自己有密切关系的转包商来为客户提供服务，不大可能提供技术、仓储和运输服务的最佳整合。因此，第四方物流就成了第三方物流的"协助提高者"，也是货主的"物流方案集成商"。

1.2 国际物流管理概述

1.2.1 物流管理的形成与发展

美国物流管理协会对物流管理的定义是："物流是供应链活动的一部分，是为满足顾客需要对商品、服务及相关信息从产地到消费地高效、低成本流动和存储而进行规划、实施、控制的过程。"

从 20 世纪初至今，物流管理从最初孤立地看待运输、仓储各个环节，发展到从总成本角度综合考虑实物分拨中的储运各项活动，到整合企业原材料、半成品、产成品的储运等环节的管理，提出一体化物流管理概念，再到 20 世纪 90 年代与供应链管理思想相结合，经历了漫长的过程。从时间跨度上看，一般将其发展划分为以下三个阶段：

1. 物流管理的萌芽阶段

尽管物流活动自古有之，已在学术界达成共识，但直至 19 世纪工业革命，西方企业管理者的主要注意力仍然集中在企业的生产领域。进入 20 世纪，随着社会生产力的逐步提高，西方企业的注意力才开始逐步向营销领域转移。1901 年，约翰 F. 克罗韦尔（John F. Crowell）在美国政府报告《农产品流通产业委员会报告》中论述了对农产品流通产生影响的因素和费用，成为这方面最早的论述。1915 年，一些学者首次提出市场营销具有产生需求（Demand Creation）和实物供应（Physical Supply）两大功能，可称为具有现代意义的物流概念的早期萌芽。20世纪初至第二次世界大战结束初期的近半个世纪，现代物流管理都处于一种萌芽阶段。

2. 物流管理体系形成阶段

第二次世界大战中，军事后勤借助战争在观念上、实践上得到飞速发展。物流逐渐上升为一门独立的边缘科学。

1954年，鲍尔 D. 康柏斯（P. D. Conperse）在波士顿流通会议上发表《市场销售的另一半》的演讲，他指出应该从战略的高度来管理、发展物流。他的观点得到各界的认同，为物流管理学科的产生奠定了基础，该演讲被后人视为物流管理发展过程中的重要里程碑。1956年，Horward T. Lewis（霍华德 T. 刘易斯）、James W. Culliton（詹姆斯 W. 卡利顿）和 Jack D. Steele（杰克 D. 斯蒂尔）在《物流中航空货运的作用》引入了总成本分析方法，提示人们以整体观点看待产成品分拨中的运输、仓储、包装等相关物流成本问题，为现代物流管理提供了科学手段。1961年，Edward W. Smykay（爱德华 W. 斯马凯伊）、Donald J. Bowersox（唐纳德 J. 鲍尔索克斯）、Frank H. Mossman（弗兰克 H. 莫斯曼）撰写了《物流管理》一书，这是第一本系统介绍物流管理的教科书，书中详细论述了物流处理系统和总成本概念，使物流管理学逐步系统化。

3. 物流管理一体化发展阶段

20世纪80年代以来，越来越多的西方企业将物流战略视为其获得市场竞争优势的重要依据，对物流全过程实施统一管理变得越来越有必要。1984年，哥拉罕姆·西尔曼（Graham Scharmann）在《哈佛商业评论》上发表《物流再认识》一文，明确指出现代物流对市场营销、生产和财务活动都具有重要影响，企业管理者应该从战略高度对物流管理的重要性重新认识。2005年，美国物流管理协会（Council of Logistics Management，CLM）更名为美国供应链管理专业协会（Council of Supply Chain Management Professionals，CSCMP），充分体现了物流管理业的发展变化。科学技术的进一步发展、政府管制的变化、市场竞争加剧等又不断促进物流管理思想进一步发展，一体化物流管理（Integrated Logistics Management）的概念开始逐步形成。正如鲍尔索克斯（Donald J. Bowersox）所言：20世纪80年代成为一体化物流管理发展的时期。国际物流是跨越国界的物流活动。"冷战"结束后，贸易国际化的势头越来越盛，随着国际贸易壁垒的拆除、世界贸易组织的建立，若干地区已突破国界的限制形成统一市场，这又使国际物流出现了新的情况，国际物流形式也随之不断变化。所以，近年来，各国学者非常关注并研究国际物流问题。物流的观念及方法随着物流的国际化步伐不断扩展。

1.2.2 国际供应链管理

1. 供应链管理的定义

近年来，一个广义的物流观念——供应链管理（Supply Chain Management）已逐渐取代原来较为狭义的物流观念。

国际供应链理事会（Supply Chain Council，SCC）定义供应链为："供应链包括每个有关生产及配送最终产品或服务，从供货商的供货商到客户的客户，这包括管理供给与需求、原材料与零部件、制造及装配、仓储与货物追踪、订购与订单管理及跨区域直接配送给客户。"而美国供应链管理专业协会（CSCMP）则定义供应链管理为："供应链管理包含了规划和管理复杂的原料、采购、加工及所有的物流管理活动，重要的是，它也包括与供应链伙伴（供应者、中间商、第三方服务提供者及客户）之间的协调及合作。基本上，供应链管理是跨公司的整合供给与需求。"

因此，物流管理是以一家企业的角度处理商品自原料到成品消费的过程，而供应链管理是以跨组织的角度，从最初的原料到最终消费者，综合管理自产品设计、物料管理、生产到配送管理四大阶段的活动，同时处理物品、信息与资金的流通，并且与供应链伙伴以跨组织合作的方式让整体的流通过程能在满足消费者需求的状况下顺利运作，同时降低企业的成本。

完整的供应链管理所包含的活动如图1-1所示。

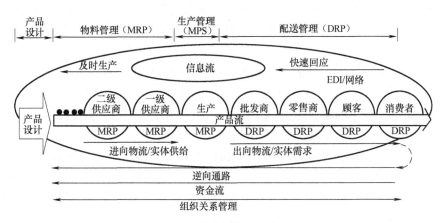

图1-1　供应链管理示意图

因为供应链管理是跨组织的活动，国际运作又加深了国际供应链的复杂程度，故除了一般物流管理的运作之外，供应链管理还涉及下列内容：整体供应链的整合规划、构建信息平台以让信息能够在供应链中流动，以及如何与供应链相关组织合作等组织管理的问题。

2. 国际供应链的内涵与目的

消费者对产品要求的不断提升和经常变动的国际竞争环境，以及企业全球化程度的提高，增加了国际企业营运的压力与挑战。国际供应链（International Supply Chain）是指一个国际化的企业通过掌握全球最经济的原材料，在最经济的国家生产，以最经济的方式满足全球的需求。一个能掌握国际供应链的国际化企业，不但能降低产品的成本，而且能缩短顾客的订货时间，提高顾客的满意度，是企业未来的主要竞争优势。

国际供应链的流通依其内容可分为以下四种：

（1）实体物流：物品的流通。物品包括原材料、半成品与成品。物品的流通探讨实体物品从最初的原材料到制造商最后到消费者手中的实体流程。通常，物流的流向是由上游到下游。近年来，一种较多人探讨的物流是逆向物流，即商品因回收、维修而从下游消费者往上游流通的过程，故逆向物流的流向是由下游到上游。

供应链物品的流通是探讨在供应链结构已知的情形下如何规划实体的流通，使原材料、半成品或成品能在最适宜的时间、地点整体的成本最小化，满足消费者对品项与品质的要求。

（2）商流：物品所有权的转移。商品所有权会跟着交易的发生而变动。虽然商流的流通过程不一定全与物流相同，但所有权的转移也是由上游向下游移动的。

（3）资金流：资金的流通。随着物品所有权的转移会出现资金移转，由取得所有权的买方将资金移转给卖出所有权的卖方，故资金流的流通方向与商流方向相反，由下游往上游流动。

（4）信息流：信息的流通。物品的运输、所有权的移转与资金的流动，都需要流动的双方互相确认信息，以确保流通的正确性，故信息流通于每个供应链成员之间，为双向流通。

3. 国际供应链的重要性

企业在国际化的同时面临着消费者对产品品质要求的提升，以及产品生命周期日益缩短等外部环境的挑战，这促使企业必须积极整合上下游国际企业，快速反应消费者的需求。国际供应链整合上下游制造商与流通业者，能够达到成本的最优化，并快速反应市场需求，因此成为跨国企业建立竞争优势的重要战略。

国际企业需要利用国际供应链建立竞争优势的原因有以下七点：

（1）产品高品质成为国际企业进入国际市场的必要条件。产品高品质逐渐成为国际企业立足市场的基本条件，而非企业的竞争优势。良好的国际供应链运作能使企业在维持高品质产品的同时仍能保有低成本优势，以保持自身的竞争力。

（2）消费者喜好变化加快，缩短产品生命周期。消费者喜好的快速改变，使制造商无法正确掌握消费者的需求，也使产品的生命周期缩短，压缩新产品由研发至上市的周期。国际供应链管理能增加生产的弹性，并且针对消费者的需求快速反应，将适量与适宜的产品提供到市场上，因而成为国际企业重要的竞争优势。

（3）时效性的要求。在顾客需求趋向多样化、产品的淘汰率逐渐加快的环境中，能在消费者需求发生的瞬间就加以满足，是企业获利的重要手段。所以，满足瞬间需求的时效性成为企业成功的关键因素。为达成时效性要求，国际企业一方面必须加快订单传送的速度，另一方面则必须提升成品在运输及流通上的时效性，国际供应链整合信息与实体流通，国际企业能达成有效满足时效性要求的目的。

（4）降低成本的必要性。市场竞争激烈增加企业提高营业收入的难度，企业欲增加获利，就要从降低成本着手。企业若要提高成本效率，物流是尚待开发且能提高效率的最后疆界，因为物流成本一般占企业收入的5%~35%。有效降低物流成本对整体成本的降低将起很大的作用。

已往企业用存货来应付市场的不可预测性，但存货也代表了成本的支出。因此，制造业为解决存货问题，便要求供货商以无库存生产方式（简称JIT）供料，以减少对原材料及零件的存货要求。另外，要减少仓库数量，企业可借助全球性或区域性配送中心配送速率的提升来达到，这些都是供应链管理可以达到的效果。因此，对国际企业来说，整合性的国际供应链管理能有效降低国际运作的成本，从而使获利增加。

（5）物流业务外包。为了同时使仓储与配送成本更低，并且提高对消费者服务的水平，越来越多的制造商与流通业者建立起长期紧密的关系，希望通过协同作业对消费者的需求做出快速反应；同时，为了降低成本及增加资源使用效率，也有越来越多的企业把先前公司自己运作的仓储及运送作业外包，专心于企业最具竞争优势的核心产品与作业上。因物流服务的需求增加，专业化的物流企业应运而生，它们能使企业在国际供应链运作上取得更好的效果。

（6）售后服务提高的必要性。科技进步使产品的复杂度与维修的需求增加，另外随着消费者对品质要求的提高，售后服务成为必要的竞争优势。产品复杂程度的增加（如汽车或计算机）使维修的难度提高，企业无法一次备齐所有零件，导致零件的更换时间增加，时间的延迟常会造成顾客的抱怨。若为减少顾客抱怨而增加零件的存货需求，又将使企业的成本增加。解决此项问题的办法之一就是将需要的零件储放于区域型配送中心，利用电话订货隔夜配送到修理厂。若顾客位于多个区域或国家，跨国的调度与配送考验着企业国际物流的能力。国际供应链管理能为企业同时解决时间与成本的问题，增加国际企业的竞争力。

（7）资金周转的复杂性增加。资金的周转对企业的运作至关重要，在企业国际化后，各项收付款作业因为有了国界的限制，常有汇率、兑保、付款条件等问题需要处理，拖长了企业收款的时间，需要国际企业有更多的资金准备以应付国际化的运作。国际供应链管理能同步处理国际供应链中物品移动与资金流动的作业，供应链中的金融合作伙伴能减少国际企业的资金准备，也降低了国际企业的运作风险。

1.3　国际物流管理的内容

国际物流管理的内容主要包括：①对物流活动诸要素的管理，即对采购、包装、流通加工、储存保管、装卸和运输、信息处理等环节的管理；②对国际物流系统诸要素的管理，即对国际物流系统一般要素、物质支撑要素等的管理，主要是对人、财、物、设备等要素的管理；③对国际物流活动中具体职能的管理，主要包括物流经济管理、物流质量管理和物流工程经济管理等。下面就具体职能的管理进行介绍。

1.3.1　国际物流经济管理

国际物流经济管理是指以物的国际流动过程（含储存）为主体，运用各种管理职能，对物的流动过程进行系统的统一管理，以降低国际物流成本，提高国际物流的经济效益，也就是用经济方法来研究、管理物的国际流动中的规律问题。

国际物流经济管理的基本内容如下：

（1）国际物流计划管理。国际物流计划管理是指对物的国际化生产、分配、交换、流通整个过程的计划管理，也就是在国际物流大系统计划管理的约束下，对国际物流过程中的每个环节都要进行科学的计划管理，具体体现为国际物流系统内各种计划的编制、执行、修正及监督的全过程。

（2）国际物流统计管理。国际物流统计是对国际物流全过程中经济活动的数量研究。国际物流统计管理就是要对所统计的数字进行分析、研究，发现问题，改进国际物流工作，提高物流经营水平。它是国际物流经济管理的基础工作。

（3）国际物流费用成本管理。国际物流总成本和企业的利润、税金合起来，构成国际物流总费用。在一般情况下，国际物流总费用中占比重最大的部分是国际物流总成本。国际物流总成本可以反映企业活动的经济状态。通过货币形态可以客观地评价国际物流活动中各环节的不同经济效果，利用物流成本这个尺度可以简单明了地对条件相当的国际物流企业的经营活动进行评价和分析比较。控制合理的物流成本构成，是加强国际物流管理工作的重要内容。

（4）国际物流设施管理。国际物流设施是指在国际物流全过程中为物的流动服务的所有设施（如交通运输设施、仓储设施等），它们是国际物流活动不可缺少的物质基础。国际物流设施是保证物以最快速度和最小耗费、保质保量地从生产领域进入国际消费领域的重要前提条件。随着社会生产力的不断发展，物流企业要不断加强对各类设施的配套管理，要注意设施的维修、养护，要不断革新技术，补充原有的设施，提高设施的利用效率。加强各类物流设施管理是国际物流经济管理的重要内容。

1.3.2 国际物流质量管理

国际物流企业要树立全面的质量观。国际物流质量既包含物流对象的质量，又包含物流手段、物流方法的质量。国际物流质量具体包含以下内容：

（1）商品的质量保证及改善。国际物流过程并不单是消极地保护和转移物流对象，还可以是采用流通加工等手段改善和提高商品的质量。因此，国际物流过程在一定意义上说也是商品质量的"形成过程"。

（2）国际物流服务质量。整个国际物流的质量目标，就是客户对其服务质量的高满意度。服务质量因用户的要求不同而有差异，因此国际物流企业一定要掌握和了解客户要求，这样才能提高客户对国际物流服务的满意度。

（3）国际物流工作质量。国际物流工作质量指的是对国际物流各环节（如运输、搬运、装卸、保管等）的质量保证。提高国际物流工作质量应在搬运方法、搬运设备、设施与器具上狠下功夫，如加工件应固定在工位器具内以免磕碰等。国际物流工作质量和国际物流服务质量是两个有关联但又不太相同的概念，物流服务质量水平取决于各个工作质量的总和。所以，工作质量是物流服务质量的某种保证和基础。重点抓好国际物流工作质量，国际物流服务质量也就有了一定程度的保证。

（4）国际物流工程质量。国际物流质量不但取决于国际物流工作质量，而且取决于国际物流工程质量。在国际物流过程中，对产品质量产生影响的各种因素（人的因素、体制的因素、设备因素、工艺方法因素、计量与测试因素、环境因素等）统称为"工程"。很明显，提高国际物流工程质量是进行国际物流质量管理的基础工作，能提高国际物流工程质量，就能做好"预防为主"的质量管理。

国际物流是一个系统，在系统中各个环节间的联系和配合是非常重要的。国际物流质量管理必须强调"预防为主"，明确"事前管理"的重要性，即上一道物流过程要为下一道物流过程着想，估计下一道物流过程可能出现的问题，并且加以预防。

国际物流质量管理的目的就是在"向用户提供满足要求的质量的服务"和"以最经济的手段来提供"这两者之间找到一条优化的途径，同时满足这两个要求。为此，国际物流企业必须全面了解生产者、消费者、流通者等各方面所提出的要求，从中分析出真正合理的、各方面都能接受的要求，并且以其作为管理的具体目标。从这个意义上来讲，国际物流质量管理可以解释为"用经济的办法，向用户提供满足其要求的物流质量的手段体系"。

1.3.3 国际物流工程经济管理

国际物流工程经济管理的对象不是物流的纯技术问题，也不是物流的纯经济问题，而是国际物流工程的经济效果问题，也可以说是物流技术的可行性和经济合理性问题，实质上就是对国际物流工程客观经济规律的研究。国际物流工程经济研究的任务就是正确地认识和处理物流技术和经济之间的辩证关系，即寻找物流技术和经济之间的合理关系。

国际物流工程的经济评价标准为"多、快、好、省"。"多"是指国际物流的数量要求；"快"是指国际物流的速度要求，同时也是国际物流最基本的要求；"好"是指国际物流的质量要求；"省"是指国际物流的经济要求。综上所述，可以用"多流、迅速、及时、准确、安全、少损、经济"七条原则来概括国际物流"多、快、好、省"四个方面的要求。

1.4　案例分析

海尔：现代物流创造的奇迹

海尔集团首席执行官张瑞敏曾谈起搞物流的原因时说："物流对海尔的发展非常重要，为此我们大约用了两年半时间进行物流的整合和改造。到目前为止，我们认为物流对企业的发展起到了巨大的作用。"

张瑞敏认为："一个现代企业，如果没有现代物流，就意味着没有物可流。为什么这么说呢？因为这是由现代企业运作的驱动力所决定的。现代企业运作的驱动力是什么？就是一个：订单。如果没有订单，现代企业就不可能运作。也就是说，它不可能有物可流。要实现这个订单，就意味着靠订单去采购，为订单去制造，为订单去销售。如果要实现完全以订单销售、采购、制造，那么支持它的最重要的一个流程就是物流。如果没有物流，就不可能有订单的采购；如果没有订单的采购，那就意味着采购回来的物料就是库存，因为采购回来的这些物料到底给谁不知道；如果没有订单的制造，就等于天天虽然非常忙，但是在制造库存，生产出来的产品等于增加库存。最后，没有订单的销售，说到家，就是处理库存，因为你不知道卖给谁，唯一的方法、唯一的出路就是降价，削价处理。"

1. 重塑了企业的业务流程，真正实现了市场化程度最高的订单经济

海尔现代物流的起点是订单。企业把订单作为企业运行的驱动力，作为业务流程的源头，完全按订单组织采购、生产、销售等全部经营活动。从接到订单时起，就开始了采购、配送和分拨物流的同步流程，现代物流过程也就同时开始。由于物流技术和计算机管理的支持，海尔物流通过三个"JIT"，即JIT采购、JIT配送、JIT分拨物流来实现同步流程。这样的运行速度为海尔赢得了源源不断的订单。目前，海尔集团平均每天接到销售订单200多个，每个月平均接到6000多个销售订单，定制产品7000多个规格品种，需要采购的物料品种达15万种。由于所有的采购基于订单，采购周期减到3天；所有的生产基于订单，生产过程降到一周之内；所有的配送基于订单，产品一下线，中心城市在8小时内、辐射区域在24小时内、全国在4天之内即能送达。总起来，海尔完成客户订单的全过程仅为10天时间，资金回笼一年15次（1999年我国工业企业流动资本周转速度年均只为1.2次），呆滞物资降低73.8。抓住了订单，就抓住了满足即期消费需求、开发潜在消费需求、创造崭新消费需求这个"牛鼻子"。但如果没有现代物流保障流通的速度，有了订单也会失去。

2. 海尔现代物流从根本上改变了物在企业的流通方式，基本实现了资本效率最大化的"零库存"

海尔改变了传统仓库的"蓄水池"功能，使之成为一条流动的"河"。海尔认为，提高

物流效率的最大目的就是实现"零库存",现在海尔的仓库已经不是传统意义上的仓库,它只是企业的一个配送中心,成了为下道工序配送而暂时存放物资的地方。

建立现代物流系统之前,海尔占用50多万平米仓库,费用开支很大。目前,海尔建立了两座我国规模最大、自动化水平最高的现代化、智能化立体仓库,仓库使用面积仅有2.54万平米。其中一座坐落在海尔开发区工业园中的仓库,面积1.92万平米,设置了1.8万个货位,满足了企业全部原材料和制成品配送的需求,其仓储功能相当于一个30万平米的仓库。这个立体仓库与海尔的商流、信息流、资金流、工作流联网,进行同步数据传输,采用世界上最先进的激光导引无人运输车系统、机器人技术、巷道堆垛机、通信传感技术等,整个仓库空无一人。自动堆垛机把原材料和制成品托举上七层楼高的货位,自动穿梭车则把货位上的货物搬下来,一一放在激光导引无人驾驶运输车上,运输车井然有序地按照指令把货物送到机器人面前,机器人叉起托盘,把货物装上外运的载重运输车上,运输车开向出库大门,仓库中的流动过程结束。整个仓库实现了对物料的统一编码,使用了条形码技术、自动扫描技术和标准化的包装,没有一道环节会使流动的过程阻塞。

海尔的流程再造使原来表现为固态的、静止的、僵硬的业务过程变成了动态的、活跃的和柔性的业务流程。未进行流程再造前的1999年,海尔实现销售收入268亿元,库存资金15亿元,销售资金占用率为5.6%。2000年实现销售收入406亿元,比上年超了138亿元;库存资金降为7亿元,销售资金占用率为1.72%。2022年实现营业收入2435.79亿元。在海尔所谓库存物品,实际上成了在物流中流动着的、被不断配送到下一个环节的"物"。

3. 海尔现代物流从根本上打破了企业自循环的封闭体系,建立了市场快速响应体系

面对日趋激烈的市场竞争,现代企业要占领市场份额,就必须以最快的速度满足终端消费者多样化的个性需求。因此,海尔建立了一整套对市场的快速响应系统。一是建立网上订单管理平台。全部采购订单均由网上发出,供货商在网上查询库存,根据订单和库存情况及时补货。二是建立网上支付系统。目前网上支付已达到总支付额的20%,支付准确率和及时率达100%,并节约近1000万元的差旅费。三是建立网上招标竞价平台。供应商与海尔一道共同面对终端消费者,以最快的速度、最好的质量、最低的价格供应原材料,提高了产品的竞争力。四是建立信息交流平台,供应商、销售商共享网上信息,保证了商流、物流、资金流的顺畅。集成化的信息平台,形成了企业内部的信息"高速公路",架起了海尔与全球用户资源网、全球供应链资源网和计算机网络的桥梁,将用户信息同步转化为企业内部信息,以信息替代库存,强化了整个系统执行订单的能力,海尔物流成功地运用电子商务体系,大大缩短了海尔与终端消费者的距离,为海尔赢得了响应市场的速度,扩大了海尔产品的市场份额。在国内市场份额中,海尔彩电占10.4%,冰箱占33.4%,洗衣机占30.5%,空调占30.6%,冷柜占41.8%。在国际市场,海尔产品占领了美国冷柜市场的12%、200L以下冰箱市场的30%、小型酒柜市场50%的市场份额,占领了欧洲空调市场的10%,中东洗衣机市场的10%。目前海尔的出口量已经占到销售总量的30%。

4. 海尔现代物流从根本上扭转了企业以单体参与市场竞争的局面,使通过全球供应链参与国际竞争成为可能

从1984年12月到现在,海尔经历了三个发展战略阶段。第一阶段是品牌战略,第二阶段是多元化战略,第三阶段是国际化战略。在第三阶段,其战略创新的核心是从海尔的国际化到国际化的海尔,是建立全球供应链网络,支撑这个网络体系的是海尔的现代物流体系。

　　海尔在进行流程再造时，围绕建立强有力的全球供应链网络体系，采取了一系列重大举措。一是优化供应商网络。将供应商由原有的2336家优化到978家，减少了1358家。二是扩大国际供应商的比重。目前国际供应商的比例已达67.5%，较流程再造前提高了20%。"世界500强"企业中已有44家成为海尔的供应商。三是就近发展供应商。海尔与已经进入和准备进入青岛海尔开发区工业园的19家国际供应商建立了供应链关系。四是请大型国际供应商以其高技术和新技术参与海尔产品的前端设计。目前参与海尔产品设计开发的供应商比例已高达32.5%。供应商与海尔共同面对终端消费者，通过创造顾客价值使订单增殖，形成了双赢的战略伙伴关系。

　　在抓上游供应商的同时，海尔还完善了面向消费者的配送体系，在全国建立了42个配送中心，每天按照订单向1550个专卖店、9000多个网点配送100多个品种、5万多台产品，形成了快速的产品分拨配送体系、备件配送体系和返回物流体系。与此同时，海尔与国家邮政总局、中远集团、和黄天百等企业合作，在国内调配车辆可达16000辆。

　　海尔认为，21世纪的竞争将不是单个企业之间的竞争，而是供应链与供应链之间的竞争。谁所在的供应链总成本低、对市场响应速度快，谁就能赢得市场。一只手抓住用户的需求，一只手抓住可以满足用户需求的全球供应链，这就是海尔物流创造的核心竞争力。

案例思考：

1. 海尔集团在构建核心竞争力的过程中，紧紧抓住了哪些关键环节？

2. 结合本例说明实现"零库存"的意义何在。

3. 结合案例，分析企业物流对整个企业经营的意义。

 复习与思考

1. 简述国际物流的特点。

2. 简述国际物流的发展趋势。

3. 简述国际供应链管理的重要性。

4. 简述国际物流管理的内容。

第2章 ▮▮▮▮

国际物流系统与网络

2.1 国际物流系统的构成要素

系统是由相互作用和相互依赖的若干部分结合而成的，具有特定功能的有机整体，而这个整体又是它所从属的更大系统的组成部分。系统一般需要具备多个特征，即整体性、相关性、目的性、层次性、环境适应性、动态性等。作为一个系统，国际物流系统同样符合系统的上述特征。因此，国际物流系统也是为实现一定目标而设计的由各相互作用、相互依赖的要素（或子系统）所构成的一定整体。

国际物流系统具有一般物流系统共有的特征：

（1）具有一定的整体目的性。物流系统要有一定的明确目的，也就是要将商品按照用户的要求，以最快的方式、最低的成本送到用户手中。

（2）跨度比较广。它主要涉及不同地域的国际企业的物流。

（3）具有较强的动态性。它衔接多个供方和需方，系统会随着需求、供应、渠道、价格的变化而变化，并且系统内的要素也经常发生变化，稳定性差，动态性强。

（4）是一个中间系统。国际物流系统是由若干个子系统构成的，同时，它又属于整个大社会的流通系统，受到整个社会经济系统的制约。

（5）有着较强的复杂性。国际物流系统是由各个不同要素构成的，是有形因素和无形因素、可控因素和不可控因素的结合体，这导致了它的复杂性。

国际物流是一个复杂而巨大的系统工程，国际物流系统的基本要素包括一般要素、功能要素、支撑要素和物质基础要素。

2.1.1 国际物流系统的一般要素

国际物流系统的一般要素主要由劳动者、资金和物三个方面构成。

（1）劳动者要素。这是现代物流系统的核心要素和第一要素。提高劳动者的素质，是建立一个合理化的国际物流系统并使其有效运转的根本。

（2）资金要素。交换是以货币为媒介的。实现交换的国际物流过程，实际也是资金的运动过程。同时，国际物流服务本身也需要以货币为媒介，国际物流系统建设是资本投入的一大领域，离开资金这一要素，国际物流就不可能实现。

（3）物的要素。物的要素首先包括国际物流系统的劳动对象，即各种实物。缺此要素，国际物流系统便成了无本之木。此外，国际物流的物的要素还包括劳动工具、劳动手段，如各种物流设施、工具、各种消耗材料（燃料、保护材料）等。

2.1.2 国际物流系统的功能要素

国际物流系统的功能要素是指国际物流系统所具有的基本能力，这些基本能力有效地组合在一起，形成了国际物流系统的总功能，由此，便能合理、有效地实现国际物流系统的总目的，实现其自身的时间和空间效益，满足国际贸易活动和跨国公司经营的要求。

一般认为国际物流系统的功能要素有商品的包装、储存、运输、检验、外贸加工和其前后的整理、再包装及国际配送、物流信息处理等。其中，储存和运输子系统是物流的两大支柱。如果从国际物流活动的实际工作环节来考察，国际物流也主要由上述几项具体工作完成。这几项工作也相应地形成各自的一个子系统。

1. 国际货物运输子系统

运输的作用是将商品使用价值进行空间移动，物流系统依靠运输作业克服商品生产地和需要地之间的空间距离，创造商品的时空效益。国际货物运输是国际物流系统的核心，有时就用运输代表物流全体。通过国际货物运输作业，使商品在交易前提下由卖方转移给买方。在非贸易物流过程中，通过运输作业将物品由发货人转移到收货人。这种国际货物运输具有路线长、环节多、涉及面广、手续繁杂、风险性大、时间性强、内外运两段性和联合运输等特点。

所谓国际货物运输的两段性，是指国际货物运输的国内运输段（包括进口国、出口国）和国际运输段。

（1）出口货物的国内运输段。出口货物的国内运输段，是指出口商品由生产地或供货地运送到出运港（站、机场）的国内运输，是国际物流中不可缺少的重要环节。离开国内运输，出口货源就无法从产地或供货地集运到港口、车站或机场，也就不会有国际运输段。出口货物的国内运输工作涉及面广，环节多，需要各方面协同努力，组织好运输工作。摸清货源、产品包装、加工、短途集运、船期安排和铁路运输配车等各个环节的情况，做到心中有数，力求做好车、船、货、港的有机衔接，确保出口货物运输任务的顺利完成，减少压港、压站等物流不畅的局面。国内运输的主要工作有发运前的准备工作、清车发运、装车和装车后的善后工作。

（2）国际货物运输段。国际（国外）货物运输段是国内运输的延伸和扩展，同时又是衔接出口国运输和进口国货物运输的桥梁与纽带，是国际物流畅通的重要环节。出口货物被集运到出口港（站、机场），办完出口手续后直接装船发运，便开始国际段运输。有的则需暂进港口仓库储存一段时间，等待有效泊位，或者有船后再出仓装船外运。国际段运输可以采用由出口国转运港直接到进口国目的港卸货，也可以采用中转经过国际转运点再运给客户。

国际货物运输业将伴随着科技革命的浪潮迅速发展。大宗货物散装化、杂件货物集装箱化已成为运输业技术革命的重要标志。现代物流业的迅速发展无不与运输业的技术革命相关联。现代运输中，特别是集装箱的发展与进步更是促进了国际物流业的发展，二者相辅相成。

运输设施的现代化发展对国际物流和国际贸易的发展起着重大的推进作用，是二者发展的前提。运输设施必须超前发展才能适应国际物流的发展。发达国家在国际贸易中处于有利的、领先的地位，这与其国际物流运输业的现代化条件是分不开的。

2. 出口商品储存子系统

出口商品的储存、保管使商品在其流通过程中处于一种或长或短的相对停滞状态，这种停滞是完全必要的，因为出口商品流通是一个由分散到集中、再由集中到分散的源源不断的流通过程。出口商品从生产商或供应部门处被集中运送到装运出口港（站、机场），以备出口，有时需临时存放一段时间，再从装运港转运出口，是一个集和散的过程。为了保持不间断的商品往来，满足出口需要，必然有一定量的周转储存；有些出口商品需要在流通领域内进行贸易前的整理、组装、再加工、再包装或换装等，形成一定的贸易前的准备储存；有时，由于某些出口商品在产销时间上的背离，如季节性生产但常年消费的商品和常年生产但季节性消费的商品，则必须留有一定数量的季节储备。当然，有时也会出现一些临时到货，货主一时又运不走，更严重的是进口商品到了港口或边境车站，但通知不到货主或无人认领，这种特殊的临时存放保管，即所谓的压港、压站现象。这种情况给贸易双方或港方、船方等都带来损失。因此，国际货物的库存量往往高于国内贸易企业的货物库存量也是可以理解的。

由此可见，国际货物运输克服了出口商品使用价值在空间上的距离，创造物流空间效益，使商品实体位置由卖方转移到买方；而储存保管是克服出口商品使用价值在时间上的差异，物流部门依靠储存保管创造商品的时间价值。

出口商品一般在生产厂家的仓库存放，或者在收购供应单位的仓库存放；必要时再运达港口仓库存放，在港口仓库存放的时间取决于港口装运与国际运输作业的有机衔接；也有在国际转运站点存放的。

从物流角度讲，出口商品不要太长时间停留在仓库内，要尽量减少储存时间、储存数量，加速物资和资金周转，实现国际贸易系统的良性循环。

3. 商品包装子系统

由于国际物流运输距离长、运量大、运输过程中货物堆积存放、多次装卸，在运输过程中货物损伤的可能性大，因此在国际物流活动中包装活动非常重要。集装箱的出现为国际物流活动提供了安全、便利的包装方式。

美国杜邦化学公司提出的"杜邦定律"认为：63%的消费者是根据商品的包装进行购买的，国际市场和消费者是通过商品来认识企业的，而商品的商标和包装就是企业的面孔，它反映了一个国家的综合科技文化水平。

商标就是商品的标志。商标一般都需经过国家有关部门登记注册，并且受法律保护。顾客购买商品往往十分看重商标，因此，商标关系着一个企业乃至一个国家的信誉。国际进出口商品商标的设计要求有标识力；要求表现一个企业（或一个国家）的特色产品的优点，简洁明晰并易看、易念、易听、易写、易记；要求有持久性和不违背目标市场和当地的风俗习惯；出口商品商标翻译要求传神；商标不得与国旗、国徽、军旗、红十字会章等相同，不得与正宗标记或政府机关、展览性质集会的标记相同或相近。

在考虑出口商品包装设计和具体作业过程时，应把包装、储存、装搬和运输有机联系起来统筹考虑，全面规划，实现现代国际物流系统所要求的"包、储、运一体化"，即从商品一开始包装就要考虑储存的方便、运输的快速、物流费用的减少等现代物流系统设计的各种要求。

4. 商品检验子系统

由于国际贸易具有投资大、风险高、周期长等特点，使得商品检验成为国际物流系统中重要的子系统。通过商品检验，可以确定交货品质、数量和包装条件是否符合合同规定。若发现问题，可分清责任，向有关方面索赔。在买卖合同中，一般都订有商品检验条款，其主要内容有检验时间与地点、检验机构与检验证明、检验标准与检验方法等。

根据国际贸易惯例，商品检验时间与地点的相关规定可概括为以下三种做法：

（1）在出口国检验。在出口国检验可分为两种情况：在工厂检验，卖方只承担货物离厂前的责任，对运输中品质、数量的变化概不负责；装船前或装船时检验，其品质和数量以当时的检验结果为准。买方对到货的品质与数量原则上一般不得提出异议。

（2）在进口国检验。在进口国检验包括卸货后在约定时间内检验和在买方营业处所或最后用户所在地查验两种情况。其检验结果可作为货物品质和数量的最后依据。在此条件下，卖方应承担运输过程中品质、数量变化的风险。

（3）在出口国检验、在进口国复验。货物在装船前进行检验，以装运港双方约定的商检机构出具的证明作为议付货款的凭证，但货到目的港后，买方有复验权。如复验结果与合同规定不符，买方有权向卖方提出索赔，但必须出具卖方同意的公证机构出具的检验证明。

在国际贸易中，从事商品检验的机构很多，有卖方或制造厂商和买方或使用方的检验机构，有国家设立的商品检验机构及民间设立的公证机构和行业协会附设的检验机构。在我国，统一管理和监督商品检验工作的是国家市场监督管理总局及其分支机构。究竟选定哪个机构实施和提出检验证明，在买卖合同条款中必须明确规定。商品检验证明即进出口商品经检验、鉴定后，应由检验机构出示具有法律效力的证明文件。如经买卖双方同意，也可采用由出口商品的生产单位和进口商品的使用部门出具证明的办法。检验证明是证明卖方所交货物在品质、数量、包装、卫生条件等方面是否与合同规定相符的依据。如果与合同规定不符，买卖双方可据此作为拒收、索赔和理赔的依据。

此外，商品检验证明也是议付货款的单据之一。商品检验可按生产国的标准进行检验，或者按买卖双方协商同意的标准进行检验，或者按国际标准或国际习惯进行检验。商品检验方法概括起来可分为感官鉴定法和理化鉴定法两种。理化鉴定法对进出口商品检验更具有重要作用。理化鉴定法一般是采用各种化学试剂、仪器器械鉴定商品品质的方法，如化学鉴定法、光学仪器鉴定法、热学分析鉴定法、机械性能鉴定法等。

5. 国际配送子系统

配送是指在经济合理区域内，根据用户要求，对物品进行拣选、加工、包装、分割、组配等作业，并按时送达指定地点的物流活动。

（1）配送在国际物流中的地位。无论多么庞大、复杂的物流过程，最终与服务对象（或者物流服务需求者）"见面"的就是那么一小段配送。服务对象满意与否，也只是对这段配送的直观感受。所以说，配送功能完成的质量及其达到的服务水平，直观而具体地体现了顾客对物流服务的满意程度。整个物流系统的意义和价值的体现，最终完全依赖于其终端——配送功能的价值实现程度。

（2）配送的现代化趋势。配送由一般送货形式发展而来，通过现代物流技术的应用来实现商品的集中、储存、分拣和运送，因此，配送过程集中了多种现代物流技术。建立高效的配送系统，必须以信息技术和自动化技术为手段，以良好的交通设施为基础，不断优化配送方式，而这又必然会推动物流新技术的应用和开发。配送系统可以直接利用计算机网络技术构筑，如建立 EDI 系统，以快速、准确、高效地传递、加工和处理大量的配送信息；利用计算机技术，建立计算机辅助进货系统、辅助配送系统、辅助分拣系统、辅助调度系统、辅助选址系统等。另外，在配送系统中利用自动装卸机、自动分拣机、无人取货系统和搬运系统及相应的条码技术，与信息管理系统相配合，可以使配送中心的效率发挥到最大。

6. 国际物流信息子系统

信息子系统的主要功能是采集、处理及传递国际物流和商流的信息情报。没有功能完善的信息系统，国际贸易难以为继。国际物流信息主要包括进出口单证的作业过程、支付方式信息、客户资料信息、市场行情信息和供求信息等。

国际物流信息系统的特点是信息量大、交换频繁，传递量大、时间性强，环节多、点多、线长，所以要建立技术先进的国际物流信息系统。

国际物流系统整体如图 2-1 所示。

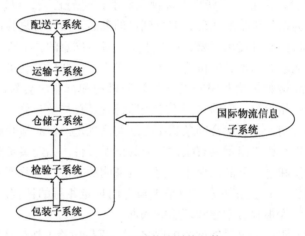

图 2-1　国际物流系统整体

2.1.3　国际物流系统的支撑要素

国际物流系统的运行需要有许多支撑手段，尤其是处于复杂的社会经济系统中，要确定国际物流系统的地位，要协调与其他系统的关系，这些要素就更加不可缺少。它们主要包括以下四个方面：

（1）体制、制度。物流系统的体制、制度决定了物流系统的结构、组织、领导和管理的方式。国家对其的控制、指挥和管理的方式是国际物流系统的重要保障。

（2）法律、规章。国际物流系统的运行，不可避免地涉及企业或人的权益问题。法律、规章一方面限制和规范物流系统的活动，使之与更大的系统相协调；另一方面则是给予保障。合同的执行、权益的划分、责任的确定都要依靠法律、规章来维系。各个国家和国际组织的有关贸易、物流方面的安排、法规、公约、协定、协议等也是国际物流系统正常运行的保障。

（3）行政、命令。国际物流系统和一般系统的不同之处在于，国际物流系统关系到国家的经济命脉，所以，行政、命令等手段也常常是国际物流系统正常运行的重要支撑要素。

（4）标准化系统。标准化系统是保证国际物流各环节协调运行、保证国际物流系统与其他系统在技术上实现联结的重要支撑条件。

2.1.4 国际物流系统的物质基础要素

国际物流系统的建立和运行需要大量的技术装备手段，这些手段的有机联系对国际物流系统的运行具有决定意义。具体而言，物质基础要素主要有以下五种：

（1）物流设施。物流设施是组织国际物流系统运行的基础物质条件，包括：物流站、场；物流中心、仓库；国际物流线路，建筑物；公路；铁路；口岸（如机场、港口、车站、通道）等。

（2）物流设备。物流设备是保证国际物流系统运行的条件，包括仓库货架、进出库设备、加工设备、运输设备、装卸机械等。

（3）物流工具。物流工具是国际物流系统运行的物质条件，包括包装工具、维修保养工具、办公设备等。

（4）信息技术及网络。信息技术及网络是掌握和传递国际物流信息的手段，根据所需信息水平的不同，包括通信设备及线路、传真设备、计算机及网络设备等。

（5）组织及管理。组织及管理是国际物流网络的"软件"，起着联结、调运、运筹、协调、指挥其他各要素以保障国际物流系统目的的实现等作用。

2.2 国际物流系统模式

国际物流系统通过其所联系的各子系统发挥各自的功能，如运输功能、储存功能、装卸搬运功能、包装功能、流通加工功能、商品检验功能及信息处理功能等。它们相互协作，以实现国际物流系统所要求达到的低国际物流费用和高客户服务水平，从而最终实现国际物流系统整体效益最大的目标。

国际物流系统的一般模式包括系统的输入部分、系统的输出部分及将系统的输入转换成输出的转换部分。在系统运行过程中或一个系统循环周期结束时，外界的信息反馈为原系统的完善提供改进信息，使下一次的系统运行有所改进，如此循环往复，使系统逐渐达到有序的良性循环。国际物流系统遵循一般系统模式的原理，构成自己独特的物流系统模式。下面以出口物流模式为例进行介绍。

国际物流系统模式（出口）如图 2-2 所示。

国际物流系统输入部分的内容有：备货，货源落实；到证，接到买方开来的信用证；到船，买方派来船舶；编制出口货物运输计划；其他物流信息。

国际物流系统输出部分的内容有：商品实体从卖方经由运输过程送达买方手中；交齐各项出口单证、结算、收汇；提供各种物流服务；经济活动分析及理赔、索赔。

国际物流系统的转换部分有：商品出口前的加工整理；包装、标签；储存；运输（国内段、国际段）；商品进港、装船；制单、交单；报关、报检；现代管理方法、手段和现代物流设施的介入。

除了上述三项主要功能外，还有许多外界不可控因素干扰，使系统运行偏离原计划内容。这些不可控因素可能是国际的、国内的、政治的、经济的、技术上的和政策法令、风俗习惯等的制约。它对物流系统的影响很大，物流系统如果遇到这种情况能马上提出改进意见，变换策略，那么这样的系统具有较强的应变能力和生命力。例如，1956—1967 年苏伊

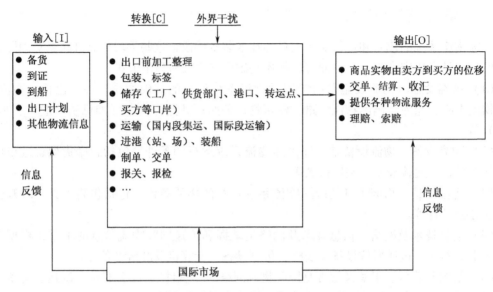

图 2-2 国际物流系统模式（出口）

士运河封闭，直接影响国际货物的外运，这是事先不能预见的，是外界政治因素严重干扰的结果，当时日本的对外贸易商品运输受到严重威胁，如果将货物绕道好望角或巴拿马运河运往欧洲，则航线增长、时间过长、经济效益太差，为此，日本试行利用北美横贯大陆的铁路线运输，取得良好的效果，大陆桥运输得名于此。这说明当时面对外部环境的干扰，日本的国际物流系统设计采取了积极措施，使系统具有新的生命力。

2.3 国际物流节点

整个国际物流过程由多次的运动—停顿—运动—停顿组成。与这种运动相对应的国际物流网络就是由执行运动使命的线路和执行停顿使命的节点这两种基本元素组成。线路与节点联结组成了不同的国际物流网络。国际物流网络水平的高低、功能的强弱则取决于网络中这两个基本元素的配置。由此可见，国际物流节点对优化整个国际物流网络起着重要作用。它不但执行一般的物流职能，而且还越来越多地执行着指挥调度、信息传递等神经中枢的职能，因而日益受到人们的重视。所以，人们把国际物流节点作为整个物流网络的灵魂。

2.3.1 口岸概述

1. 口岸的概念

口岸，过去是指设在海口的商埠，也称通商口岸，即由国家指定对外通商的沿海港口。随着社会经济的发展和国际政治、经济、文化等交往的日益频繁，口岸已不仅仅是经济贸易往来（即通商）的港口，它还承担了政治、外交、科技、文化、旅游和移民等方面的往来通道作用。随着陆、空交通运输的发展，对外贸易的货物、进出境人员及其行李物品、邮件包裹等，可以通过铁路、公路和航空直达一国腹地，国家在开展国际联运、国际航空、国际邮包邮件交换业务及其他有外贸边贸活动的地方也设置了口岸。因此，口岸也已不仅仅是指设在沿海的港口，它还包括：国际航线上的飞机场；山脉国境线上对外开放的山口；国际铁路、国际公路上对外开放的火车站、汽车站；国界河流和内河上对外开放的水运港口。

总而言之，口岸是由国家指定对外经贸、政治、外交、科技、文化、旅游和移民等往来，并供往来人员、货物和交通工具出入国（边）境的港口、机场、车站和通道。简单地说，口岸是国家指定对外往来的门户。

2. 口岸的分类

（1）按批准开放的权限划分。按照口岸被批准开放的权限，口岸可分为一类口岸和二类口岸。一类口岸是指由国务院批准开放的口岸（包括中央管理的口岸和由省、自治区、直辖市管理的部分口岸）。二类口岸是指由省级人民政府批准开放并管理的口岸。

（2）按出入国境的交通运输方式划分。按照出入国境的交通运输方式划分，口岸可分为港口口岸、陆地口岸和航空口岸。国家在江河湖海沿岸开设的供人员和货物出入国境及船舶往来停靠的通道称为港口口岸。它包括港口水域及紧接水域的陆地。港口水域包括进港航道、港池和锚地。港口口岸还可以分为海港港口口岸和内河港口口岸。内河港口是建造在河流（包括运河）、湖泊和水库内的港口，为内河船舶及其客货运输服务。国家在陆地上开设的供人员和货物出入国境及陆上交通运输工具停站的通道称为陆地口岸。它包括国（边）境及国家批准内地可以直接办理对外进出口经济贸易业务往来和人员出入境的铁路口岸和公路口岸。国家在开辟有国际航线的机场上开设的供人员和货物出入国境及航空器起降的通道称为航空口岸，又称空港口岸。

（3）按口岸所处的地理位置来划分。在实际中，还经常按口岸所处的地理位置将口岸分为沿海口岸、沿江口岸、沿边（边境）口岸和内陆口岸。

3. 口岸的地位和作用

（1）口岸是一个国家主权的象征。每一个国家都有其领土和疆界，每一个国家的政府必然会对出入境活动进行管理。一国政府为了维护主权尊严和国家安全，同时也为了方便与邻国或地区及异邦的经济文化交往，会有选择地在沿海、沿边、内河、内地城市的港口、车站、机场等地设置口岸，作为出入境的通道，并且对这些对外开放的口岸进行管理。

口岸权是国家主权的重要体现。口岸权包括口岸开放权、口岸关闭权和口岸管理权。哪些港口、车站、机场等通道能对外开放，哪些不能对外开放，对外开放的程度和方式如何，哪些口岸要关闭或暂时关闭，这是国家的主权。口岸管理权包括口岸行政权、关税自主权、出入境交通运输工具的检查权及监护权、出入境货物和人员的检查权及检验权等，这些也都是国家的主权。

（2）口岸是对外开放的门户。对外开放表现为政府间或民间在政治、外交、经济、军事、科技、文化、艺术、体育、教育、医疗、环境保护、资源保护、移民、制止国际犯罪、世界和平及共同抗击自然灾害等广泛领域里的合作和交流。国际交流与合作是通过口岸得以实现的。然而，一些不法分子也会利用我国对外开放的机会进行各种犯罪活动。因此，加强口岸管理，在维护国家安全、维护国家利益、保障国内安定局面方面也具有极其重要的作用。

（3）口岸是国际货物运输的枢纽。口岸是国际物流系统中的一个子系统，是国际货物运输的枢纽。它必须与交通运输发展规划相配套，否则交通设施的作用得不到充分发挥。口岸作为对外开放的门户，又必须与外经外贸的发展规划相协调。所以，在大力发展口岸建设时，合理布局，规模适当，设施配套，业务组织高效，会促进经济、特别是外向型经济的发展。这是因为，口岸建设的科学合理，为外商前来洽谈生意、投资设厂提供了方便，为货物"直进直出"提供了方便，而这些方便在某种意义上比减免税等政策更能吸引外商前来投资。

2.3.2　港口

港口是水陆空交通的集结点和枢纽，是工农业产品和外贸进出口物资的集散地，是船舶停泊（飞机起降）、货物装卸、旅客上下、给养补充的场所。正由于港口是联系内陆腹地和海洋运输（国际航空运输）的一个天然界面，因此人们也把港口作为国际物流的一个特殊节点。

1. 港口的概念

港口是位于江河、湖泊和海洋沿岸，具有一定设备和条件，能提供船舶停靠，办理客货运输或其他专门业务的场所与基地。

（1）港口的形成条件。港口，尤其是对外开放的贸易港口的形成，一般必须具备以下一些条件：

1）港口所在地为水陆交通枢纽，交通便利，通信发达，有纵深辽阔的腹地，便于物流、人流和信息流的集中与疏散。

2）港口的地理和水文状况适宜，港口有良好的水深，港外最好有自然形成的防风、防浪屏障，附近无浅滩与暗礁，便于船舶安全出入与停泊。

3）港口要有足够的机械化装卸设备和前后方仓库与堆场，具备为船舶提供修理等技术保障的条件，能提供燃油、淡水及食品供应等后勤服务等。

（2）现代化港口的主要设施。港口是由水域和陆域两部分组成的，作为一个现代化的港口，在其水域和陆域内，应具备下列各项设施：

1）航道和锚地设施。

2）防浪设施，如防浪堤。

3）导航设备，如导航灯塔、航标、港口雷达等。

4）码头设施。

5）仓储设施，如仓库、堆场、集装箱货站等。

6）装卸设备，如起重机、搬运车、输送带等。

7）交通设施，如港口内铁路、拖运车、铲车等。

8）安全设施，如救捞设施、消防设施及防污染设施等。

2. 港口的功能

联合国贸易与发展会议在《第三代港口市场和挑战》报告中强调："贸易港口作为海运转为其他运输方式（陆运、空运或内河航运）的必要过渡点的作用逐渐减弱，作为组织外贸的战略要点的作用日益增强，成为综合运输链当中的一个主要环节，是有关区域经济和产业发展的支柱……国家贸易的后勤总站。"在综合物流时代，港口的功能主要体现在以下四个方面：

（1）运输功能。港口既是水陆空运输工具的衔接点，又是水运货物的集散地。港口虽然主要供船舶停靠使用，但为了客货的运输，港口又必须与陆路（航空）交通相接，它实际上是把水上运输、陆上运输和航空运输连接在一起，因此有人认为港口是交通运输的"综合体"。

港口在水运生产中所起的作用，主要包括下列七项内容：

1）水上客运的港口服务。

2）组织货源，对货物进行疏运。

3）进行换装作业，将货物从一种运输方式转为另一种运输方式。

4）收、发和保管货物。

5）对货物进行简单加工。

6）向船舶提供燃料、物料、淡水及船员生活用品。

7）供船舶在海上遇到恶劣气象时停泊避风浪。

（2）工业功能。目前，世界上大多数工业基地都建在港口附近，这是因为港口能够通过水运为工业生产提供大量廉价的原料并运送其产品。临港工业区已成为各国和地区经济发展的龙头。

（3）商业功能。凭借港口十分活跃的货物的转运和旅客运输，国际贸易及金融业务都伴随港口发展起来。目前，世界上大部分的商业城市都是知名港口。

（4）物流功能。充分利用港口的各种资源，加速货物的流通，提高货物的流通效益和效率。

3. 港口的分类

港口种类繁多，依其用途和地理位置可分成不同类别。

（1）按用途分类。

1）商港。商港主要是供旅客上下和货物装卸转运用的港口。其中又可分为综合港和专业港。综合港是指用于旅客运输和装卸转运各种货物的港口，如我国的上海港、天津港、大连港等，国外的如荷兰的鹿特丹港、德国的汉堡港、日本的神户港等。专业港专门进行某一种货物的装卸或以此种货物为主，如我国的秦皇岛港以煤炭和石油为主，澳大利亚的丹皮尔港以铁矿石出口为主等。

2）渔港。渔港是专为渔船服务的港口。渔船在这里停靠并卸下捕获物，同时进行淡水、燃料及其他物资的补给，渔港还进行水产品的储藏和加工作业等。

3）工业港。固定为某一工业企业服务的港口称为工业港，它专门负责该企业原材料、产品和所需物资的装卸转运工作，一般都设于工厂附近，而有的又是在商港范围内划出一定的区域专为某企业服务。

4）军港。军港是专供军舰停泊使用的港口，也进行军事物资的运输作业。军港受严格的管制，一般不对外开放。

5）避风港。供船舶在大风情况下临时避风的港口称为避风港。

（2）按地理位置分。

1）海港。在地理条件和水文气象方面具有海洋性质，而且为海船服务的港口称为海港，其又可分为两种：

a）海湾港。海湾港位于海湾内，常有岬角或岛屿等天然屏障作为保护，不需要或只需要较少的人工防护即可防御风浪的侵袭。例如，我国的大连港在大连湾内，海岸长40多公里，湾内港阔水深；青岛港位于胶州湾东岸等。

b）海峡港。海峡港是指处于大陆与岛屿或岛屿与岛屿之间的海峡地段上的港口，如新加坡港位于新加坡岛与巴丹岛、卡利门岛之间的海峡上。海峡一般都是重要的海上运输通道，港口的建立为海上运输提供了极大的便利，同时对当地的经济发展有极大的促进作用。

2）河口港。河口港是位于入海河流河口段的港口。这里具有良好的水运条件，兼有海运、河运之利，为港口的发展提供了方便条件。现在世界上一些大港多数为河口港，如我国的上海港、广州港以及荷兰的鹿特丹港等。

3）河港。位于沿河两岸，并且具有河流水文特性的港口称为河港，如我国位于长江沿岸的南京港、武汉港等。

4）湖港。湖港是位于湖泊沿岸的港口，作为国际性的湖泊具有国际运输的功能，而与海洋相同的湖泊也往往成为国际性的港口，如北美五大湖区的多伦多港。

4. 世界主要港口

世界港口集装箱吞吐量十强排名（2023年），如表2-1所示。

表2-1　2023年TOP14集装箱港口

（单位：万TEU）

排名	变动	港口	2023年	2022年	年增长率
1	–	上海港	4915.8	4730.3	3.92%
2	–	新加坡港	3901.3	3729	4.62%
3	–	宁波舟山港	3530.1	3335	5.85%
4	–	深圳港	2988	3004	-0.53%
5	–	青岛港	2875	2567	12.00%
6	–	广州港	2541	2486	2.21%
7	–	釜山港	2275	2207.2	3.07%
8	–	天津港	2218.7	2102	5.55%
9	↑2	杰贝阿里港	1447.2	1397	3.60%
10	↓1	香港港	1434.1	1668.5	-14.00%
11	↑2	巴生港	1385	1322	4.80%
12	↓2	鹿特丹港	1301.6	1396.6	-6.80%
13	↑1	厦门港	1255.4	1243	1.00%
14	↓1	安特卫普布鲁日港	1250	1350	-7.40%

注：青岛港、巴生港2023年数据为预估值。

5. 港口货物作业

港口货物作业有以下九种：

1）货物装卸。港口提供装卸装备和劳动力，对到港的船舶、汽车、火车进行货物装卸作业。装卸船时进行开关舱盖、连接拆除管道、货物起落舱作业、货物堆舱、平舱、帮扎作业、清舱扫舱；装车中进行堆积、积载、绑扎、遮盖篷布等作业；卸车中进行拆除固定、遮盖、卸货搬离作业。

2）理货、计量、分拣、分票。港口库场理货是指港口为交接货物而对货物进行的理货，是港口对接收、交付的货物进行理算、查验，以划分责任的工作。港口库场理货包括货物点数、计量、丈量、分票、验残以及库场安排、货垛设计和堆垛指挥等工作。货物分拣、分票是将混合在一起的不同货物或不同收货人的货物按照一定的要求进行区分的工作。

3）堆存仓储。货物从运输工具上卸下后，港口可以将货物堆存堆场或仓库，等待提货或转运。根据货主的要求，还可以在港口对货物进行一定时间的仓储保管。港口利用所拥有的仓库管理的能力和资源发展仓储业务，提供仓储服务。

4）驳运、搬移。船舶在锚地等水面停靠点停留后，港口可以将船上的货物卸到驳船上，由驳船驳卸到码头仓库或进行短途运输；或将驳船运到港的货物换装到船舶上，利用驳船将码头上的货物驳运到停泊在作业锚地的船舶之上。在港区范围内的驳运由港口提供，港口也可以提供超出港区范围的短途驳运。

5）装卸集装箱作业。在港口或港口货运场的货物托运人可以要求港口将货物装入集装箱，进行集装箱海上运输。从海上运到的集装箱，也可以委托港口进行拆箱作业。开展拼箱运输的承运人也可以委托港口进行装拆集装箱作业。

6）货物运输处理。为了满足运输或满足经济运输、物流管理的需要，货主或承运人可以要求港口对在港口的货物进行包装、标注标志、加固包装、灌包、拆包、货物成组、装托盘作业、分拣、分量等作业。

7）单证处理和交接。港口货物作业自身就需要办理有关交接、残损处理、计费的各类单证，相关单证可以供各方使用。同样，港口也可以接受其他方的要求办理其他有关单证。港口在交接货物时，对随货交接的各类单证同时办理交接，并且转交给下一个接货人。

8）货运信息服务。港口将运到港口的货物或货物启运的各种信息及时传递给需要信息的各方，确保货运各方及时掌握货物动态，妥善安排生产和经营，提高效率。港口常见的信息服务有到货通知、提货通知、船舶到离港通告、集装箱船舶预积载、船舶装载方案传递、货运信息录入、在港货物查询等。随着物流管理要求的提升，港口货运信息服务工作将成为物流信息的重要组成环节。

9）港口与委托人协议的其他服务。港口经营企业利用所具有的企业资源向社会提供其他服务，这是港口企业充分利用企业资源的一种手段。这类服务内容极为广泛，主要依据港口企业能够提供服务的能力、所能获得的经济效益、市场的需求、委托人的需要及港口企业经营范围的许可来确定。当今的大多数港口都在向着服务多元化、系列化、规模化发展，港口与委托人通过协议提供的服务会越来越多。

6. 港口费用

港口费用是指港口使用港口设施，对货物进行装卸作业和各项服务工作，或为船舶、货物提供港口设备和劳务，由船舶和货物经营人向港口交付的费用。港口费用按其性质可分为港口作业费和港口规费两大类。

港口作业费包括货物装卸费、货物保管费、货物驳运费、拖轮费、联运货物换装包干费、机械使用费、堆场使用服务费、船舶清舱洗舱服务费、船舶引水费、开关舱费等。

港口规费包括船舶港务费、货物港务费、港口建设费等。港口规费根据港口管理当局制定的计费费率标准计算。

2.3.3 仓储

1. 仓储的功能

随着社会劳动生产率的提高，人们生产的产品日益增多，除满足自身需要外还有剩余，人们把这些剩余产品保存起来，便于日后再消费或进行交换，这便是仓储。

在任何社会，只要有商品生产便有商品流通，就必然会有商品储存。所以说，仓储是商品流通的一种特殊行业，是商品流通领域中不可缺少的重要环节。其主要表现在以下六个方面：

（1）仓储具有克服生产和消费在时间上的间隔作用。为调整生产和消费在时间上的间隔，为解决季节性生产或季节性消费的产品所产生的时间上的矛盾，必须设置仓库将这些产品储存于其中。

（2）仓储能在质量上对进入市场的商品起保证作用。商品从生产领域进入流通领域的过程中，在仓储环节进行检验，可以防止质量不合格的商品混入市场。

（3）仓储对加速商品周转、加快流通起着保证作用。随着仓储业的发展，仓储本身已不单是货物的储存，其越来越多地承担着具有生产特性的加工业务，如分拣、挑选、整理、加工、简单的装配、包装、加标签、备货等活动，与生产过程更有机地结合在一起，从而增加商品的价值。

（4）仓储具有调节商品价格的作用。商品的仓储可以解决由于生产存在淡旺但消费者需求常年稳定而产生的巨大供求矛盾，调节供求关系，调节由于供求矛盾造成的价格差异。

（5）仓储可以直接起到调节运输工具载运能力不平衡的作用。无论是进口仓库还是出口仓库，都可减少压船、压港现象，弥补内陆运输工具的运量不足，在船舶与内陆运输之间起着缓冲、调节作用，以保证货物运输畅通。

（6）口岸仓储可以起到实施货物运输作业、减少货损货差的作用。仓储是商品流通中收购、销售、储存、运输四个基本环节不可或缺的重要一环。随着国际贸易的发展，加强仓储管理是缩短商品流通时间、节约流通费用的重要手段。随着综合物流管理的进程，仓储业开展集装箱的拆、装箱作业，集装箱货运站兼营国际贸易货物仓储业务的现象越来越普遍，仓储业正在通过开展物流管理拓展延伸服务业务，发挥着国际物流运输网络的节点作用。

2. 仓储合同与仓单

（1）仓储合同。仓储合同也称为仓储保管合同，是仓储保管人接受存货人交付的仓储物，并进行妥善保管，在仓储期满后将仓储物完好地交还，保管人收取保管费的协议。《中华人民共和国民法典》规定："仓储合同是保管人储存存货人交付的仓储物，存货人支付仓储费的合同。"

（2）仓单。仓单是保管人在接收仓储货物后签发的表明一定数量的保管货物已经交付仓储保管的法律文书。保管人签发仓单，表明已接收仓储货物，并且已承担对仓储货物的保管责任及保证将向仓单持有人交付仓储物。

1）仓单的主要作用。仓单的主要作用有以下六点：

a）签发仓单表明保管人已接受了仓单上所记载的货物。

b）仓单是仓储保管人凭以返还保管物的凭证。

c）仓单是确定保管人和仓单持有人、提货人的责任和义务的依据。

d）仓单是仓储合同的证明，证明仓储合同的存在和合同的主要内容。

e）仓单是所有权的法律文书。保管人在检验并接受仓储物后向存货人签发仓单，表明仓储物的所有权并没有转移给保管人，只是将仓储物的保管责任转交给了保管人。保管人签发的仓单为仓储物的所有权文书，并且由存货人持有。

f）仓单是有价证券。仓单是仓储物的文件表示，仓储保管人依据仓单返还储物，占有仓单表示占有仓储物。

2）仓单的形式与内容。仓单由保管人提供，仓储经营人准备好仓单簿，仓单簿为一式两联，第一联为仓单，在签发后交给存货人；第二联为存根，由保管人保存，以便核对仓单。《中华人民共和国民法典》规定的仓单内容为：存货人的名称或姓名和住所；仓储物的品名、数量、质量、包装、件数和标记；仓储物的耗损标准；储存场所；储存期间；仓储费；仓储物（已办理保险的）的保险金额、期间及保险人的名称；填发人、填发地和填发日期。

3. 仓储费用

仓储费用是指储存保管一定数量的商品物资所支出的仓储保管费用和应负担的企业管理费用的总和，是仓储成本核算的依据。

2.3.4　保税仓库

保税仓库是保税制度中应用最为广泛的一种形式，具有较强的服务功能和较大的灵活性，在促进国际贸易和开展加工贸易方面起到了非常重要的作用。海关对保税仓库的管理是依据海关总署颁布的《中华人民共和国海关对保税仓库及所存货物的管理规定》。

1. 保税仓库的定义和种类

（1）保税仓库的定义。保税仓库是指海关核准的专门存放保税货物的专用仓库。根据国际上通行的保税制度要求，进境存入保税仓库的货物可暂时免纳进口税款，免领进口许可证或其他进口批件，在海关规定的存储期内复运出境或办理正式进口手续。但对国家实行加工贸易项下进口事先申领许可证的商品，在存入保税仓库时，应事先申领进口许可证。

根据我国实际情况，海关允许以下三类货物存放于保税仓库中：

1）供加工贸易（来料加工、进料加工）加工成品复出口的进口料件。

2）商务主管部门批准开展外国商品寄售业务、外国产品维修业务、外汇免税商品业务及保税生产资料市场的进口货物。

3）转口贸易货物及外商寄存、暂存货物和国际航行船舶所需的燃料、物料和零配件等。

前两类属于经海关核准暂免办理纳税手续的进口货物，第三类属于暂时进境储存后再复运出境的进境货物。

（2）保税仓库的种类。在国际上，保税仓库通常可分为公用型和自用型两种。公用型保税仓库是根据公共需求而设立的，可供任何人存放货物。自用型保税仓库是指只有仓库经营人才能存放货物的保税仓库，但所存货物并非必须属于仓库经营人所有。根据国际上的通行做法及我国的具体情况，我国也把保税仓库分为公用型保税仓库和自用型保税仓库。

1）公用型保税仓库。公用型保税仓库可供各类进口单位共同存放货物，如转口贸易货物、外商暂存货物等，也可供加工贸易经营单位存放加工贸易进口料件。公用型保税仓库一般由该仓库的经营单位申请设立。

2）自用型保税仓库。自用型保税仓库分为两类：

a）加工贸易备料保税仓库。这是一类为来料加工、进料加工等加工贸易储存进口原材料等物资提供服务的保税仓库。由常年从事加工贸易出口产品的加工生产企业申请设立，经营单位为了加工产品出口的需要，不断地从国际市场上购进所需原材料、零部件等物资，储存在保税仓库以备随时加工成品出口。目前，加工贸易备料保税仓库是我国保税仓库中的主要类型。

b）寄售、维修、免税商品保税仓库。这类保税仓库是为外国产品在我国寄售及维修进口机器设备所需零部件和进口外国免税商品服务的。外国商品进境时存放在保税仓库，待销售、维修或供应时，海关按规定予以征税或减免。

2. 保税仓库的申请、审批和设立

（1）申请设立保税仓库的条件。符合下列条件的仓库经理人，可向当地主管海关提出设立保税仓库的申请：

1）仓库经理人须具有法人资格，并且具备向海关缴纳税款的能力。

2）仓库应具有专门储存、堆放进口货物的安全设施。

3）应具有健全、规范的仓储管理制度和仓库账册。

4）应配备海关培训认可的专职管理人员。

（2）申请设立保税仓库应提供的文件。申请设立保税仓库，应向主管海关提供下列文件：

1）经营单位的工商营业执照。租赁仓库的，还应提供仓库经营人的营业执照。

2）经营单位在填写"保税仓库申请书"时，应填明仓库名称、地址、负责人、管理人员、储存面积、存放保税货物的类别等内容。

3）商务主管部门批准开展有关业务的批件，如寄售、维修等。

4）其他有关资料，如租赁仓库协议、仓库管理制度等。

（3）保税仓库的审批和设立。主管海关在审核上述申请文件后，派人员到仓库实地检验，核查仓库设施，核定仓库面积。对符合海关监管条件的，区别不同类型的保税仓库，分别办理审批手续。对设立公用型保税仓库的，由直属海关审核同意后报海关总署审批；对设立自用型保税仓库的，由直属海关负责审批，并报海关总署备案。经批准设立的保税仓库，由海关颁发"保税仓库等级证书"。

3. 货物进出保税仓库的程序

（1）保税仓库货物的进库。

1）本地进货。进口货物在保税仓库所在地进境时，应由货物所有人或其代理人向入境所在地海关申请，填写进口货物报关单，在报关单上加盖"保税仓库货物"章并注明"存入××保税仓库"，经入境地海关审查后，货物所有人或其代理人应将有关货物存入保税仓库，并且将两份进口货物报关单随货代交保税仓库经营人，保税仓库经营人应在核对报关单上申报进口货物与实际入库货物无误后，在有关报关单上签收，其中一份报关单交回海关存查（连同保税仓库货物入库单据），另一份留存仓库。

2）异地进货。进口货物在保税仓库所在地以外其他口岸入境时，货物所有人或其代理人应按《中华人民共和国海关关于转关运输货物监管办法》办理转关运输手续。货物所有人或其代理人应先向保税仓库所在地主管海关提出将进口货转至保税仓库的申请，主管海关核实后，签发进口货物转关运输联系单，并且注明"货物转运存入××保税仓库"。货物所有人或其代理人凭此联系单到入境地海关办理转关运输手续，入境地海关核准后，将进口货物监管运至保税仓库所在地，货物抵达目的地后，货物所有人或其代理人应按上述本地进货手续向主管海关办理申报及入库手续。

（2）保税仓库货物的出库。进出口货物存入保税仓库后，其出库的流向较为复杂，一般可分为储存后原物复出口、加工贸易提取后加工成品出口、向国内销售或使用三种情况，下面就按这三种流向介绍有关海关手续。

1）原物复出口。存入保税仓库的货物在规定期限内复运出境时，货物所有人或其代理人应向保税仓库所在地主管海关申报，填写出口货物报关单，并且提交货物进口时经海关签章确认的进口货物报关单，经主管海关核实后予以验放有关货物或按转关运输监管办法将有关货物监管运至出境地海关验放出境。复出境手续办理后，海关在一份出口货物报关单上加盖印章并退还货物所有人或其代理人，作为保税仓库货物的核销依据。

2）加工贸易提取后加工成品出口。从保税仓库提取货物用于进料加工、来料加工项目加工生产成品复出口时，经营加工贸易的单位首先按进料加工或来料加工的程序办理，向商务部门申请加工贸易合同审批，再持有关批件到主管海关办理合同登记备案，并且在指定银行开设加工贸易银行保证金台账后，由主管海关颁发"加工装配和中小型补偿贸易进出口货物登记手册"（以下简称"登记手册"）。经营加工贸易单位持海关核发的"登记手册"，向保税仓库所在地主管海关办理保税仓库提货手续，填写进料加工或来料加工专用进口货物报关单（由于保税仓库进货时所填写的进口货物报关单并未确定贸易性质，因此，在以加工贸易提取使用时，其贸易性质已确定为"进料加工"或"来料加工"，需补填进口货物报关单）和保税仓库领料核准单。经海关核实后，在保税仓库领料核准单上加盖放行章。其中一份由经营加工贸易的单位凭此向保税仓库提取货物，另一份由保税仓库留存，作为保税仓库货物的核销依据。

3）向国内销售或使用。存入保税仓库的货物需转为进入国内市场销售时，货物所有人或其代理人应事先报主管海关核准并办理正式进口手续，填写进口货物报关单（其贸易性质由"保税仓库货物"转变为"一般贸易进口"），对货物属于国家规定实行进口配额、进口许可证、机电产品进口管理、特定登记进口商品及其他进口管理的商品，须向海关提交有关进口许可证或其他有关批件，并且缴纳该货物的进口关税和进口环节增值税、消费税。上述进口手续办理后，海关在进口货物报关单上加盖放行章。其中一份用以向保税仓库提取货物，另一份由保税仓库留存，作为保税仓库货物的核销依据。

（3）保税仓库货物的核销。保税仓库货物应按月向主管海关办理核销。经营单位于每月的第5天将上月所发生的保税仓库货物的入库、出库、结存等情况列表报送主管海关，并且随附经海关签章的进口货物报关单、出口货物报关单及保税仓库领料核准单等单证。

主管海关对保税仓库入库、出库报表与实际进口货物报关单、出口货物报关单及保税仓库领料核准单进行审核，必要时可派员到仓库实地核查有关记录和货物结存情况，核实无误后予以核销，并在一份保税仓库报表上加盖印章认可，退还保税仓库经营单位留存。

4. 海关对保税仓库的监管要求

保税仓库所存货物的储存期限为1年。如因特殊情况需延长储存期限，应向主管海关申请延期，经海关核准的延期最长不能超过1年。所存货物储存期满仍未转为进口或复运出境的，按《中华人民共和国海关法》有关规定，由海关将货物变卖处理，变卖所得价款在扣除运输、装卸、储存等费用和进口税款后尚有余款的，自货物变卖之日起1年内，经货主申请予以发还，逾期无人申请的，余款上缴国库。

保税仓库所存货物，属于海关监管的保税货物，未经海关核准并按规定办理有关手续的，任何人不得出售、提取、交付、调换、抵押、转让或移作他用。

货物在仓库储存期间发生短少或灭失，除不可抗力原因外，短少或灭失部分由保税仓库经营单位承担缴纳税款责任，并按海关有关规定予以处理。

货物进口时已明确为一般进口的货物，不允许存入保税仓库。

保税仓库必须独立设置，专库专用，保税货物不得与非保税货物混放。加工贸易备料保税仓库的入库货物仅限本企业加工生产自用料件，不得存放本企业一般贸易进口货物或与加工生产无关的货物及其他企业的货物。

公用型保税仓库储存的保税货物，一般不得跨关区提取和转库存取，只能供本关区加工生产企业按规定提取使用。对经批准设立的专门储存、不宜与其他货物混放的保税仓库原料（如化工原料、易燃易爆危险品），以及一个企业集团内设立专为供应本集团内若干分散在不同关区加工企业生产出口产品所需的企业备料保税料件必须跨关区提取的，加工贸易企业应持事先与保税货物所有人或外商签订购货合同或协议、外商经贸部门的批准文件等单证向海关办理加工贸易合同登记备案，领取加工贸易登记手册，并在该登记手册限定的原材料进口期限内分别向加工贸易企业主管海关、保税仓库主管海关办理分批从保税仓库提取货物的手续。在保税仓库中不得对所存放货物进行加工，如需对货物进行改变包装等整理工作，应向海关申请核准并在海关监管下进行。

保税仓库对所存货物应有专人负责管理，海关认为必要时，可会同仓库双方共同加锁。海关可随时派员进入保税仓库检查货物储存情况，查阅有关仓库账册，必要时可派员驻库监管。保税仓库经营单位应予协作配合并提供便利。

保税仓库经营单位进口供仓库自己使用的设备、装置和用品，均不属于保税货物，如：货架；搬运、起重、包装设备；运输车辆；办公用品及其他管理用具。该类物品进口时应按一般贸易办理进口手续并缴纳进口税款。

2.3.5 保税区

保税区与经济特区、经济技术开发区等特殊区域一样，都是经国家批准设立的实行特殊政策的经济区域。我国为了更进一步扩大对外开放，吸引国外资金和技术，借鉴了国际上的先进管理经验，从20世纪90年代开始在沿海地区陆续批准设立保税区。保税区具有政策特殊、经济功能强、封闭式管理的特点。

1. 保税区的定义及特点

（1）保税区的定义。保税区，也称保税仓库区，是指在一国境内设置的，由海关监管的特定区域。我国最早设置的保税区是1990年建立的上海外高桥保税区。按我国规定，建立保税区需经国务院批准，保税区与中华人民共和国境内的其他地区（非保税区）之间，应设符合海关监管要求的隔离设施，并由海关实施封闭式管理。我国有上海外高桥、天津港、大连、张家港、宁波、福州、厦门象屿、青岛、广州、珠海、深圳（沙头角、福田、盐田港）、汕头、海口、合肥等 16 个保税区。

（2）保税区的特点。保税区一般建立在具有优良国际贸易条件和经济技术较为发达的港口地区，国家建立保税区的目的是通过对专门的区域实行特殊政策，吸引外资，发展国际贸易和加工工业，以促进本国经济。在国际上与保税区具有类似经济功能的有"自由港""自由贸易区""出口加工区"等，这些特殊区域尽管名称各异，各国对其实行的管理措施也各不相同，但其具有的两个基本特点是相同的，即"关税豁免"和"自由进出"。

1）关税豁免。关税豁免即对从境外进口到保税区的货物及从保税区出口到境外的货物均免征进出口关税。这是世界各国对特殊经济区域都实行的优惠政策，目的是吸引国内外厂商到区内开展贸易和加工生产。我国保税区的税收优惠政策也与国际上通常做法基本一致。

2）自由进出。自由进出即保税区与境外的进出口货物，海关不实行惯常的监管。这里的"惯常监管"是指国家对进出口的管理规定和进出口的正常海关手续。由于国际上将进入特定区域的货物视为未进入关境，因此可以不办理海关手续，海关也不实行监管。我国根据本国情况，对进出保税区货物参照国际惯例，大大简化了进出货物的管理及海关手续。

2. 保税区有关管理规定

（1）进出口税收方面。

从境外进入保税区的货物，除法律、行政法规另有规定外，其进口关税和进口环节税的征免规定为：

1）保税区内生产性的基础设施建设项目所需的机器、设备和其他基建物资，海关予以免税。

2）保税区内企业自用的生产、管理设备和自用的合理数量的办公用品及其所需的维修零配件、生产用燃料及建设生产厂房、仓储设施所需的物资设备，海关予以免税。

3）保税区行政管理机构自用的合理数量的管理设备和办公用品及其所需的维修零配件，海关予以免税。

4）保税区内企业为加工出口产品所需的原材料、零部件、元器件、包装物料，海关予以免税。

5）上述第 1～4 项范围以外的货物、物品从境外进入保税区，海关依法征税。

保税区内企业加工的制成品运往境外，除法律、行政法规另有规定外，免征出口关税。

转口货物和在保税区内储存的货物，海关按保税货物管理。

（2）进出口许可证方面。

1）从境外进口供保税区内使用的机器设备、基建物资等，免领进口许可证。

2）为加工出口产品所需进口的料件及供储存的转口货物，免领进口许可证。

3）保税区内加工产品出口，免领出口许可证。

（3）人员居住保税区。保税区内仅设立行政管理机构及有关企业。除安全保卫人员外，其他人员不得在保税区内居住。在保税区内设立国家限制和控制的生产项目，须经国家规定的主管部门批准。

（4）货物进出。国家禁止进出口的货物、物品不得运入、运出保税区，其目的在于销往境内非保税区的货物不得运入保税区。

（5）汽车进口。除国家指定的汽车进口口岸的保税区（天津港、大连、上海外高桥、广州、深圳福田）外，其他保税区均不得允许运进转口方式的进口汽车，对保税区内企业自用的汽车，也应由指定的口岸办理进口手续。

（6）特殊产品管理。保税区内设立可生产化学武器的化学品、化学武器关键前体、化学武器原料及易制毒化学品等商品的企业时，应报国家主管部门批准。产品出境时，海关一律凭出口许可证验放。

（7）激光光盘管理。保税区内设立生产激光光盘的企业，应报国家主管部门批准，海关按现行的对该行业的监管规定管理。

3. 保税区货物的进出口

（1）保税区单位注册和运输工具备案。

1）保税区内设立的企业（包括生产企业、外贸企业、仓储企业等）及行政管理机构，须经所在地人民政府或其指定的主管部门批准，并持有关批准文件、工商营业执照等有关资料向保税区海关机构办理注册登记手续。

2）进出保税区的运输工具（指专门承运保税区进出口货物的运输工具和区内企业、机构自备的运输工具）须经所在地人民政府或其指定的主管部门批准，并由运输工具负责人、所有人或其代理人持有关批准证件及列明运输工具名称、数量、牌照、号码和驾驶员姓名的清单，向保税区海关机构办理登记备案手续。海关核准后，发给准运证。保税区外其他运输工具进出保税区时，应向海关办理临时进出核准手续。

（2）保税区与境外之间进出货物的申请。

1）对保税区与境外之间进出的货物，海关改变传统的单一报关方式，实行备案制与报关制相结合的申报方式。

2）对保税区内加工贸易企业所需进境的料件、进境的转口货物、仓储货物，以及保税区运往境外的出境货物，进出境时实行备案制。由货主或其代理人填写保税区进（出）境货物备案清单，向保税区海关机构备案。

3）对保税区内进口自用的合理数量的机器设备、管理设备及办公用品，以及工作人员所需自用的合理数量的应税物品，实行报关制。由货主或其代理人填写进（出）口货物报关单，向保税区海关机构申报。

（3）保税区与非保税区进出货物。海关对保税区与非保税区之间进出的货物，按国家有关进出口管理规定实行监管。从保税区进入非保税区的货物，按进口货物办理手续；从非保税区进入保税区的货物，按出口货物办理手续，出口退税按国家有关规定办理。

1）从非保税区（我国境内的保税区以外的其他地区）运入保税区的供加工生产产品用的货物（原材料、零部件、元器件、包装物料等），视同出口。有关发运企业或其代理人应向保税区海关机构或其主管海关办理申报出口手续，填写出口货物报关单，提供有关单证。属国家许可证管理商品的，还应提交出口许可证。属应征出口税商品的，应缴纳出口关税。海关审核无误后，验放有关货物运入保税区。

2）从非保税区运入保税区供区内企业、机构自用的机器设备、管理设备及其他物资，由使用企业或机构向保税区海关机构申报，填写运入货物清单，经海关核准验放后运入保税区。

3）从非保税区运入保税区的已办妥进口手续的进口货物，原已征进口税款不予退税。

4）从非保税区运入保税区委托区内生产企业加工产品的货物，生产企业应事先持委托加工合同向保税区海关办理登记备案手续，凭海关核准的登记备案手续向保税区海关机构申报运入区内。委托加工货物需在合同期限内加工产品返回非保税区，并在海关规定期限内向保税区海关机构办理委托加工合同核销手续。

5）从保税区运出销往非保税区的货物，视同进口。由发货人或其代理人向保税区海关机构办理进口申报手续，填写进口货物报关单，属国家实行配额、许可证、特定登记进口、机电产品管理及其他进口管理的商品，应提供配额证明、进口许可证或其他有关批件，并缴纳进口关税和进口环节增值税、消费税，海关审核无误后，验放有关货物运出保税区。

6）保税区内生产企业用进口料件加工产品运出销往非保税区时，企业或其代理人应向保税区海关机构办理进口申报手续，填写进口货物报关单，提供有关许可证等进口批件，补交所使用的进口料件的进口关税和进口环节增值税、消费税。如对产品中所含进口料件品名、数量、价值申报不足，则应按制成品补缴税款。

7）保税区内生产企业将进口料件运往非保税区委托加工产品时，生产企业应事先持委托加工合同向保税区海关机构办理登记备案手续，凭海关核准的登记备案手续向保税区海关机构申报运出区外。委托非保税区企业加工的期限为6个月，因特殊情况向海关申请延期的，延期期限不得超过6个月。在非保税区加工完毕的产品应运回保税区，并在海关规定期限内向保税区海关机构办理委托加工合同核销手续。

4. 海关对保税区的监管要求

海关对保税区的监管要求如下：

1）海关依法在保税区执行监管任务，进出保税区的货物、运输工具、人员，应当经由海关指定的专用通道，并接受海关检查。

2）保税区内企业应按照国家有关法律、法规设置账簿、编制报表，凭合法、有效的凭证记账并进行核算，记录有关进出保税区货物和物品的库存、转让、转移、销售、加工、使用和损耗等情况。

3）保税区实行海关稽查制度。区内企业应与海关实行联网，进行电子数据交换。

4）海关对进出保税区的货物、物品、运输工具、人员及区内有关场所，有权依《中华人民共和国海关法》规定进行检查、查验。

5）保税区内的货物可以在区内企业之间转让、转移，双方当事人应就转让、转移事项向海关备案。

6）保税区内的转口货物可以在区内仓库或区内其他场所进行分级、挑选、刷贴标志、改换包装形式等简单加工。

7）保税区内加工企业开展进料加工、来料加工业务，海关不实行加工贸易银行保证金台账制度。但区内企业委托非保税区企业进行加工业务的，非保税区企业应当向当地海关办理合同登记备案手续，并实行加工贸易银行保证金台账制度。

8）进出保税区的运输工具负责人，应持保税区主管机关批准的证件连同运输工具名称、数量、牌照号及驾驶员姓名等清单，向保税区海关机构办理登记备案手续。

2.3.6 出口加工区

出口加工区是指专为发展加工贸易而开辟的经济特区。出口加工区的产生和发展是国际分工的必然结果，是全球经济一体化的重要表现。第二次世界大战后，西方工业国家的经济出现了相对稳定的发展时期，特别是科学技术的巨大进步，使西方工业国家的生产力和对外贸易空前发展，并且导致了资本与技术过剩。同时，国际分工从过去的产业间分工发展为产业内部的分工，劳动密集型产业从发达国家逐步向发展中国家（地区）转移。一些工业发达国家和地区从输出商品发展到输出资本，进而发展到在东道国开办工厂。20世纪60年代前后，不少发展中国家（地区）大力发展出口加工制造业，以增加外汇收入，出口加工区由此应运而生。1959年，爱尔兰在香农国际机场创建了世界上第一个出口加工区。此后出口加工区在全球遍地开花，成为所在国或地区吸引外资最多、对外贸易最为活跃的区域，有力地促进了各国家或地区经济的发展。20世纪80年代以来，全球出口加工区出现了新的发展趋势。部分出口加工区的出口加工业由劳动密集型转向技术密集型，纷纷建立新的技术型出口加工区。部分出口加工区的企业和高等院校、科研机构密切结合，形成雄厚的科技力量，以科技为先导，大力开发技术、知识密集型的新兴产业和高附加值的尖端产品，成为令世界瞩目的知识型出口加工区——科学工业园区。科学工业园区同出口加工区一样，通过划出一个地区并提供多方面的优惠待遇，吸引外国的资本和技术，从事高技术产品的研制，促进技术、知识密集型产品的发展和出口。

我国为促进加工贸易发展，规范加工贸易管理，将加工贸易从分散向相对集中型管理转变，为企业提供更宽松的经营环境，鼓励扩大外贸出口。2000年4月27日，国务院正式批准设立出口加工区。为有利于运作，我国将出口加工区设在已建成的经济技术开发区内，并且选择若干地区进行试点。首批批准进行试点的有辽宁大连、天津、北京天竺、山东烟台、山东威海、江苏昆山、江苏苏州工业园、上海松江、浙江杭州、福建厦门、广东深圳、广东广州、湖北武汉、四川成都和吉林珲春等15个出口加工区。截至目前共有39个出口加工区。

我国的出口加工区是经国务院批准，由海关监管的特殊封闭区域，其功能比较单一，仅限于产品外销的加工贸易，区内设置出口加工企业及其相关仓储、运输企业。出口加工区实行封闭式的区域管理模式，海关在实行24小时监管的同时，简化现行手续，为守法出口加工企业提供更宽松的经营环境，提供更快捷的通关便利，实现出口加工货物在主管海关"一次申报、一次审单、一次查验"的通关要求。

出口加工区的设立是我国加工贸易监管制度的重大改革，有利于海关加强监管，解决了长期以来对加工贸易企业难以进行有效监管和手续繁杂的矛盾，促进了加工贸易的健康发展，有利于适应企业合法经营和促进企业加强内部管理，有利于扩大外贸出口，也有利于探索与国际接轨的管理模式。

2.3.7 自由贸易区

1. 自由贸易区概念

（1）狭义自由贸易区定义。1973年国际海关理事会签订的《京都公约》将自由贸易区定义为："一国的部分领土，在这部分领土内运入的任何货物就进口关税及其他各税而言，被认为在关境以外，并免于实施惯常的海关监管制度。"

（2）广义自由贸易区定义。美国关税委员会给自由贸易区下的定义是："自由贸易区对用于再出口的商品在豁免关税方面有别于一般关税地区，是一个只要进口商品不流入国内市场可免除关税的独立封锁地区。"自由贸易区的另一种官方解释："两个或两个以上的国家（包括独立关税地区）根据 WTO（世界贸易组织）的相关规则，为实现相互之间的贸易自由化所进行的地区性贸易安排（Free Trade Agreement，FTA，自由贸易协定）的缔约方所形成的区域。"这种区域性安排不仅包括货物贸易自由化，而且涉及服务贸易、投资、政府采购、知识产权保护、标准化等更多领域的相互承诺，是一个国家实施多双边合作战略的手段。

广义的自由贸易区有：中日韩自由贸易区（中国、日本、韩国）、北美自由贸易区（简称 NAFTA，包括美国、加拿大、墨西哥）、美洲自由贸易区（简称 FTAA，包括美洲 34 国）、中欧自由贸易区（简称 CEFTA，包括波兰、匈牙利、捷克、斯洛伐克、斯洛文尼亚、罗马尼亚和保加利亚）、东盟自由贸易区（简称 AFTA，包括东盟十国）、欧盟与墨西哥自由贸易区、中国与东盟自由贸易区等。

狭义的自由贸易区有：巴拿马科隆自由贸易区、德国汉堡自由贸易区、美国纽约 1 号对外贸易区等。

根据以上定义，我们认为自由贸易区是在关境以外划出的，对进出口商品全部或大部分免征关税，并且允许港内或区内进行商品的自由储存、展览、加工和制造等业务活动，以促进地区经济和对外贸易的发展的一个区域。一般建立在一个港口的港区或邻近港口的地区，它实际上是采取自由港政策的关税隔离区。自由贸易区除了具有自由港的大部分特点外，还可以吸引外资设厂，发展出口加工企业，允许和鼓励外资设立大的商业企业、金融机构等促进区内经济综合、全面地发展。自由贸易区的局限在于，它会导致商品流向的扭曲和避税。如果没有其他措施作为补充，第三国很可能将货物先运进一体化组织中实行较低关税或贸易壁垒的成员国，然后再将货物转运到实行高贸易壁垒的成员国。为了避免出现这种商品流向的扭曲，自由贸易区组织均制定"原产地原则"，规定只有自由贸易区成员国的"原产地产品"才享受成员国之间给予的自由贸易待遇。理论上，凡是制成品在成员国境内生产的价值额占到产品价值总额的 50% 以上时，该产品应视为原产地产品。一般而言，第三国进口品越是与自由贸易区成员国生产的产品相竞争，对成员国境内生产品的增加值含量越高。原产地原则的含义表明了自由贸易区对非成员国的某种排他性。

2. 设立自由贸易区的法律依据

（1）世贸组织关于自由贸易区的主要规定有如下六点：

1）成立自由贸易区的目的是便利组成自由贸易区的各国家和地区之间的贸易，贸易壁垒大体上不得高于或严于未建立自由贸易区时各组成国家和地区对未参加自由贸易区的各成员所实施的关税和贸易规章的一般限制水平。

2）任何成员如决定加入自由贸易区或签订成立自由贸易区的临时规定，应有一个在合理期间内成立自由贸易区的计划和进程表。

3）任何成员决定加入自由贸易区或签订成立自由贸易区的临时协定，应及时通知全体成员，并应向其提供有关拟议的自由贸易区的资料，以使全体成员得以斟酌并向各成员提出报告和建议。如果全体成员发现参加协定各方在所拟议的期间内不可能组成自由贸易区，或认为所拟议的期间不够合理，全体成员应向参加协定各方提出建议，如参加协定各方不准备按照这些建议修改临时规定，则有关协定不得维持或付诸实施。

4）对自由贸易区成立计划或进程表的任何重要修改都应通知全体成员。如果这一改变将危及或不适当地延迟自由贸易区的建立，全体成员可以要求同有关成员进行协商。

5）为建立自由贸易区的过渡性临时协议的合理期限只有在特殊情况下才允许超过 10 年，当一项协议的成员认为 10 年不够时，则必须向货物理事会提供需要更长一段时间的完整解释。

6）自由贸易区要接受世界贸易组织工作组的检查，并定期向世界贸易组织理事会做出协议执行情况的报告。在当今世界，自由贸易区的发展形势非常迅猛，范围遍及各大洲，是区域经济一体化的主要形式之一。其中，北美自由贸易区和东盟自由贸易区最具典型意义，而北美自由贸易区也是世界上最大的自由贸易区。总体来看，世界各国都非常重视通过建立和发展自由贸易区来为自己的经济发展服务，除亚洲的日本、韩国以外，世界上几乎各主要贸易国均已参加自由贸易区，有的还是多个自由贸易区的成员。

（2）中国的法律依据。《中华人民共和国对外贸易法》第五条规定：中华人民共和国根据平等互利的原则，促进和发展同其他国家和地区的贸易关系，缔结或参加关税同盟协定、自由贸易区协定等区域经济贸易协定，参加区域经济组织。

3. 自由贸易区发展历史及主要特点

（1）自由贸易区发展历史。当今自由贸易区的发展形势非常迅猛，范围遍及各大洲，是区域经济一体化的主要形式之一。

20 世纪 50 年代初，美国就明确提出：可在自由贸易区发展以出口加工为主要目标的制造业。

20 世纪 60 年代后期，一些发展中国家也利用这一形式，并且将它建成为特殊的工业区，逐步发展成为出口加工区。

20 世纪 80 年代以来，许多国家的自由贸易区积极向高技术、知识和资本密集型发展，形成"科技型自由贸易区"。

2014 年，在上海自由贸易（试验）区正式获批之后，我国多地涌现起申报自由贸易区的热潮。

（2）自由贸易区发展的主要特点。随着时间的发展，自由贸易区发展逐渐呈现以下特点：

1）数量不断增加。最典型的是美国对外贸易区的迅速增长。20 世纪 60 年代末 70 年代初，美国在全球经济中的地位开始下降，与此同时，美元贬值，失业人数增加。在此情况下，为了刺激对外贸易发展，各州纷纷设立对外贸易区。到 1980 年，全美的自由贸易区增加到 77 个，到 1994 年年底，自由贸易区已达 199 个，贸易区分区达 285 个，总数为 484 个。

2）功能趋向综合。随着自由贸易区数量的持续增长，自由贸易区的功能也在不断扩展。早从 20 世纪 70 年代开始，以转口和进出口贸易为主的自由贸易区和以出口加工为主的自由贸易区就已经开始相互融合，自由贸易区的功能趋向综合化。原料、零部件、半成品和成品都可在区内自由进出，在区内可以进行进出口贸易、转口贸易、保税仓储、商品展销、制造、拆装、改装、加标签、分类、与其他货物混合加工等商业活动。因此，世界上多数自由贸易区通常都具有进出口贸易、转口贸易、仓储、加工、商品展示、金融等多种功能，这些功能综合起来就会大大提高自由贸易区的运行效率和抗风险能力。

3）管理不断加强。各国的自由贸易区在初创时由于条件不同，功能各异，管理水平也相关较大，但是经过几十年的竞争发展，各国自由贸易区的管理已逐渐趋向规范化。而且随着科学技术的进步，自由贸易区的基础设施和管理手段也大大改善，形成了各自颇具特色的管理体制。世界上四个主要的自由贸易区（阿联酋迪拜港自由港区、德国汉堡港自由港区、美国纽约港自由贸易区、荷兰阿姆斯特丹港自由贸易区）的管理机构权威性非常强。四国对自由贸易区管理机构授权上大体相近，都是港区合一，成立经联邦政府授权的专门机构，负责管理和协调自由贸易区的整体事务，投资建设必要的基础设施，有权审批项目立项。特别是着眼于自由贸易区与城市功能的相互促进，超前进行整体规划和建设，极富特色和成效，带动了周边城市经济发展，尤其是在金融、保险、商贸、中介等第三产业发展上成效显著。

4. 自由贸易区类型

（1）按性质分。就性质而言，自由贸易区可分为：商业自由区和工业自由区。前者不允许货物的拆包零售和加工制造；后者允许免税进口原料、元件和辅料，并且指定加工作业区加工制造。

（2）按功能分。就功能而言，世界自由贸易区的功能设定是根据区位条件和进出口贸易的流量而确定的，并且随着国内外经济形势的发展而调整和发展。其主要类型有以下四种：

1）转口集散型。转口集散型自由贸易区利用优越的自然地理环境从事货物转口及分拨、货物储存、商业性加工等。最突出的是巴拿马的科隆自由贸易区。

2）贸工结合、以贸为主型。这类自由贸易区以从事进出口贸易为主，兼搞一些简单的加工和装配制造。在发展中国家最为普遍，如阿联酋迪拜港自由港区。

3）出口加工型。出口加工型自由贸易区主要以从事加工为主，以转口贸易、国际贸易、仓储运输服务为辅，如尼日利亚的自由贸易区。

4）保税仓储型。保税仓储型自由贸易区主要以保税为主，免除外国货物进出口手续，较长时间处于保税状态，例如荷兰阿姆斯特丹港自由贸易区。

5. 中国（上海）自由贸易试验区

（1）成立背景。中国（上海）自由贸易试验区［China（Shanghai）Pilot Free Trade Zone］，简称上海自由贸易区或上海自贸区，是设于上海市的一个自由贸易区，也是中国境内第一个自由贸易区。

2013年7月国务院常务会议通过《中国（上海）自由贸易试验区总体方案》和《中华人民共和国外国人入境出境管理条例（草案）》。会议原则通过了《中国（上海）自由贸易试验区总体方案》。强调：在上海外高桥保税区等四个海关特殊监管区域内，建设中国（上海）自由贸易试验区，是顺应全球经济发展新趋势、更加积极主动对外开放的重大举措。

2013年8月，国务院正式批准设立中国（上海）自由贸易试验区。该试验区成立时，以上海外高桥保税区为核心，辅之以机场保税区和洋山港临港新城，成为中国经济新的

"试验田"，实行政府职能转变、金融制度、贸易服务、外商投资和税收政策等多项改革措施，大力推动上海市转口、离岸业务的发展。

2013年9月29日，上海自由贸易试验区正式挂牌成立。

上海自由贸易试验区范围涵盖上海市外高桥保税区、外高桥保税物流园区、洋山保税港区和上海浦东机场综合保税区等四个海关特殊监管区域，是"四区三港"的自贸区格局。

中国（上海）自由贸易试验区（Free Trade Zone，缩写FTZ）是根据本国（地区）法律法规在本国（地区）境内设立的区域性经济特区。这种方式属一国（或地区）境内关外的贸易行为，即某一国（或地区）在其辖区内划出一块地盘作为市场对外做买卖（贸易），对该地盘的买卖活动不过多插手干预且对外运入的货物不收或优惠收取过路费（关税）。FTZ与FTA两者的相同之处在于都是为降低贸易成本促进商务发展而设立。为避免两者混淆，商务部等部门2008年专门提出将FTZ和FTA分别译为"自由贸易园区"和"自由贸易区"，以示区分。

（2）成效。2014年，经过一年的改革推进，上海自贸试验区已经形成了一系列可复制、可推广的制度创新成果，其中21项在全国或部分地区推广。33项具备了复制推广的基础，一批改革创新事项正在加快实践，包括负面清单制度、小额外币存款利率上限放开、工商登记"先证后照"改"先照后证"、企业年检改年报公示、跨国公司外汇资金集中运营管理、跨境人民币业务等试点，都已先后在自贸区以外获得推广。2014版负面清单更是从190条减少到139条[⊖]，长度缩短了26.8%。

上海自贸试验区成立一周年总结出四大制度创新成果：以负面清单管理为核心的投资管理制度已经建立；以贸易便利化为重点的贸易监管制度平稳运行；以资本项目可兑换和金融服务业开放为目标的金融创新制度基本确立；以政府职能转变为导向的事中事后监管制度基本形成。在建立与国际投资贸易通行规则相衔接的基本制度框架上，上海自贸试验区取得了重要的阶段性成果。

截至2022年年底，上海自贸试验区累计新设企业8.4万户。截至2023年6月，上海自贸试验区累计核发《外国人工作许可证》5.8万余份，其中外国高端人才（A类）1.2万余份。

2.4 国际物流网络

2.4.1 国际物流网络的概念

所谓国际物流网络，是由国际物流实体网络与国际物流信息网络组成的有机整体。如图2-3所示。

国际物流网络中所涉及的国内外的各层仓库、中间商仓库、货运代理人仓库、口岸仓库、国内外中转站仓库及流通加工/配送中心和保税区仓库，称为收发货节点。国际贸易商品和交流物资就是通过这些仓库收进和发出，并在中间存放保管，实现国际物流系统的时间

⊖ 2021版为27条。

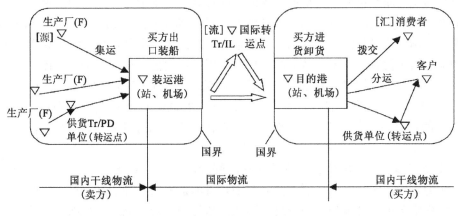

图 2-3 国际物流网络

F——工厂 Tr——运输 PD——分销物流 IL——国际物流

▽——仓储 ⇨——国际段运输 →——国内段运输

效益，克服生产时间和消费时间上的背离，促进国际贸易系统和国际交往的顺利进行。节点内商品的收与发是依靠运输连线和物流信息的沟通、输送来完成的。

连接上述国内外众多收发货节点的运输连线，如各种海运航线、铁路线、飞机航线及海、陆、空联合运输线路，称为连线。从广义上讲，连线包括国内连线和国际连线。这些网络连线代表仓库货物的移动——运输的路线与过程；每一对节点有许多连线以表示不同的路线、不同产品的各种运输服务；各节点表示存货流动的暂时停滞，其目的是为了更有效地移动（收或发）；信息流动网上的连线通常包括国内外邮件，或者某些电子媒介（如电话、电传、电报及因特网、E-mail 和 EDI 报文等），其信息网络的节点则是各种物流信息汇集及处理之点，如员工处理国际订货单据、编制大量出口单证，或者准备提单，或者电子计算机对最新库存量的记录。物流网络与信息网并非独立，它们密切相连。

从结构流程图上看，物流网与信息网都是由节点和连线组成的。二者最主要的差别是商品/物资的流向与商品的分配。物流网朝最终国外消费者的方向移动；而信息网的方向大多与商品进出口分配通路方向相反，朝商品货源地的方向移动，即实施其反馈功能。信息网在整个国际物流网络系统中的作用不容忽视，其起到沟通、主导物流活动的作用，所以从流向来看，信息流具有双向反馈特点。信息流活动是一个非常复杂的过程，如出口单证的编制、交寄、反馈过程等。

2.4.2 国际物流信息网络

国际物流物理网络与国际物流信息网络并非各自独立，它们之间密切相关。物流的每一活动几乎都有信息支撑，物流质量取决于信息，物流服务也要依靠信息。如果没有信息流，物流将只会成为一个单向的难以调控的半封闭式的国际物流系统。而信息流的双向反馈作用，可以使国际物流系统易于控制、协调，使其能合理、高效地运转，充分调动人力、物力、财力、设备及资源，以便最大限度地降低国际物流总成本、提高经济效益。

信息流在国际物流中的作用主要表现在如下三个方面：

（1）反馈与控制作用。面对一个不断发展变化的复杂的国际物流大系统，信息流灵敏、正确、及时的反馈非常重要，它如同人体的中枢神经。如果信息反馈作用失灵，则国际物流系统可能陷入瘫痪；反之，有了高效、灵敏的信息反馈，必然能指挥、协调国际物流系统，使其活跃和发达。信息反馈就是控制系统把信息输送出去又把其作用的结果返送回来，并把调整后的决策指令信息再输出，从而起到控制作用。用信息流反馈方法进行控制时，一般会产生两种不同的效果：如果信息的反馈使国际物流系统的运动得到发展，增加了效益，则称之为正反馈；反之，当信息的反馈造成国际物流的供给对需求减少，则称之为负反馈。不论是正反馈还是负反馈，其目的都在于调节和控制、防止失控，实现国际物流的高效运转。

（2）支持保障作用。决策是企业最基本的管理职能，它对于复杂的、动态多变的国际物流系统尤为重要。国际物流企业经营的范围和目标是根据各种信息，经过分析、研究、论证之后才能确定和进行决策的。经营目标一般包括长期经营目标、中长期经营目标和短期经营目标。经营目标的决策确定之后，在其执行运转过程中还要根据各种信息不断地调整和平衡。由于信息流通不畅会造成国际物流活动的失控和混乱，因而，信息的真实性和可靠度就决定着国际物流企业的生死存亡，根据虚假信息做出的错误决策有可能造成全局性的失败甚至破产。因此，决策的科学性是国际物流经营成功的前提。

国际物流是一个复杂的超越国界的大系统。信息流为大系统的正常运转提供经营决策的支持和保障作用。信息是国际物流活动的基础和保障。没有信息，国际物流无法正常运作，因为每一个子系统信息的输入与输出都是下一个子系统运行的前提和基础，也是整个大系统相互沟通、调节、运转的支持与保障，这是国际物流大系统能否有规律运行的关键。

（3）资源性作用。信息在国际物流系统中可以被视为一种重要资源，从某种意义上讲，国际物流活动可以被认为是物品资源在国际市场上的分配和竞争。进行这种活动的基本条件就是要掌握相关的各种信息，以利用现有的物品资源取得最大效益。然而，在实际操作中，很多不确定因素往往会给预测和决策带来很大的风险性，这时，信息的资源替代作用将会十分明显，它可以替代库存物品、投资和经营资金。这就要求从业者能根据信息，及时进行利弊权衡，以适应不断变化的动态的国际物流形势，减少风险、增加效益，这是信息具有资源性作用的表现。

2.4.3 国际物流系统网络在国际贸易中的重要作用

国际物流系统网络在国际贸易中的作用体现有三点：

（1）国际物流系统网络研究的中心问题。国际物流系统网络确定了进出口货源点（或货源基地）和消费者的位置，以及各层级仓库及中间商批发点（零售点）的位置、规模和数量，从而决定了国际物流系统的合理布局和合理化问题。

（2）合理布局国际物流系统网络。在合理布局国际物流系统网络的前提下，国际贸易由卖方向买方实体流动的方向、规模、数量就确定下来了，即国际贸易的贸易量、贸易过程（流程）的重大战略问题，进出口货物的卖出和买进的流程、流向、物流费用、国际贸易经营效益等，都一一确定下来了。

（3）完善和优化国际物流网络。完善和优化国际物流网络，可以扩大国际贸易规模，提高跨国公司的竞争能力和成本优势，广泛地与世界各国联系，尽早、尽快地打入国际市场，并占领国际市场；同时从时间和空间上，从信息传输上，为加速商品周转、资金流动，为减少库存和资金占压，为加速国际流通，都提供了有效的、切实可行的途径和保证。也可以说，离开了国际物流网络的合理规划和设置，国际贸易活动与国际商品流通将寸步难行。

2.4.4　我国建立系统的国际物流网络的建议

我国的国际物流网络已经具有一定的规模，为了促进我国国际物流系统网络更加合理，应该采取以下措施：

（1）合理选择和布局国内外物流网点，扩大国际贸易的范围、规模，以达到费用省、服务好、信誉好、效益高、创汇多的物流总体目标。

（2）采用先进的运输方式、运输工具和运输设施，加速进出口货物的流转，充分利用海运、多式联运方式，不断扩大集装箱运输和大陆桥运输规模，增加物流量，扩大进出口贸易量和贸易额。

（3）缩短进出口商品的在途积压，它包括进货在途（如进货、到货的待验和待进等）、销售在途（如销售待运、进出口口岸待运）、结算在途（如托收承付中的拖延等），以便节省时间，加速商品和资金的周转。

（4）改进运输路线，减少相向、迂回运输。

（5）改进包装，增大技术装载量，多装载货物，减少损耗。

（6）改进港口装卸作业，有条件时要扩建港口设施，合理利用泊位与船舶的停靠时间，尽力减少港口杂费，吸引更多的商户入港。

（7）改进海运配载，避免空仓或船货不相适应的状况。

（8）综合考虑国内物流运输，在出口时，有条件的要尽量采用就地就近收购、就地加工、就地包装、就地检验、直接出口的物流策略。

2.5　案例分析

宜家缔造家具供应链王国

北欧的瑞典，风光旖旎，这里有全球最好的环境保护和完善的福利制度，也拥有富有创造力和精于工程制造的国民，瑞典人不仅能生产全球顶级的商用车（VOLVO、SCANIA）和战斗机（SAAB）、电子通信设备（ERICSSION），而且也构筑了另一个商业零售王国——宜家（IKEA）。在这样一个全球跨国企业的运作中，物流所起的作用是毋庸置疑的。

1. 全球采购，全球销售

从瑞典首都斯德哥尔摩驱车3个多小时来到延雪坪，这里是瑞典火柴工业之父伦德斯特伦兄弟研制出安全火柴并诞生世界第一家火柴厂的地方，宜家的总部也在这里。

宜家（IKEA）是由创始人英格伦·康拉德（Ingvar Kamprad）先生的姓氏及名字的首写字母（IK）和他所在的农场（Elmtaryd）及村庄（Agunnaryd）的第一个字母组合而成的。

1943年，17岁的康拉德在自家花园棚子里开了家小铺——"宜家"，从一支笔、一瓶墨水的小生意做起，如今已建立了自己的家居用品零售业王国。

宜家在全球最大的五个采购地分别是：中国（18%），波兰（12%），瑞典（8%），意大利（7%），德国（6%）。但销售量最大的国家分别是：德国（19%），英国（11%），美国（11%），法国（9%），瑞典（8%）。目前宜家在俄罗斯的发展也非常快。

为了协调这种采购地和销售市场在空间上的矛盾，保证宜家全球业务的正常运作和发展，保持宜家在全球市场上廉价而时尚的品牌形象，高效、敏捷、低成本的供应链管理成为宜家的核心。

宜家在全球有44间贸易公司，分布在32个国家，有1300个供应商分布在全球55个不同国家。宜家把核心的产品设计部门放在瑞典，每年设计1000种不同类别的家居用品。家具制造都采用外包，供应商必须按照图样来生产，无论是在中国、波兰还是瑞典，制造商都必须保证遵循宜家的设计和宜家的质量标准。所以在行内人士看来，宜家的供应链管理异常复杂而庞大。

具体到物流运作，就体现在物流中心的全球布局上，宜家把全球市场分为8个区域，全球有28个配送中心分布在17个国家，其中，欧洲有19个配送中心，美国有5个，在亚洲的中国、马来西亚也各设有1个。

2. 高效的物流中心

宜家总部的第一个物流中心是在1964年建立的，宜家在瑞典总部的3个物流配送中心通过铁路线相互连接。宜家2000年建成物流中心——DC008，它的库容约为8万 m^2。其中约5万 m^2 采用的是全自动化的仓库（AS/RS），其余约3万 m^2 是普通货架仓库。

配送中心按功能分为两个部分：一部分是DC[⊖]，主要负责对销售网点的货物配送；另外一部分是CDC，是配合网上销售，直接面向顾客提供送货上门服务的配送中心，通过地下隧道和DC连接在一起。

宜家的CDC每天要处理1200多个订单，生成约300多个货物单元，每天大概会有65辆卡车，从配送中心出发以公路运输的方式送货到北欧的客户家中。在瑞典宜家总部设有一个运输部门，控制着全球的10000多辆卡车，其中3000多辆是宜家自有的。

整个配送中心有1000名员工，工作时间从每天5:30到23:00，每天要处理12000 m^3 的家居物品，一年下来合计是230多万 m^3 的货物。

1953年，宜家历史上非常著名的一个节约成本的成功案例出现了——"自助组装家具"。由此，宜家出现了平板包装，并且由此得出"可拆装家具"生产得越多，运输途中的破损现象就越少，运费成本就越低的结论。此后，宜家走上可拆装家具之路，这为它成为今日的全球巨头清除了一个巨大的障碍。可以说宜家的每一项产品设计和包装都贯穿着尽量降低物流成本的精妙构思。

由于宜家创造了著名的"平板包装"，从物流作业的角度上看，不仅可以实现商品储运过程中的集装单元化，降低运输成本，而且在物流中心现场作业中也大大提高了装卸效率，而且使自动化存储成为可能。

宜家在全球的采购和销售过程中都采用集装箱运输。在集装箱的装卸过程中，如果使用托盘作业，每只集装箱的装卸时间只需要30~40min；不使用托盘的话，则需3~4h，托盘的

⊖ DC即配送中心（Distribution Centre），是指接受供应商提供的多品种、大量货物，并在储存、分拣、配送、配送处理、信息流处理等操作后，并按照用户订购要求完成的货物交付给客户的组织和物流设施。

使用无疑大大降低了综合物流成本。托盘的运用是物流中心高效运作的基础。

欧洲的托盘标准体系有 10 个不同的规格，编号为 E0～E9，但使用最普遍的是 800mm×1200mm 这一规格。根据货物的不同规格，可以选择相应尺寸的托盘。所以，宜家在供应分布于欧盟不同国家的商店时都使用标准托盘运输。

宜家仓库货位架的结构和尺寸是按照不同的托盘规格来设计的。除了欧洲标准体系中的 10 种规格之外，宜家还规划了自己的托盘标准（I1～I9），它是依据欧洲的货盘标准，再结合宜家自身情况而制定的。在尺寸上有一些微调。

宜家仓库中有 60% 的货物是放在欧洲标准托盘 E3、E4 和宜家标准托盘 I3、I4 上的。宜家的仓库管理中对托盘的质量有着严格的要求。

DC008 的自动化立体库，货架高 26m，有 11 台堆垛机，22 个巷道，存储着 8000～9000 种货物，整个仓库可以存放 57000 个标准托盘。整个系统由瑞仕格（Swisslog）提供设备和系统集成，整个自动化立体库是无人操作的，值班人员只负责解决各种突发事件。实际上由于堆垛机运行稳定，基本不需要特殊的维护。

DC008 仓库分为内外两个部分，由于不同种类货物的周转速度不同，而且要使用叉车进行装卸作业，需要尽可能地减少货物的运输距离，所以在仓库进门处设计一个工作室，相关技术人员在这里通过系统对仓库的各项作业进行周期性分析，实时调整货物的存储位置。

在宜家的物流中心，商品的周转率是一个非常重要的指标。仓库管理系统和现场调度要根据这个指标来合理安排货物的存储区域和动线，以最大限度减少搬运的距离，提高效率，降低成本。货品以周转快慢为指标进行分类，周转速度为 8 周以内的，尽量靠近出入库区；周转速度为 8～16 周的商品次之。商品在 DC008 存放的最长时限为 2 年。整个中心可以存放 10 万个托盘，一年的周转数是 5～6 次。

3. IT 系统——物流中心的中枢

宜家 DC008 有一套完善的计算机系统，它是整个宜家配送中心运作的核心。这套系统是宜家和软件供应商一起开发的"量身定制"的系统，因此在很大程度上适应了宜家的特点。

首先是自动订货系统。需要订货的商店是通过这个自动订货系统进行订货的。如果订单确认，系统会把相应的信息传递至仓库的数据管理系统，仓库的计算机控制系统就会自动按订单完成取货作业，整个订货过程不需要人为干涉。

宜家仓库还有一个完善的仓库作业的安全管理系统。系统能够在作业过程出现差错时发出相应警告。例如，托盘未放好或未放到位，系统会亮出红色警示灯或发出报警蜂鸣声，以确保现场高效准确的运作。

宜家仓库管理系统的另一个重要作用就是进行良好的库存面积管理。系统将仓库的每一个位置进行编号，这便于通过计算机迅速准确地找出指定位置，为了保证适当的周转速度，系统会有意识地留出 15% 的空位。而且系统会依据不同的编号对货物进行分区库存管理，由于货物的性质及客户的需求不尽相同，系统会根据相关的数据信息及系统算法区分货物出库的轻重缓急，通过系统配置最合适的存放位置，从而保证仓库既拥有较高的库存量，又兼顾较快周转速度。

DC008 仓库内的现场装卸作业也是通过仓库的控制中心进行控制的。叉车都装有车载终端，入库作业时，都需要读取货位编号及货物条码信息进行核对；出货时，同样要反向核对相应的信息才能出货。而且，系统也具备同时管理叉车装卸作业过程中的功能。通过系统控制车辆装载的重量，还可以调整货物装载的重心，以确保作业的安全。

宜家的仓库管理系统（WMS）功能是相当完善的且运行稳定，全球的宜家仓库都在使用这个系统。2006年，系统运作的准确率达到了99.9%。不难看出，宜家物流的运作对这套系统高度依赖，如果系统出现问题，则整个仓库管理就会瘫痪。

4. 重要的是流程

宜家在全球有28个类似DC008这样的物流中心，需要大量的资金投入，据介绍，宜家每一个类似的物流中心都需要投资100亿瑞典克朗，建设周期为9个月。

面对如此高昂的投入，宜家对物流中心的布局和全球网络的运筹是非常慎重的。具体在某一个市场上，就体现在流程的设计上，其目的是使其效益达到最大化。

在入库作业中，调度中心的作用是很重要的，系统根据相关信息报告，提前获悉卡车进入物流中心的时间，调度中心可以提前计算出卡车装载的货物所需的货位数和具体位置及现场作业的区域，提前下达现场作业指令和车辆的现场调度信息。整个过程都是通过程序自动执行的，相应的指令会发送到叉车和卡车的数据终端上。在调度中心的系统中，用简单的数字区分各种入库作业的状态。例如："02"表示卡车在仓库外还未到达门口；"20"表示卡车到达仓库门；"30"表示开始装货；"70"表示货物已经装好，车辆出库。

在安排好一个流程之后，系统又会马上进入下一个过程的准备。

物流中心的存储效率也很高。在一般情况下，每台堆垛机从仓库调取一件货物的时间最多需要2min，而最短仅需10s。这里自然也有合理调配流程体现出的高效率。

宜家对物流配送服务中心有三个最基本的要求：一是要保证覆盖区域内家具商店有充足的货量；二是要保证宜家公司不断地扩张发展的需求；三要保证物流的效率和最低成本的运作。

宜家同时还为物流配送作业制定了如下程序和周期控制原则：第一天商店卖出了一件货物，马上通过计算机网络系统显示给计划部门；第二天就要安排供货；第三天所需货品一定要完成从仓库出货；第四天运到商店；第五天新商品上架。无论在世界任何地区，都必须保证这样的货物流转速度和流程。

以在中国采购流程为例：如果在中国采购的货物直接在中国销售，那么宜家会将供应商的货物直接送到大的宜家商店或距离最近的配送中心即宜家上海配送中心；如果这些货物将在北欧销售，那么货物将会运送到欧洲某一个最合适的配送中心，然后配送到相应的宜家商店。

这个家居用品零售业巨人的正常的运转和飞速扩张，是靠着庞大而高效的供应链来维系和支撑的。宜家的供应链管理致力于在一个供应商、制造商、销售商和顾客组成的网络结构中进行高效集成和有序的控制。因此，一条复杂、敏捷而高效的供应链，几乎可以被视为宜家的"生命线"。事实上这也是每一家成功企业不可复制的共性。

在这种共性下，宜家也保持了自己独到的处理方式，目前供应链管理的一个重要趋势是要尽可能地降低库存，并且尽量提高在途库存比例。但是宜家对库存管理的理念相比有一定的差异——宜家认为需要保持适量的库存，原因是宜家的采购量和销量太大，在途库存无法很好地满足宜家商店的需求。保持一定水平的在库库存可以避免更加麻烦的缺货风险。当然这也是和宜家出色的营销和产品开发策略相适应的。

（资料来源：http://www.docin.com/p-280479109.html，有改动。）

案例思考：

宜家（IKEA）的物流系统构成如何？

 复习与思考

1. 简述国际物流系统的功能要素。
2. 国际物流系统的物质基础要素有哪些？
3. 口岸的地位和作用是什么？
4. 什么是保税仓库？设立保税仓库应具有什么条件？

第3章

国际物流信息化管理

现代物流的重要特征就是物流信息化，现代物流也可以看作实物流通与信息流通的结合。在现代物流运作过程中，通过使用计算机技术、通信技术、网络技术等技术手段，大大加快了物流信息的处理和传递速度，从而使物流活动的效率和反应能力得到了提高。建立和完善物流信息系统，对构筑物流系统、开展现代物流活动极其重要。

3.1 国际物流信息化概述

3.1.1 物流信息与信息化

物流信息是指与物流活动相关的信息，是反映物流各种活动内容的知识、资料、图像、数据、文件等的总称。物流信息的含义从狭义上来说是指直接产生于物流活动的信息；从广义上来说还包括对物流活动有用的、来自于商品交易活动甚至生产活动的信息，如商品交易信息和市场信息等。物流活动的管理和决策是建立在对信息准确而全面把握的基础上的，物流作业活动的高效运作同样也离不开信息的支持，如运输工具的选择、运输路线的确定、在途货物的跟踪、订单处理、库存状况的把握、配送计划的制订、分拣等，都需要详细和准确的物流信息。

在现代经营管理活动中，物流信息与商品交易信息、市场信息相互交叉、融合，关系密切。广义的物流信息不但能够起到连接、整合从生产厂家到最终消费者的整个供应链的作用，而且在应用现代信息技术的基础上能实现整个供应链活动的高效运作。也就是说，物流信息不但对物流活动有支持和保证的功能，而且具有连接、整合整个供应链和实现活动高效运作的功能。

物流信息的任务是：根据企业当前物流过程和可以预见的发展，以及对信息采集、处理、传递、储存和交流的要求，选购或构筑由信息设备、通信网络、数据库和支持软件等组成的环境，充分利用物流系统内部和外部的物流数据资源，促进物流信息的数字化、网络化、市场化，改进现有的物流管理，选取和发现新的机会，从而做出更好的物流决策。

所谓信息化，是指围绕提高企业的经济效益和竞争力，充分利用电子信息技术，不断扩大信息技术在企业经营中的应用和服务，提高信息资源的共享程度。信息化的根本目的就是在改造传统产业、发展高新技术产业的过程中，不断提高企业的开发创新能力、经营管理能力和竞争力。

物流信息化不仅包括物资采购、销售、存储、运输等物流活动的信息管理和信息传送，还包括对物流过程中的各种决策活动，如采购计划、销售计划、供应商选择及顾客分析等提供决策支持，并且充分利用计算机的强大功能，汇总和分析物流数据，进而做出更好的进、销、存决策，从而大大降低企业的生产成本，提高生产效率，增强企业的竞争力。

物流信息化的目标是：①操作自动化，即整个业务流程采用信息化技术部分或全部取代手工操作，以提高整个物流系统的工作效率和信息的准确性；②管理信息化，即通过信息化技术合理改造物流操作流程、合理利用企业资源，以提高物流操作效率。

3.1.2　国际物流信息化的含义、特点

1. 国际物流信息化的含义

国际物流中的信息化是指信息流供给方与需求方进行信息交换和交流而产生的信息流动，表示商品品种、数量、时间、空间等各种需求信息在同一个国际物流系统内的不同的物流环节中所处的具体位置。国际物流系统中的信息种类多、地域跨度大、涉及面广、动态性强，尤其是在国际物流作业过程中，物流信息受自然因素和社会因素的影响较大。

2. 国际物流信息的特点

与国内物流信息相比，国际物流信息具有以下特点：

（1）分布广、数量大、品种多。国际物流信息的产生、加工、传播和应用在时间、空间上不一致，方式也不同。国际物流信息超过国家间的地理边界，不仅涉及国际物流内部作业各层次、各方位、各环节，也与相关各国的经济决策、自然环境、发展战略和外贸管理制度有着密切的关系。

（2）时效性很强，信息价值的衰减速度快。信息价值随着时间的推移逐渐衰减，其内容将变得陈旧，能够提供的情报、决策支持或满足用户认知等价值会不断减少，甚至完全丧失。由于国际物流涉及的范围十分广泛，其动态性也很强，物流信息过晚或过早到来都容易增加国际物流成本，因而对国际物流信息管理的及时性和灵活性提出了很高的要求，在运输、储存、配送、搬运、生产、销售等各个环节，及时、准确地提出相关的国际物流信息十分必要。

（3）具有双向反馈的作用。国际物流活动的过程极其漫长，货物和商品的流动周期很长，如果没有信息流，将会形成一个单项的、难以调控的、半封闭的国际物流系统。而信息流具有双向反馈的作用，可以使国际物流系统易于协调、控制，使其合理、高效地运转，以达到最大限度地降低国际物流总成本、提高国际物流经济效益的目的。

（4）具有动态追踪性。由于国际物流是国际商品流动，所以不仅要研究国际物流系统内部的相互联系，还要研究各国整体物流的合理化，取得有关各国的协助与配合。这就要求做好追踪处理工作，随时掌握国际物流的行踪，增加国际物流过程中物流状态的透明度，将国际物流的损失减到最小，获得最大效益。

（5）国际物流信息的标准化趋势。未来社会的经济发展将呈现出国际化、全球化的趋势，为社会生产服务的物流产业也将呈现出社会化和国际化的趋势，这就对物流技术提出了新的要求——全球标准化。在未来社会，物流设备、物流系统的设计与制造必须满足统一的国际标准，以适应各国及各地区之间实现高效率物流运作的要求。

3.1.3　国际物流信息系统

物流信息系统是企业管理信息系统的一个子系统，是通过对与企业物流相关的信息进行加工处理来实现对物流的有效控制和管理，并为物流管理人员及其他企业管理人员提供战略

及运作决策的人机系统。物流信息系统是提高物流运作效率、降低物流成本的重要基础设施。

整个物流过程是一个多环节（子系统）的复杂系统，物流系统中的各个子系统通过物质实体的运动联系在一起，一个子系统的输出就是另一个子系统的输入。合理组织物流活动，就是使各个环节相互协调，根据总目标的需要适时、适量地调度系统内的基本资源。物流系统中的相互衔接是通过信息予以沟通的，基本资源的调度也是通过信息的传递来实现的。因此，物流管理必须以信息为基础，为了使物流活动正常而有规律地进行，必须保障物流信息畅通。

国际物流信息系统的主要功能是采集、处理和传递国际物流和商流的信息情报。没有功能完善的信息系统，国际物流和跨国经营寸步难行。国际物流信息的主要内容包括进出口单证的作业过程、支付方式信息、客户资料信息、市场行情信息和供求信息等。

国际物流信息系统的特点是：信息量大，交换频繁；传递量大，时间性强；环节多，点多，线长。因此，要建立技术先进的国际物流信息系统，EDI 的发展是一个重要趋势，我国应该在国际物流中推广 EDI 的应用。

国际物流系统的不同阶段和不同层次通过信息流紧密地联系在一起，因而在国际物流系统中，总存在着对物流信息进行采集、传输、存储、处理、显示和分析的国际物流信息系统。国际物流信息系统的基本功能可以归纳为以下五个方面：

（1）数据的收集和录入。国际物流信息系统首先要做的是用某种方式记录下国际物流系统内外的有关数据，集中起来并转化为国际物流信息系统能够接受的形式输入到系统中。

（2）信息的储存。数据进入系统之后，经过整理和加工，成为支持国际物流系统运行的物流信息，这些信息需要暂时储存或永久保存，以供应用。

（3）信息的传播。物流信息来自国际物流系统内外有关单元，又为不同的物理职能所利用，因而克服空间障碍的信息传播是国际物流信息系统的基本功能之一。

（4）信息的处理。国际物流信息系统的基本目标，就是将输入的数据转化、加工、处理成为物流信息。国际物流信息的处理可以是简单的查询、排序，也可以是模型求解的预测。信息处理能力的强弱是衡量国际物流信息系统能力的一个重要方面。

（5）信息的输出。国际物流信息系统的目的是为各级物流人员提供相关的物流信息，为了便于人们对物流信息的理解，系统输出的形式应力求易读易懂、直观醒目，这是评价国际物流信息系统的主要标准之一。

3.1.4　国际物流信息技术的发展

贸易过程中的商品从厂家到最终用户的物流过程是客观存在的。每天在全球范围内发生着数以百万计的商业交易，每一笔商业交易的背后都伴随着物流和信息流。商业链上的贸易伙伴都需要通过这些信息对产品进行发送、跟踪、分拣、接受、存储、提货及包装等。在世界信息化高度发展的电子商务时代，物流和信息流的相互配合变得越来越重要，在物流管理中必然要用到越来越多的现代物流技术。

物流技术一般是指与物流要素活动有关的所有专业技术的总称，可以包括各种操作方法、管理技能，如流通加工技术、物品包装技术、物品标识技术、物品实时跟踪技术等。物流技术还包括物流规划、物流评价、物流设计、物流策略等。现代的物流技术中综合了许多现代信息技术。

物流信息技术是指现代信息技术在物流各个作业环节中的应用，是物流现代化极为重要的领域之一，尤其是计算机网络技术的应用使物流信息技术达到了新的水平。物流信息技术是物流现代化的重要标志，也是物流技术中发展最快的领域。同时，随着物流信息技术的不断发展，产生了一系列新的物流理念和新的物流经营方式，推动着物流的变革。

综观国外电子商务与物流的发展现状和趋势，不难发现，电子商务再兴旺，其作用也不过是产生对物流配送的强烈市场需求，并不能真正提高物流技术与物流经营管理水平，真正促进物流业向更高水平前进的是现代的计算机技术、通信技术、网络技术的飞速发展，它们也促进了物流的信息化进程。条形码技术与各种电子扫描技术、电子数据交换及商务间数据传输等逐渐发展，声控技术、卫星通信的实时跟踪技术等改变物流作业过程，快速、精确和全面的信息通信技术为物流新战略提供了基础，如准时化战略、快速反应战略、连续补货战略、自动化补充战略等，物流的发展也正是得益于此。这一点对当前我国物流业的发展非常重要，即物流业的发展必须以一些实实在在的技术改进为前提。

3.2 国际物流信息系统的设计

3.2.1 国际物流信息系统的设计原则

国际物流信息系统以物流为特定的对象范畴，把物流和物流信息结合成一个有机的系统，这个系统用各种方式收集、输入有关物流计划、业务、统计的各种数据，通过有针对性、有目的的计算机处理，最后输出对管理工作有用的信息。设计国际物流信息系统时必须遵守以下原则：

1. 完整性原则

物流的不同层次通过信息流紧密地结合起来。在物流系统中，存在对物流信息进行采集、传输、存储、处理、显示和分析的信息系统，基本功能包括数据的收集和录入、信息的存储、信息的传播、信息的处理、信息的输出等。因此，国际物流信息管理系统应该具有功能的完整性，就是根据企业物流管理的实际需要，设计能全面、完整覆盖物流管理的信息化要求的系统。国际物流信息系统不是单项数据处理的简单组合，必须要有系统规划，是范围广、协调性强、人机结合紧密的系统工程。系统规划是系统开发最重要的环节。有了好的规划，就可以按照数据处理系统的分析和设计实现系统开发。因此，要保证国际物流信息系统开发和操作的完整性和可持续性，就应制定出相应的管理规范，如开发文档的管理规范、数据格式规范、文件规范等。

2. 可靠性原则

系统在正常情况下是可靠运行的。可靠性原则实际就是要求系统具有准确性和稳定性。系统的准确性依赖于物流信息的精确性和及时性，物流信息必须精确、及时地反映企业目前的状况和定期活动，以方便衡量顾客订货和存货的水平。一个可靠的国际物流管理系统应该能在正常情况下达到系统设计的精度要求，不管数据多么复杂，只要是在系统设计要求的范围内，就应能输出可靠结果。非正常情况下的可靠性，是指系统在软、硬件环境发生故障的情况下仍能部分使用和运行。一个优秀的系统也是一个灵活的系统，在设计时必须针对一些紧急情况做出应对措施。因此，国际物流信息系统必须以处理异常情况为基础，依托系统来突出问题和机会，方便管理者通过物流信息系统集中精力关注最重要的情况，及时做出相应的危机公关决策。

3. 经济性原则

企业是趋利性组织，追逐经济利益是其活动的最终目的，所以在系统的投入中也要做到投入最小、效益最大。软件的开发费用必须在保证质量的情况下尽量压缩。一个经济、实用的国际物流信息系统必须层次分明，不同层次上的部门和人员可能需要不同类型的信息。一个完善的物流信息系统要有以下层次：①数据层，将收集、加工的物流信息以数据库的形式加以存储；②业务层，对合同、票据、报表等业务表达方式进行日常处理；③运用层，包括仓库作业计划、最优路线选择、控制与评价模型的建立、根据运行信息监测系统的状况；④计划层，建立各种物流系统分析模型，辅助高级管理人员制订物流战略计划。另外，国际物流信息系统必须是友好的，方便管理者使用，同时也可以提升工作效率。系统界面提供的物流信息要有正确的结构和顺序，能有效地向决策者提供所有相关的信息，避免管理者经过复杂操作才能达到相应的要求。系统投入运行后，还必须保持较低的运行维护费用，减少不必要的管理费用。

3.2.2 国际物流信息系统的组成

一个完整的国际物流信息系统基本包括以下子系统：

1. 资料传输系统

资料传输系统主要包括企业间资料的传送、转入/转出、处理及回传统计结果等。例如，某物流中心经由数据机接收 A 公司传来的送货通知（或订货单），转入物流信息系统，开始对其内容进行处理（拣货、流通加工、装箱、出货等），出货完成后即将此信息转出并回给 A 公司，以便清货及库存对账。

2. 表单管理系统

表单管理系统包括进货单、出货单、入库单、出库单、拣货单、盘点单等的作业状况管理。表单管理应力求精确，尽量避免人工的数据输入动作，并且最好从进货到入库、接单、出货实现完全自动化。

3. 物流作业系统

物流作业的基本活动是储位管理。一切的商品保管、拣货安排、客户商品的分类、集货装箱/包装乃至货物装卸顺序、配送路线、车辆安排等操作都与储位信息息息相关。为了及时掌握正确的物流作业信息，可以设置一些辅助设备，如条形码扫描器、手持终端等。利用商品条形码、储位条形码、表单条形码可以减少人为的错误，加快表单作业的速度。与物流现场作业相关的信息功能大致如下：

（1）进货验收：缩短验收作业时间，系统有规律地安排货物暂存空间。

（2）入库：由计算机指定入库储位，以加强商品管理、提高拣货效率。

（3）补货：由系统适时提出补货商品清单，以减少不必要的搬运活动，提高拣货效率。

（4）拣货：由计算机制订拣货储位。拣货方式可分为摘取式和播种式。摘取式拣货即按订单拣货；播种式拣货即将数张订单汇总后，先按商品总数量拣货，再按店别进行分类。

（5）流通加工：采用拣货方式领出相关的商品，经组合包装后再由系统印制箱标签。

（6）分类：分类作业用于货流量大、货物进出频繁的物流中心。系统必须能够及时提供相关分类资料（如箱标签、箱单明细、客户明细等），以供出货时参考。如果商品或外箱包装贴有条形码，使用自动分类机设备也是一种很好的选择。

（7）出货验货：核对订单需求量与出货量的差异，列印出货单和相关附件。该作业必须与拣货方式密切配合，其信息流也必须同步畅通。

4. 派车、配送系统

要达到降低成本、提高作业效率的目的，系统的设计必须符合以下要求：

1）能缩短配车计划时间。

2）能提高车辆的使用效率（可减少车辆数），降低车辆闲置率，缩短等候时间。

3）能按规定的配送条件（如 JIT 需求）制订配送计划，必须定时定量，而不能一概优先考虑装载率。

4）作业平均化、标准化。必须对配送区域、路线安排、沿途装货点、车辆调度等制订详细而周密的规划。

5. 物流计费

物流的计费项目主要包括以下三种：仓储保管费（含保险费）、流通加工费、运输配送费。计费标准的确定必须考虑市场的接受度和营运成本，而计费功能必须与财务会计系统密切配合。

3.2.3　国际物流信息系统的建设步骤

物流领域在推进信息化的进程中，既带有一般行业信息化的共性，也有其特殊性。这是因为物流业全面融会了多学科的经济科学和技术科学，涵盖了资源配置学、仓储学、流通学、环境学、运输学、搬运学及营销学、再生学、系统学等诸多内容。一次性投入解决所有问题是不可能的，所以物流企业的信息化建设要分阶段、分步骤。

1. 物流信息化建设问题的提出

首先应该解决的是基础信息化，利用计算机、网络等技术实现信息共享、信息传输，使得信息更广泛地成为控制、决策的依据和基础。在这个过程中重点解决信息的采集、传输、加工、共享，这样才能提高决策水平，从而带来效益。在这个层面上可以不涉及或少涉及流程改造的优化。信息系统的任务就是为决策提供及时、准确的信息。

其次要解决的是流程信息化，将系统论和优化技术用于物流的流程设计和改造，融入新的管理制度之中。一方面应固化新的流程或新的管理制度，使其得以规范地贯彻；另一方面应在规定的流程中提供优化的操作方案。此时，信息系统的作用主要在于固化的管理和优化操作。此类信息化建设涉及流程，因此带有明显的行业特点。

最后要解决的是供应链的形成管理，通过对上下游企业的信息反馈服务来提高供应链的协调性和增加整体效益，如生产企业与销售企业的协同、供应商与采购商的协同等。国际物流信息系统不仅是供应链的血液循环系统，也是中枢神经系统。供应链的基础是建立互利的利益机制，但是这种机制需要一定的技术方案来保证，国际物流信息系统的主要作用是实现这种互利机制的手段，如销售商的库存由供应商的自动补货系统来管理，生产上的生产计划根据销售商的市场预测来安排等。

2. 规范管理流程

物流行业属于服务行业，产生的信息量很大，用传统的工具无法一一记录下来；同时也存在信息共享和交流不及时的现象，严重影响了工作的效率；员工工作的考核也停留在表面现象，奖惩没有明确的数据依据，管理缺乏透明度和伸缩性。依靠传统的方式和工具，无法进行过程的科学管理和控制，利用传统通信手段不能了解异地分支机构的运行状况。这会导致客户服务水平低下，影响客户对企业的信任和忠诚度，影响企业业务的再开拓。

所以，明确本身的管理流程和弊端是信息化建设的首要内容。

3. 数据化进程的管理

简单来说，物流行业的过程管理可以分成业务收益、仓储管理、配送管理、客户管理和决策支撑等，有的公司涉及人事、部门、分公司、代办点、配货、车辆、货运调度、仓库调拨，有的公司还会涉及条形码、北斗系统、拣货等，所以物流行业的过程管理比较复杂。

实施信息化建设，必须将各个过程数据化，并将相关的过程用数据连接起来，将工作过程管理转化为数据流管理，同时将关键数据指标转换为决策数据。

图3-1是简化后的国际物流信息系统结构图，各种数据资源统一在决策中心进行管理和分配，包括：物流过程控制中的调度/配送中心的现代化信息技术应用；客服中心通过各种通信手段与客户的沟通交流；在库存管理、运输管理、费用管理中信息技术手段的运用；营销中心及其分支机构所采用的现代营销手段；从与客户关系相关（客户、销售信息等）的各种海量数据中提取有用信息的数据挖掘技术。

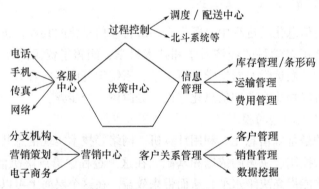

图3-1 简化后的国际物流信息系统结构图

4. 明确国际物流信息系统建设初期的目标和规模

当确定了以上的内容之后，信息化建设的目标也就明确了，但是没有任何一个信息化建设项目可以一步到位，这取决于初期资金的投入和系统运行的效果评估。需要根据目标和具体过程进行分析，将整个系统进行阶段划分，阶段划分的依据就是不影响过程管理和数据流管理，同时每个阶段的系统都可以独立运行，更可以整合运行。因此，在明确初期目标和规模时，最好与物流领域中比较专业的顾问或系统开发公司合作。

初期资金投入也是影响初期建设目标的主要因素，建议初期投入不宜过高。原因是初期建设主要是为了进一步验证数据模型的准确性和系统的运行效果，同时可以总结出系统的使用习惯是否偏离原有管理流程过多。如果偏离过多，说明数据模型设计不够准确，因为信息化建设的最终目的不是让员工适应系统，而是让系统适合企业的管理过程。

5. 解决方案的选择

初期的目标和投入明确之后，就可以联系集成商，收集技术解决方案了。技术解决方案一般包括系统结构、系统功能、系统投资预测、组网方案、实施方案等，同时也附带服务承诺等相关内容。技术解决方案的内容大同小异，为了确定实施的可靠性，还需要与集成商就方案内容的细节进行交流。

6. 开发商的选择

系统建设方案的产生是采用了很多集成商所提供方案的优势部分综合而成的，所以标准的系统设计方案具有可操作性、可实施性。可以根据这个标准的系统解决方案重新明确系统选型的范围和数量，提出切实的初期和远期建设要求，并通知开发商进行设备和系统的标准报价；同时可以和开发商进行商务洽谈，最终确认适合自己的系统开发商。

确认开发商后，需要和开发商的技术人员围绕确定系统设计方案进行充分的技术调研和交流，形成各个细节的明确实施方案。实施方案中描述了实施步骤和双方在实施过程中的人员、物资及环境等方面的配合、协调等具体工作。

商务合作合同的内容应该包括系统软硬设备的提供方式、系统实施的进度、系统验收的标准、系统款项的支付方式和步骤、服务承诺、违约责任等内容。一般由于开发商在采购和开发过程中需要付出相当大的成本，因此，签订合同时一般需要支付一定数量的合同预付金，并在设备到货时支付一定的履约金。系统开发的过程中和系统初始运行时，都要支付一定的履约金；系统验收合格之后，一般会有一段时间的质量保证期，大多为 1~3 个月。

7. 物流信息系统的施工和验收

系统的验收工作一般分为两个阶段：①硬件设备的验收，通常按照合同约定品牌、型号和配置进行，硬件设备大多有生产商印制的标准设备装机单，可以对照进行验收；②软件设备的验收，通常有阶段性验收和系统交接验收两种，阶段性验收是指系统中某项功能的验收，系统交接验收是指系统开发完毕的总体运行验收。验收的相关内容主要是体现系统建设方案中的内容，一般都在合同签订时制定标准的验收方案，双方技术人员按标准验收方案进行系统的最终验收工作，完全确认后需要验收工程师在验收报告中签名并加盖公司的印章。

8. 物流信息系统运行效果评估

物流信息系统运行效果评估主要包括以下六个方面：

1) 功能是否达到系统建设方案的要求：一般如果达到 98% 就可以认为其合格。
2) 系统运行界面的优化：主要是操作的方便程度和美观性。
3) 系统的稳定性：能够达到 $7 \times 24h$ 的稳定运行，基本可以认为其合格。
4) 系统的运行速度。
5) 系统的可扩展性。
6) 是否遵守服务承诺。

3.2.4 建设国际物流信息系统应注意的问题

1. 要以企业发展战略和物流竞争战略为基本指针

建立国际物流信息系统是企业的长期战略投资行为，必须以企业发展战略和物流竞争战略为基本指针。没有战略的依据，企业对国际物流信息系统的投资就是盲目的投资。

2. 要以客户服务需求为基本依据

要以客户服务需求为基本依据，确定国际物流运作流程。企业建立国际物流信息系统的前提是要确定其国际物流运作流程。

国际物流运作流程设计或再造的依据有两个：一是客户的物流服务需求；二是企业的物流管理模式。前者是系统目标，但可能导致企业国际物流系统如物流中心的选址、布局和结构的变化，进而导致流程的变化。后者是服务手段，是企业为满足客户需求而配置物流服务资源的方法，如存货水平的控制、存货的布局和结构配置、存货可得性的优先度排序、不同运输方式的选择等。显然，同一个企业采用不同的物流管理模式，或集中、或分散、或分级、或外包，其国际物流运作的流程及相应的国际物流信息系统——是数据集中存放还是数据分级存放——不一样。

事实上，在客户需求确定以后，企业的物流管理模式将对流程设计起决定性的作用。这时，国际物流运作流程的设计问题实际上已经转化为客户服务需求和企业服务能力的匹配问题。

必须指出的是，在实践中，人们往往只注意企业的物流管理模式而忽视客户具体的物流服务需求，这就使得国际物流信息系统的设计失去了最根本的依据，因此，往往不能建立有关信息与客户服务之间直接的关系，所建立的国际物流信息系统要么是过于理想化而不适用，要么就仅仅是企业现有国际物流运作管理模式和台账的桌面化。

3. 要与客户一起商定国际物流服务目标

企业进行国际物流信息系统的设计时，要与客户一起商定物流服务目标，确定企业物流管理模式及信息分享的机制。这对第三方物流服务供应商特别重要。没有互动的机制，就没有信息的分享；没有信息的分享，就没有高水平的物流服务，也就没有高效的第三方物流。

4. 系统的结构要具有开放性和扩张性

如果要把现在的仓库改造为增值服务中心，则在信息系统的配置方面，至少要有仓库管理系统（WMS）和商务管理系统（BMS），另外还要配置条形码印制系统（BCP）和无线终端识别系统（RF）等。但一定要以企业的国际物流发展战略为依据，同时还要考虑有关信息技术的经济寿命，要防止为预留功能接口而购进冗余的设备或造成资金沉淀。

3.3 国际物流信息技术应用

3.3.1 出口货物的原产地管理和检验管理

1. 出口货物的原产地管理

出口货物的原产地管理是指出口国根据原产地规则对出口货物申领和签发原产地证书工作的管理。因此，出口货物的原产地管理的依据是原产地规则，而原产地证书则是证明货物原产地的书面文件，它是进口国海关确定征税标准和放行与否的依据。

（1）一般原产地规则。原产地规则是各国为了确定对外贸易中商品的原产地而制定的有关法规或行政命令及措施。当前，国际贸易出现了区域性一体化趋势，各国政府越来越重视进出口货物的原产地，在制定本国出口货物原产地规则的同时，还对本国进口货物原产地的确定提出专门的条件，形成限制其他国家出口的原产地规则。随着国际贸易的不断发展和国际分工的日益深化，越来越多产品的生产往往同时涉及两个或两个以上国家或地区。因此，无论是原产地规则的制定，还是根据原产地规则确定商品的原产地，情况都越来越复杂，并且成为一项技术性较强的工作。

（2）普遍优惠制原产地规则。普遍优惠制（Generalized System of Preferences）简称普惠制（GSP），是发达国家给予发展中国家的一种关税优惠制度。在 1968 年第二届联合国贸发会议通过的《对发展中国家出口至发达国家的制成品及半制成品予以优惠进口或免税进口》的决议中，发达国家承诺对来自发展中国家的商品，特别是工业制成品，给予普遍的、非歧视的和非互惠的优惠关税待遇。所谓普遍的，是指对来自发展中国家的所有制成品和半制成品；所谓非歧视的，是指所有发展中国家或地区；所谓非互惠的，是指发达国家不要求发展中国家提供反向关税优惠。1971 年欧洲共同体实施第 1 个普惠制方案，其他给惠国在 1971 年至 1976 年 1 月 1 日先后实施普惠制方案。

原产地规则是各给惠国关于受惠国出口产品享受普惠制待遇必备条件的规定，因此，原产地规则是各给惠国十分重视的重要内容，其目的是为了把优惠的好处真正给予受惠国。原产地规则包括原产地标准、直接运输规则及书面要求三个方面内容。

1）按照原产地标准的规定，产品必须全部产自受惠国，或者规定产品中所包含的进口原料或零部件经过高度加工发生实质性变化后，才能享受优惠待遇。所谓的"实质性变化"有两个标准予以判别。一是加工标准，日本及欧洲国家采用这项标准。一般规定进口原料或零件的税则号列与加工制作后的商品税则号列发生了变化，就可以认为已经过高度加工并发生实质性变化，符合加工标准。具体执行中还规定了一些例外。二是百分比标准，澳大利亚、加拿大、美国等国家采用这项标准。根据进口成分占制成品价值的百分比或以本国成分占制成品价值的百分比来确定是否达到实质性变化的标准。

2）直接运输规则是指受惠商品必须由受惠国直接运到给惠国，由于地理原因或运输需要，受惠产品可以转口运输，但必须置于海关监管之下。

3）受惠国必须向给惠国提供原产地证书（Form A）。

（3）原产地证明书。原产地证明书简称原产地证书或产地证，它是证明商品原产地，即商品生产地或制造地的具有法律效力的书面文件。在对外贸易中，原产地证书通常用于向进口国政府或进口商证明进出口商品的原产国别或地区。因此，原产地证书通常是应进口国政府或进口商的要求，由出口商向出口国或地区原产地证书的签证机构申请取得后向进口商提供的。我国自 1992 年 5 月起规范原产地证书签发管理工作后，所签发的原产地证书主要有以下四种：

1）一般原产地证书。一般原产地证书是各国根据本国的原产地规则签发的、证明出口产品确系出口国生产和制造的书面文件。它是进口国批准进口许可、验关放行、征收差别关税等的依据。我国自 1992 年 5 月起，根据《中华人民共和国出口货物原产地规则》（已废止，现为 2005 年 1 月 1 日起施行的《中华人民共和国进出口货物原产地条例》）签发统一的一般原产地证书。我国的一般原产地证书是由各地出入境检验检疫机构或各地的贸易促进委员会分会签发的。出入境检验检疫机构代表官方签发，而贸易促进委员会则是代表非官方签发。凡是国外需要我国出口企业提供原产地证书的，一般情况下都可以使用该原产地证书。在已经使用普惠制原产地证书或专用原产地证书的情况下，通常就没有必要再使用一般原产地证书。

2）普惠制原产地证书。我国出口企业对于出口到给予我国普惠制待遇的国家的、符合该给惠国规定的普惠制原产地规则的受惠商品，均可向我国出入境检验检疫机构申请普惠制原产地证书。该证书是供进口商在办理进口报关、申请关税减免时使用的。普惠制是各给惠国（发达国家）给予受惠国（发展中国家）的关税优惠待遇，因此，受惠国的受惠商品必须符合给惠国的规定，即给惠国的原产地规则。需要注意的是，普惠制证书尽管是由我国的出入境检验检疫机构签发的，但签发的依据则是给惠国（进口国）的普惠制原产地规则。

3）专用原产地证书。专用原产地证书是专门用于某一行业的特定产品出口到指定国家、根据我国与该进口国的双边协定签发并使用的原产地证书。专用原产地证书有纺织品产地证、手工制纺织品（产地）证、手工制品（产地）证和烟草证实性证书等，主要是为了配合被动配额管理。

4）区域性经济集团国家原产地证书。它是订有区域性贸易协定的经济集团内的国家享受互惠的、减免关税的凭证，如亚太贸易协定原产地证、英联邦特惠税产地证、北美自由贸易区产地证等。

2. 出口货物的检验管理

进出口货物检验工作是一个国家对外经济贸易活动的组成部分，也是货物交接过程中不可或缺的环节。为了保证进出口商品的质量，维护买卖双方的合法权益，促进对外贸易关系的顺利发展，我国于1989年8月1日起正式实施《中华人民共和国进出口商品检验法》（以下简称《商检法》，2018年4月27日第三次修正）。同时制定了《商检机构实施检验的进出口商品种类表》（以下简称《种类表》，1995年7月1日起实施）。此后，国家商检机构又先后颁布了一系列有关的法律法规，以进一步完善我国进出口商品检验制度。

在我国，实行出口商品检验制度是国家对出口商品实施品质管理的重要措施。我国的出口商品检验业务按检验目的的不同分为法定检验和公证鉴定业务两大类。

（1）法定检验。法定检验是指国家商检机构根据国家的法律、行政法规的规定，对进出口商品或有关的检验事项实施强制性的检验或检疫。凡属法定检验范围内的出口商品，必须在国家指定的官方商检机构进行检验，未经检验或经检验不合格的商品一律不准出口。法定检验是一种强制性检验，检验的内容包括商品的品质、规格、数量、包装及是否符合安全卫生要求，检验结果是海关放行与否的依据之一。实施法定检验的范围包括：①对列入《种类表》的进出口商品的检验；②对出口食品的卫生检验；③对出口危险货物包装容器的性能鉴定和使用鉴定；④对装运出口易腐烂变质食品、冷冻品的船舱、集装箱等运载工具的适载检验；⑤对有关国际条约规定须经商检机构检验的进出口商品的检验；⑥对其他法律、行政法规规定必须经商检机构检验的进出口商品的检验。

（2）公证鉴定业务。公证鉴定业务是指商检机构根据对外贸易关系人及国内外有关单位或外国检验机构的委托，办理进出口商品检验、鉴定，并且出具检验结果证明的业务。进出口商品的鉴定业务不同于法定检验，它不具有强制性，商检机构仅凭当事人的申请和委托进行鉴定工作，做出鉴定结果，提供鉴定结论，签发各种检验、鉴定证书。

出口商品鉴定业务的内容较为广泛，它包括：各种进出口商品的品质、规格、包装、数量、重量、残损等实际情况与使用价值，以及运载工具、装运技术、装运条件等事实状态，是否符合合同（契约）、标准和国际条约的规定，以及国际惯例的要求；通过独立的检验、鉴定和分析判断，做出正确的、公正性的检验、鉴定结果和结论。

进出口商品鉴定业务具体包括：

1）进出口商品的数量、重量、包装鉴定和货载衡量。

2）进出口商品的监视装载和监视卸载。

3）进出口商品的积载鉴定、残损鉴定、载损鉴定和海损鉴定。

4）装载出口商品的船舶、车辆、飞机、集装箱等运载工具的适载鉴定。

5）装载进出口商品的船舶封舱、舱口检视、空距测量。

6）集装箱和集装箱货物鉴定。

7）外商投资财产的价值、品种、质量、数量和损失鉴定。

8）抽取并签封各类样品。

9）签发价值鉴定证书及其他鉴定证书。

10）其他进出口商品鉴定业务。

商检机构也可以接受对外贸易关系人的申请，依照有关法律、行政法规的规定，签发出口货物原产地证书和普惠制原产地证书。

2018 年 4 月 20 日，全国原出入境检验检疫系统统一以海关名义对外开展工作，标志着中国海关和检验检疫系统业务流程的深度整合，旨在提高通关效率，优化营商环境。

3.3.2　海关对货物的通关管理和电子通关管理

海关对进出口货物的监管和通关管理是海关管理的重要组成部分，也是对外贸易管理的重要组成部分。根据《中华人民共和国海关法》（以下简称《海关法》），海关对进出口货物实行分类管理：一是对于少数统一经营和联合经营的进出口商品，海关根据进出口公司的经营权进行监督，即该公司是否为国家指定有权经营这类商品的外贸公司；二是对于放开经营但实行许可证管理的进出口商品，凭对外贸易管理部门签发的许可证进行管理；三是对须进行法定检验、动植物检疫、药物检验、文物鉴定或其他国家管制的货物，凭主管机构签发的证明文件进行管理。总而言之，任何进出口货物在进出关境时，都必须凭有关单据及证明文件办理报关手续。进口货物自进境起到办妥海关手续为止，出口货物自向海关申报起到出境止，过境、转运和通运货物自进境起到出境止，应当接受海关监管。

1. 通关管理

（1）报关单位管理。报关单位是指已完成报关注册登记手续，有权办理进出口货物报关手续的境内法人。根据我国海关的有关规定，需要向海关办理报关手续的企事业单位，应向所在关区主管海关提出书面申请，经海关审核并办理登记手续。报关单位分为自理报关单位和代理报关单位。只能为本单位办理进出口货物报关手续的报关单位称为自理报关单位，专门为其他单位办理进出口货物报关手续的报关单位称为代理报关单位。根据报关时使用的形式不同，代理报关行为可以分为直接代理和间接代理两种。直接代理是指报关企业接受进出口货物收发货人的委托，以委托人的名义办理报关手续的法律行为。间接代理是指报关企业接受进出口货物收发货人的委托，以自己的名义办理报关手续的法律行为。在间接代理的条件下，报关企业对报关行为应承担与收发货人相同的法律责任。

1）报关注册登记。下列单位可向海关申请办理报关注册登记：

a）专门从事报关服务的企业。

b）经营对外贸易仓储运输、国际运输工具、国际运输工具服务，兼营报关服务业务的企业。

c) 有进出口经营权的企业（只能申请注册自理报关单位）。

目前，经批准经营进出口贸易的企业越来越多，业务范围也很广泛。根据规定，除代办进出口货物报关手续的经营国际运输业务的企业和外轮代理公司及专业报关企业必须向海关办理注册登记外，下列企业单位如直接向海关办理进出口报关手续，也必须进行注册登记：

a) 外贸专业进出口总公司及其子公司和所属省、自治区、直辖市（包括扩权市）级分公司，经批准有进出口经营权的外贸支公司。

b) 有进出口经营权的工贸（农贸、技贸）公司。

c) 有进出口经营权或部分经营权的其他全国性和地方性的各类进出口公司。

d) 有进出口经营权的生产企业、企业联合体、外贸企业和生产企业的联合公司。

e) 信托投资公司、经济技术开发公司、技术引进公司和租赁公司。

f) 成套设备出口公司，各地区、各部门的国际经济技术合作公司、对外承包工程公司。

g) 中外合资（合作）经营企业、外商独资企业。

h) 免税品公司、外汇商店、侨汇商店。

i) 各类保税工厂、保税仓库（油库），外国商品维修服务中心及其附设的零部件寄售仓库。

j) 经海关认可，直接办理进出口手续的经营对外加工装配和中小型补偿贸易的企业。

k) 接受国际组织、外国政府或非政府组织无偿援助的项目，并在相当时期内常有进出口物资的单位。

l) 其他经常有进出口业务的企业（如某些进出口服务公司、展览公司、中国电影合作制片公司等）。

向海关申请报关注册登记的企业应按本规定附件的要求向企业所在地海关提交有关文件，经海关审核批准，除海关发给代理报关注册登记证书或自理报关注册登记证书，即可在所在关区各口岸海关办理报关手续。

2) 报关单位的报关权限和责任。自理报关单位只能办理本单位进出口货物的报关手续，不能代理其他单位报关。自理报关单位如果需要在其他海关关区口岸进出口货物，应委托当地代理报关单位向海关报关，经海关核准也可申请异地报关备案。专业报关单位或代理报关单位只能代理有进出口经营权的单位，或者虽无进出口经营权，但经主管部门批准的进出口货物经营单位办理报关手续，并且应向海关出具委托单位的委托书。代理报关单位只能代理有权进出口货物的单位办理报关手续，并向海关出具委托单位的委托书。委托单位的委托书上应当载明代理报关单位的名称、代理事项、代理权限和期限，并由委托单位签章。代理报关单位可以在所在关区各口岸海关代理报关，不能在其他关区从事代理报关活动。特殊情况需报海关总署批准。

根据海关对报关单位实行的年审制度，代理报关单位和自理报关单位每年应在海关规定的时间内，向所在关区主管海关提交年审报告书，申请年审。代理报关单位和自理报关单位将该单位的"报关专用章"和报关员签字或印章式样交主管海关备案，每次向海关递交的进出口货物报关单上必须盖有报关单位的"报关专用章"，并经报关员签字或盖章，否则海关不接受报关。

3) 对专业报关单位的管理。根据2005年3月9日署务会议审议通过的《中华人民共和国海关对报关单位注册登记管理规定》，开办专业报关企业应具备以下条件：

a）具备境内企业法人资格条件。

b）企业注册资本不低于人民币 150 万元。

c）健全的组织机构和财务管理制度。

d）报关员人数不少于 5 名。

e）投资者、报关业务负责人、报关员无走私记录。

f）报关业务负责人具有五年以上从事对外贸易工作经验或者报关工作经验。

g）无因走私违法行为被海关撤销注册登记许可记录。

h）有符合从事报关服务所必需的固定经营场所和设施。

i）海关监管所需要的其他条件。

在已具备以上条件的情况下，如欲申请开办专业报关企业，应向所在地海关提交书面申请报告及其他所需文件，经海关初审认为符合条件的，提出初审意见报海关总署审批，海关总署接到所报材料后 30 日内做出是否批准的决定。

（2）通关程序。货物通关是指进出口货物通过设立海关的口岸或其他地点出入一国国境（关境）的整个过程，具体包括进出境货物的货主向海关申报、海关接受报关，海关审单、查验、征税、结关放行及货物出入境的全过程。实际上货物通关是由进出口货物的收发货人或其代理人的报关行为和海关货运监管两方面内容组成。

进口货物的收货人在收到提货通知书以后，或者出口货物的发货人在备齐出口货物、确定运输工具和航班后，即应及时办理进出口报关手续。如果是委托货运代理公司办理报关手续的，也可在委托货运业务的同时，向货运代理公司提交报关委托书和其他报关所需要的单证，委托货运代理公司代理报关。货运代理公司在接受进出口单位的报关委托后，应按委托书指明的委托事项和委托权限，做好进出口报关准备，备妥所有报关所需单证。在进口货物到港后，或者出口货物托运完毕确定船名及航班后，及时向海关申报，办理货物的通关手续。

海关对进出口货物的监管过程分为申报、征税、查验和放行四个环节。目前，我国对于绝大多数商品不征收出口税，只对极少数原料、材料和半成品征收出口税。因此，目前出口货物通常只需经过申报、查验和放行三个环节。

1）申报。《海关法》明确规定：进出口货物必须通过设立海关的地点进境或出境；进口货物的收货人、出口货物的发货人应当向海关如实申报，交验进出口许可证件和有关单证。申报时要做到内容正确，单证齐全、有效，对国家限制进出口的货物，没有进出口许可证海关不予放行。

申报是进出口通关程序的第一个环节，它的质量高低直接影响到整个货物通关能否顺利进行，因此，海关对进出口货物的申报资格、申报时间、申报单证等均做了明确规定。

a）申报资格。只有经海关审核批准予以注册的自理报关企业、专业报关企业、代理报关企业及其报关员才可从事报关活动。

b）申报时间。《海关法》明确规定：进口货物的收货人应当自运输工具申报进境之日起 14 日内，出口货物的发货人除海关特准外，应当在货物运抵海关监管区后、装货的 24h 之前向海关申报。进口货物的收货人逾期未申报的，海关向其征收滞报金；超过 3 个月未向海关申报的，其进口货物由海关提取变卖，所卖价款扣除有关税、费后尚有余款的，从货物变卖之日起 1 年内经货主申请予以发还，逾期无人申领的上缴国库。

c）申报单证。报关单位向海关进行进出口申报时应备齐以下文件：进出口货物报关单；进出口货物许可证或国家规定的其他批准文件；提货单、装货单或运单；发票；装箱单；减免税或免检证明；商品检验证明；海关认为必要应交验的其他有关单证。

2）查验。海关查验是指海关接受报关人员的申报后，对进出口货物进行核对和检查，以确定货物的自然属性及货物的数量、规格、价格、金额和原产地等是否与报关单所列一致的监管活动。

查验是国家赋予海关的一项权力，也是通关程序中不可缺少的一个重要环节。通过对所申报的进出口货物的实际核对，可以确定单、货和证、货是否相符，有无伪报、瞒报、错报的走私违规行为，为证税和编制海关统计提供依据及保证。海关查验是一种常规性检查，不以走私为前提。进出口货物除了海关总署特准予以免检者外，均需接受海关检查。

3）放行。放行是指海关对货物查验后，没有发现不正常情况，报关单位手续齐全，并已按章纳税，便在报关单及运输单据上签印放行，以示海关同意货物进境或装运出境。对于享受特定减免税待遇进口的货物，在放行以后，海关仍要进行后续监管，此类货物只能用于特定地区、特定企业或特定用途，未经海关核准并补缴税款，不得移作他用。此类货物的海关监管年限根据具体货物种类的不同而有所不同。其中，船舶、飞机及建筑材料为8年；机动车辆和家用电器为6年；机器设备和其他设备、材料等是5年。暂时进出口货物，应当在6个月内复运出境或复运进境，货物在这段时间内受海关的监管，特殊情况下，经海关同意复运进境或出境的期限可以延长。海关特准进口的保税货物，在加工装配成品复运出境之前，接受海关监管。

2. 电子通关管理

为了提高工作效率、减轻劳动强度，加速通关速度和规范通关管理，我国海关在20世纪90年代初便推出了报关自动化系统，并且投入使用。在实现计算机报关的口岸，代理报关单位、自理报关单位或报关员负责将报关单上申报的数据录入计算机，海关方予接受申报。

除个别情况外，上海海关在当时已全面运用海关报关自动化系统（H833）处理进出口报关业务。对于不具备自行录入报关数据条件的代理报关单位或自理报关单位，可以委托数据录入服务单位代为录入。任何报关数据录入单位都必须经海关批准后方可负责计算机数据录入工作，报关数据的录入单位必须对其录入的数据的准确性承担法律责任。

海关报关自动化系统是海关运用计算机处理各项业务工作，实现监管、征税、统计三大海关业务一体化管理的信息应用开发工程。其中与通关有关的子系统是报关单的预录入、舱单核销、审单、选择查验、征税、放行和统计七个子系统。一笔货物的进出口如果通过了这七个子系统，也就基本上完成了通关程序。

1998年7月，上海海关通过EDI交换平台推出了EDI报关业务，并且投入了试运行，使上海海关的计算机管理系统从EDP发展成了EDI系统，出现了H833预录入与EDI报关同时并存的H833/EDI通关系统。围绕海关业务，EDI也在上海的外贸企业、进出口公司及报关企业中得到应用。

2001年开始全面推广的中国电子口岸管理系统更是将全国的海关、外汇管理局、外经贸管理部门、国税局等12个部委的管理机构联网，从而形成在统一、安全、可靠、高效的计算机信息平台上实现数据共享和数据交换的中国的电子口岸管理系统。

3.3.3　中国电子口岸

中国电子口岸是出口货物电子口岸管理系统，是政府国际电子商务的具体应用。它是在金关工程的基础上发展而来的，主要目的是为政府进行国际贸易管理提供综合平台，企业只要通过公网"一点接入"电子口岸，就可以通过公共数据中心在网上直接向海关、国检、外贸、外汇、工商、税务、银行等政府管理机关申办各种进出口手续，从而真正实现了政府对企业的"一站式"服务。中国电子口岸的建成将对我国外贸实现现代化管理发挥重要作用：一是加强和完善了外贸管理；二是防止骗取出口退税；三是加强了对出口结汇和进口付汇的核销管理；四是规范、统一了进出口统计制度。

1. 中国电子口岸概况

为了加强对进出口货物及货款结算的监管力度，海关总署会同国家外汇管理局、中国电信、中国银行、原北京市外经贸委等单位联合在金关工程总体框架下，自 1999 年 3 月开始进行中国电子口岸的开发，并且经过充分认证，12 个部委联合向国务院提出建设口岸电子执法系统的申请，2000 年 8 月国务院正式批准了海关总署等 12 个部委的请示。

中国电子口岸具有以下特点：

（1）数据共享。中国电子口岸执法系统在电信公网上联合共建公共数据中心，用于存放进出口业务信息流、资金流、货物流电子底账数据，实现政府部门间的数据交换和数据共享，并且作为口岸管理与服务的门户网站，在方便企业联网办理进出口手续的同时，国家各行政管理部门可进行跨部门、跨行业的联网数据核查。

（2）网络开放。中国电子口岸系统完全基于公网，系统开放性好，提供全天候、全方位服务，企业利用电信公网实现对公共数据中心的接入访问，企业在任何时候、任何地方只要拨打本地电话就可以与电信公网联网，并且通过数据中心办理业务。

（3）简单易学。中国电子口岸以 Windows 操作系统为平台，系统直观、易学，操作简单。应用 IE 等浏览器为工具，建立起和用户交互式的友好界面，系统提供一系列丰富的在线帮助和业务规范、操作指南查询，用户轻松实现网上办公。

（4）安全、可靠。多重严密的安全防护措施使系统安全、可靠。中国电子口岸采用了国际标准和国内自主开发的高强度密码设计，在网传加密、网络隔离防护、机房设施安全及身份认证、权限设置和数字签名等安全方面采取了多重严密的安全防护措施，防黑客、防病毒、防偷窥、防抵赖。并且，该系统由政府部门直接管理，处在政府部门严密监管下，安全有保证。

在应对金融危机中，海关总署尽力把电子口岸建设成为全国进出口贸易管理和服务"单一窗口"，不断降低企业通关成本，提高我国企业的国际竞争力。

中国电子口岸不断深化项目应用，提升服务保障能力，基本实现了口岸大通关核心环节信息共享，在促进政府部门间信息共享、提高效率、加强监管，为进出口企业提供贸易便利、加快通关速度、降低贸易成本等方面发挥了重要作用，进一步促进了贸易便利化，改善了营商环境，为落实"三互"推进大通关建设要求，服务"一带一路"倡议提供了有力支持。

2. 中国电子口岸的企业 IC 卡管理

（1）中国电子口岸企业 IC 卡。中国电子口岸企业 IC 卡相当于企业的身份证，用于存放企业用户证书、企业用户私钥，进行身份认证及数字签名。企业IC卡又可分为企业法人卡和企业操作员卡。

企业法人卡又称公章卡，是在中国电子口岸中唯一代表企业身份的IC卡。它是企业办理网上业务时明确法律责任、保护企业合法权益的重要工具。该卡的持有者可以申请企业网上业务权限，备案本企业操作员卡，对本企业操作员卡进行管理。

企业操作员卡由企业法人卡注册并授权，该卡持有者可以在口岸电子业务系统进行除企业管理、操作员卡申领之外的具体业务操作。操作员卡根据权限不同又可分为具有录入权限的录入卡和具有申报权限的申报卡。持有企业操作员卡者可以在授权范围内进行相关业务操作。

（2）申领中国电子口岸企业IC卡。中国电子口岸企业IC卡的申领流程是：

1）首先到电子口岸主页下载专区内下载1号表和2号表。到所属制卡代理点领取并如实填写两张表格，企业负责人签字并加盖公章。它们分别是：1号表"中国电子口岸企业情况登记表"、2号表"中国电子口岸企业IC卡登记表"。其中"中国电子口岸企业IC卡登记表"填写企业法人卡持卡人信息及企业操作员卡持卡人信息，申请企业法人卡只需填写"法人卡持卡人基本信息"栏，申请企业操作员卡需填写"操作员卡持卡人基本信息"栏及以下内容。企业如申请多张操作员卡，则必须按照本企业指定的操作员人数，每人填写一份。

2）携带下列证明文件的正本或副本原件及复印件到制卡中心：①国家市场监督管理总局颁发的中华人民共和国组织机构代码证副本复印件，并且加盖原登记机关公章；②国家税务局颁发的税务登记证或外商投资企业税务登记证副本复印件，并且加盖原登记机关公章；③中华人民共和国外商投资企业批准证书或中华人民共和国进出口企业资格证书的复印件，并且加盖原登记机关公章；④企业法人营业执照或企业营业执照副本复印件；⑤自理报关企业注册登记证、代理报关企业注册登记证或专业报关企业注册登记证及报关员证；⑥法人代表和操作员身份证的复印件。将上述证明文件连同表格一起交付制卡分中心，由工作人员进行数据录入。

3）数据录入完毕后，由相关机构对入网用户进行资格审查，制卡分中心制作中国电子口岸企业法人卡及操作员卡。

4）商务部门、海关、外汇局分别对企业法人提出的企业及操作员卡的备案和授权申请进行审查。审查通过后，制卡分中心将企业法人卡及操作员卡交给企业。集中发卡工作结束以后，各地制卡分中心将设立专门服务窗口，接受常规性的用户入网申请，工商、税务、外贸、海关、外汇等部门定期联合为企业统一办理资格审查和发卡手续。

3. 中国电子口岸子系统

中国电子口岸的应用系统包括出口收汇核销单联网申领发放核查核销、自理报关企业的进出口报关单联网申报、出口加工区企业电子账册联网备案核销等项目。本节介绍进出口报关单录入申报子系统。

（1）进出口报关单录入申报子系统的功能。进出口报关单录入申报子系统包括进出口报关单录入、修改、申报和打印及综合查询等功能。企业用户可持具有录入权限的操作员卡进行进出口报关单的录入，持具有申报权限的操作员卡向海关进行报关单申报，并且可对报关单数据海关审核状态进行查询。

（2）报关单子系统的业务操作方式。中国电子口岸对现行企业报关业务的操作方式进行了部分调整，主要是：

1）进（出）口货物报关单电子数据可由进出口企业或代理报关企业通过中国电子口岸向海关进行电子申报。

2）注册使用中国电子口岸的企业，不再使用针打式打印机在预先印制的空白进（出）口货物报关单上套打报关单，改用激光打印机在空白 A4 纸上直接打印进（出）口货物报关单。报关单格式、栏目内容及单面尺寸与现行报关单相同。

3）"进口货物报关单"一式 6 联，用途分别为海关统计联、海关留存联、企业留存联、海关核销联、退税联和进口付汇证明联。

4）"出口货物报关单"一式 6 联，用途分别为海关统计联、海关留存联、企业留存联、海关核销联、出口收汇核销联、退税联。

（3）企业可选择打印报关单的方式。报关企业应选择下列六种方式之一打印报关单：

1）进口非加工贸易监管方式，打印海关作业联、企业留存联、进口付汇证明联。

2）进口加工贸易监管方式，打印海关作业联、企业留存联、海关核销联、进口付汇证明联。

3）出口非加工贸易监管方式，打印海关作业联、企业留存联、出口收汇证明联、出口退税证明联。

4）出口加工贸易监管方式，打印海关作业联、企业留存联、海关核销联、出口收汇证明联、出口退税证明联。

5）单独打印一份进口货物报关单，不注明用途，交海关审核签章后用于各类特殊需要。

6）单独打印一份出口货物报关单，不注明用途，交海关审核签章后用于各类特殊需要。

3.4　条形码技术

条形码自动识别技术以其简便、快速、准确、成本低、可靠等特点，为 EDI 提供了一个唯一、清晰、简便、国际通用、标准化的信息识别手段，被称为"EDI 的眼睛"。条形码技术工作组为 EDI 提供了技术上、组织上的保障。由此可见，EDI 与条形码技术二者相辅相成，二者的联手服务为国际物流的发展提供了必要的手段。

条形码作为国内外商品流通的通用语言，是商品走向国际市场的"绿卡"之一，它已渗透到生产管理、商业销售、仓储和运输的票据（单证）管理等领域的计算机应用之中，大大提高了经济工作的效率，在我国被广大经营管理者所接受、运用。

条形码技术虽然出现较晚，但发展速度很快。条形码自动识别技术以其简单、快速、准确、低成本、可靠性高等显著特点，广泛应用于各行各业，成为商品与物流的主要的自动识别技术，产生了巨大的经济效益。

3.4.1　条形码的概念

1949 年，美国德雷克尔理工学院的诺曼·约瑟夫·乌德朗德（Norman Joseph Woodland）和伯纳德·西尔弗（Bernard Silver）二人共同提出了申请条形码专利，这被视为条形码的起始。1970 年，美国为制定通用商品代码及其标志而设立了一个委员会。三年后，由 IBM 公司提出的黑色和白色条纹为基础的通用商品代码——VPC 条形码诞生。欧洲使用

EAN 条形码；几乎所有亚洲国家和地区都成立了国际物品编码协会（或国际物品编码中心），并且加入了国际物品编码系统；日本使用 JAN 条码。一个完整的条形码符号是由两侧空白区、起始符、数据字样、校验字符和终止字符组成。目前，较为常见的码制有 EAN 码、UPC 码、三九码、库德巴码、二五码和交叉二五码等。

条形码由一组黑白相间的线条组成，每根线条宽窄不同，代表不同的数据。将磁性物质经激光喷墨机印到一空白纸条上或商品袋上，然后用光电阅读器扫描，将光信号转换成电子数据送入计算机，完成数据录入。密密麻麻的黑白条分别代表商品制造厂名、商品名等，被录入计算机并由之积累起来。在超级市场上的商品都有这种条形码印在包装袋上，客户在出口处付款，录入数据，从而可对整个市场进行综合管理。将这些条形码用于实践中即形成了条形码技术。条形码技术是一项信息处理技术，旨在解决大量信息自动进入数据库的登录问题，是信息集散的有力工具。

条形码技术是一项综合技术，包括编码技术、符号技术、识别与应用系统设计技术等，主要用于自动识别和计算机数据输入。

条形码应用的主要设备是：条形码刷制器，条形码打印机，条形码扫描笔，台式、手持式扫描器，条形码译码器（在线式、便携式、无线便携式）等。通常这些设备和计算机终端、自动扫描器一起实现数据录入和自动化操作。

我国条形码技术的研究始于 20 世纪 70 年代末，条码应用系统是在 20 世纪 80 年代末建立的。中国物品编码中心于 1988 年 12 月 28 日成立，于 1991 年 4 月 19 日正式加入国际物品编码协会。

中国物品编码中心于 1990 年开始制定中国的条形码标准，目前已推出的标准版本主要有《条码术语》（GB/T 12905—2019）、《信息技术　自动识别与数据采集技术　条码码制规范　交插二五码》（GB/T 16829—2003）、《商品条码　储运包装商品编码与条码表示》（GB/T 16830—2008）、《EAN. UCC 系统　128 条码》（GB/T 15425—2002）、《商品条码　参与方位置编码与条码表示》（GB/T 16828—2021）。

3.4.2　条形码的应用

1. 条形码作为数据识别和录入手段的优势

与其他自动识别技术相比，条形码技术具有以下优势：

（1）可读性强。如果印刷的条形码不超过规定的误差范围，那么其首读率几乎可达到 100%。

（2）可靠性高。如果增强软件功能，条形码识别可靠性更高。

（3）经济性好。

（4）具有点对点性。用于不同的过程中的不同点上，条形码可以被反复、不断地扫描。

（5）信息对应性好。在社会生活中和对外贸易过程中，大量的信息是针对某已确定物品的，离开物品，信息本身就失去意义。由于条形码可以印刷在各种商品的包装上，所以使物流信息和物流的对应得到较完美的解决，而不会发生混乱。

（6）柔性好。条形码具有特殊的灵活性。例如，条形码标签可以用各种扫描装置所识别；可以外购或由用户直接将条形码印刷在加工件、运输包装件上；用户印刷条形码标签可以用点阵式、热传导式、热敏式、激光或喷墨等各种印刷机械实现，只需配置简单的应用程序。

2. 条形码技术的应用范围

目前，大型超市充分利用条形码技术进行管理，再配合先进的计算机技术及自动识别技术，提高超市的管理水平，精简行政架构，减少工作强度及人力。清楚地了解货品的进、销、存和流向等资料，对掌握超市的季节性变化至关重要，而产品资料的实时性收集，更会加快超市的运作效率，提高超市的各项数据报告的精确度。公司可用这些记录做统计分析、预测未来需求和制订进货计划。

条形码在物流中的应用随时间推移，已从简单的应用发展到高层次的柔性制造系统，直至计算机一体化制造系统（Computer Integrated Manufacturing System，CIMS），即产品从市场信息分析、设计、制造、检验、库存、商务管理、包装运输、销售等方面适应市场变化，实现企业信息共享，全面提高效益的计算机一体化制造系统。处理大量实时性、批处理方式的数据，是CIMS运转的基本要求。目前，能够满足这种信息处理要求的信息媒介就是条形码，随之产生的自动识别方法就是条形码技术。条形码技术在CIMS中主要用于：物质的储运、废次品运输与处理；工序控制和生产装配跟踪；机械手控制；再加工；检验测试和质量控制；工具跟踪管理；单据反馈控制；物品识别与分类；库存控制；市场信息分析及经营决策；订货管理等。

条形码技术在CIMS中的应用已从数据收集、数量统计、生产线上质量跟踪等较为简单的环节进入柔性制造系统、自动设计和制造资源规划中。条形码技术在条形码管理的基础上发展为卡片指令系统，为制造资源规划的实施提供了及时的物流管理和生产管理所需信息。条形码在各种自动线上实现了高速、高精度的物资识别等功能，为实现自动销售系统、附加增值网络、电子订货系统、电子数据交换和企业信息构成市场—物流—金融生产一体化的社会管理体系，提供了一个用于体系间信息交换的唯一清晰、简便、国际通用和标准化的信息标识。

条形码技术应用于国际贸易、国际物流的诸环节中。条形码在国际贸易与国际物流中的应用与在CIMS等国内生产、流通中的应用相比要复杂得多，这是由于国际贸易的商品交易、商品流通的难度较大。由于条形码技术的优势，其在国际贸易、国际物流中的应用范围将更加广阔、更加复杂，其中包括：①进出口货物的订货业务。出口商品进入仓库的检查验收处理、商品检查验收及外发、商品在库内的保管等，均采用条形码技术进行识别、标签、定位入格等。②大型国际配送/加工中心的货物分拣。大型国际配送/加工中心的货物分拣采用条形码技术进行识别分拣、签贴、存放、再出库。③外贸商品检验。外贸商品检验采用条形码技术对拣货单进行扫描，再检验。④海关和银行均可运用条形码技术。⑤国际出口单证业务处理采用条形码和EDI处理，更加高速化、标准化。

条形码技术是一种通用性很强的技术，除商品领域外，还可应用于工业自动化生产领域中零部件的信息描述、加工指令的输入、邮件自动分拣、图书资料借阅的自动化等。

3. 条形码技术在物料搬运业中的应用

20世纪70年代，美国的Kellogg公司可以生产50多种产品，每天仅发送麦片就多达7万余箱。所有的产品均由生产地运送到仓库，再码成托盘，然后由铁路发送出去。随着公司的壮大，生产线增加到了70多条，如果对70余种不同的产品进行人工码盘作业，就必须扩大场地，增加人员。解决的办法就是采用自动条形码盘系统，并且实现货物的自动分拣。

为了实现自动分拣，需要在货物包装箱上贴上印好的条形码，并且在每个分拣点安装一台条形码扫描器。当然，还要安装一台计数器，用以统计通过货物的数量。可见，采用条形码是解决这一问题唯一可行，也是极其简单的方法。

沃尔玛是美国最大的百货公司之一，拥有29个配送中心，每个配送中心为120家商店服务，公司每天要向各个商店发送15万箱货物。他们的做法是用激光打印机打印出ITF-14条形码（即14位交叉二五条形码）标签，由拣货员把标签人工地贴到纸箱的顶面，运输系统把纸箱运到分拣机上，全方位扫描器扫描条形码标签，并且根据计算机指令将货物分拣至它们的目的地。

随着商品数量的增多，需要建造新的配送中心。但是，从经济的角度考虑，提高现有配送中心的吞吐能力则是最佳方案。如果要使每个配送中心达到30万箱的吞吐能力，这就需要打印30万张条形码标签，需要更多的操作人员来挑拣纸箱，需要把更多的标签贴到纸箱上，需要把更多的纸箱放到分拣机上进行分拣。同时，分拣机的速度需要从1.8m/s提高到2.5m/s。

但是，所有这些还是不够，必须采用新的UCC/EAN-128条形码体系。

作为沃尔玛的供货商，在产品送到配送中心之前，生产厂家必须在所有产品上打印出UCC/EAN-128条形码。这种条形码成为许多行业的标准，标准规定了条码在纸箱上的印制位置及要表示的信息。

当所有的纸箱都已经事先印制好条形码时，就不再需要打印和粘贴条形码标签，更容易实现直通发运。在许多情况下，直通发运量占全部发运量的50%。在新的系统中，标签不再是只贴在纸箱顶面，在纸箱的四侧都可粘贴或印制条形码标签，这就要求安装通道式扫描系统，用成组的扫描器来扫描纸箱的五个表面。而这种系统的投资回收期预计不会超过1年。应用这种系统降低成本、提高效率是显而易见的。

条形码扫描使企业的业务方式发生了革命性的变化，因为它不仅极大地改善了物流，更重要的是改善了信息流，这对企业的发展十分关键。只有及时、快速、有效、便捷地采集和处理信息，才能保证信息流的通畅，加快信息流的方法之一就是应用条形码扫描技术。企业用了条形码扫描技术后，不但使事务管理变得更加快捷、简单和准确，而且大大降低了费用。

（1）激光扫描器的应用。激光扫描器的光源通常是氦氖或固态激光，扫描器自动使激光横向扫描条码符号，一般为360次/s，最多可达到3000次/s。

线性扫描器是移动光束激光扫描器中最普通的形式，要对以2.5m/s速度运动中的货物进行扫描，扫描距离甚至可达2m。全方位扫描器采用更为复杂的扫描方式，可以扫描货物箱的整个表面，无论条形码从扫描器前的哪个方向通过，都可以保证正确识别。

条形码的线性扫描器和全方位扫描器已经成为全自动化物料搬运系统的重要组成部分，应用它们能减少工人处理产生的误差，提高记录数据的精确度，保证货物的发运时间，降低劳动成本。

线性扫描器的出现使物料搬运自动化得以实现；全方位扫描器的应用使自动化程度进一步提高，它允许用户把条形码贴在包装的任何位置，并且允许用户降低条形码高度，减小标签尺度，使费用变得更低。

在仓储配送系统中，可把线性扫描器和全方位扫描器用于不同的场合。

（2）机场通道的应用。当机场的规模达到一个终端要在 2h 内处理 10 个以上的航班时，就必须实现自动化，否则会因为来不及处理行李导致误机。当 1h 必须处理 40 个航班时，实现自动化必不可少。

在自动化系统中，条形码标签按需要打印出来，系在每件行李上。根据国际航空运输协会（IATA）标准的要求，条形码应包含航班号和目的地等信息。当运输系统把行李从登记处运到分拣系统时，一组通道式扫描器（通常由 8 个扫描器组成）包围了运输机的各个侧面。扫描器对准每一个可能放标签的位置，甚至是行李的底部。为了提高首读率，通常会印制两个相同的条形码，互相垂直于标签上。当扫描器读到条形码时，会将数据传输到分拣控制器中，然后根据对照表，行李被自动分拣到目的航班的传送带上。

在大机场，每小时可能要处理 80~100 个航班，这使得首读率特别重要。任何未被子扫描器读出的行李都将被分拣到人工编码点，由人工输入数据。对于印刷清晰、装载有序的自动分拣系统，首读率应该大于 90%。

（3）货物通道的应用。邮包投递公司每天要处理大量包裹。包裹运输公司不能像制造厂家那样决定条形码位置，它可以指定一种码制，但却不能规定条形码的位置，因为包裹在传送带上的方向是随机的，并且以 3m/s 的速度运动。为了保证快件及时送达，不可能采用降低处理速度的办法。问题不是如何保持包裹的方向，使条形码对着扫描器，而是如何准确地阅读这些随机摆放的包裹上的条形码，解决的办法就是扫描通道。

几乎和机场的通道一样，货物通道也是由一组扫描器组成的。全方位扫描器能够从所有的方向上识读条形码。这些扫描器可以识读任意方向、任意面上的条形码，无论包裹有多大，无论传送带的速度有多快，无论包裹间的距离有多小。所有的扫描器一起运作，决定当前哪些条形码需要识读，然后把信息传送给主机或控制系统。

货物扫描通道为进一步采集包裹数据提供了极好的机会。新一代的货物通道可以以很高的速度同时采集包裹上的唯一条形码标识符、实际的包裹尺寸和包裹的重量信息，并且这个过程不需要人工干预。因为包裹投递服务是按尺寸和重量收费的，所以这些信息对计算营业额十分重要。

（4）尺寸测定的应用。为什么要对尺寸测量？运输公司可以因此减少运输那些大而轻的货物所造成的经济损失。把包裹的体积除以一个固定的数值，计算出"尺寸重量"，当包裹的"尺寸重量"超过它的毛重时，运费就按"尺寸重量"计算。

在大批量的作业中，不可能用人工的方法测量包裹尺寸，再计算"尺寸重量"。自动测量尺寸系统能在包裹运行过程中实时测量而不需要人工介入，也不会降低作业的速度。测量尺寸的部件一般都与动态电子秤和条码扫描器配合使用，从而提供包裹的完整信息。

另一个测量尺寸的应用是在入库或出库的分拣系统中，对每一个经过扫描的包裹测定体积，以便跟踪出货车的装载情况和仓库储存区的容量。

由于自动测量尺寸的技术进步，提高了传送带的速度，包裹间距接近于零，不需要中断输送作业，功能也更完善。

（5）运动中称量的应用。自动收集包裹信息的另一个方法是集成的在运动中称量的系统，把电子秤放在传送带上可以得到包裹的重量，不需要中断运输作业或人工处理。运动中称量使系统保持很高的通过能力，同时实时提供重量信息，计算净重，检验重量误差，验证重量范围。在高效的物料搬运系统中，运动中称量可以与其他自动化过程，如条形码扫描、标签打印及粘贴、包裹分拣、码托盘、库存管理、发运及其他功能集成。

就数据采集和信息管理而言，运动中称量系统所提供的数据可用于生产总结、效率报告、质量控制、发运单生成，以及为发运公司制作专用单。

作为自动化物料搬运和数据采集的组成部分，运动中称量系统已广泛应用于制造业、食品加工业及包裹配送和零售配送业中。

3.5 射频技术（RFID）

1. 射频技术概述

射频技术（Radio Frequency Identification，RFID）的基本原理是电磁理论。射频系统的优点是不局限于视线，识别距离比光学系统远，射频识别卡具有可读写能力，以及可携带大量数据、难以伪造和具有智能等功能。

RFID 适用的领域包括物料跟踪、运载工具和货架识别等要求非接触数据采集和交换的场合。由于 RFID 标签具有可读写能力，其对需要射频改变数据内容的场合尤为适用。射频识别系统的传送距离由许多因素决定，如传送频率、天线设计等。对于应用 RFID 识别的待定情况，应考虑传输距离、工作频率、标签的数据容量、尺寸、重量、定位、相应速度及选择能力等。

2. RFID 系统的构成要素

RFID 系统在具体的应用过程中，根据不同的应用目的和应用环境，其组成会有所不同。但从 RFID 系统的工作原理看，系统一般都由信号发射机、信号接收机、编程器和发射接收天线部分组成。

（1）信号发射机。在 RFID 系统中，信号发射机为了不同的应用目的，会以不同的形式存在，典型的形式是标签（TAG）。标签相当一维条形码技术中的条形码符号，用来存储需要识别和传输的信息。另外，与条形码不同的是，标签必须能够自动或在外力的作用下把存储的信息发射出去。标签一般是带有线圈、天线、存储器与控制系统的低电集成电路。按照不同分类标准，标签有许多不同的分类。

（2）信号接收机。在 RFID 系统中，信号接收机一般叫作阅读器，根据支持的标签类型的不同与完成功能的不同，其复杂程度明显不同。信号接收机的基本功能就是提供与标签进行数据传输的途径。另外，信号接收机还提供相当复杂的信号状态控制、奇偶错误校验与更正功能等。标签中除了存储需要传输的信息外，还必须含有一定的结构编制，并且按照特定的顺序向外发送。信号接收机通过接收附加信息来控制数据流的发送。一旦到达信号接收机的信息被正确地接收和译解，信号接收机通过特定的算法决定发射机是否需要对发送的信号重发一次，或者指导发射器发信号，这就是命令响应协议。使用这种协议，即使在很短的时间、很小的空间阅读多个标签，也可以有效地防止欺骗现象的产生。

（3）编程器。只有可读可写标签系统才需要编程器。编程器是向标签写入数据的仪器。一般来说，编程器写入数据是离线完成的，也就是预先在标签中写入数据，等到开始应用时直接把标签黏附在被标志项目上。也有一些 RFID 应用系统，写数据是在线完成的，尤其是在生产环境中作为交互式便携数据文件来处理时。

（4）发射接收天线。发射接收天线是标签与阅读器之间传输数据的发射、接收装置。

在实际应用中，除了系统功率，天线的形状和相对位置也会影响数据的发射和接收，需要专业人员对系统的天线进行设计、安装。

3. RFID 系统的分类

根据 RFID 系统完成功能的不同，可以粗略地把 RFID 系统分成四种类型：EAS 系统、便携式数据采集系统、物流控制系统、定位系统。

（1）电子物品监视系统（Electric Article Surveillance，EAS）。EAS 系统是一种设置在需要控制物品出入的门口的 RFID 技术。这种技术的典型应用场合是商店、图书馆、数据中心等地方，当未被授权的人从这些地方非法取走物品时，EAS 系统会发出警告。在应用 EAS 技术时，首先在物品上黏附 EAS 标签，当物品被非正常购买或非合法移出时，在结算处通过装置能自动检测标签的活动性，发现活动性标签的 EAS 系统会发出警告。此技术的应用可以有效地防止物品被盗，不管是大件的商品，还是小件的物品。应用 EAS 技术，物品不用再被锁在玻璃橱柜里，可以让顾客自由地观看、检查商品，这在自选日益流行的今天有着非常重要的现实意义。典型的 EAS 系统一般由附着在商品上的电子标签、电子传感器和电子标签灭活装置和监视器组成。

EAS 系统的工作原理是：在监视区，发射器以一定的频率向接收器发射信号。发射器与接收器一般安装在零售店、图书馆的出入口，形成一定的监视空间。当具有特殊特征的标签进入该区域时，会对发射器发出的信号产生干扰，这种干扰信号也会被接收器接收，再经过微处理器的分析判断，就会控制警报器的鸣响。根据发射器所发出的信号不同及标签对信号干扰原理的不同，EAS 系统可以分成多种类型。

例如，发射器按工作频率不同，EAS 可分为低频、高频、超高频、微波四种类型。关于 EAS 技术最新的研究方向是标签的制作，人们正在讨论 EAS 标签能不能像条形码一样，在产品的制作或包装过程中加进产品，成为产品的一部分。

（2）便携式数据采集系统。便携式数据采集是使用带有 RFID 信号接收机的手持式数据采集器采集 RFID 标签上的数据。此系统具有比较大的灵活性，适用于不宜安装固定式 RFID 系统的应用环境。手持式信号接收机可以在读取数据的同时，通过无线电波数据传输方式实时地向主计算机系统传输数据，也可以暂时将数据存储在信号接收机中，再一批一批地向主计算机系统传输数据。

（3）物流控制系统。在物流控制系统中，固定布置的 RFID 信号接收机分散布置在给定的区域，并且阅读数据管理信息系统；信号发射机是移动的，一般安装在移动的物体上面。当物体通过信号接收机时，信号接收机会自动扫描标签上的信息并把数据信息输入数据管理信息系统存储、分析、处理，达到控制物流的目的。

（4）定位系统。定位系统用于自动化加工系统中的定位及对车辆、轮船等进行运行定位支持。信号接收机旋转于移动的车辆、轮船上或自动化流水线中移动的物料、半成品、成品上，信号发射机嵌入操作环境的地表下面。信号发射机存储有位置识别信息，信号接收机一般通过无线的方式或有线的方式连接到主信息管理系统。

4. 射频技术的应用

美国和北大西洋公约组织（NATO）在波斯尼亚和黑塞哥维那的"联合作战行动"中，不但建成了战争史上投入战场最复杂的通信网，还完善了识别跟踪军用物资的新型后勤系统，这是吸取了"沙漠风暴"军事行动中大量物资无法跟踪造成重复运输的教训。无论物资是在订货之中、运输途中，还是在某个仓库存储着，通过该系统，各级指挥人员都可以实时掌握所有的信息。该系统途中运输部分的功能就是靠贴在集装箱和装备上的射频识别标签实现的。RF 接收转发装置通常安装在运输线的一些检查点上（如门柱上、桥墩旁等），以及仓库、车站及机场等关键地点。接收装置收到标签信息后，连同接收地的位置信息上传至通信卫星，再由卫星传送到运输调度中心，送入信息数据库中。

3.6　案例分析

物流信息化大势已来，MORELINK 让跨境大货智慧出行

当前，数字化正成为经济增长引擎，全球正在由工业经济向数字经济转型过渡，物流业也已经开启了数字化物流发展的新时代。

从国家政策来看，2021 年末，工业和信息化部、国家发改委等八部门正式印发的《"十四五"智能制造发展规划》，进一步明确了智能制造发展路径和目标。

显而易见，数字化转型的趋势已势不可挡，伴随着物联网、大数据等科技在物流领域的应用，在不远的将来，拥有创新的数字管理技术的企业必将脱颖而出！

从大数据来看，2021 年，我国跨境电商进出口规模达 1.98 万亿元，增长 15%。跨境电商物流市场蓬勃发展，而未来的物流市场也随着跨境电商市场的发展迎来了新的良机！

随着企业规模越做越大，许多跨境电商及物流企业纷纷引进精细化物流管理系统，如 FBA 头程物流系统、海外仓 WMS 系统等，实现物流行业数字化管理和运营。

毋庸置疑，在数字经济时代下，跨境物流企业实现数字化转型已成为未来可持续发展的关键所在。

数字化管理，助力跨境物流企业降本增效。"软实力"打造"硬果实"，作为一家在 FBA 头程物流、海外仓、国际快递打单等领域有七年以上研发、服务经验的 IT 企业，MORELINK 一直认为工具之于企业，犹如武器之于军队，企业的数字化转型战略，离不开数字化技术平台的搭建！

作为业内领先的跨境物流系统服务商，MORELINK 从 2015 年开始组建技术研发团队，投入跨境物流数字化建设，秉承"让跨境大货智慧出行"的使命，一直致力于研发全链条贯通的跨境物流系统，精研 FBA 头程系统、海外仓 WMS 系统、国际快递打单系统及大卡车管理系统等高效物流系统。希望通过强大的物流系统实现精细化运营管理，帮助企业高效处理业务，有效提升了员工的工作效率，降低运营成本，助力跨境物流企业降本增效，实现数字化转型。

MORELINK 物流系统由以下构成：

1. FBA 头程物流系统

FBA 头程物流系统集多平台订单管理、多端适用、全程路由可视化、无纸化财务管理等功能于一体，贯穿国内头程和海外尾程，让订单在一套系统进行流转，客户可在系统上实现操作数据化、透明化，以及跟踪货物在途情况。

2. 海外仓 WMS 系统

海外仓 WMS 系统适配一件代发、大货转运、智能拣货、贴标换标、退货入库、线上财务等多样化海外仓业务模式，接口资源丰富、费用设置多元化，可实现多国多仓协同工作、指令分级管理。

3. 国际快递打单系统

国际快递打单系统贯彻技术赋能物流理念，支持 DHL、UPS、FedEx、TNT 四大快递公司实现在线打单、移动打单及批量打单等功能，支持官网直导账单，拥有丰富的 API 接口资源。

4. 大卡车管理系统

大卡车管理系统针对拥有海外卡车队伍和尾程卡派订单的客户，实现卡车车辆管理、订单管理、费用管理等功能，支持货物扫描出入仓、接单和派单、车辆预约、调度管理及全程路由可视化。

案例思考：

1. MORELINK 的物流系统有哪些？
2. 跨境物流企业实现数字化转型的过程中应注意哪些问题？

 复习与思考

1. 国际物流信息的主要特点有哪些？
2. 简述信息对国际物流系统的作用。
3. 国际物流信息系统的基本功能有哪些？
4. 国际物流信息系统设计的基本原则有哪些？
5. 国际电子商务的分类有哪些？
6. 简述条码技术的定义及应用范围。

第4章

国际物流标准化管理

随着信息技术和电子商务、电子数据、供应链的快速发展，国际物流已经进入快速发展阶段。物流系统的标准化和规范化，已经成为国际物流企业提高物流运作效率和效益、增强竞争力的必备手段。

标准化是对产品、工作、工程或服务等普遍的活动规定统一的标准，并且对这个标准进行贯彻实施的整个过程。标准化的内容实际上就是经过优选之后的共同规则，为了推行这种共同规则，世界上大多数国家都有标准化组织。在国际上，日内瓦的国际标准化组织（ISO）负责协调世界范围的标准化问题。

信息技术是信息社会的重要标志之一。随着信息社会的到来，信息资源的开发，以及信息的生产、处理和分配，已经成为世界经济增长最快的产业，信息技术标准化也越来越受到人们的重视。通过标准化实现系统之间的数据交换与共享已经成为电子商务的必然要求。

4.1 国际物流标准化概述

4.1.1 国际物流标准化定义及特点

国际物流标准化是指以国际物流为一个大系统，制定系统内部设施、机械装备、专用工具等各个系统的技术标准；制定系统内各分领域，如包装、装卸、运输、仓储等方面的工作标准；以国际物流大系统为出发点，研究各分系统与分领域中技术标准与工作标准的配合性，按照配合性要求，统一整个国际物流系统的标准；研究国际物流系统与相关其他系统的配合性，进一步谋求国际物流大系统的标准统一。

与一般标准相比，国际物流标准化的主要特点有：

1）物流系统的标准化涉及面广，对象也不像一般标准化系统那样单一，包括机电、建筑、工具、工作方法等许多种类。这些对象虽然处于一个大系统中，但缺乏共性，标准种类繁多、标准内容复杂，也给标准的同一性及配合性带来很大的困难。

2）物流标准化系统属于二次系统。这是由于物流及物流管理思想诞生较晚，组成物流大系统的各个分系统，在过去没有归入物流系统之前早已分别实现了本系统的标准化，并且经过多年的应用，不断发展和巩固，很难被改变。在推行物流标准时，必须以此为依据，个别情况下固然可将有关旧标准推翻，但从总体上还是要从适应及协调角度建立新的物流标准化，而不可能全部创新。

3）物流标准化更要体现科学性、民主性和经济性。科学性、民主性和经济性是标准的"三性"，由于物流标准化的特殊性，必须突出体现这"三性"。科学性是要体现现代科技成果，以科学实验为基础，在物流中还要求与物流的现代化（包括物流技术与物流管理）相适应，要求将现代科技成果连接成物流大系统；否则，即使各种具体的硬技术再高端也无用，甚至还会起反作用。所以，这种科学性不但要反映在其本身的科学技术水平上，还要表现在协调与适应的能力方面，使综合的科技水平最优。

民主标准的制定采用协商一致的方法，要广泛考虑各种现实条件，广泛听取意见，而不能过分倚重某一国家，从而使标准化更具权威性，更易于贯彻执行。国际物流标准化涉及面广，因此要想达到协调和适应，民主解决问题、不过分倚重某一方面意见、使各系统都能采纳就很重要。

经济性是标准化的主要目的之一，它是标准化的决定因素。物流过程不能像深加工那样能让产品大幅增值，即使采用流通加工等方式，增值也是有限的。所以，物流费用多开支一分钱，就会减少一分钱的效益。但是，物流过程又必须投入大量的消耗，如果不注重标准的经济性，片面地强调反映现代科学水平，片面地顺从物流习惯及现状，必然会增加物流成本，使标准失去生命力。

4）物流标准化有较强的国际性。经济全球化的趋势使国际交往日趋频繁，而所有的国际贸易又最终依靠国际物流来完成。各国都很重视本国物流和国际物流的衔接，在本国物流管理发展初期就力求使本国物流标准与国际物流标准体系一致。否则，不但会加大国际交往的难度，而且在本来就高额的关税及运费的基础上又增加了因标准化系统不统一造成的效益损失，增加外贸成本。

5）物流标准化贯彻安全与保险的原则。物流安全问题非常突出，往往一个安全事故会使一个公司损失殆尽。当然，除了经济方面的损失外，人身伤害也是物流中经常出现的，如交通事故的伤害、物品对人的碰撞伤害、危险品的爆炸及腐蚀等。所以，要在物流标准中对物流的安全性、可靠性进行规定，为安全性、可靠性统一技术标准、工作标准。

6）物流保险标准化。在国际物流中有世界公认的保险险别与保险条款。虽然许多规定并不是以标准化形式而是以立法形式出现的，但是其共同约定、共同遵循的性质是通用的，具有标准化内涵，其中不少手续等都具有具体的标准化规定，保险费用等的计算也受标准化规定的约束。物流保险的相关标准化工作是物流标准化的重要内容。

4.1.2 国际物流标准化的作用及意义

国际物流标准化的作用及其地位主要包括以下四点：

（1）国际物流标准化是企业进入国际市场、促进国际贸易的保障。随着全球经济的飞速发展，国际贸易越来越重要，各个国家都很重视本国物流与国际物流的衔接，力求与国际物流标准化体系一致。同时，在运输、包装、装卸、仓储等方面采用国际标准，能够打破各国或地区标准不统一的技术壁垒，从而加速国际贸易的物流过程。

（2）国际物流标准化是降低物流成本、提高物流效益的有效措施。物流标准化可以为物流在生产、仓储、销售、消费等环节间提供最有效的衔接方式和手段，可以使企业获得直接或间接的物流效益。物流系统实行标准化后，由于速度加快，其间装卸、搬运、暂存费用降低，企业会获得更多收益。

（3）国际物流标准化是促进世界整体物流管理现代化的重要手段和必要条件。推行国际物流标准化有利于新的物流技术、理念、管理方法等在各国同步推广，快速推进各国物流管理现代化水平的提高。物流标准化是实现物流合理化的工具与手段，其间环节众多，彼此联系密切，必须依托统一的标准才能实现良好的协调与配合。

（4）国际物流标准化是物流系统与物流外部系统连接的重要条件。物流系统不是孤立存在的，从流通领域看，上接生产系统，下接消费系统；从生产物流看，后面又有不同工序。在物流过程中，物流又和机械制造、土木工程及商流彼此有许多连接点。为了使外系统与物流系统更好衔接，通过标准化来统一衔接点是非常重要的。

4.1.3 国际物流标准化现状

1. ISO

ISO/IEC 下设立了多个物流标准化的技术委员会，负责全球的物流相关标准的制定及修订工作，已经制定了 200 多项与物流设施、运作模式与管理、基础模数、物流标识、数据信息交换相关的标准。

2. EAN. UCC

国际物品编码协会（EAN）是除北美以外地区的对货物、运输、服务和位置进行唯一有效编码，并且推动其应用的国际组织，而美国统一代码委员会（UCC）是北美地区与EAN 对应的组织，近年来，两个组织达成了 EAN.UCC 联盟，意在全球范围内推广物流信息标准化。

3. 发达国家物流标准化

美国参加了北大西洋公约组织的物流标准制定工作，制定出了物流结构、基本词汇、定义、物流技术规范等标准。美国国家标准协会（ANSI）积极推进物流的运输、供应链、配送、仓储和进出口等方面的标准化工作。在参加国际标准化活动方面，美国积极加入ISO/TC 104、ISO/TC 122、ISO/TC 154 等技术委员会。

日本是对物流标准化比较重视的国家之一，标准化发展的速度也很快。日本在标准体系研究中注重与美国和欧洲进行合作，将重点放在标准的国际通用性上。日本通过日本工业标准（JIS）制定关于物流方面的若干草案，它们包括物流模数体系、物流设施的设备基准、输送用包装的系列尺寸、包装用语、大型集装箱等。

4.2 国际物流标准化办法及相关规定

4.2.1 国际物流标准化办法

物流体系的标准化在大多数国家还处于初始阶段。在初始阶段，标准化的重点在于通过制定标准规格尺寸来实现全物流系统的贯通，取得提高物流效率的初步成果。这里介绍物流标准化的一些方法，主要是初步的规格化的做法。

1. 确定物流的基础模数尺寸

物流基础模数尺寸的作用和建筑模数尺寸的作用大体相同。基础模数一旦确定，设备的制造、设施的建设、物流系统中各环节的配合协调、物流系统与其他系统的配合就有所依据。目前，ISO 中央秘书处及欧洲各国基本认定 600mm×400mm 为基础模数尺寸。

以该标准作为基础模数尺寸的原因可以归结如下：由于物流标准化系统较其他标准系统建立较晚，所以确定基础模数尺寸主要考虑了目前对物流系统影响最大而又最难改变的事物，即输送设备。采取"逆推法"，由输送设备的尺寸来推算最佳的基础模数。当然，在确定基础模数尺寸时也考虑到了现在已通行的包装模数和已使用的集装设备，并从行为科学的角度研究了人及社会的影响。从其与人的关系看，基础模数尺寸是最适合人体操作的最高限尺寸。物流模数的推导过程如图4-1所示。

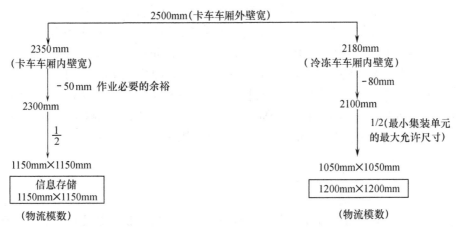

图4-1 物流模数的推导过程

2. 确定物流模数

物流模数作为物流系统各环节的标准化的核心，是形成系列化的基础。依据物流模数进一步确定有关系列的大小及尺寸，再从中选择全部或部分，确定为定型的生产制造尺寸，这就完成了某一环节的标准系列。

由物流模数体系可以确定各环节系列尺寸。各环节系列尺寸的推导过程如图4-2所示。

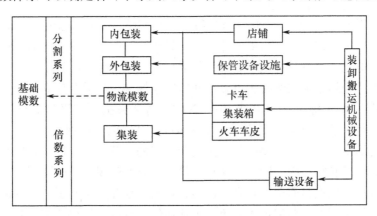

图4-2 各环节系列尺寸的推导过程

目前，国际标准化组织（英文缩写为ISO）认定的物流基础模数尺寸为600mm×400mm。

为了与国际的发展趋势相吻合，许多国家都以ISO的标准修改本国物流的有关标准。包装尺寸系列标准的制定主要是基于包装货物的物流合理化，因此，最小集装尺寸可以从物流基础模数尺寸600mm×400mm按倍数系列推导出来。也可以在满足600mm×400mm的前提下，从运输设备或集装箱的尺寸分割出来。

集装基础模数尺寸的ISO标准以1200mm×1000mm为主，也允许1200mm×800mm和

1200mm×1100mm，这个尺寸也就是托盘标准尺寸。例如，日本 JISZ 标准中托盘尺寸为 1100mm×1100mm、800mm×1100mm 两种。美国 ANSI 标准中还有 1100mm×880mm、1200mm×1000mm 及 1100mm×825mm 集装尺寸。

日本是对物流标准化较重视的国家之一，日本工业标准（JIS）[⊖]关于物流方面的包括：物流模数体系；集装的基本尺寸；物流用语；物流设施的设备基准；输送用包装的系列尺寸（包装模数）；包装用语；大型集装箱；塑料制通用箱；平托盘；卡车车厢内壁尺寸等。

我国已经制定了一些分系统的标准，汽车、叉车、起重机等已经全部实现了标准化，包装模数及包装尺寸、托运平托盘也制定了国家标准。我国参照国际标准还制定了运输包装部位的标示方法国家标准。其中，联运平托盘外部尺寸系列规定优先选用两种尺寸，即 TP2——800mm×1200mm 和 TP3——1000mm×1200mm，另外还可选用 TP1——800mm×1000mm。托盘高度基本尺寸为 100mm（极限偏差±5mm）与 70mm（极限偏差0）两种。

4.2.2 识别与标志标准技术

1. 传统的识别与识别的标准方法

在物流系统中，识别系统是必要的组成部分之一，同时，识别系统也是最早实现标准化的系统之一。在物流领域，识别标记主要用于货物的运输包装上。传统的标准化将包装标记分为三类，即识别标记、储运指示标记和危险货物标记。

（1）识别标记。识别标记包括主要标记、批数和件数号码标记、目的地标记、体积重量标记、输出地标记、附加标记和运输号码标记。

（2）储运指示标记。储运指示标记包括向上标记、防湿防水标记、小心轻放标记、由此起吊标记、由此开启标记、重心点标记、防热标记、防冻标记及其他如"切勿用钩""勿近锅炉""请勿斜放、倒置"标记等。

（3）危险货物标记。危险货物标记包括爆炸品标记、氧化剂标记、无毒不燃压缩气体标记、易燃压缩气体标记、有毒压缩气体标记、易燃物品标记、自燃物品标记、遇水燃烧物品标记、有毒品标记、剧毒品标记、腐蚀性物品标记、放射性物品标记等。

在实际工作中遇到这类问题时，可以以我国国家标准《危险货物包装标志》（GB 190—2009）、《包装储运图示标志》（GB/T 191—2008）等为依据。如果是进行进出口的国际海运，可以依据国际标准化组织发布的《国际海运危险品标记》识别。

采用标记的识别方法，最重要的目的是引起人们的注意，对人们的处理起着简明扼要的提示作用，因此标记必须牢固、明显、醒目、简要、方便阅视和正确使用。

传统标记方法的优点是简单、直观。但是，正因为如此，限制了标志的内容，有许多应标记的项目不能被标记上。标记过于简单，也往往使人难以掌握得透彻。此外，一般由人来识别标记，往往是出现识别错误造成处置失当的原因，由于人的识别反应速度所限，所以难以对大量、快速、连续运动中的货物做出准确识别。

2. 自动识别与条形码标志

"自动识别+条形码"是基于"人工识别+标志"的一大进步，这种技术使识别速度提高几十倍甚至上百倍，使识别的准确程度几乎无一失误，是提高效率的重要进步。

⊖ JIS：Japanese Industrial Standards.

"自动识别+条形码"之所以能广泛实施,关键在于条形码的标准化使自动识别的电子数据可以成为共享的数据,这样才能提高效率。

和一般的图记标志不同的是,条形码有巨大的数据存储量,可以将物流有关所有信息都包含在内,这是图记标志不可比拟的。条形码的问题是缺乏直观性,只能和自动识别系统配套使用,而无法人工识别,条形码的提示、警示作用远不如图记的标志。

4.2.3 自动化仓库标准

自动化仓库标准的主要内容有以下四部分:

(1) 名词术语的统一解释。名词术语的统一解释是自动化仓库的基础标准,统一使用词汇之后,可以避免设计、建造和使用时的混乱。一般而言,名词术语大体应由以下三部分语言组成:

1) 自动化仓库的设施、建筑、设备的统一名称,包括种类、形式、构造、规格、尺寸、性能等。

2) 自动化仓库内部定位名称,如日本工业标准(JIS:B8940)用以下语言定位。①W方向:与巷道机运行方向垂直的方向;②L方向:与巷道机运行方向平行的方向;③排:沿W方向货位数量定位;④列:沿L方向货位数量定位;⑤层:沿货架高度方向货位数量定位。

3) 操作、运行指令、术语等。

(2) 立体自动化仓库设计通用规则。立体自动化仓库设计通用规则包括适用范围、用语含义解释、货架、堆垛起降机、安全装置、尺寸、性能计算、表示方法等。

(3) 立体自动化仓库安全标准。立体自动化仓库安全标准规定了安全设施、措施、表示符号等,如防护棚网标准、作业人员安全规则、操作室安全规则、设备自动停止装置、设备异常时的保险措施、紧急停止装置、禁止入内等符号。

(4) 立体自动化仓库建设设计标准。立体自动化仓库建设设计标准和一般建筑设计标准的区别在于,要根据物流器具特点确定模数尺寸,标准还包括:面积、高度、层数的确定;建筑安全、防火、防震的规定;仓库门、窗尺寸及高度的确定等。

4.3 国际物流公共信息平台标准体系

4.3.1 物流公共信息平台标准化现状

国际上虽未专门就物流公共信息平台的发展制定系统、统一的标准,但为促进不同主体间的数据交换与资源共享,不少国际组织,如UN/ECE、ISO、IATA、EDIFACT,就电子数据交换和代码出台了相关国际标准。各国在研究和实践的基础上,一方面积极采用国际标准,另一方面也根据信息平台的实际需求制定了适应自身发展的相关标准。美国、韩国、日本等国较为成熟的物流公共信息平台的标准化工作取得了一定进展。我国在借鉴国际标准和国外信息平台标准化工作的基础上,也积极开展了相关标准化研究。

1. 国外物流公共信息平台标准化现状

(1) 美国EFM平台。2004年,美国交通运输部基于多年的"无纸化货运"理论与实践，开展了"电子货运管理计划"（Electronic Freight Management Initiatives，EFM）项目。该项目拟构建一个基于 Web 技术的、结构开放的平台，规范数据、信息语法、IT 架构，以标准为"通用语言"进行信息沟通，加强政府与企业的合作，从而提高整条供应链的作业效率，并且增强货物运输的安全性。

（2）韩国 SP-IDC 平台及韩国物流信息标准化工程。

1）SP-IDC。韩国国土海洋部建设的船舶与港口信息数据中心（Shipping & Port-Internet Data Center，SP-IDC）可将分散的物流信息集中到一处，相关方通过互联网即可获取信息并处理港口的诸项事宜，从而降低物流成本。从世界任何角落都可通过互联网对中心进行访问，同时中心也支持信息共享的合作过程。

2）韩国物流信息标准化工程。通过加强物流信息标准化工作，促进韩国物流信息平台发展，也成为韩国业界的共识。物流信息标准化工程（Logistics Information Standardization Project）即基于此而开展。该工程由韩国国土海洋部运输系统创新项目（Transportation System Innovation Program funded by Ministry of Land，Transport and Maritime Affairs）支持进行。参与各方包括政府（韩国国土海洋部）、学术机构（韩国交通运输研究院 KOTI、韩国铁路研究院 KRRI、韩国东亚大学 East Ash University）、企业（凯尔易通公司 KL-Net、韩国贸易网 KTNET）、咨询机构（韩国电子商务研究院 KIEC）等。韩国政府通过该工程制定标准化的编码，为货物跟踪定义标准数据，支撑韩国适应全球物流发展。

（3）日本 COLINS 平台。日本集装箱物流信息服务平台（Container Logistics Information Service，COLINS）基于网络信息服务，为终端经营者、货主、租船经纪人、承运人等提供整合和共享的物流信息，提供进口集装箱放行、集装箱状态（进出闸口、装卸船）、船期、码头周边道路运输视频、闸口状态等信息服务。

通过对国际物流信息平台发展历程的整体回顾，对美国 EFM 平台、韩国 SP-IDC 平台与物流信息标准化工程、日本 COLINS 平台的介绍，结合我国发展实践，就物流信息平台标准体系建设，可得如下启示：

1）由于物流信息平台具备较为明显的外部性特征，政府在平台建设初期需要发挥主导作用。这种主导作用一方面体现在资金投入上，如美国 EFM 项目由专项资金支持；另一方面，政府以法律或规范等形式明确相关保障措施也十分重要，如美国 EFM 项目建设资金的投入即主要由三个连续性的法案给予支持。

2）物流信息平台的标准化建设工作伴随项目推进、技术积累、业务更新，会经历较长的一段时间。标准体系的建立和完善需要依托项目的积累。例如，韩国的 SP-IDC 平台于2003 年进行了基础性框架构建，但直至 2008 年才进入项目的基本成熟期。

3）物流信息平台的标准选用应着重于开放性标准，尤其要与国际标准接轨。

4）物流信息平台标准体系构建与完善需要重视数据的统一和接口的对接。在数据的统一方面，力求全国性的统一，尽管这一点在各个国家的推行都遇到了困难。在接口方面，一方面强调平台的中心作用，以期使其具备可扩展的功能；另一方面，对业务功能的定位，各个平台有预先的谋划与想法。例如，韩国的物流信息标准化工程着力解决韩国国内数据的统一性问题，而美国的 EFM 强调不同类型业务主体的接口对接。

2. 国内物流公共信息平台标准化介绍

目前，我国物流公共信息平台的发展虽与发达国家存在一定差距，但也积累了一些宝贵的研究成果和实践经验。伴随现代物流的发展，我国物流信息化发展方面的标准也不断增加。我国出台了《物流公共信息平台应用开发指南 第1部分：基础术语》（GB/T 22263.1—2008）、《物流公共信息平台应用开发指南 第2部分：体系架构》（GB/T 22263.2—2008）、《物流公共信息平台应用开发指南 第7部分：平台服务管理》（GB/T 22263.7—2010）和《物流公共信息平台应用开发指南 第8部分：软件开发管理》（GB/T 22263.8—2010）、《物流公共信息平台服务质量要求与测评》（GB/T 37503—2019）等。

纵观国内物流公共信息平台标准体系的建设工作，其主要特征可总结为如下五点：

（1）尽管就数据格式、数据管理、数据安全等出台了相关国标和行标，但全国范围内尚未出台统一的标准体系。由于连接到平台的各个部门系统构件的软硬件平台都不统一，所以容易造成系统之间不能实行信息交换、系统运作不畅。异构系统和异构格式之间的数据交换和信息共享的问题成为首要问题。由于公共物流信息平台汇集了大量的来自不同部门信息系统的信息，数据量大、数据类型多样化，因此如何进行合理、有效的数据管理显得尤为重要。电子物流业务交易中最重要的是数据安全问题，包括身份认证及网上支付的安全等。平台要有合理的身份审核制度及可靠、安全的防火墙，保障网上交易的安全性，防止交易资料和关键数据丢失及受黑客攻击。

（2）缺乏统一的通信协议、接口规范，造成信息互通、共享困难。物流信息平台的关键是发挥信息中转功能，集中采集各种动态和静态的物流信息，并发布物流信息，因此接口问题显得尤为重要，与其他系统建立良好的接口是保障平台能够顺利运行的基本条件。

（3）对平台信息辅助功能的业务描述尚不清晰。物流信息平台应该起到规范物流市场活动作用和物流运行控制作用。平台内部集中从各个子系统采集大量的、可用的信息，但是平台并不仅仅是单纯的信息集成，应该充分发挥平台强大的信息功能，深层次挖掘隐藏的、潜在的、有价值的信息，为宏观物流行业管理和决策服务。

（4）服务标准总体水平不高。在现有标准中，服务标准数量明显少于技术标准和基础标准，重点领域服务标准缺乏。无论从数量上还是质量上，现有的服务标准都无法满足社会的需要。

（5）标准体系缺乏。由于缺乏标准体系的指导，标准的制定存在关系失调、制定顺序不合理等问题，影响标准化的推进，并且给平台建设带来一定风险。

4.3.2 相关标准体系分析与借鉴

交通运输物流公共信息平台的标准化建设，应是在交通运输信息及物流信息相关标准化框架下的具体细化与综合。为了促进交通运输行业信息化建设，目前交通运输部制定的与物流公共信息平台密切相关的标准体系有二："交通运输信息化标准体系（2019）"，促进交通运输行业物流发展的"交通运输物流标准体系 征求意见稿"。这些为交通运输物流公共信息平台的标准体系的建设提供了一定参考。

1. 标准体系分析

（1）交通运输信息化标准体系。交通运输信息化标准体系是确保交通运输行业信息化建设规范、有序发展，支撑信息资源共享和交换，提升信息化服务效能的基础保障手段。本标准体系按信息标准化对象、标准适用性和服务业务领域三个属性构建三维模型，采用二维方式展示，如图4-3所示。

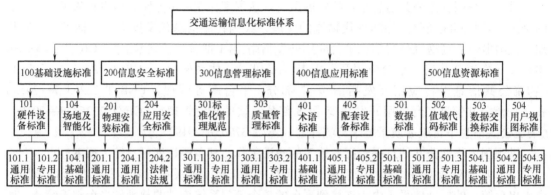

图4-3 交通运输信息化标准体系

体系中第一、二层级是按信息标准化对象属性展开的，如第一层级共分为基础设施、信息安全、信息管理、信息应用和信息资源五类；基础设施标准中按标准化对象分为硬件设备标准、场地及智能化标准等。第三层级的各类标准按标准适用性分为通用标准、专用标准和基础标准等。

（2）交通运输物流标准体系。交通运输是现代物流活动的主体，也是物流链的核心环节，要充分发挥其积极作用离不开标准化的支撑。交通运输物流标准体系的制定旨在为我国交通运输行业一系列相关物流标准提供科学的依据和计划。体系总体框架如图4-4所示。

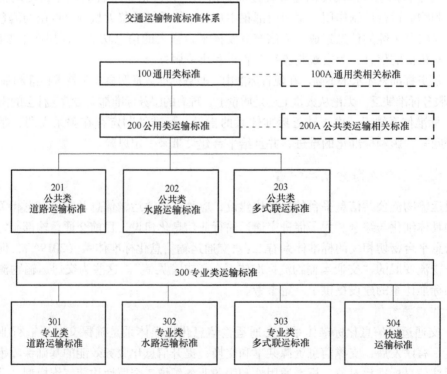

图4-4 交通运输物流标准体系

本标准体系分三个层次：第一个层次是交通运输行业物流通用类标准；第二个层次是以道路运输、水路运输和多式联运划分的公共类运输标准；第三个层次是以道路运输、水路运输和多式联运、快递运输划分的专业类运输标准。

从标准体系构建角度来看，两个体系均是以标准化对象不同角度的分类（如从标准化对象的内容及适用范围等不同角度）为基础的。例如，交通运输信息标准体系首先基于不同信息化建设内容（基础设施、信息安全、信息管理、信息应用和信息资源），再根据标准的适用范围和应用领域构建；交通运输物流标准体系则先按标准的适用范围（通用、公共和专业类），再按标准的应用领域（如道路运输、水路运输及多式联运）构建。

2. 标准体系借鉴

标准体系的构建应紧密结合标准化对象的特点。随着我国经济社会的发展，标准化领域越来越广，标准化对象也越来越复杂，标准体系的类型越来越多样，既有覆盖全行业、标准对象类型较多的"大领域"的标准体系，如以上两个标准体系所覆盖的就是整个交通行业的信息化领域、物流领域的标准；同时也有针对某具体产品、服务或系统的"小范围"的标准体系，如国家物流公共信息平台的标准体系。

国家交通运输物流公共信息平台运用各种信息技术实现数据交换与服务共享，为行业参与者、行业管理者提供相关应用和综合增值服务。平台标准体系所覆盖的标准是实现、保障平台的建设、运营、管理所需要的标准。平台标准体系的构建基于对标准的不同分类，因本体系所含的标准为针对本平台所制定，故从标准适用范围的角度无法对标准进行明显的区分。由于标准体系所包括的是平台建设、运营、管理等方面的标准，故按标准内容的不同可有效区分各类标准。基于此分类准则，再结合平台本身的特有架构，可建立既能与相关标准体系有效衔接，又能体现平台特色的标准体系。

国家交通运输物流公共信息平台是信息技术、交通运输、物流三个领域的综合应用，故平台的标准应包含在以上三个领域的标准范围内。具体而言，平台标准体系所含标准主要来源于以下两个方面：

（1）直接引用现有的国家标准、行业标准。平台所需且能直接、完全为平台所用的标准，纳入平台标准体系。

（2）根据平台实际需求制定标准。交通运输物流公共信息平台虽是信息技术、交通运输、物流三个领域的综合应用，但在标准制定方面存在部分"盲区"，即各领域均有各自的标准，但在综合应用方面（各领域交叉范围内）却没有相应统一的标准予以支持。鉴于此，应制定部分平台所需标准，如平台的管理、应用方面的标准。

4.3.3　交通运输物流公共信息平台标准体系框架

交通运输物流公共信息平台的建设目的就是为物流链上相关信息系统之间信息交换和共享服务，并且提供进一步的增值服务和应用，这些服务和应用的实现需以不同类型的标准为基础。因此，本标准体系的建设，在技术上，一是指导平台各信息系统包括各类应用中心的建设；二是为相关物流企业业务管理系统的开发与改造提供统一准则，保障其与平台的成功接入。在业务上，一是指导各类应用服务功能的实现，如信用评价功能、统计监管功能；二是保障平台的正常运营，如对平台标准的管理及平台日常管理等方面。

为了更好地支撑平台功能的拓展，同时与相关标准体系（如交通运输信息化、交通运输物流）进行有效衔接，在遵循平台系统三级体系架构的前提下构建标准体系。首先按标准性质（或标准对平台所起的作用）的不同把平台的标准分为两类：技术和应用类与管理和保障类。技术和应用类标准主要是为了实现平台的有序开发建设及平台各项服务和应用；管理和保障类标准主要是为了保障平台的正常运营，主要包括平台技术安全保障标准、平台标准维护与管理标准及平台运维管理标准。以上两类标准均包括技术和业务层面的标准。平台标准体系模型如图 4-5 所示。

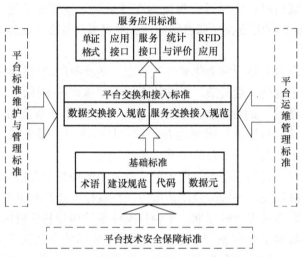

图 4-5　交通运输物流公共信息平台标准体系模型

基于以上模型的交通运输物流公共信息平台标准体系框架如图 4-6 所示。

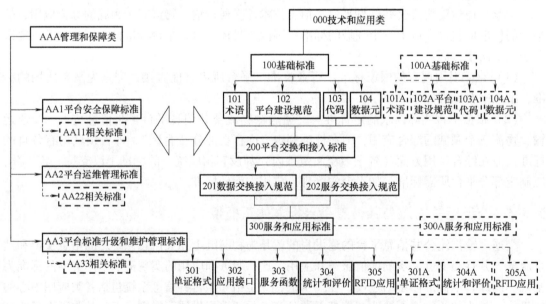

图 4-6　交通运输物流公共信息平台标准体系框架

1. 技术和应用类标准

技术和应用类标准主要是为了实现平台的有序开发与建设及平台各项服务和应用，包括以下内容：

（1）基础标准。物流供应链上各参与方不能实现信息交换与共享的重要原因之一就是各方缺乏对信息和数据的统一描述，即术语、数据元、代码等基础标准不统一。基础标准的不统一，致使物流链上各信息系统之间不能有效衔接，参与方只能通过定制开发来获取所需环节的物流信息，既降低了物流效率又增加了物流成本。"交换是核心，应用是关键"。信息交换是平台的核心功能，基于信息交换对信息进行整合；各类增值应用是平台发展的重要动力。因此，对平台而言，统一平台的基础标准是平台建设的重要基石，是平台实现信息调用，提供一体化、高效的物流信息服务应用的前提。此外，平台的建设规范是平台开发建设的重要依据，是平台发挥各项功能的前提条件，建设规范对平台而言也是重要的基础标准。基础标准主要包括术语、平台建设规范、数据元和代码。

（2）平台交换和接入标准。平台建设是一个系统工程，由政府、行业协会、研究机构、物流链上相关企业、软件开发商、增值服务提供商等共同参与，同时平台向各需求方提供一个开放的数据交换与应用平台，即平台通过"多方共建"实现"多方共享"。共建的多方要能成功接入平台，共享的多方要能实现数据交换与服务交换，这就需要以统一的交换和接入标准为前提。

平台的核心功能为数据交换和服务交换。数据交换是通过数据交换平台来实现的，以解决企业、政府机构在不同信息库间信息数据无法自由转换的问题。服务交换在一个分布式的开放的环境中，通过信息服务的索引与指向，架设一座连接广大异构服务提供方与服务需求方之间的桥梁，为服务需求方提供可用的服务资源的信息。服务交换的本质是将异构的物流服务标准化，通过服务路由功能，为用户提供一站式接入服务。基于平台的两大核心功能，把平台交换和接入标准分为"数据交换接入规范"和"服务交换接入规范"，以解决企业用户使用平台相应功能的接入问题。数据交换接入规范主要包括物流交换代码、数据交换接入、代码获取接口、单证接口等标准。服务交换接入规范主要包括服务交换接入、服务申请代码编制规则等。

（3）服务和应用标准。数据交换是平台最核心、最主要的功能之一，主要是为了企业用户间各类单证的传输，所以，单证格式标准的统一是数据交换的重点。此外，平台已建立多个公共应用中心，如货物跟踪中心、信用中心、运输交易中心，可提供区域或行业的基本信息服务和货物跟踪、信用、网上运输交易、行业监管等增值服务。实现应用服务的前提是信息服务的调用，而这需要借助各种接口与服务函数，如支撑信用中心的接口和信用信息服务函数。统计和评价是平台的增值服务之一，虽然已有相应接口和服务函数，但对这些服务的具体应用，如按照哪些评价指标对哪些对象进行评价、按哪种频率统计哪些数据等方面，尚未有明确的标准予以指导。此外，各类先进技术在平台的应用是平台发展的必然趋势，如RFID技术的应用，因此也有必要制定相应的标准。服务和应用标准是企业用户接入平台后参与数据交换，使用平台各项具体服务和应用的基础指南。鉴于以上分析，服务和应用标准主要包括单证格式、应用接口、服务函数、统计和评价及 RFID 应用五类标准。

2. 管理和保障类标准

管理和保障类标准主要保障平台的正常运营，包括以下内容：

（1）平台安全保障标准。平台软硬件安全是平台正常运营最重要的保障，主要包括平台安全保障体系标准，主要从平台安全等级、物理安全、系统安全、数据安全、应用安全、安全管理六个方面对安全保障体系进行描述。

（2）平台运维管理标准。平台各项功能的发挥都是基于平台的正常运转，因此，平台的运维管理也是平台建设的重要内容之一，主要包括平台日常运维管理要求标准，从人员、组织、机构、资金、技术等方面进行分析。

（3）平台标准升级和维护管理标准。对于平台而言，标准是基础，故应重视平台标准的管理工作，主要包括标准升级维护管理、标准符合性测试两个标准。标准升级维护管理即在广泛分析 ISO/IEC⊖、UN/EDIFACT⊜、WCO⊜等国际标准的维护模式，以及我国国家标准管理办法的基础上，制定平台升级维护管理标准。标准符合性测试是通过一定的测试流程和测试方法，对企业用户所研发的或改造后的软件是否符合平台标准进行诊断，给出软件的标准程度的评价。

3. 相关标准

以上各类标准是直接指导平台建设、开发的标准，但这些标准的制定与更新需参考相关的国际、国家及行业标准。例如，体系基础标准中的数据元标准，需参考国家标准《贸易数据交换　贸易数据元目录　数据元》（GB/T 15191—2010）与交通行业标准《交通信息基础数据元　第10部分　交通统计信息基础数据元》（2016）等。平台标准需根据其所参考标准的更新而更新，因此，相关标准被列入标准体系框架。

值得说明的是，标准管理是持续的、过程的、动态的，本文中提到的标准体系并非一成不变，而应动态变化。随着国内外物流环境的不断变化，各项物流技术的不断更新，平台也应随之不断完善，有必要对平台的标准体系实施动态管理，及时对标准体系表中落后的、不合时宜的标准做出说明，并且每隔固定时期对标准体系表进行修订，以保证标准体系的可扩充性和可操作性。

4. 标准体系表

按照《标准体系表编制原则和要求》（GB/T 13016—2009）的要求，标准体系表是一定范围的标准体系的标准按其内在联系排列起来的图表。标准体系表包括现有的、正在制定的和应着手制定的各类标准。国家交通物流信息平台标准的制定既需结合交通物流信息化发展趋势，又应充分考虑平台的标准化需求。要调研国家物流公共信息平台建设与管理各方提出的标准化问题及标准化需求，结合国家交通运输物流公共信息平台标准建设现状及发展趋势，整理、提炼出目前国家交通运输物流公共信息平台亟待制定的相关标准。需制定的及现有的相关标准按照图4-6所示的标准体系框架分类归纳，形成标准体系表。

4.4　我国的国际物流标准化

4.4.1　我国物流标准化现状

1. 我国物流标准化的发展现状

随着物流产业在我国的迅速发展，各个部门、行业也从不同角度、不同程度地开展了物

⊖　ISO/IEC：ISO 为国际标准化组织，IEC 为国际电工委员会。
⊜　UN/EDIFACT：全称为 United Nations/Electronic Data Interchange For Administration, Commerce and Transport，国际通用 EDI 标准。
⊜　WCO：世界海关组织。

流标准化的工作，我国在物流标准化方面取得了较大的进步。一是为发展物流产业提供基础性标准。由中国物流与采购联合会等牵头制定的《物流术语》（GB/T 18354—2021）于2021年12月1日开始实施。二是推进物流通用技术与管理的标准化。有关物流技术的国家标准《商品条码　储运包装商品编码与条码表示》（GB/T 16830—2008）等相继公布。三是探索并规范高新技术在物流中的应用。国家标准《大宗商品电子交易规范》（GB/T 18769—2003）、《数码仓库应用系统规范》（GB/T 18768—2002），对提高物流科技含量与发展水平具有积极的促进作用。四是开展物流标准化研究。2001年开始，在国家科技部主持下开展了有关物流标准化的科研课题，其中，有"电子商务与现代物流标准体系及关键标准研究"，由中国标准化协会牵头承担；有"物流配送系统标准体积及关键标准研究"，由中国物品编码中心牵头承担。交通部门则研究、出版了《交通行业服务标准体系表》，确定了运输市场管理等相关标准体系，等等。这些标准课题的研究对于物流标准化是一个积极的探索和有益的开端。五是筹建成立全国现代物流信息管理标准化技术委员会，负责全国现代物流信息方面的标准化技术归口工作。

2. 当前我国物流标准化亟待解决的问题

我国由于经济发展的特点及特殊性，物流标准化被看作物流发展的瓶颈，受到业内各界的广泛关注。其中主要问题有：

（1）物流标准化在总体上表现出滞后性。我国国民经济已经历了多年的高速发展，各主要行业的标准化建设已形成各自的一套体系，而这些体系的形成并没有考虑到现代物流发展的需要。因此，现有技术标准存在多方面的差异，制约了物流的协调运作。

（2）物流标准化的许多方面需要从基础性工作做起。从总体看，我国物流起步较晚，基础薄弱，在物流的基础设施、管理水平、人员素质、市场发育程度等方面存在先天不足，而可供选择的目标又非常高。

（3）物流标准化的运作依然在传统体制的框架中进行。我国标准化组织与科研机构按照传统的部门、行业分工，并且依然以传统的部门、地域为基础。物流在本质上所要求的高度系统化、协调化与标准化工作中的部门、地方分割出现了矛盾。行政部门之间没有建立协调机制，相互之间没有交流、协调，更没有统一规划。

（4）物流标准化对行政力量的依靠程度太高。由于我国标准化运作市场基础比较薄弱，目前对国家行政管理力量的依靠程度比较高，因此行业协会和标准技术组织没有发挥应有的作用。

4.4.2　建设中国国际物流标准化的重要性

1. 可以提高物流速度、降低物流成本

国际物流标准化的核心任务是为不同企业信息系统建立统一的信息平台，借助先进的计算机网络和通信技术，将原本分离的采购、运输、仓储、代理、配送等物流环节，以及资金流、信息流、实物流等进行统一的协调控制，实现完整的供应链管理，将原属于不同行业部门、不同产业领域的运作体系相对独立的节点物流信息系统进行有效的整合，提高整个物流供应链的运作效率。要加强国际互联网的有效利用，加快信息基础设施建设，推进信息采集技术、信息传输技术及管理软件在物流领域的广泛应用，实现包括商品信息在内的物流信息交换协议标准化、条形码化和信息采集自动化。引导企业利用先进的信息技术和物流技术，全面提高企业的信息管理水平，减少资源浪费，提高物流速度。

国际物流体系建设的高度标准化可以加快物流过程中运输、装卸的速度，降低保管费用，减少中间损失，提高工作效率，因而可获得直接或间接的经济效益，我国铁路与公路在使用集装箱统一标准之前，运输转换时要"倒箱"，全国"倒箱"数量很大，造成巨大损失，而采用物流标准化就可以减少这些损失。

2. 加速消除贸易壁垒、促进我国物流发展

物流非常依赖现代信息网络技术，在物流管理中，物流信息的标准化对供应链成员信息的交换和共享非常重要，我国应尽快制定与国际接轨的现代物流国家标准，逐步形成现在物流行业的标准体系。

国际物流的实现依靠的是各种基础设施，所以，我国必须加强国内基础设施的建设，配置相应的仓储和运输工具，保证各种运输路线的安全畅通。如果连最基本的基础设施都无法建立，国际物流的标准化更没有办法形成。因此，我国要完善基础设施的建设，在基础设施建设的过程中应尽量使用统一的标准，从而扫除与国际物流接轨的基础设施和物流标准带来的壁垒，为我国的物流行业国际有效运行奠定坚实的基础。

在国际经济交往中，各国或地区标准是主要的技术壁垒，严重影响国家国际贸易的发展。因此，要使国际贸易更快发展，必须在运输、保管、配送、包装、装卸、信息，甚至资金结算等方面采用国际标准，实现国际物流标准统一化。

3. 能促进我国物流行业与国际接轨

我国物流总体规模增速较快，物流服务水平有所提高；国际物流环境和条件也在不断地改善，整体国际物流状况明显好转。由于我国国际物流业发展起步较晚，在诸多方面与西方发达国家依然存在较大差距，而现代物流业的发展程度已经成为反映一个国家国民经济运行效率的重要指标，物流产业的良性发展有力地支持着其他行业的快速发展，是整个社会经济运行的"润滑剂"。

国际物流标准化的建设是我国物流行业进入国际物流行业的必要"通行证"，是我国物流行业提升国际竞争力的有力武器。自20世纪90年代，国际物流业连续多年保持了每年20%～30%的高速增长，成为与高科技、金融业并驾齐驱的三大"朝阳产业"之一。然而我国物流企业在物流标准化方面仍十分落后，面临加入WTO带来的物流国际化挑战，我国建立国际物流标准化能更快地实现与国际物流的接轨，加大我国与世界各国的贸易往来。

4.5 案例分析

西门子全球标准化与法规战略

全球标准化与法规战略一直是西门子全球业务成功的基本战略之一，西门子通过标准化与法规全球战略管理支持新产品推向全球市场。

西门子认为标准化与法规工作是进入全球市场的有力支撑，并且其积极致力于技术标准、技术法规和合格评定三方面相结合的工作。西门子的产品是为国际市场设计的，由于IEC、ISO、ITU分别负责制定不同领域的国际化技术标准，另外还有相当多的产品和接口标准由其他标准组织制定，因而全世界不同市场中的技术标准存在差异，导致市场准入的技术壁垒。西门子一直积极支持并参与这些国际标准化组织及相关组织的标准化工作，以确保其产品在全球最大范围内被接受。

西门子提倡并支持在法规中仅制定"基本要求"。而实现这些要求应基于自愿性国际标准的原则，从而可以降低由于法规的差异而产生的贸易壁垒，最大限度地使用新技术，促进贸易发展。

西门子积极、准确地参加相应的技术标准、技术法规的制定过程。在尊重专家意见及满足本地要求的同时，还致力于逾越由于本地标准化和法规的不同要求而产生的技术壁垒。西门子建立了相应的"全球标准化与法规战略管理（GSSM）"体系，即由公司中央董事会授权，公司标准化与法规部负责建立并管理，以集团公司总部和地区公司为第二层，以各个基层单位为末层的全球标准化与法规战略管理网络，在全球各地和不同产品中落实公司的全球标准化和法规战略方针。

为支持研发战略在中国的实施和支持产品进入中国市场，西门子中国区公司将标准化与法规部设在中国区研发战略部门——技术部。标准化与法规部具有标准化与法规管理、质量管理及环境与技术安全管理三种职能。这三项密切相关的工作促进了公司业务的发展，架构如图4-7所示。

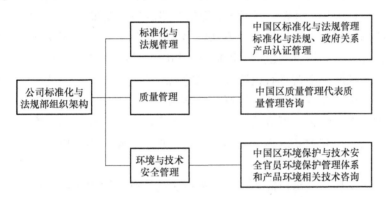

图4-7 西门子中国区公司标准化与法规部组织架构

（资料来源：《信息技术与标准化》2003年第08期，作者：王旭。有改动。）

案例思考：

1. 西门子的全球标准化与法规战略是什么？
2. 你从西门子的全球战略管理中得到哪些启发？

 复习与思考

1. 物流管理为什么需要标准化？
2. 简述国际物流标准化的作用。
3. 简述我国物流公共信息平台标准体系的特征。
4. 简述建设中国国际物流标准化的重要性。

第5章 ▮▮▮▮

国际物流检验检疫管理

在国际商品交易中，由于买卖双方处于不同的国家或地区，因而一般不当面交接货物，再加上要经过长途运输或多次装卸，这样在货物到达后，很容易出现品质、数量、包装等与合同规定不符的情况，从而引发争议。为保障买卖双方的利益，避免争议的发生或发生争议后便于分清责任，就需要由一个权威、公正、专业的检验鉴定机构对卖方交付的货物的品质、数量、包装等进行检验，或者对装运技术、货物残损短缺等情况进行检验鉴定，并且出具检验证书，作为买卖双方交接货物、支付货款和进行索赔理赔的依据。

世界贸易活动中的许多重大事件都与商品的检验检疫有关。例如，由欧洲疯牛病引起的包括我国在内的许多国家对进口欧洲肉类食品和动物性饲料的抵制；我国出口商品的木质包装因曾被检出光肩星天牛⊖而被美国等国家提出严格的检疫要求和证明方式，否则将禁止入境和采取销毁措施。我国出入境检验检疫部门多次从美国、日本等国家进口货物的木质包装中查验出危害针叶树木的松材线虫⊜，并制定了相应的进口检疫监管规定等。

由于国际贸易和跨国经营具有投资大、风险高、周期长等特点，从而使得商品检验成为国际物流系统中一个重要的子系统。通过商品检验，确定交货品质、数量和包装条件是否符合合同规定，如果发生问题，可分清责任，向有关方面索赔。在国际货物买卖合同中，一般都订有商品检验条款，其主要内容有检验时间与地点、检验机构与检验证明、检验标准与检验方法等。

国际物流人员掌握与进出口商品检验检疫有关的国际与国内法律法规、申报检验的内容和程序、质量认证和质量许可制度等检验检疫知识，是顺利执行每项国际货物买卖合同、安全快捷地完成货物交接和货款收付的重要保障。

本章主要阐述与国际物流密切相关的进出口商品及运输工具、集装箱的检验检疫机构、项目和流程。

5.1 进出口商品检验检疫的作用

进出口商品检验检疫是指在国际贸易活动中，商品检验检疫机构对买卖双方所成交商品的质量、数量、重量、包装、安全、卫生及装运条件等进行检验，并且对涉及人、动物、植物的传染病、病虫害、疫情等进行检疫的工作，在国际贸易活动中通常简称为商检工作。商检工作是使国际贸易活动顺利进行的重要环节，也是一个国家为保障国家安全、维护国民健康、保护动植物和环境而采取的技术法规和行政措施。

⊖ 一种鞘翅目天牛科林木蛀干害虫。
⊜ 一种滑刃目滑刃科伞滑刃属蠕形动物，是我国危害较大的外来入侵物种之一。

对进出口商品进行检验,通常是国际货物买卖合同中的一个重要内容。除双方另有约定外,对货物进行检验是买方的一项基本权利。尽管如此,为明确起见,双方仍应在合同中做出具体规定。但是必须指出,买方对货物的检验权并不是其接收货物的前提条件,假如买方没有利用合理的机会对货物进行检验,就是放弃了检验权,因此也就丧失了拒收货物的权利。

出入境检验检疫的工作成果主要表现为检验检疫机构出具的各种证书、证明,一般称为商检证书或检验证书。检验检疫工作的作用通过检验证书的实际效能体现出来,在国际贸易活动中进出口商品的检验检疫主要表现为经济效用,具体有以下七个方面:

1. 作为报关验放的有效证件

许多国家的政府为了维护本国的政治经济利益,对某些进出口商品的品质、数量、包装、卫生、安全、检疫制定了严格的法律法规,在有关货物进出口时,必须由当事人提交检验机构出具的符合规定的检验证书和有关证明手续,海关当局才准予进出口。例如,我国对列入《出入境检验检疫机构实施检验检疫的进出境商品目录》的进出口商品,海关在执行监管时凭商检证书或检验机构在有关单证上签发的放行章验放,否则不予验放。出入境检验检疫机构签发的兽医证书、卫生证书、检疫证书、原产地证书等,是进口国海关和卫生、检疫部门准予进口的有效文件证明。

2. 买卖双方结算货款的依据

检验部门出具的品质证书、重量或数量证书是买卖双方最终结算货款的重要依据,凭检验证书中确定的货物等级、规格、重量、数量计算货款,这是为买卖双方所接受的合理、公正的结算方式。例如在买卖铬矿石、铁矿石时,尽管合同中定有质量规格,但最终结算要以检验证书中验明的含铬量、含铁量确定等级和计价标准。再如,买卖煤炭、棉花时要依据商检证书合理计算水分含量、实际衡量货物吨位后确定的公量为依据来计算货物交接重量及费用。此时,检验证书是银行最后付款结算时的必需文件,并且通常被写入合同或信用证条款中。

3. 计算关税的依据

检验检疫机构出具的重量、数量证书具有公正、准确的特点,是海关核查征收进出口货物关税时的重要依据之一。标明货物残损、短少的残损证书可以作为向海关申请退税的有效凭证。

检验检疫机构作为官方公证机关出具的产地证明书,是进口国海关给予差别关税待遇的基本凭证,在我国出口贸易活动中有重要的意义。我国检验检疫机构签发的一般产地证是取得进口国海关给予最惠国关税的证明文件,签发的普惠制原产地证明书是给惠国海关给予普惠制关税待遇、享受在最惠国关税基础上进一步减少乃至免除关税的优惠待遇的证明文件。

4. 计算运输、仓储等费用的依据

检验中货载衡量工具所确定的货物重量或体积(尺码吨)是托运人和承运人之间计算运费的有效证件,也是港口仓储运输部门计算栈租、装卸、理货等费用的有效文件。

5. 作为证明情况、明确责任的证件

检验检疫机构应申请人申请委托,经检验鉴定后出具的货物积载状况证明,监装证明、监卸证明,集装箱的验箱、拆箱证明,对船舱检验提供的验舱证明、封舱证明、舱口检视证明,对散装液体货物提供的冷藏箱或舱的冷藏温度证明、取样和封样证明等,都是为证明货物在装运和流通过程中的状态和某些环节而提供的，以便证明事实状态、明确有关方面的责任，这也是船方和有关方面免责的证明文件。

6. 办理索赔的依据

检验机构在检验中发现货物品质不良或数量、重量不符，违反合同有关规定，或者货物发生残损、海事等意外情况时，检验后签发的有关品质、数量、重量、残损的证书是收货人向各有关责任人提出索赔的重要依据。收货人可以依据责任归属，向卖方提出索赔甚至退货，或者向承运人或保险公司等索赔。同时，检验证书也是国内订货部门向外贸经营部门、保险人、承运人及港口装卸部门等责任方索赔，保险公司向被保险人理赔、向责任人追索的重要文件依据。

7. 作为仲裁、诉讼举证的有效文件

在国际贸易中发生争议和纠纷、买卖双方或有关方面协商解决时，商检证书是有效的证明文件。当自行协商不能解决，提交仲裁或进行司法诉讼时，商检证书是向仲裁庭或法院举证的有效文件。

5.2 进出口商品检验的任务

根据《中华人民共和国进出口商品检验法》（以下简称《商检法》）的规定，我国商检机构的主要任务是：对重要的商品进行法定检验，对一般进出口商品实施监督管理和鉴定。

1. 对重要的商品进行法定检验

重要的商品是指根据有关的法律、法规所确定的必须经过商检机构检验的进出口商品。对这类商品的检验是指：

1）对列入《进出口商品检验种类表》的进出口商品的检验。

2）对出口食品的卫生检验。

3）对出口危险货物包装容器的性能鉴定和使用鉴定。

4）对装运出口易腐烂变质食品、冷冻品的船舱、集装箱等运载工具的适载检验。

5）对有关国际条约规定须经商检机构检验的进出口商品的检验。

6）对其他法律、行政法规规定须经商检机构检验的进出口商品的检验。

列入法定检验范畴的进口商品，收货人必须在规定的检验地点和期限内，持合同、发票、装箱单、提单等必要的单证，向商检机构报验，由商检机构进行检验。未经报验的，不准销售，不准使用；法定检验的出口商品未经检验合格的不准出口。通过对进口商品的检验，有效防止了质量瑕疵商品和有毒有害商品的侵入，维护了经营方的合法权益，保障了我国经济建设的发展及人民生活的安全。对重要的出口商品进行法定检验，确保了出口商品的质量及卫生状况符合有关法律、法规及进口国的规定，维护了国家的信誉，提高了出口商品在国际市场上的综合竞争能力，有利于扩大出口。列入《进出口商品检验种类表》的进出口商品，经商检机构检验，质量长期稳定的或经国家商检部门认可的外国有关组织实施质量认证的，由进出口商品的收货人、发货人或生产企业申请，经国家商检部门审查批准，商检机构免予检验。免验的具体办法由国家商检部门制定。

2. 对进出口商品的质量和检验工作实施监督管理

根据《商检法》规定，法定检验以外的进口商品，国际货物买卖合同中没有约定由商检机构检验的，收货人应当按照合同的约定进行验收。商检机构可以督促收货人验收并进行抽查检验。验收不合格需要凭商检机构检验证书索赔的，收货人应及时向所在地商检机构申请检验出证；商检机构对法定检验以外的出口商品，可以在生产、经营单位检验的基础上定期或不定期地抽查检验。

监督管理的目的和法定检验一致，两者的区别仅仅在于做法不同，法定检验的商品必须逐批向商检机构进行报验，经商检机构检验后出具证书；而监督管理只是抽查检验，根据《商检法》的规定，抽查不合格的商品不准出口。

3. 进出口商品鉴定业务

商检机构和国家商检部门、商检机构指定的检验机构及经国家商检部门批准的其他检验机构，可以接受对外贸易关系人及国内外有关单位或外国检验机构的委托，办理规定范围内的进出口商品鉴定业务。通过检验、鉴定事实状态，出具各种鉴定证书，供有关方面作为办理进出口商品交接、结算、计费、通关、索赔、仲裁等活动时具有法律效力的凭证，处理有关贸易、运输、保险方面的各种问题，促进对外贸易的顺利进行，维护国际贸易的发展。

进出口商品鉴定业务包括：

1）进出口商品的质量、数量、重量、包装鉴定和货载衡量。

2）进出口商品的监视装载和监视卸载。

3）进出口商品的积载鉴定、残损鉴定、载损鉴定和海损鉴定。

4）装载进出口商品的船舶、车辆、飞机、集装箱等运载工具的适载鉴定。

5）装载进出口商品的船舶封舱、舱口检视、空距测量。

6）集装箱及集装箱货物鉴定。

7）与进出口商品有关的外商投资财产的价值、品种、质量、数量和损失鉴定。

8）抽取并签封各类样品。

9）签发价值证书及其他鉴定证书。

10）其他进出口商品鉴定业务。

5.3　进出口商品检验的时间和地点

关于国际货物买卖合同中的检验时间与地点，有下列各种规定办法：

1. 出口国工厂检验

在出口国工厂发货前，由出口国工厂检验人员会同买方验收人员进行检验，离厂前品质责任由卖方承担，离厂后运输途中出现的品质、数量等方面的风险，由买方负责。这是国际贸易普遍采用的习惯做法。我国《商检法》也明确规定，凡属重要的进口商品和大型的成套设备，收货人应按合同规定，在出口国装运前进行检验、监造或监装，以维护买方的利益。

2. 装运港检验

出口货物在装船前或装船时，由双方约定的商检机构检验，并且出具检验证明，作为确定交货品质和重量的最后依据，这样确定的品质和重量称为"离岸品质和离岸重量"。买卖双方若按此条件成交时，卖方对运输途中品质的变化和重量的短少均可不负责任；而买方对到货品质和重量也无权向卖方提出异议。这种做法对买方不利。

3. 目的港检验

目的港卸货后，由双方约定的目的港商检机构检验货物，并且出具检验证明，作为确定交货品质和重量的最后依据。这样确定的品质和重量，称为"到岸品质和到岸重量"。买卖双方按此条件成交时，买方对到货品质和重量有权向卖方提出异议，卖方对运输途中的品质变化和重量短少实际承担了责任。这种做法对卖方不利。

4. 装运港检验重量和目的港检验品质

在大宗商品交易中，为了调和交易双方在检验问题上的矛盾，采取了一种较为折中的办法，即以装运港的检验机构检验货物的重量，并且出具重量证明作为最后依据；以目的港的检验机构检验货物品质，并且出具品质证明作为最后依据。以这样的方式确定的重量和品质，称为"离岸重量和到岸品质"。

5. 装运地检验和目的地复验

为了照顾买卖双方的利益，在检验问题上做到公平合理，当前国际贸易中广泛采用在装运地检验、目的地复验的做法。按此做法，装运地的商检机构检验货物后出具检验证明，作为卖方议付货款的凭证之一，但不作为最后依据。货到目的地后，由双方约定的检验机构在规定期限内复验货物，并且出具复验证明，复验中如发现交货品质、重量或数量与合同规定不符而责任属于卖方时，买方可凭复验证明向卖方提出索赔。这种办法对交易双方都有利。

采用这种规定方法时，装货时的检验结果同到货后的复验结果往往会有出入，为了分清责任，避免争议，在规定买方有复验权的同时，最好也一并订明若两个检验结果不一致时应当采取的办法。

需要强调指出的是，在买方有复验权时，合同中应对复验的期限与地点及复验机构做出明确的规定。复验期限的长短，应视商品的性质、复验地点和检验条件等情况而定，并且在合同中订明复验费用的承担事项。

5.4　出入境检验检疫机构

5.4.1　我国的出入境检验检疫机构

2018年3月国家质量监督检验检疫总局的出入境检验检疫管理职责和队伍划入海关总署。

5.4.2　国外检验机构

当前活跃在国际贸易领域中的各类商品检验检疫机构、鉴定机构有1000多家，既有官方机构，也有民间和私人机构。有的综合性检验鉴定公司业务遍及全世界，涉及国际贸易中各类商品的检验鉴定工作。其中有些比较著名的检验机构由于其检验比较公正、合理、科学，已被许多国家所认可，其鉴定结果也成为商品进入国际市场的通行证。

1. 瑞士通用公证行

瑞士通用公证行（Société Générale de Surveillance Holding S. A., SGS）是从事检验、实验、质量保证和认证的国际性检验机构，是当今世界上最大的民营检验鉴定公司之一。该公司成立于 1878 年，总部设在瑞士日内瓦。该公司拥有遍布全球的 1000 多个分支机构和实验室，员工人数达到 55000 名。SGS 的检验业务服务范围和覆盖的地理区域都很广泛，在国际检验界占据重要的地位。

通用公证行在世界贸易活动中依据用户申请、委托，主要从事下述业务：

1）对农副产品的质量、数量、重量进行检验；对车、船、仓的装运条件、清洁卫生进行检验，对装卸进行监督等。

2）对石油产品、化工产品、化肥、水泥、医药品进行数量、重量、质量检验，对油轮、油舱、油桶的装运条件进行检验等。

3）对矿产品、冶金产品、钢铁、废钢进行质量、数量、重量、外观、尺寸检验、监督装卸等。

4）对各类工业品、消费品的检验，包括纺织品类、鞋类、玩具类、钟表类、电子及电器产品、体育用品、箱包、车辆、文具等。除进行常规检验外，还可应用户要求，提供采购服务、寻找货源、价格比较、供货单位评估、生产监控、装船监督等项业务。

5）对成套工业工程的交易提供系列服务，可参与审查工程规划，审核文件、资料，进行调查评估，直到监督制造、装运、安装、调试，检验成品的全面专业性代理服务。

6）对二手设备的交易，可参与购货前调查、提供咨询服务、检验设备、价值评估、成本预算、监督拆卸、运输、安装、处理索赔等系列服务。

7）承担与政府合约的综合性进口检验业务，即一些发展中国家执行的全面进口监管计划，通称 CISS 业务。

通用公证行在我国设有办事处，并且成立了合资检验公司，近年来业务得到了相当发展。

2. 劳氏船级社

劳氏船级社（Lloyd's Register of Shipping）为世界上规模最大、历史最久的船舶入级和海事鉴定权威公证机构之一，1760 年成立于英国伦敦。劳氏船级社从事船舶定级检验，对船舶载重线、设备安全、无线电信、客船安全性等施行法定检验，其船舶载重线标志为"LR"。劳氏船级社还从事吨位丈量、载重条件审查、防火及灭火设施审查、海事鉴定、残损鉴定等业务活动。劳氏船级社在办理国际船级业务方面占有垄断地位，在海运、保险业界信誉卓著。

劳氏船级社与我国商检机构有合作关系。

3. 英之杰检验集团

英之杰检验集团（Incheape Inspection and Testing Service，IITS）为一国际性的民营商品检验组织，总部设在英国伦敦，在全球组建了各自独立经营的多个检验机构，如英国嘉碧集团、香港天祥公证行、英特泰克国际服务有限公司、英之杰劳埃德代理公司等。

英之杰检验集团与中国商检机构有业务往来及合作关系。

此外，日本海事检定协会（NKKK）、日本海外货物检查株式会社（OMIC）、新日本检定协会（SK）、日本油料检定协会（NYKK）、美国食品和药物管理局（FDA）、美国保险人实验室（UL）等检验部门都与我国检验机构有着业务往来与合作关系。

5.5 进出口商品检验检疫的项目

检验检疫机构对于进出口商品检验鉴定的具体内容，根据商品的不同特性，法律、法规规定的不同内容，或是根据合同中的具体规定，有关技术标准的规定，以及根据申请委托人的意愿而不同。

5.5.1 质量检验

1. 质量检验的内容

质量检验（Quality Inspection）也称为品质检验，是检验工作的主要项目。质量检验的内容主要有：

（1）外观质量。外观质量是指商品的外观形态、尺寸规格、样式、花色、造型、表面缺陷、表面加工装饰水平及视觉、嗅觉、味觉等。

（2）内在质量。内在质量所含内容较多，其中成分检验包括有效成分的种类、含量、杂质及有害成分的限量等；性能检验包括商品应具备的强度、硬度、弹性、伸长率、耐热性等物理性能，耐酸/碱性、抗腐蚀性、溶解性、化学相容性等化学性能；机械性能检验包括抗压、抗拉、冲击、振动、跌落等；使用性能检验包括完成规定的动作、特定的使用效果，如汽车的车速、制动要求，电视机的声响、图像效果，机器生产出完好的产品等。

（3）特定质量检验项目。特定质量检验项目是指为了安全、卫生、环境保护等目的，针对不同商品而特别要求的质量检验：对食品卫生质量的检验，检验食品中有害生物、食品添加剂、农药残留量、重金属含量等；对动植物的检疫检验；对危险货物的安全性能检验；对飞机、车辆、船舶安全的防护质量检验；废气、噪声、废水的限量检验等。

2. 质量检验的方法

质量检验的方法因项目不同而不同，需要按照有关标准或技术规定的要求执行。一般而言，有以下五种检验方法：

（1）化学分析检验。化学分析检验是指对商品进行化学分析，多用于确定商品的纯度、成分、杂质含量等，有重量法、气体分析法等。

（2）仪器分析检验。仪器分析检验是指利用现代化的高精度分析仪器测定商品中成分含量的方法，对商品主成分及微量杂质的测定可以精确到百万分级或十亿分级，具有结果准确、快速、高效的特点，如原子吸收光谱仪、气相色谱仪、液相色谱仪等。该检验往往与计算机同时使用，可取得良好的测试效果。

（3）感观检验。感观检验是利用人体的各种感觉器官，如视觉、嗅觉、味觉、听觉、触觉及积累的实践经验进行商品品质检验的方法。用这种方法主要检验的是外形、外观、硬度、弹性、气味、滋味、声音等方面。其中有些手段还要借助于一定的工具，如量尺、衡器等。

感观检验可以用于一般商品的检验，如对纺织品的外观疵点和花色图案的检验，对棉花的品级检验，对皮张的路分检验等；也可以用于高档精密商品的检验，如对食品的风味检验，对烟、酒、茶的气味检验，对收音机等的音质检验，对电视机的图像检验，对呢绒、皮革等商品的柔软、平滑等检验，对机械产品的外观检验等。由于感观检验简单、方便、迅速、灵活，而且目前有些感观检验项目还无法用仪器设备检验，因此在国际贸易中感观检验仍被广泛采用。

（4）物理检验。物理检验是用各种仪器、设备、量具等，测量或比较各种产品的物理性能或物理量的数据，进行系统整理，从而确定商品质量的一种检验方法。

物理检验的范围很广：金属材料的机械性能检验（硬度、拉力、冲击、扭转、弯曲、剪切、疲劳、渗透性、焊接性及金属材料的宏观组织鉴定、微观组织分析等）；纺织品的幅宽、长度、密度、重量、断裂强度、伸长率、回潮率、缩水率、撕破强度、折皱弹性、起皮起球、防雨性能、厚度、硬挺度、防火性能、耐磨度、色牢度等的测定；化工产品的密度、折光度、黏度、熔点、沸点、凝固点等的测定；石油产品的密度测定；润滑油的黏度测量；沥青的针入度、软化点、延性检验；纸张的强度（包括拉力、环压、耐折度、撕裂度、耐破度、挺度）检验；电工类产品的电阻、电感绝缘、磁性等测试；机械类产品的尺寸、精度、表面粗糙度、强度的测定等。此外还有无损检测、振动检测、噪声测定等。

（5）微生物学检验。微生物学检验是生物检验中的一种方法。它主要是测定商品内所存在的微生物类别，测定有关致病微生物是否存在，从而判定商品卫生质量及是否符合卫生标准。微生物学检验有显微观察法、细菌培养法、纯种分析法、形态观察法等。

检验机构在完成进出口商品的质量检验后签发品质检验证书（Inspection Certificate of Quality）或专项检验证书，如检疫证书、兽医证书等。

5.5.2 数量和重量检验

商品的数量（Quantity）或重量（Weight）是国际货物买卖合同中的重要内容，因其直接涉及该笔贸易的成交金额与最终结算，与双方利益的关系最为直接，因此数量或重量检验是检验工作的主要内容之一。

1. 数量检验

在国际货物买卖合同中常用的数量计量方式有：

1）对机电仪器类产品、零部件、日用轻工品常用个数计量，如个、只、件、套、打、台等。这种方式简单明确、检验方便，直接清点即可。

2）一些纺织品、布匹、绳索等用长度计量，计量单位为米、英尺等。

3）玻璃、胶合板、地毯、塑料板、镀锌（锡）钢板等常用面积计量，计量单位为平方米、平方英尺等。

4）木材多用体积计量，按立方米、立方英尺等单位计量。

5）有些液体、气体产品用容器计量，使用升、加仑等计量单位。

2. 重量检验

（1）计重方式。国际贸易中常用的计重方式包括以下三种：

1）毛重（Gross Weight）。毛重是指商品本身的重量加上包装的重量。

2）净重（Net Weight）。净重是指商品本身的重量，即商品的毛重减去包装重（皮重）的重量。

3）以毛作净（Gross for Net）。以毛作净时以商品的毛重作为净重，即不必再扣除皮重，一般用于包装相对于货物本身而言重量很轻，或者包装本身不便计量等情况。

大部分商品都按净重计价，但具体计算时也有以毛作净的情况。

对于纺织纤维，如棉、毛、丝等，因其含水率变化会影响重量，在计重时引入公量的概念。公量重（Conditioned Weight）是以商品的干态重量加上标准含水率（公定含水率）时的水分重量为计价重量。

（2）计重单位。计重单位多使用公吨（metric ton）、公斤（kg）为单位。也有使用英制长吨（long ton）、美制短吨（short ton）、磅、盎司等单位的。其换算标准为：1 公吨 = 2204.62 磅，1 长吨 = 2240 磅，1 短吨 = 2000 磅。

（3）计重方法。

1）衡量计重。衡量计重是使用最多的计重方式，使用小至天平、台秤，大到汽车衡、轨道衡、料斗秤等衡器，经校准后对不同商品衡重。天平的精密度很高，精密天平的误差在十万分之一或更小，大型衡器的允许误差可在±0.2%。

2）水尺计重。水尺计重是测量出船只在装货前、后或卸货前、后的吃水差，计算出船舶的排水量，扣除船上其他物料的重量并修正后得出所装货物的重量，是适用于散装矿石、粮谷等低值散装物料重量检验的一种快速方法。其允许误差为±0.5%。

3）容量计重。容量计重是用于散装液体商品，如原油、成品油、植物油等的一种计重方式，通过测量油舱、油罐在装货前、后，或者卸货前、后的液位，计算出装货或卸货的实际重量，计算时要考虑到液体物料的温度、密度、罐体变形等因素。其允许误差为±0.4%。

4）流量计计重。流量计计重是一种仪器计重方式，通过流量计直接测得装或卸的液体或气体商品的重量，使用简单方便。其允许误差为±0.4%。

（4）溢短装条件。对于装运农副产品、矿产品、石油产品等散装商品，实际交货重量往往难以准确与合同规定数量相同。买卖双方一般在合同中约定一个灵活幅度，即为溢短装条件。

溢短装条件可以明确规定允许多装或少装某个百分数（如5%），或者规定交货数量为"约"若干吨等。最后结算时以重量检验证书的准确重量结算。

有的合同还对重量短少规定了免赔率，主要考虑到运输流通过程中的损失，实际检验重量在低于合约规定一定百分数（如3%）内时，可视为足量。

5.5.3　包装检验

包装检验是根据合同、标准和其他有关规定，对进出口商品的外包装和内包装及包装标志进行检验。

为了确保出口危险货物安全运输，对装运危险货物的包装容器必须进行性能检验，检验合格者才准予装运危险货物。在对危险货物包装出口时，还必须申请商检部门进行使用鉴定，以便确认正确、合理地使用包装容器，取得使用鉴定证明后才准予装运出口。

依据联合国制定的《关于危险货物运输的建议书》和国际海事组织制定的《国际海运危险货物规则》（IMDG Code），危险货物共分为九大类：爆炸品；压缩、液化或加压溶解的气体；易燃液体；易燃固体；氧化剂和有机过氧化物；有毒物质和有感染性的物质；发射性物质；腐蚀品；其他危险货物。列入近 3000 种危险货物。凡属于上述所列的危险货物必须实施包装性能检验和使用鉴定。

原国家出入境检验检疫局《出口商品运输包装检验管理办法》规定，凡列入《进出口商品检验种类表》和其他法律、法规规定需经商检机构检验的商品，即所谓法定检验商品，必须申请商检机构对其运输包装进行性能检验，未经商检机构检验合格的，不准用于盛装出口商品。商检机构还接受有关部门的申请或委托，对法定检验商品外商品的运输包装进行性能检验。

进行包装检验时，首先核对外包装上的商品包装标志（标记、号码等）是否与合同相符。对于进口商品要检验外包装是否完好无损，包装材料、包装方式和衬垫物等是否符合合同规定的要求，对于外包装破损的商品要检查其是否由于包装不良所引起。出口商品的包装检验可分为危险货物包装检验和一般货物包装检验，除包装材料和包装方法必须符合合同、标准规定外，还应检验商品的内外包装是否牢固、完整、干燥、清洁，是否适于运输和符合保护商品质量、数量的要求。

出入境检验检疫机构对进出口商品的包装检验一般在抽样现场进行，或者在进行衡器计重的同时结合进行。

运输包装性能检验的典型项目有跌落试验、堆码试验、气密试验、液压试验等。

5.5.4 装运技术检验

根据对外贸易关系人的申请，或者依据有关法律、法规的规定，检验机构对出口商品的装载条件、装载技术等内容进行检验鉴定，主要有如下检验项目：

1. 船舱检验

船舱检验包括干货舱检验、油舱检验、冷藏舱检验，目的在于确认船舱对所装货物的适载性。

干货舱检验对船舱、船底、污水道、管道、舱壁、舱顶、舱口框、护货板等固定设备及铺垫物料进行检验，要求清洁、干燥、无异味、无虫害、适于装载货物。

油舱清洁检验包括检查油舱内各部位及输油管道有无油污、锈渍、有毒有害物质，以及是否符合清洁、干燥、无异味的要求。对于装运食用植物油的船舱，依法执行食用卫生条件检验。油舱紧固检验是对油舱、暖气管、油舱有关部位进行紧密性试验，通常用水压、油压或气压试验，检查舱内各衔接部位是否有泄漏现象，符合技术要求时方可装载液体物品。

对冷藏舱检验时，除检查清洁、干燥、无异味等条件外，还应重点检查其制冷效能和绝热设施是否良好，以确保承载货物的卫生和安全。

对于装运粮油食品、冷冻品等易腐烂变质食品出口的船舱，由检验机构实施强制性检验，经验舱不合格的，不准装载。

2. 进出口集装箱鉴定

检验机构对装运易腐烂变质食品的集装箱实施强制性检验，以保证出口食品的卫生质量。对其他进出口集装箱，凭对外贸易关系人的申请办理鉴定业务。

集装箱的监视装箱也称装箱鉴定，是根据拟装货物的特性，鉴定集装箱的结构、卫生、冷冻等条件，制订装箱计划和防护措施，指导和监视装货，鉴定所装货物的数量、包装、标志并对集装箱签封，出具鉴定证书。

集装箱的监视卸箱也称卸箱鉴定，是核查进口集装箱货物的集装箱号码、封识号及外观状态，检查卸货前货物在箱内状态，监视卸货，鉴定所卸货物的数量、包装、标志，确定货损、货差，出具鉴定证书。

此外，还可接受集装箱的承租鉴定、退租鉴定，以及集装箱的清洁、温度、风雨密固性等单项鉴定。

3. 监视装载

监视装载简称监装，是检验部门对出口商品装货进行的监视鉴定工作。对货物监装时，首先要对装运出口货物的船舱进行检验，或者对集装箱进行检验，确认其适货性。同时，审核承运人的配载计划是否符合货运安全的需要；监督承运人按照商品的装载技术要求进行装载，并且出具监视装载证书。

4. 积载鉴定

积载鉴定是检验部门根据对外贸易关系人的申请，对出口商品装载情况进行的鉴定。鉴定时应审核承运人的配载计划是否合理，注意其安全、稳固性，防止货物互相抵性、串味等；检查装船技术措施是否符合保护货物的质量、数量完整和安全的要求，如是否有良好的加固、隔离、衬垫、通风措施等，据实出具鉴定证明。

5. 货载衡量鉴定

货载衡量鉴定是对成交后将要运输的商品进行测量体积和衡定重量的工作，是由承运人或托运人申请检验部门办理的鉴定业务。其主要目的是为了计算运输中的运费，同时为订舱、配载提供准确的货物体积和重量数据，以保证船舶的合理配载及安全、平稳。

5.5.5 出入境动植物检疫

为防止动物传染病、寄生虫病和植物危害性病、虫、杂草及其他有害生物传入和传出国境，保护农、林、牧、渔业和人体健康，保障我国国际贸易活动的正常进行，《中华人民共和国进出境动植物检疫法》规定，对进出境的动植物、动植物产品和其他检疫物，装载动植物、动植物产品和其他检疫物的装载容器、包装物及来自动植物疫区的运输工具，依法实施检疫。

依据《中华人民共和国进出境动植物检疫法》，我国禁止下列各类物品进境：①动植物病原体（包括菌种、毒种等）、害虫及其他有害生物；②动植物疫情流行的国家和地区的有关动植物、动植物产品和其他检疫物；③动物尸体；④土壤。

我国政府规定应受检疫的范围是：①动物（包括实验动物、观赏动物、演艺动物及其他动物）：家畜、家禽、野生动物、蜜蜂、鱼（指淡水鱼）、蚕等；②动物产品：生的皮张、毛类、肉类、脏器、油脂、血液、蛋类、精液、胚胎、骨、蹄、角、干鱼、鱼子、鱼粉、骨粉、生乳、血粉及动物性生药材；③植物：栽培植物、野生植物及种子、种苗、繁殖材料等；④植物产品：粮食、豆类、棉花、油类（指未经炼制的油籽，不包括各种植物油）、麻类、烟草、籽仁、干果、鲜果、蔬菜、药材、木材（包括藤、竹）、饲料等。

我国海关统一管理全国出入境动植物检疫工作。进口动植物、动植物产品和其他检疫物，经检验合格的，准予进口。经检疫不合格的，由口岸动植物检疫机关签署"检疫处理通知单"，通过货主或其代理人做除害、退回或销毁处理，经除害处理合格的，准予入境。输出动植物、动植物产品和其他检疫物，经检疫合格或经除害处理后合格的，准予出境。检疫不合格又无有效方法做除害处理的，不准出境。

对出口动物产品的检疫，除必须符合我国有关规定外，还必须符合进口国政府的有关法令要求。进口国一般要求由出口国官方兽医、检疫部门出具检疫证书，我国需由出入境检验检疫机构办理证明出口的有关畜禽产品来自、生长在、暂养在、宰杀在（野生动物捕杀在）、加工分割在、储存在一定半径范围之内（如 50km 或 100km 半径内等），一定期限内（如 3 个月、6 个月等）未发生过某些指定的传染病的非疫区。检疫对象主要有猪水泡病、非洲猪瘟、口蹄疫、牛瘟、牛肺疫、马鼻疽、传染性贫血病、鸡鸭瘟、白痢、新城疫、马立克病、野兔热病、兔黏液瘤、蜂螨和蜂瘟等。出口的畜禽在屠宰时，要经宰前和宰后检验，在证书中证明宰前健康无病，宰前 3 个月内未注射过防疫针；宰后解剖检查内脏无疾病、肌肉无肿瘤、结核、组织坏死、寄生虫病和其他疾病等。

有些国家在进口家畜、家禽、野味、水产品、海产品、罐头食品等肉类食品时，依据该国兽医卫生法规的规定，屠宰、分割、加工、储存这些食品的工厂、冷库，其卫生条件必须符合进口国规定的最低卫生要求，经出口国官方兽医卫生管理当局按此要求审查合格并批准后，授予兽医卫生批准编号，并向进口国主管当局注册登记，经其认可，并由官方发布公告宣布之后，进口商才准许由上述注册登记工厂进口肉类食品。出口国必须在每批产品的兽医卫生证书上标明批准认可、注册登记的工厂，并在产品包装上加附官方兽医验讫证明标志，货到后才能获准验放进口。同时，进口国的官方兽医还保留到出口国对已注册登记工厂检查的权利，如发现不符合要求的工厂企业，有权暂停或撤销该企业注册编号，停止该企业产品向相应国家的出口。

5.5.6　出入境卫生检疫

1）按照我国《中华人民共和国国境卫生检疫法》及其实施细则的规定，出入境的人员、交通工具、集装箱、运输设备、尸体、骸骨及可能传播检疫传染病的行李、货物、邮包等都必须接受卫生检疫。经卫生检疫机关许可，方准入境或出境。

入境或出境的微生物、人体组织、生物制品、血液及其制品等特殊物品，也应当主动接受检疫。经卫生检疫机关许可，方准带入或带出，海关凭卫生检疫机关签发的有关证明放行。

2）国境卫生检疫机关根据国家规定的卫生标准，对国境口岸的卫生状况和停留在国境口岸的入、出境交通工具的卫生状况实施卫生监督。这个规定是对国境口岸（包括口岸内的有关单位和个人）及交通工具提出的卫生法律要求，如国境口岸内的涉外宾馆供应公司应建立健全的卫生制度和卫生设施；交通工具必须采取措施，控制啮齿动物、病媒昆虫数量降低到不足为害的程度；饮用水、食品必须符合我国卫生标准，否则必须进行整顿、改进。

3）国境卫生检疫机关负责传染病检疫监测工作，主要监测国际关注的Ⅰ类和Ⅱ类及世界卫生组织公布的其他传染病。其中：Ⅰ类国际关注的传染病包括鼠疫、霍乱、黄热病、天花、由野毒株引起的脊髓灰质炎、流感新亚型病毒引起的人流感、传染性非典型肺炎、肺炭疽，Ⅱ类国际关注的传染病包括埃博拉热、拉沙热、马尔堡热、西尼罗热、登革热、裂谷热、脑膜炎球菌病、艾滋病、麻风病、疟疾、活动性肺结核。

经国境口岸出入境的有关人员，必须按规定在法定时间内（1 年）到国境卫生检疫机关监测体检点接受传染病监测体检，领取证书。卫生检疫机关有权要求出入境人员出示传染病监测体检证明书、健康证书或其他有关证书。

4）卫生处理。对出入境交通工具及货物、尸体有下列情况之一者，应当由卫生检疫机关实施消毒、防鼠、除虫或其他卫生处理：①来自检疫传染病疫区的；②被检疫传染病传染的；③发现有与人类健康有关的啮齿动物或病媒昆虫，超过国家卫生标准的；④对出入境废旧物品和曾行驶于境外港口的废旧交通工具，视其污染程度而定，对污染严重的实施销毁；⑤凡出入境的尸体、骸骨，对不符合卫生要求的，而且若是因患检疫传染病死亡的病人尸体，实施火化，不得移运；⑥不符合卫生要求的行李、货物、邮包等可能成为检疫传染病传播媒介的物品。

我国海关是我国负责出入境卫生检疫工作的政府机构。

5.5.7　进出口食品卫生检验检疫

依据《中华人民共和国食品卫生法》和《中华人民共和国出口食品卫生管理办法》等法规规定，为保证食品安全，防止食品污染和有害因素对人体的危害，保障人民身体健康，我国实行食品卫生监督制度，我国出入境检验检疫部门负责进出口食品的卫生检验检疫工作。

食品卫生检验的内容包括六种。①细菌检验：不得检出沙门氏菌、志贺氏菌、猪丹毒、炭疽菌、肉毒杆菌、大肠杆菌等杂菌超出限量要求；②霉菌检验：对黄曲霉毒素等20余种可致癌霉菌毒素严格限量；③对包括有机氯农药滴滴涕、六六六等的数百种农药残留量严格限量；④对食品添加剂，如防腐剂、着色剂、增味剂、漂白剂、乳化剂、甜味剂的严格限量；⑤对铅、镉、锌、砷、汞等有毒有害金属的严格限量；⑥有的国家对有些食品还要求检验抗生素、雌激素、荧光素、亚硝胺。一切食品中都不得有猪毛、苍蝇、鼠类、蟑螂、蚂蚁等恶性杂质。

此外，检验陶瓷、搪瓷等食品用具铅、镉等有害元素的溶出量；检验铅笔、玩具表面油漆的含铅量，检验化妆品面霜中的含铅量等，也都属于卫生检验的范畴。

出口食品经检验检疫符合我国有关法规规定，符合进口国的有关法令规定和国际货物买卖合同规定后，有关部门出具卫生证书、品质证书，才能放行出口。进口的食品、食品原料、食品添加剂、食品容器、包装材料和食品用工具及设备，必须符合国家卫生标准和卫生管理办法的规定。进口上述所列产品，由国家食品卫生监督检验机构进行卫生监督、检验。进口单位在申报检验时，应当提供输出国（地区）所使用的农药、添加剂、熏蒸剂等有关资料和检验报告。

对不合格者，可以采取销毁、改作他用、重新加工、退回等相应措施。

5.5.8　进出口商品鉴定

检验机构办理进出口商品鉴定业务，须凭申请办理，不属于强制性检验。检验机构根据对外贸易、运输和保险合同规定的有关各方，即进口商品收货、用货单位和代理接运部门及出口商品的生产者、供货单位和经营部门的申请或外国检验机构的委托，办理进出口商品鉴定业务，签发各种鉴定证书，供申请单位作为办理商品交接、结算、计费、理算、通关、计税、索赔或举证等的有效凭证。

进出口商品鉴定业务范围包括以下四类：

1. 进出口商品质量鉴定

进出口商品质量鉴定包括品质鉴定、数量鉴定、重量鉴定，而重量鉴定又包括衡器计重、水尺计重、容量计重、流量计重等鉴定业务。此外，还有进口货物承运船舶的舱口检视、监视卸货、载损鉴定和进口商品的残损鉴定。

残损鉴定是进出口商品重量鉴定的一个重要组成部分。在国际贸易的货物流通过程中，由于货物的质量、运输环节、人为因素、意外灾害等原因，常常会使货物到达收货人手中时发生变质、短少、破损等问题，这些统称为残损。进出口货物发生残损时，贸易关系人可以向商检部门申请残损鉴定。

货物在流通过程中发生残损的原因常见的有渍损、残破、霉烂、变质、变形、短缺、火损、锈损、串味及虫蛀、鼠咬等。商检部门在进行残损鉴定中要查明致损原因，判别责任归属，如船残、原残、工残、港残或海损。确定商品的受损程度，包括数量、重量的短少及品质变异、降级、降等情况等。对残损商品要进行估损和贬值，对部分残损商品还要考虑加工、整理、改装、换包装、修理等费用。最后出具残损鉴定证书，供申请人向有关责任方及保险公司办理索赔。

2. 外商投资财产鉴定

外商投资财产鉴定包括价值鉴定、损失鉴定、品种质量和数量鉴定及与外商投资财产有关的其他鉴定。

外商投资财产鉴定是指对境外的企业、其他经济组织或个人（外商）在中国境内开办的外商投资企业及各种对外补偿贸易方式中外投资者投入的或受外商投资企业委托在境外购进的财产的鉴定。

外商投资财产鉴定的内容包括：

（1）价值鉴定。价值鉴定是对买卖、合资、入股、保险、纳税、信贷、转让、清算等各类经济、贸易活动中外商投资财产的现时价值进行鉴定。

（2）损失鉴定。损失鉴定是对外商投资财产因自然灾害、意外事故引起损失的原因、程度及残余价值和损失清理费用的鉴定，以及对因抢救财产、防止灾害蔓延、事故扩大所采取的必要施救措施而造成损失所需费用的鉴定。

（3）品种、质量、数量鉴定。品种、质量、数量鉴定是对外商投资财产的品名、型号、质量、数量、规格、商标、新旧程度及出厂日期、制造国别、厂家等进行的鉴定。

商检部门出具的上述财产鉴定证明是证明投资各方投入财产价值量的有效依据，各地会计师事务所可凭此办理外商投资财产的验资工作。

3. 集装箱鉴定

集装箱鉴定包括装箱鉴定、拆箱鉴定、承租鉴定、退租鉴定及集装箱清洁和测温等单项鉴定。

4. 其他鉴定业务

其他鉴定业务包括签封样品和拣封样品、舱容丈量、熏蒸证明、销毁证明、产地证明、价值证明、发票签证等业务。

目前，我国进出口商品的鉴定工作统一由检验机构或其指定的检验机构办理。为了引进国外先进的检验鉴定方法、标准和管理手段，进一步开发和利用国内外两个检验市场、两种资源，提高我国商检在国际检验市场竞争中的地位、综合实力及整体优势，经国家有关部门批准，也可与国外检验机构合作共同开展商品检验业务。

5.6 案例分析

国际货物买卖中的索赔期限问题

【案情】

我国A公司（买方）与外国B公司（卖方）达成协议，以CFR上海价格向B公司购买某种工业精密仪器。合同规定，货物若与合同不符，买方应在货到目的港后的30天内提出索赔。另外，合同中还有货到目的港后12个月内品质保证期的规定。1989年1月24日货物到达目的港，买方A公司申请港口所在地海关对该批货物进行检验检疫后，发现货物存在品质问题，A公司于1989年2月25日书面通知B公司，要求索赔。B公司以A公司已超过了合同规定的30天索赔期为由拒绝赔偿。A公司遂提起仲裁。

仲裁庭认为，买方A公司虽然是过了30天的合同索赔期，但根据合同另一质量保护期12个月的条款，A公司仍有权因货物质量不良向卖方B公司索赔。

【评析提示】

索赔期限是指索赔方向违约方提起索赔要求的有效期限，超过了索赔期限，对方可以以超过索赔期为由而拒绝赔偿。国际货物买卖中的双方当事人一般会在合同中根据商品的性质对索赔期限做出相应的规定。合同规定有索赔期限的，索赔方一定要在索赔期限内及时地提出索赔要求，积极地行使自己的索赔权，决不能掉以轻心，否则将因怠于行使权利而无法维护自己的合法权益。

如果国际货物销售合同的当事人双方没有在合同中约定索赔期限，则应适用有关法律规定的索赔期限。《联合国国际货物销售合同公约》第39条规定：①买方对货物与合同不符，必须在发现或理应发现不符情形后一段合理时间内通知卖方说明不符合同情形的性质，否则就丧失声称"货物不符合同"的权利；②无论如何，如果买方不在实际收到货物之日起两年内将货物不符情形通知卖方，他就丧失声称"货物不符合同"的权利，除非这一时限与合同规定的保证期限不符。根据该条规定，买方在收到货物后，如发现货物与合同不相符合，应在一段合理时间内，最迟应在两年期限内通知卖方，提出索赔请求。

就约定索赔期限和法定索赔期限的效力而言，前者的效力一般高于后者。也就是说，当合同中有关于索赔期限的约定时，适用双方当事人约定的索赔期限；只有在双方当事人未约定索赔期限时，才适用法定的索赔期限。而对于有质量保证期限的商品，索赔方只要能在保证期限内提出索赔请求，即使该请求的提出已超出双方约定或法律规定的索赔期限，违约方仍予以受理。

应当注意的是，在国际货物买卖合同中规定索赔期限时，索赔期的确定应当根据货物本身的品质特点而定，不宜太长，也不宜太短。索赔期限过长，卖方将承担较重的质量责任；索赔期限太短，买方行使索赔权的权利就受到限制。

本案中的买方A公司虽然已超过合同约定的30天索赔期限才提出索赔请求，但因该请求的提出仍在合同规定的 12 个月的货物品质保证期内，所以其索赔权仍受法律的保护。

（资料来源：国际货物贸易实务教程，郭建军，科学出版社。）

案例思考：

1. 通过案例，应如何认识国际买卖中的索赔期限？
2. 索赔期限应如何确定？

 复习与思考

1. 出入境检验检疫的对象有哪些？
2. 进出口商品检验检疫的作用是什么？
3. 出入境检验检疫的流程是什么？

第6章

国际物流配送管理

配送是指在经济合理区域范围内，根据用户的需求，对物品进行拣选、加工、包装、分割、组配等作业，并按时送达指定地点的物流活动。配送是以现代送货形式实现资源配置的经济活动，从实施形态角度，配送是按用户订货要求，在物流节点进行货物配备，并以最合理方式送交用户的过程。在国际物流的运作过程中，跨越国界的运输或仓储成本的计算，远较国内复杂，同时，输出与输入国的关税与配额限制都会对配送产生影响。

6.1 物流配送概述

6.1.1 配送的概念

我国国家标准对配送的定义为"在经济合理区域范围内，根据客户要求，对物品进行拣选、加工、包装、分割、组配等作业，并按时送达指定地点的物流活动"（GB/T 18354—2006）。

配送的定义主要包含下述含义：

1）配送是按用户的要求进行的。用户对物资配送的要求包括数量、品种、规格、供货周期、供货时间等。

2）配送是由物流节点完成的。物流节点可以是物流配送中心、物资仓库，也可以是商店或其他物资集疏地。

3）物资配送是流通加工、整理、拣选、分类、配货、配装、末端运输等一系列活动的集合。

4）配送在货物送交收货人后即告完成。

物流配送贯穿整个供应链过程，并且成为联系供应商、生产商、中间商及消费者的纽带，如图 6-1 所示。

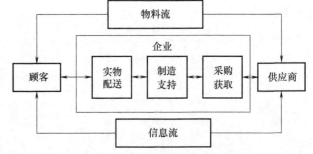

图 6-1　供应链一体化中的物流配送

6.1.2 配送业务的流程

在实际的运作过程中，由于产品形态、企业状况及顾客要求存在着差异，因而配送过程也会有所不同，甚至存在着较大的差异。一般来说，一个较为完整的配送工作流程如图 6-2 所示。

1. 进货

进货是配送的一项基础性工作，它主要包括货源的订购、集货、进货及相关的质量检验、结算和交接工作。

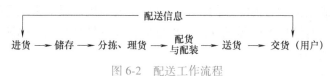

图 6-2 配送工作流程

2. 储存

储存是进行配送的一个重要而必要的环节，有储备和暂存两种形态。储备是按一定时期配送规模要求的合理储存数量，其结构稳定，时间相对较长，形成了配送的资源保证；而暂存是为方便作业在理货场所进行的货物储存，其结构易于变化，时间也较短。

3. 分拣、理货

分拣、理货是按照进货和配送的先后次序、品种规格和数量大小等进行的整理工作。

4. 配货与配装

配货是依据用户的不同要求，从仓库中提取货物而形成的不同货物的组合；而配装是根据运能及线路等形成的货物装配组合。关键是要充分利用科学的管理方式及先进的科学技术等，以实现分拣、配货及配装的有效衔接和组合。

5. 送货

送货是依靠运输工具等将装配好的货物送达目的地的一种运输活动。要提高送货的效率，需要科学合理地规划和确立配送结点的地理位置，而且要考虑客户的要求、送达的目的地及运输线路、时间、工具等。

6. 交货

交货是将货物送达目的地后，将货物交付给用户，并向用户办理有关交接手续的一种活动，是配送活动的结束。其中，快捷、方便的交接手续是提高效率的关键。

6.1.3 物流配送系统

1. 物流配送系统的概念

物流配送系统遵循一般系统模式的原理，构成自己独特的物流配送系统模式。配送系统可分为作业子系统和信息子系统。这两大子系统的机能是一个相互联系的有机整体，通过各要素的相互结合，利用必要的资源，开展物流配送服务，使商流得以有效、顺利、合理地进行，实现低成本、高效率地满足顾客需求的目标。其中，作业子系统包括了以上所说的配送的各功能要素，即配货、储存保管、分拣配货、包装、流通加工、输送等，以及为实现配送的各机能而采用的设施、设备、装置等。信息子系统包括订货、发货、在库、出货管理、控制等机能，利用现代通信技术、信息处理技术和信息处理终端，如计算机、通信网络等。

物流配送系统的输入部分内容有：顾客查询、订货；提供有关物流信息等。输出部分内容有：商品实体从卖方经配送过程送达买方手中；交齐各种单证；结算、收款；提供有关物流服务等。物流配送系统的转换部分包括备货、落实货源、商品加工整理、包装、贴标签、存储、运输、配送、制单等活动及现代物流管理方法、手段和物流设施设备的介入。

在国际物流运作中，配送系统应对顾客的需求进行分析，以规划配送中心的区位与功能、完整的运输配送系统，以及达到在"适宜的时间"提供"适宜的数量"的商品的目标，运用快速反应系统满足消费者的需求的目的。这里所说的快速反应系统是指通过信息流通与物流成员连接起来，对消费者的需求立即做出反应，以少量且高频率的配送，缩短每次订货的时间，减少顾客的存货。

2. 物资配送系统的运行条件

（1）物资配送系统运行的主要外部条件。主要外部条件有以下三点：

1）要有稳定的资源渠道，要有能够满足用户多种需要的充足资源，能在物资品种、规格、数量及时间上给予保障。

2）要有公平、合理的市场竞争环境。

3）交通条件满足，道路畅通，实行集中统一运送物资才能及时将物资送到用户手中。

（2）物资配送系统运行的内部条件。内部条件包括以下四点：

1）必须拥有配套的物流基础设施与机械设备，如仓库设施，理货设施与设备，运输、装卸工具等。

2）要有足够的周转资金支持配送的规模化。

3）要建立完整的信息系统，配送要通过广泛的信息支持才能得以实现合理化、系统化，并且向客户提供其所需的服务。

4）建立科学合理的配送制度，拥有专业人才。

此外，配送网点布局的合理化及配送方案的选择也是配送系统得以高效运转的内部条件。

6. 1. 4　配送类型

在不同的市场环境下，为适应不同的生产和消费需要，配送表现出多种形式。这些配送形式各有优势，同时也有各自的适应条件。

1. 按配送服务的范围划分

（1）城市物流配送。城市物流配送是指向城市范围内的众多用户提供服务的配送。其辐射距离较短，多使用载货汽车配送，机动性强、供应快、调度灵活，能实现少批量、多批次、多用户的"门到门"配送。

（2）区域物流配送。区域物流配送是一种辐射能力较强、活动范围较大，可以跨市、省的物流配送活动。它具有以下特征：经营规模较大，设施齐全，活动能力强；货物批量较大而批次较少；区域配送中心是配送网络或配送体系的支柱。

2. 按配送主体的不同划分

（1）配送中心配送。配送中心配送是指配送的组织者是专职从事配送业务的配送中心。配送中心配送的数量大、品种多、覆盖半径大、能力强，可以承担企业生产用主要物资的配送及向商店补充性配送等。它是配送的主体形式，但由于需要大规模的配套设施，投资较大，机动性较差，因此也有一定的局限性。

（2）商店配送。商店配送是指配送的组织者是商业或物资经营网店，主要承担零售业务，规模一般不大，但经营品种齐全，容易组织配送。商店配送的组织者的实力有限，但网点多，配送半径小，比较机动灵活，可承担生产企业非主要生产用物资的配送，是配送中心配送的辅助及补充形式。

（3）仓库配送。仓库配送是指以一般仓库为节点进行配送的形式，在仓库保持原有功能的前提下增加配送功能。仓库配送规模较小，专业化程度低，但可以利用仓库的原有资源而不需要大量投资。

（4）生产企业配送。生产企业配送是指配送的组织者是生产企业，尤其是进行多品种生产的企业，可以直接由企业配送，而无须再将产品发运到配送中心进行中转配送。由于避免了一次物流的中转，因此具有一定的优势，但无法像配送中心那样依靠产品凑整运输获得优势。

3. 按配送时间及数量划分

（1）定时配送。定时配送是指按规定时间或时间间隔进行配送。每次配送的品种及数量可按计划进行，也可在配送前由供需双方商定。定时配送有以下几种具体形式：

1）小时配，即接到配送订货要求1h内将货物送达。此形式配送适用于一般消费者突发的个性化配送需求，也经常用作应急配送。

2）日配，即接到订货要求24h之内将货物送达。日配是定时配送中较为广泛采用的方式，可保障用户在实际需要的前半天送货，基本上无须保持库存。

3）准时配送，即按照双方协议时间，准时将货物配送到用户的一种方式。这种方式比日配更为精密，可实现"零库存"，适用于装配型、重复、大量生产的企业用户，往往是一对一的配送。

4）快递，即一种在较短时间内实现货物的送达，但不明确送达的具体时间的快速配送方式。一般而言，其覆盖地区较为广泛，服务承诺期限按不同地域会有所变化。快递配送面向整个社会的企业型和个人型用户，如美国的FedEx（联邦快递）、我国邮政系统的EMS快递都是运作得非常成功的快递配送企业。

（2）定量配送。定量配送是指按事先协议规定的数量进行配送。这种方式的货物数量固定，备货工作有较强的计划性，容易管理。

（3）定时定量配送。定时定量配送是指按规定的配送时间和配送数量进行配送，兼有定时、定量两种方式的优点，是一种精密的配送服务方式。

（4）定时定路线配送。定时定路线配送是指在规定的运行路线上，按配送车辆运行时间表进行配送，用户在指定时间到指定位置接货。

（5）即时配送。即时配送是指完全按用户突发的配送要求随即进行配送的应急方式，是对各种配送服务的补充和完善，灵活但配送成本很高。

4. 按配送品种和数量的不同划分

（1）单（少）品种大批量配送。此种方式配送的商品品种少、批量大，不需要与其他商品搭配即可使车辆满载。

（2）多品种少批量配送。多品种少批量配送是指按用户要求将所需各种物资配备齐全，凑整装车后由配送节点送达用户的一种配送方式。

（3）配套成套配送。配套成套配送是指按生产企业的需要，将生产每台产品所需的全部零部件配齐，按生产节奏定时送到生产线装配产品的一种配送方式。

5. 按配送企业业务关系划分

（1）综合配送。综合配送是指配送商品种类较多，在一个配送网点中组织不同专业领域的产品向用户配送的配送方式。

（2）专业配送。专业配送是指按产品性质、形状的不同适当划分专业领域的配送方式。其重要优势在于可以根据专业的共同要求来优化配送设施，优选配送机械及配送车辆，制定适用性强的工艺流程等，从而提高配送各环节的工作效率。

（3）共同配送。共同配送是指为提高物流效率，由多个配送企业联合在一起共同进行的配送方式。

6. 按加工程度划分

（1）加工配送。加工配送是指在配送节点中设置流通加工环节，当社会上现成的产品不能满足用户需要，或者用户提出特殊的工艺要求时，可以经过加工后进行分拣、配货再送货到户。流通加工与配送的结合，使流通加工更有针对性，可取得加工增值收益。

（2）集疏配送。集疏配送是只改变产品数量组成形态而不改变产品本身的物理、化学形态，与干线运输相配合的一种配送方式。例如，大批量进货后小批量、多批次发货，零星集货后以一定批量送货等。

7. 按配送的方式划分

（1）直送。直送是指生产厂商或供应商根据订货要求，直接将商品运送给客户的配送方式。其特点是需求量大，每次订货往往大于或接近一整车，并且品种类型单一。

（2）集取配送。集取配送即往复配送，是指与用户建立稳定的协作关系，在将用户所需的生产物资送到的同时将该用户生产的产品用同一车运回。此种配送方式不仅充分利用了运力，还降低了生产企业的库存。

（3）交叉配送。交叉配送是指在配送节点将来自各个供应商的货物按客户订货的需求进行分拣装车，并且按客户规定的数量与时间要求进行送货的方式。此种配送方式有利于减少库存、缩短周期、节约成本。

6.2　电子商务下的物流配送

电子商务是20世纪信息化、网络化的产物，是一种全新的商业模式。高效便捷的现代化物流配送系统是电子商务成功的根本保证，而突破物流配送瓶颈，寻求电子商务环境下的最佳物流配送模式，是目前电子商务面临的最大挑战。

6.2.1　电子商务物流配送的含义

电子商务物流配送是指物流配送企业采用网络化的计算机技术和现代的硬件设备、软件系统及先进的管理手段，针对社会需求，严格地按用户的订货要求，进行一系列整理、配货工作，按时按量地送交没有范围限度的各类用户，以满足其对商品的需求。这种新型物流配送与传统物流配送方式相比，具有信息化、社会化、现代化、自动化等诸多特征，能使货畅其流、物尽所用，既降低物流成本，又提高物流效率，有利于整个社会经济效益的提高及宏观调控。

电子商务中物流配送的内涵可以用以下公式来表述：

电子商务配送＝网上信息传递＋网上交易＋网上结算＋"门到门"配送服务

电子商务下的物流配送流程如图 6-3 所示。

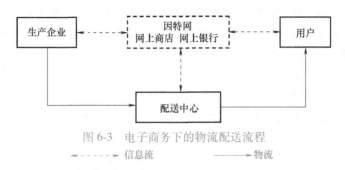

图 6-3　电子商务下的物流配送流程

◄------► 信息流　　　　　　　-----► 物流

6.2.2　电子商务与物流配送的关系

1. 电子商务需要物流配送

电子商务的四种基本"流"中，信息流（信息交换）、商流（所有权转移）和资金流（支付）均可通过计算机和网络通信设备快捷、高效的信息处理手段加以实现，而及时、准确地完成商品的空间转移才是电子商务成功的关键。因此，也可以说电子商务等于"鼠标+车轮"。试想，在电子商务下，消费者网上浏览后，通过轻松点击完成了网上购物，但如果所购商品不能按时送到，或者所送非所订，或者还要支付高额的配送费用，那么电子商务的优势就会消失殆尽，消费者也会放弃电子商务。

在电子商务中，由于各种商品都有自身的特性，因此相应采取的配送方式和技术也有较大差别。例如，电子软件、电子图书、电子游戏通过在线销售、在线卸载就可即时解决销售问题，但绝大多数有形商品仍要通过实物配送过程才能完成空间转移。再如，实物音像、图书等可通过快递实现；家电百货可通过区域配送实现；保鲜食品可通过日配送实现；大型货物可通过厂家运输直达用户实现等。

2. 电子商务对传统物流配送的冲击和影响

物流配送经历了和正在经历三次革命：①送物上门，即为了改善经营效率把货送到买主手中的方式；②电子商务的出现，影响到物流配送及供应链上下游的各体系；③物流配送的信息化，使物流配送更有效率。

以计算机网络为基础的电子商务对传统的物流配送造成了以下的冲击和影响：①给传统的物流配送观念带来深刻的革命；②以实时控制代替了传统的物流配送管理程序；③大大简化了物流配送过程；④使配送需求发生了新的变化，呈现出跨区域性、全球性及高时效性的要求；⑤使物流配送服务空间得以拓展，呼唤增值性服务；⑥促进了物流配送技术的发展。

6.2.3　电子商务下的物流配送体系

1. 电子商务物流配送体系组建的模式

目前，电子商务物流配送体系的组建有以下三种模式：

1）电子商务与普通商务活动共用一套物流配送系统：制造商、批发商、零售商等，可建立基于因特网的电子商务销售系统，让原有物流资源承担电子商务的物流配送业务。

2）ISP（网络服务提供商）、ICP（网络提供商）自己建立物流配送系统或利用社会化的物流配送服务：一是自己组建物流配送公司；二是外包给专业物流公司。

3）第三方物流企业建立电子商务系统：区域性或全球性的第三方物流企业具有物流网络上的优势，但第三方物流企业建立电子商务系统需慎重。

2. 基于北斗的电子商务物流配送系统

基于北斗的电子商务物流配送系统是基于北斗全球定位系统、GIS 地理信息系统及GSM 通信网络系统三种技术的有机结合，即在配货车辆上安装北斗系统，接收车辆定位信息，通过 GSM 模块实现的数据采集和通信网络，将位置信息和其他必要数据传送到监视调度中心，经中心计算机网络系统处理后，由 GIS 系统将车辆的位置及参数显示在计算机或大屏幕上，从而实现对车辆的实时监控。调度中心也可以通过反馈的信息对车辆发布实时调度信号。这种系统模式目前是较成熟的，比较容易实现。基于北斗的电子商务物流配送系统的构成如图6-4 所示。

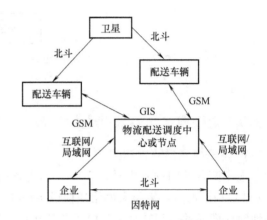

图 6-4　基于北斗的电子商务物流配送系统的构成

6.2.4　我国电子商务物流配送体系发展途径

1. 选择合理的物流发展模式，实现物流配送的产业化、社会化

在我国目前条件下，电子商务企业不宜普遍采用自建物流中心的物流模式，因为自建物流中心所需的建设投资大、成本高。电子商务企业可以采用与提供物流服务的第三方物流企业合作的形式扩大电子商务的业务范围，而本身不经营配送业务。电子商务企业与第三方物流公司保持长期稳定的合作关系，有利于完善物流配送系统，扩大电子商务的业务范围。

电子商务企业可以与物流企业或生产企业联合共建物流中心，形成物流一体化模式，进而实现共同配送模式。共同配送模式是电子商务发展到目前为止最优的物流配送模式，它包括配送的共同化、物流资源利用共同化、物流设施利用共同化及物流管理共同化。共同配送模式可削减物流企业间的不当竞争，从整体上提高供方取得价格优惠的能力，并且实现优势互补，促进企业走向联合的规模经济之路，有助于改善我国物流企业"小、散、差"的结构状况。

2. 加强硬件、软件建设，实现物流配送体系的现代化

现代化的物流配送体系可有效减少流通环节和流通时间，降低流通成本，从而促进电子商务的发展。建立现代化的物流配送体系，应从硬件、软件两方面着手，重点做到以下三点：

（1）物流企业实现配送的机械化、自动化和现代化。就我国物流企业的现状而言，首先应该按统一模数制作包装容器，使之与仓库设施、运输模数统一起来以实现货物的包装标准化、通用化、机械化、集装化、大型化及货物的分拣、装卸、搬运过程实现机械化、自动化，并且机械化与自动化紧密结合；采用条码技术以实现信息录入的自动化和建立高度自动化的高层立体仓库等。

（2）物流配送管理现代化、规范化、制度化。物流配送管理现代化就是要采用现代化的管理理念、管理技术和管理手段，改革和优化物流企业现有组织结构，如把顾客服务作为一种经营理念，实行过程管理，从重视利润管理转向利润率管理，依据实际需要重组企业业务流程、拓展业务范围，实现物流全程的一体化服务等。物流配送管理规范化、制度化是指制定科学、规范的操作规程和管理制度，建立、健全科学的管理体制，从而提高物流的管理水平、服务水平及物流从业人员的素质和技术水平。

（3）物流配送信息化。物流配送信息化表现为物流信息搜集的数据库化和代码化、物流信息处理的电子化和计算机化、物流信息传递的标准化和实时化、物流信息存储的数字化等。因此，条形码技术、数据库技术、电子自动订货系统（EOS）、电子数据交换（EDI）、快速反应系统（QR）、有效顾客响应（ECR）、射频技术（RF）、管理信息系统（MIS）、企业资源计划（ERP）等先进技术与管理策略，在我国的物流配送企业中大力推广运用，使我国物流配送朝信息化、自动化、网络化、柔性化方向发展。物流系统只有具有良好的信息处理和传输系统，才能快速、准确地获取销售反馈信息和配送货物跟踪信息，从而大大提高物流企业的服务水平，赢得客户信赖，并且不断降低物流成本。

3. 制定一套适合电子商务发展的完整的、高效的物流配送方案

要制定一套适合电子商务发展的完整的、高效的物流配送方案，必须做好一系列工作：

（1）要合理定位销售区域。在电子商务发展的初级阶段，电子商务的销售区域很难覆盖因特网所及的全部地区。由于电子商务的客户分布不集中，送货地点分散，加之物流网络不如因特网覆盖范围广，很难合理、经济地组织送货。所以，电子商务经营者应根据消费者的收入、需求偏好、地理分布等条件的不同，合理定位销售区域。对不同的销售区域可采取差异化物流服务政策。

（2）要认真筛选销售品种。从商品流通规律及经济效益来看，任何销售商都不可能经营所有的商品。销售商所经销的商品品种越多，进货渠道及销售渠道越复杂，商品批次越多，批量越小，组织物流的难度就越大，成本也就越高。为了将某一商品的销售批量累积得足够大，从而减少物流环节的成本和费用，销售商就必须认真筛选商品品种，确定最适合自己销售的商品。

（3）要精心策划配送方案。在制定配送方案时需考虑的因素有订货状况信息、库存的可供性、反应速度、送货的可靠性、送货频率、配送文档的质量、首次报修修复率、投诉程序和可提供的技术支持等。配送方案的制定是一项专业性极强的工作，必须由专业人员精心策划。

（4）要不断降低物流成本，合理控制库存。

4. 适应国际化发展，建立物流标准化体系

电子商务的发展没有地域的限制，随着电子商务在全球范围内展开，物流业必然跨越国界发展，国际化物流是物流业发展的方向。要发展国际化物流必须实现国内物流与国际物流标准的接轨，包括物流术语标准化、物流条形码标准化和物流设备标准化。如果没有相适应的物流接口标准，很难想象其链接的难度和成本。对物流企业来说，标准化是提高内部管理、降低成本、提高服务质量的有效措施；而对消费者来说，享受标准化的物流服务则是消费者权益的体现。

在供应链各个环节，如果在不同运输方式之间使用的运输装备标准不统一，就会导致物流无效环节的大量增加，严重影响物流的效率和经济效益。为适应国际贸易的需要，我国的网上信息传输应采取国际通用的标准，如目前国际物品编码协会（EAN）成员国通用的基于互联网的 EDI 技术。如果我国物流标准不统一，将直接影响我国物流业规范化、高效化发展和与国际接轨，因此，健全和推广物流标准化体系应成为我国物流发展的当务之急。

6.3 国际物流配送

6.3.1 全球配送中心区位配置

国际物流的配送管理必须规划既经济又有时效性的国际运输，以及设定适宜全球的发货中心（Distribution Center）区位，这样才能有效地满足全球需求。

国际物流配送中心是为达到有效的商品配送使生产运作与海、陆、空运输以及储存、配送一体化的场所。通过这种一体化的管理消除生产与配送瓶颈，减少商品流通时间，降低生产成本，提供及时的商品流通信息，保持商品流通物流配送系统有效。

配送中心提供产品的分类和配货，以调节供需间的平衡。也即购入和卖出的过程，提供大量批货与少量多样的服务，满足不同客户的需要发货中心通过持有的存货来增加时间效用，而产品由发货中心移动到消费地，则可增加其空间效用。

全球配送中心区位的配置有下列四种模式，如图 6-5 所示。

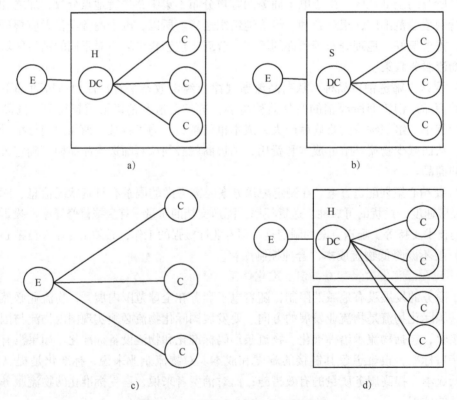

图 6-5 全球配送中心区位的配置模式

a）传统系统 b）转运系统 c）直接配送系统 d）多国发货中心系统

E—出口商 DC—配送中心 C—顾客 H—海外持有库存 S—只有场站活动

（1）传统系统（Classical System）。传统系统是指以国家为单位，各自建构发货中心，满足该国的配送需求。

（2）转运系统（Transit System）。转运系统是指由全球或洲际发货中心负责存货功能，而各国只是构建进口后的转运中心，以满足该国的需求。

（3）直接配送系统（Direct System）。直接配送系统是指直接由制造出口国对各国的零售商，并执行补货功能。

（4）多国发货中心系统（Multicountry System）。多国发货中心系统是指全球或洲际发货中心负责存货，并对洲内多国的零售商执行补货功能。

过去因许多国际贸易管制尚未解除，为满足各个国家的特殊规定与需求，许多国际性企业在运营的国家内均各自设立配送中心，导致配送的层级增加，使得跨国配送在时效性上无法满足消费者的要求。在企业运营国际化加上运输解除管制后，设置区域发货中心或全球发货中心成为国际企业考虑的重点，这样可以有效降低配送成本并减少配送时间。

全球发货中心区位配置的决定因素是仓储存货、长途运输、短程配送及缺货所造成的营收损失。全球性解除运输管制，一方面降低了各国间的运输成本，另一方面允许运输业多种化经营，涉足仓储业提供全方位的第三方专业物流服务。因此，全球发货中心区位的配置，已逐渐走向多国发货中心系统，即国际企业在各洲内构建洲内多国发货中心，利用便捷的洲内航空与路面综合运输，在有效的时间内满足顾客的需求。同时各洲内单一的发货中心可以降低国与国间需求的波动风险。因此，国际企业的全球物流中心有逐渐缩减的趋势。

6.3.2 全球配送策略

从制造商到最终顾客的配送渠道常会使用以下三种不同的配送策略：

1. 直接配送策略

直接配送策略是指商品不经过仓库和发货中心，直接由制造商或供应商将商品运送到零售点或消费者手中。这种配送策略的优点是顾客订货的前置时间变短，并且可以降低制造商设立发货中心的需求，进而减少设立发货中心的成本。它的缺点是运输成本增加，因为必须使用小运量的运输工具将产品运送到更多的地点。

2. 越库配送策略

在越库（Cross-docking）配送策略中，发货中心成为产品汇合点，当商品从制造商或供应商送达发货中心后，随即按照零售商的订单加以分类处理，并且迅速装运送出，尽量减少商品在发货中心内停留的时间。虽然此策略能够因为减少在发货中心停留的时间，从而降低储存成本及订货前置时间，但是必须要在信息系统完善、信息迅速完整的前提下才能运作，否则商品无法快速地在发货中心内完成分装处理。另外，销售量不大的零售渠道或物流并不适合采用这种策略。

3. 典型仓储策略

典型仓储策略是最典型的配送策略。渠道中的仓储点（发货中心）储存且保管存货，并且在顾客的订单发生时将产品运送到顾客手中。

6.4　案例分析

海尔全球物流配送系统

现代物流区别于传统物流的两个最大的特点：第一就是信息化，第二就是网络化。海尔特色物流管理的"一流三网"充分体现了现代国际物流的特征："一流"是以订单信息流为中心；"三网"分别是全球供应链资源网络、全球配送资源网络和计算机信息网络。"三网"同步流动，为订单信息流的增值提供支持。

海尔物流的"一流三网"的同步模式实现了四个目标：

1. 为订单而采购，消灭库存

在海尔，仓库不再是储存物资的水库，而是一条流动的河，河中流动的是按单采购来的生产必需的物资，也就是按订单来进行采购、制造等活动。这样，从根本上消除了呆滞物资、消灭了库存。

海尔集团每个月平均接到60000多个销售订单，这些订单的定制产品品种达7000多个，需要采购的物料品种达26万余种。在这种复杂的情况下，海尔物流整合以来，呆滞物资降低90%，仓库面积减少88%，库存资金减少63%。海尔国际物流中心货区面积7200m²，但它的吞吐量却相当于普通平面仓库的30万 m²。同样的工作，海尔物流中心只有10个叉车驾驶员，而一般仓库完成这样的工作量至少需要上百人。

2. 全球供应链资源网的整合使海尔获得了快速满足用户需求的能力

海尔通过整合内部资源、优化外部资源，使供应商由原来的2200多家优化至不到800家，而国际化供应商的比例达到82.5%，从而建立起了强大的全球供应链网络。GE、爱默生等世界500强企业都已成为海尔的供应商，有力地保障了海尔产品的质量和交货期。不仅如此，通过实施并行工程，更有一批国际化大公司已经以其高科技和新技术参与到海尔产品的前端设计中，不但保证了海尔产品技术的领先性，增加了产品的技术含量，同时开发的速度也大大加快。例如，海尔集团美高美彩电从设计到批量销售仅用了2.5个月的时间，而原有的周期为4~6个月。美高美彩电一上市，销量持续上升，成为彩电低迷市场上一道亮丽的风景线。

对外实施日付款制度，对供货商付款及时率达100%，这在国内绝少企业才能够做到。海尔集团杜绝了"三角债"的出现，收获了良好的信誉，与供货商实现了"双赢"。

开发区国际工业园与胶州工业园中的企业均是海尔形成战略合作伙伴关系的国际化供货商在中国所建的工厂，这些企业在海尔周边建厂，不但实现了零部件和原材料JIT采购与配送，也将最先进的技术带给了海尔，提升了海尔的竞争力，同时也实现了当地政府的招商引资。目前，海尔集团已为当地政府招商40多亿元，繁荣了当地的经济，增加了就业机会。

3. JIT的速度实现同步流程

由于物流技术和计算机信息管理的支持，海尔物流通过3个JIT，即JIT采购、JIT原材料配送和JIT分拨物流来实现同步流程。

通过海尔的BBP采购平台，所有的供应商均在网上接受订单，这使下达订单的周期从原来的7天以上缩短为1h以内，而且准确率达100%；除下达订单外，供应商还能在网上查询库存、配额、价格等信息，实现及时补货，实现JIT采购。

货物入库后，物流部门可根据次日的生产计划利用 ERP 信息系统进行配料，同时根据看板管理，4h 送料到工位。为实现"以时间消灭空间"的物流管理目标，海尔从最基本的物流容器单元化、集装化、标准化、通用化到物料搬运机械化开始实施，逐步深入到车间工位的五定送料管理系统、日清管理系统的全面改革，加快了库存资金的周转速度，减少呆滞物资，库存资金周转天数由原来的 30 天以上减少到 10 天，实现 JIT 过站式物流管理；而看板拉动式管理实现柔性生产，每天一条生产线可以生产上百种规格的产品，大大提高了订单的响应速度，实现了以速度制胜的目标。

生产部门按照 B2B 和 B2C 订单的需求完成订单以后，满足用户个性化需求的定制产品通过海尔全球配送网络送达用户手中。海尔整合全球配送网络，配送网络已从城市扩展到农村，从沿海扩展到内地，从国内扩展到国外，全国可调配车辆达 1.6 万辆。目前，可以做到物流中心城市 6~8h 配送到位，区域配送 24h 到位，全国主干线分拨配送平均 4.5 天，形成全国最大的分拨物流体系。

4. 计算机网络连接新经济速度

物流信息不仅对物流活动具有支持保证的功能，而且具有整合整个供应链和使整个供应链活动效率化的功能，所以，物流信息化在现代企业经营战略中占有越来越重要的地位。在企业外部，海尔 CRM（客户关系管理）和 BBP 电子商务平台的应用架起了其与全球用户资源网、全球供应链资源网沟通的桥梁，实现了与用户的零距离。目前，海尔 100% 的采购订单由网上下达，使采购周期由原来的平均 10 天降低到 3 天；网上支付已达到总支付额的80%。在企业内部，计算机自动控制的各种先进物流设备不但降低了人工成本、提高了劳动效率，还直接提升了物流过程的精细化水平，达到质量零缺陷的目的。

计算机管理系统搭建了海尔集团内部的信息高速公路，能将电子商务平台上获得的信息迅速转化为企业内部的信息，以信息代替库存，达到零营运资本的目的。

海尔物流运用已有的配送网络与资源，并且借助信息系统，积极拓展社会化分拨物流业务，目前已经成为日本美宝集团、AFP 集团、乐百氏公司的物流代理，与 ABB 公司、雀巢公司的业务也在顺利开展。同时，海尔物流充分借助与中国邮政的强强联合，使配送网络更加健全，为新经济时代快速满足用户的需求提供了保障，实现了零距离服务。海尔物流通过积极开展第三方配送，使物流成为新经济时代下集团发展新的核心竞争力。

（资料来源：《现代物流案例分析》，张理，中国水利水电出版社。）

案例思考：

1. 总结海尔物流"一流三网"在物流配送管理中的应用。

2. 你从海尔特色物流管理中得到哪些启发？

 复习与思考

1. 配送业务的流程是什么？

2. 电子商务和配送的关系是什么？

3. 简述全球配送中心区位配置方式。

4. 全球配送应采取什么策略？

第7章

国际物流海洋运输管理

国际物流海洋运输是指使用船舶通过海上航道在不同国家和地区的港口之间运送货物的一种方式，具有通过能力大、运输量大、运费低廉、对货物的适应性强、速度较低、风险较大的特点。世界商船队中已有种类繁多的各种专用运输船舶，海洋货物运输一直是一些国家国内和国际货物运输的重要形式。海洋货物运输量占全部国际货物运输量的比例在 80% 以上。

7.1 国际海洋运输设施及航运公司

7.1.1 船舶

船舶是国际航运的主要运输工具，从事国际物流业务的工作者应当了解各类运输船舶的技术性能、适合装运货物的类型和营运特点，此外，还应当掌握船舶基本知识，如船籍、总登记吨、净登记吨、总载重吨、载重线、船级等方面的知识，以便选择适当类型船舶运输货物。

同样，对于国际航运的运输对象，相关工作者应当了解各类货物的运输形态和运输特征。由于船舶载货量大，所载货物种类多，相关工作者还应当了解如何正确安排货物在船上堆放——船舶积载。

船舶是一种大型的水上运输工具，由船体、动力装置、驾驶操纵设备和货物运输设备等组成，也可看作由多个子系统组成的复杂系统。

1. 船舶构造

（1）船体。船体（Hull）就是通常所说的船舶外壳体，一般由钢材建造。船体的作用是提供空间，如装货空间、动力装置空间和船员居住空间等。一艘典型集装箱船的外形及主要构造如图 7-1 所示，其他类型船与其大同小异。

为了提供浮力和保护货物，船体外壳板应保持水密封性。外壳板内侧为纵横加强的骨材，外壳板和骨材构成整个船体，抵抗重力和流体动力作用，使船体具有一定的强度，保证航运安全。

船体中水平结构一般称为甲板，但最上面一层露天甲板多为拱形，便于排水。在露天甲板上开有货舱口，装卸货物时打开舱口盖，航行中盖好舱口盖。

船体内设置多道横向和纵向舱壁，这些舱壁将船舶空间划分成不同部分，便于装运货物，同时满足抗沉和防火等安全要求。在航运中，船舶首尾，尤其是船首，相对容易发生碰撞，因此船舶首尾两端必须分别设置首尖舱（Fore Peak Tank）和尾尖舱（Aft Peak Tank），一旦首部或尾部发生碰撞，船体破损进水仅限于首尖舱或尾尖舱，防止船中部大量进水，免遭货物损坏和船舶沉没。

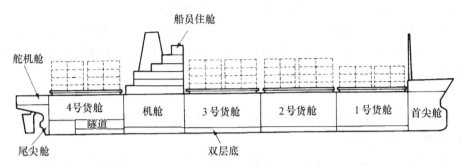

图 7-1　典型集装箱船的外形及主要构造

大部分船底部做成双层底（Double Bottom），双层底内一般布置压载水舱、淡水舱和燃油舱。

（2）船舶动力装置。船舶动力装置包括船舶主机、发电装置及一些辅助机械设备（如锅炉、水泵和管系）。船舶主机带动螺旋桨转动，是推动船舶航行的动力机械。现在大部分商船以柴油机为主机，少数大型船舶采用汽轮机为主机。辅机用于发电，为全船提供电能。

船舶动力装置安装在机舱（Machinery Space）内。中小型船舶的机舱大多布置在船中。而大型船舶的机舱大多靠近船尾，这样可以留出中部宽大的空间装载货物和旅客。船舶的烟囱一般位于机舱正上方。现代船舶烟囱的用途不仅限于排烟，精心设计的烟囱外罩还有美化船舶外形的功能，航运公司的标志就涂在烟囱外罩上，令人一目了然。

（3）螺旋桨与舵。船在水中航行，依靠装在船尾的螺旋桨（Propeller）推动。舵（Rudder）安装在船尾螺旋桨之后，控制船舶航向。驱动舵的舵机安放在船尾的舵机舱（Steering Gear）内。有些大型油船、集装箱船和客船还在船首侧面安装首侧推进器（Head Thruster），使船舶更容易操纵，在港口或其他有限水域具有更大的机动性。

（4）系泊装置。船在开阔水域停泊，必须借助锚和锚链来固定。锚及起锚机安放在船首。船首、船尾甲板两边设有多个系缆桩。船在港内停泊时，缆绳一头绑在船的系缆桩上，另一头连在码头的系缆桩上，将船牢牢系住。

（5）货舱与起货设备。一艘货船划分多个货舱（Hold），各舱在甲板上设有舱口，便于装卸货物。每个舱口配舱口盖（Hatch）。大部分货物装在船舱内，为了防止货物挤压，杂货船设有多层中间甲板（Tween Deck）。有些货物可以放在甲板上，如木材、集装箱。有的船还配备起货设备，供货物装卸使用。

（6）船员住舱和驾驶室。上层建筑位于甲板之上，船员住舱（Crew Accommodation）一般都在上层建筑内。船员住舱内有齐全的生活设施，如船员房间、餐厅、娱乐室、医务室等。驾驶室（Cockpit）是全船的控制中心，位于上层建筑最高处。驾驶室内配备驾驶设备、雷达、罗经及电报等导航通信设备，各种控制和显示仪器也放在驾驶室内。在这里，船长通过各种仪器了解全船状况，指挥船舶航行和各种航海作业。在航行中，驾驶员通过航海仪器确定船舶在大洋中的位置，操纵船舶使船舶航行在正确航线上。电报员随时与外界保持通信联系，经常向公司报告航运情况，及时与有关港口联系业务。

（7）救生设备。海上航行有一定风险，为了确保船员及旅客的生命安全，船上必须配备足够的救生器具，如救生艇、救生圈和救生衣，以备应急状态下使用。救生器具的配备数量和技术性能必须满足有关法规的要求。

2. 船舶类型

为了提高运输效率，适合不同货物运输，当前货船的类型很多，这里简要介绍当前国际海上运输中的三大主力船型。

（1）集装箱船。专门用于运输集装箱货物的船舶称为集装箱船（Container），如图7-1所示。海上集装箱运输时，先将货物装入具有标准尺寸的集装箱内，再用集装箱船进行运输。集装箱船的机舱大多靠近船尾，船体较宽，舱口很大，单甲板，舱内和甲板上都可装集装箱。集装箱装卸利用港口专用起重设备——岸桥，装卸效率非常高。集装箱船速度较高，一般为 $20\sim23$n mile$^{\ominus}$/h。近年来为了节能，一般采用经济航速，18n mile/h左右。2023年，我国建造的"地中海泰莎"号集装箱船的载箱量达到 24116 标准集装箱。

（2）散货船。适合散装运输的货物有大宗的谷物、煤炭、化肥和矿石等，专用于这类货物运输的船称为散货船（Bulk Cargo Vessel），如图7-2所示。散货船装卸采用专用装卸机械，装卸效率很高，为了便于专用装卸机械进舱作业，这种船舱口很大。

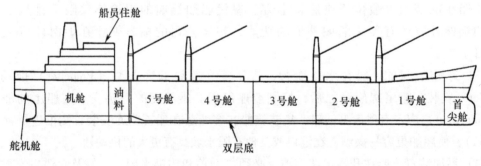

图 7-2　散货船

（3）油船。油船包括原油船（Crude Oil Tanker）和成品油船（Product Oil Tanker），成品油是指汽油、柴油等油品，图7-3所示为一艘原油船。国际原油运输量很大，大部分依靠海上运输，一般原油船载重量很大，载重量十几万吨的原油船很常见。成品油船因受货物批量和港口条件限制，载重量大多为 2 万~5 万 t。世界上最大的油轮"泰欧"号最大载重量为 45 万 t。油船的货油利用码头或船上货油泵及管道设备装卸，工艺简单，装卸非常快。

除以上三种船型外，还有适合兼运杂货、集装箱货和散货的多用途船，载货汽车和拖车

$\ominus$　1n mile＝1852m。

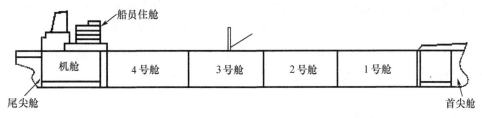

图 7-3　原油船

可直接开进和开出的滚装船,专门运输天然气和石油气的液化气船,专门运输汽车的汽车运输船等。

3. 船舶主要技术性能

以下将从航运角度讨论船舶的几个主要技术性能,如船舶最大尺度、船舶速度、船舶载重吨位、船舶容积性能。

(1) 船舶最大尺度。航运中人们比较关心的是船舶外轮廓的最大尺度,因为最大尺度决定了船舶能否顺利通过预定的航道、运河、船闸,能否停靠在预定的码头及在港内顺利调头,能否在航线上的桥梁下通过等。船舶最大尺度包括:

1) 船舶总长——由船首最前端量至船尾最后端的水平距离。

2) 船舶最大宽度——船体最宽处两舷外缘之间的水平距离。

3) 船舶最大高度——从船底最低点至船舶最高点的垂直距离。

4) 水线以上最大高度——从空船水线面至船舶最高点的垂直距离。

5) 最大吃水——从船底最低点至满载水线的垂直距离。

(2) 船舶速度。船舶速度影响船舶运输能力、营运费用及航运市场上的竞争力。按惯例,海船航速单位是节 (knot, kn),1kn = 1n mile/h = 1.852km/h。主要航速指标有:

1) 试航速度 (Trial Speed)——船舶建成后,在交船试验中测得的速度,是船舶的最大航速。

2) 服务航速 (Service Speed)——设计中使主机有一定 (10% ~ 15%) 额定功率储备时船舶能够达到的航速。该航速代表在正常风浪和污底情况下营运船舶能够达到的速度。

3) 平均营运速度 (Average Service Speed)——船舶航行距离与实际航行时间之比,是一个通过统计计算得到的平均航速。在实际航行中,由于靠离码头和遇风浪时船舶往往减速航行,平均营运速度要低于服务航速。

(3) 船舶载重吨位。船舶载重吨位包括满载排水量、空船排水量、总载重量和净载重量,重量吨位单位是吨 (t)。1000kg 为 1t,或者以 2240lb 为 1 长吨,或者以 2000lb 为 1 短吨。目前,国际上多采用公制作为计量单位。

1) 满载排水量 (Load Displacement)——船舶在满载水线下所排开的水的重量,它等于船本身的重量与所承载的各种载重量 (如货物、燃油、淡水、船员和生活用品) 之和。

2) 空船排水量 (Light Displacement, LDT)——船舶空载时的排水重量,即空船重量。它包括船体、机械及设备等重量。

3）载重量（Deadweight Tonnage，DWT）——船舶在最大吃水时所能承载的重量。它包括货物、燃料、淡水、食品、旅客、船员及其行李等非固定于船体的重量。

4）载货量〔Net weight（N. W.）〕——船舶满载时能装运货物、旅客及其行李的重量，又称净载重量。它等于总载重量减去燃料、淡水、食品、船员及其生活用品等重量。

船舶载重吨位可用于对货物的统计，作为其租船月租金计算的依据，表示船舶的载运能力。

（4）船舶容积性能。船舶装运货物和旅客的能力，不但取决于船舶载重能力，而且取决于船舶内部容积大小。船舶容积性能包括货舱容积和船舶登记吨位。

1）货舱容积（Capacity of Cargo Holds）。货舱容积是指船舶货舱实际可供装载货物的空间。其一般可分为散装容积和包装容积，单位是立方米。

2）船舶登记容积。船舶登记容积即船舶登记吨位，是按照《国际船舶吨位丈量公约》或有关规范计算船舶容积的一种度量。船舶登记吨位包括总吨位和净吨位，单位是登记吨（Tonnage），$1 Tonnage = 1000 ft^3 = 283 m^3$。

总吨位（Gross Registered Tonnage，GRT）是吨位甲板下主船体容积与吨位甲板上永久封闭空间容积之和。总吨位表示船舶建筑规模大小，是国际上统计船舶建造和船舶保有量的单位，用于计算保险费用、船舶造价及船舶的赔偿等。

净吨位（Net Registered Tonnage，NRT）表示船舶实际可供营运（如货船货舱和其他能用于装货场所）的容积，它等于从总吨位中减去不能用于载运客货（如船员舱室和机舱）的容积。净吨位主要用于船舶的报关、结关，作为船舶向港口交纳各种税收和费用的依据，也作为船舶通过运河时交纳运河费的依据。

显然，总吨位和净吨位都是对船舶内部容积大小的度量，而不是载重量的度量。船舶的港口使用费支出与其登记吨位有关，而港口使用费在船舶营运成本中占有较高比例。与登记吨位有关的各项费用，往往按登记吨位大小分档收取，有时吨位增加一点，收费标准却要提高一个档次。因此，同样载货量的船舶，登记吨位小的经济性好。

4. 船舶检验与登记

为了保障海上人和财产安全，防止船舶污染环境，促进航运等事业发展，国际社会制定国际公约，各国制定国内法规，对船舶和船员实施监督管理。对船舶管理的措施有船舶入级检验和法律登记。船舶通过登记和检验并获得有关证书后，才能被允许从事国际航运。

（1）国际航行船舶证书。船舶证书是船舶符合国际公约、国家法规和船级社规范的书面证明，也是船舶适航、适货的重要证明。按照有关国际公约，国际航行船舶有义务携带好船舶证书，进出港时，必须交给有关机构检验。船舶证书主要有：①船舶国籍证书；②船舶所有权证书；③船舶船级证书；④船舶吨位证书；⑤船舶载重线证书；⑥船员名册；⑦航行日志。

（2）船舶入级。船舶是一种大型运输工具，一次可装载成千上万吨货物，船本身造价也很高，一旦发生事故将造成严重的经济损失、环境破坏和人员伤亡。因此，船东、货主和保险公司等都很关心船舶技术状况，希望能给予合理的检验和评定，以降低各自经营活动的风险。然而，船舶不但建筑规模大、构造和设备复杂，而且航行条件复杂，检验和评定船舶技术状况需要很高的技术和丰富的经验，必须由专业机构来完成。船级社（Classification Society）就是提供船舶技术状况检验和评定服务的专业机构。

所谓船舶入级，是指根据船东申请，经船级社检验，船舶的船体、船体设备和机械电气设备等符合船级社规范要求，则船级社授予该船以适当船级并签发入级证书，以证明该船具备相应的安全航行技术条件。例如，某船通过中国船级社（China Classification Society，CCS）检验并签发入级证书，则说该船入中国级（或 CCS 级）。

船级社通过入级检验和评定船舶技术状况，实现社会对船舶的技术监督，便于租船人和托运人选择适当的船只，便于保险公司决定船、货的保险费用。

除中国船级社，世界上著名的船级社还有英国劳埃德船级社（LR）、美国船级社（ABS）、挪威船级社（DNV）、德国劳埃德船级社（GL）、日本海事协会（NK）等。

（3）船籍和船旗。各国为了对船舶进行管理，都规定了船舶登记制度。船舶只有在一个国家登记，取得登记国的国籍，才能被允许在公海上航行。船舶在航行中悬挂的登记国国旗称为船旗，船旗是船舶国籍的标志，船舶登记国又称船旗国。

目前，国际上船舶登记方式按登记条件的宽严划分为两种：正常登记和开放登记。

1）正常登记。正常登记又称严格登记，要求申请登记的船舶所有人的主营业场所在本国，大多数管理人员为本国人，本国船员占一定的比例。此外，船舶必须严格具备保证安全航行的技术条件。通过正常登记的船舶，可以得到船旗国的法律保护，享受船旗国的优惠航运政策待遇，同时也受船旗国的法律约束，履行一定的义务，如按章缴纳税费、必须配备一定比例的本国船员、船员工资水平和船舶技术状况等必须符合本国有关法规要求。

2）开放登记。世界上有些国家实行开放登记制度。所谓开放登记，是指登记国对登记船舶的要求非常宽松，只要船舶所有人每年向登记国家缴纳少量登记费，就可以取得该国国籍，悬挂该国国旗。以开放登记取得国籍的船舶称为方便旗船。

船东选择开放登记的目的是购买开放登记国家的"方便旗"（Flag of Convenience）[○]，取得航行权利，这样可以减少各种缴费，降低船舶技术条件，雇用廉价船员，降低营运成本，获取更多利润。

7.1.2　海港

海港有供船舶进入、驶离和停靠的码头，有装卸货物的设施，是海上运输的起点与终点，在整个运输链上是最大的货物集结点。海港及其所在的城市是海、陆、空运输的枢纽，不仅是综合性物流基地，往往也是金融和贸易中心。世界著名的大港主要有鹿特丹港、纽约港、新加坡港、神户港、横滨港、香港港、高雄港和上海港等。下面介绍中国著名的大港。

○　一国的商船不在本国而在它国注册，不悬挂本国国旗而悬挂注册国国旗。这是为了逃避本国的法令管制，减少税收的缴纳或工资等费用的支出。

1. 宁波舟山港

货物吞吐量：126134 万吨；增速：4.4%。

宁波舟山港是我国浙江省宁波市、舟山市港口，位于我国大陆海岸线中部、"长江经济带"的南翼，为我国对外开放一类口岸，是我国沿海主要港口和我国国家综合运输体系的重要枢纽，也是我国国内重要的铁矿石中转基地、原油转运基地、液体化工储运基地和华东地区重要的煤炭、粮食储运基地。

2022 年，宁波舟山港累计完成货物吞吐量 126134 万吨，集装箱量 3335 万 TEU，为全球唯一一年货物吞吐量超 12 亿吨的"超级大港"，并连续 14 年位居全球港口首位。目前，宁波舟山港拥有 19 条铁路路线。

特别是宁波舟山港 19 个港区中的梅山港区码头，是目前浙江省面积最大、专业化程度最高的汽车滚装码头，它可以同时容纳 10215 辆汽车停放，这些汽车首尾相连，可达 51 公里长。这些年，随着"一带一路"倡议不断深入人心，梅山港区已经开通了到沙特阿拉伯、埃及等十多个国家和地区的外贸汽车滚装业务。

2. 上海港

货物吞吐量：76970 万吨；增速：8.2%。

上海港，位于我国大陆海岸线中部、长江入海口处，前通我国南北沿海和世界大洋，后贯长江流域和江浙皖内河、太湖流域。上海港已经与全球 214 个国家和地区的 500 多个港口建立了集装箱货物贸易往来，拥有国际航线 80 多条。

2022 年，上海港集装箱吞吐量已经突破 76970 万吨。上海港辐射范围周边十余个省市及地区。其进出口货物种类包括集装箱、煤炭、金属矿石、石油及其制品、铜材、矿建材料、机械设备等。

其中，上海港以"高可靠、高效率、世界先进水平"为目标，把洋山四期建成全球单体规模最大、智能化程度最高、拥有完全自主知识产权的全自动化集装箱码头，打破国外垄断，并实现技术反超，年吞吐量和作业效率均居世界自动化码头首位。

3. 唐山港

货物吞吐量：72240 万吨；增速：2.8%。

唐山港位于河北省唐山市东南沿海，是我国沿海的地区性重要港口，能源、原材料等大宗物资专业化运输系统的重要组成部分。唐山港毗邻京津冀城市群，曹妃甸距韩国仁川 400 海里，日本长崎 680 海里、神户 935 海里，与矿石出口国澳大利亚、巴西、秘鲁、南非、印度等国海运航线也十分顺畅。

目前，唐山港围绕"一港双城"战略，一批钢铁、石化、能源、装备制造、新能源汽车、新材料等企业落户临港和沿海地区，形成以大型龙头企业为主导、中小型企业为配套的沿海工业产业带。形成全港"一港三区"、错位发展的规划布局。唐山港已取得粮食、活畜、肉类、废旧物资、木材、水果、整车进口七大类指定进口资质，拥有了沿海开放的"全牌照"。

4. 青岛港

货物吞吐量：63029 万吨；增速：4.3%。

青岛港，位于山东半岛胶州湾畔，濒临黄海，与日本和朝鲜半岛隔海相望。1892 年，清政府在青岛湾兴建码头两座。1901 年，青岛始建大港。1976 年，青岛港开始第一次集装箱业务。1992 年年初，青岛港开通第一条国际航运干线。是我国沿黄河流域和环太平洋西岸的国际贸易口岸和中转枢纽。

目前，青岛港已经拥有了 178 条集装箱航线，数量和密度稳居我国北方港口第一位，全球前 20 大船公司的集装箱航线全部挂靠青岛港。其支柱业务是集装箱、煤炭、原油、铁矿石。

百年老港青岛港正在从装卸码头，变身为提供航运、物流、金融等"一站式"服务的综合物流商，以及拥有原油期货交割库的贸易商。

5. 广州港

货物吞吐量：62367 万吨；增速：1.8%。

广州港由海港和内河港组成。地处珠江入海口和珠江三角洲地区中心地带，濒临南海，毗邻香港和澳门，东江、西江、北江在此汇流入海。

广州港是一个古老的港口，秦汉时期，广州古港是我国对外贸易的港口。唐宋时期，"广州通海夷道"是远洋航线。清朝，广州成为我国对外通商口岸和对外贸易的港口。1978 年以来，广州港发展成为我国综合运输体系的重要枢纽和华南地区对外贸易的重要口岸。

近年来，广州港对标世界一流集装箱枢纽港，多举措推动集装箱发展上新台阶，巩固提升广州港国际集装箱枢纽能级。港口一直发挥内陆港铁路进港优势，搭建集装箱水路、公路、铁路联运平台，实现货物在港区内无缝转换运输方式，提升货物流通速度，开通广州地区至重庆、成都、长沙、贵阳等 18 个城市的铁路班列。同时，还推进商品车"海路+铁路"模式，开通了广州港—营口港—欧洲的海运铁路货运通道，启动中国外运（广东）"东盟—广东—欧洲"公铁海河多式联运示范工程项目，实现了"陆上丝路"与"海上丝路"的融合。

目前，粤港澳大湾区首个全自动化码头正在加快建设，建成后将进一步提升广州港集装箱集疏运能力和效率。同时，信息无纸化、电子化也在广州港大行其道，实现了"让数据多跑路，让客户少跑腿"。

6. 苏州港

货物吞吐量：56590 万吨；增速：2.1%。

苏州港地处长江入海口的咽喉地带，西起长山（张家港与江阴交界处），东至浏河口南（太仓与上海交界处）。东南紧邻上海，西南为经济发达的苏、锡、常地区。由原我国国家一类开放口岸张家港港、常熟港和太仓港"三港合一"组建成的新兴港口，原三个港口相应成为苏州港张家港港区、常熟港区和太仓港区。

2022 年是苏州港集团"抓创新、争一流"的攻坚突破之年，坚持在"稳字当头、稳中求进"的总基调中"化危寻机"，牢固树立"不进则退、慢进也是退"的攻坚意识，围绕"稳量增效、转型突破、破除惯性、底线思维"四个关键词，求新求变、革故鼎新，不断在改革创新中取得新成效、打造新优势。

7. 日照港

货物吞吐量：54117 万吨；增速：9.1%。

日照港位于山东省日照市，东临黄海、北与青岛港、南与连云港港毗邻，隔海与日本、韩国、朝鲜相望，是我国重点发展的沿海 20 个主枢纽港之一。1978 年，山东省人民政府为对日照港选港规划勘察，1982年，日照港正式开工建设；1986年，日照港开港运营。

日照港有58个生产性泊位，年通过能力超过3亿t，石臼、岚山两大港区。日照港拥有40t、25t、16t、10t各类门机38台，大马力内燃机车7台，进口氧化铝专用卸船机2台，轮胎起重机、挖掘机以及其他起重、运输等设备。

8. 天津港

货物吞吐量：52954万吨；增速：5.3%。

天津港始建于1860年，位于天津市滨海新区，地处渤海湾西端，背靠雄安新区，辐射东北、华北、西北等内陆腹地，连接东北亚与中西亚，是京津冀的海上门户，是中蒙俄经济走廊东部起点、新亚欧大陆桥重要节点、21世纪海上丝绸之路重要支点。

此外，天津港还是中国北方最大的综合性和重要的对外贸易口岸，该港是在淤泥质浅滩上挖海建港、吹填造陆建成的世界航道等级最高的人工深水港。

我国是全球产业链的重要中心节点，经济体量大，工业制造业发达，生产制造与居民生活总体平稳运行，相较国外港口，主要港口普遍有较高货物吞吐量水平。

全球海运主要港口分布见表7-1。

表7-1　全球海运主要港口分布

区域	航线	主要挂靠港
亚洲东部	日本航线	川崎、神户、名古屋、东京、横滨
	新加坡航线	新加坡港
	马来西亚航线	巴生、槟城
	沙捞月航线	吉普、米里
	沙巴、文莱航线	文莱、亚庇
	泰国航线	曼谷
	菲律宾航线	马尼拉
	印尼航线	雅加达
	韩国航线	釜山
	朝鲜航线	南浦
	俄罗斯航线	符拉迪沃斯托克
	越南航线	胡志明港
北美、中美、南美洲	北美西航线	温哥华、西雅图、旧金山、长滩
	北美东航线	蒙特利尔、纽约、休斯敦
	中美洲航线	哈瓦那、巴拿马城、科隆、太子港
	南美西航线	卡亚俄
	南美东航线	布宜洛斯艾利斯、里约热内卢
欧洲、地中海	欧洲、地中海航线	安特卫普、阿姆斯特丹、鹿特丹、汉堡、巴塞罗那、热那亚
大洋洲	澳大利亚航线	墨尔本、悉尼
	新西兰航线	奥克兰、利特尔顿
	新几内亚航线	莱城

（续）

区域	航线	主要挂靠港
印度洋沿岸、东西非	波斯湾航线	孟买、卡拉奇、迪拜、科威特港
	孟加拉湾航线	仰光、加尔各答
	红海航线	亚丁、阿萨布
	斯里兰卡	卡伦坡
	东非航线	桑给布尔、路易斯港
	西非航线	阿比让、杜阿拉

7.1.3　航线

根据经济和自然等因素，经过长期海上运输，世界上已形成许多适应各国和各地区经济特点和地理限制的航线。世界主要航线分类可按航行的海域划分，也可按货物流向划分。

1. 按航行的海域划分的主要航线

（1）太平洋航线。太平洋航线主要是指横跨北太平洋的航线和东亚、东南亚与大洋洲之间的运输航线。太平洋航线除承担太平洋沿岸附近地区的货物运输外，还连接北美大西洋沿岸、墨西哥湾沿岸各港及通往美国中西部的内陆联合运输，是目前世界上最繁忙的航线。

1）远东-北美西海岸航线。该航线包括从中国、朝鲜、韩国、日本和俄罗斯远东各海港到加拿大、美国、墨西哥等北美西海岸各港的贸易航线。从我国的沿海各港出发，偏南的航线经大隅海峡出东海；偏北的经对马海峡穿日本海，或者经清津海峡进入太平洋，或者经宗谷海峡穿过鄂霍茨克海进入北太平洋。该航线上中国、日本和美国、加拿大之间的货运量很大。

2）远东-巴拿马运河—加勒比、北美东海岸航线。该航线经夏威夷群岛的火奴鲁鲁（檀香山）港，船舶一般在此添加燃料和补给品，穿越巴拿马运河后到达各港。巴拿马运河位于南美洲的巴拿马共和国境内，是连接大西洋和太平洋的咽喉，全长 81.3km，可以通航 6 万 t 以下和宽度不超过 32m 的船只。从我国北方沿海港口出发的船舶，多半经大隅海峡或经琉球群岛奄美大岛驶出东海。该航线与上述远东-北美西海岸航线统称北太平洋航线。

3）远东-南美西海岸航线。该航线从我国北方沿海各港出发，多经琉球群岛奄美大岛、威克岛、夏威夷群岛之南的莱恩群岛附近，穿越赤道进入南太平洋，至南美西海岸各港。

4）远东-东南亚、印度洋航线。该航线是我国和东北亚国家去东南亚各港，以及经马六甲海峡去印度洋、大西洋沿岸各港的主要航线。该航线经东海、台湾海峡、巴士海峡、南海，是日本从南亚和中东进口石油的运输线，非常繁忙。

5）远东-澳大利亚、新西兰航线。远东至澳大利亚东、西海岸要分别经过两条航线。中国北方沿海港口及韩国、日本到澳大利亚东海岸和新西兰港口的船舶，需经琉球群岛的久米岛、加罗林群岛的雅浦岛进入所罗门海、珊瑚海。如果中国内地、澳大利亚之间的集装箱船需在中国香港加载或转船，则离开中国香港后经南海、苏拉威西海、班达海、阿拉弗拉海，然后穿过托雷斯海峡进入珊瑚海、塔斯曼海岸。中国和日本船舶去澳大利亚西海岸航线多半经菲律滨海、苏拉威西海、望加锡海峡及龙目海峡南下。

6）澳大利亚、新西兰-北美东、西海岸航线。由于澳大利亚资源丰富，可为经济发达的美国、加拿大和远东地区提供各种原材料，该航线货运量逐渐增加。由澳大利亚、新西兰至北美西海岸航线多半经过维提岛的苏瓦、夏威夷群岛的火奴鲁鲁港等太平洋上重要航站。由澳大利亚、新西兰至北美东海岸则要取道社会群岛中的帕皮提，通过巴拿马运河才能到达。

（2）大西洋航线。大西洋航线以美国东岸为中心，由北美东岸、五大湖—西北欧、地中海之间的航线组成，所经过的海域除了北大西洋和南大西洋外，还包括了地中海、黑海、波罗的海等海域。大西洋是世界上海运量最大的海洋，其航运最发达，并且港口众多，货物吞吐量和周转量分别占世界的60%和65%左右，居世界海上运输的首位。其中，北大西洋航线沟通了经济发达的西欧与北美，通过一些河道还深入许多发达国家的经济腹地，运输量巨大。

1）西北欧-北美东海岸航线。该航线是西欧、北美两个世界最发达地区之间的原料、燃料和产品交换的运输线，两岸拥有世界2/5的重要港口，运输极为繁忙，船舶大多走偏北的大圆航线。该航区冬季风浪大，并且有浓雾和冰山，对航行安全有威胁。

2）西北欧、北美东海岸-北美西海岸（加勒比海）航线。西北欧-加勒比航线多半驶出英吉利海峡后横渡北大西洋。它同北美东海岸各港出发的船舶一起，一般都经莫纳海峡或向风海峡进入加勒比海，到达加勒比海沿岸港口。除了去加勒比海沿岸各港外，还可经巴拿马运河到达北美西海岸及美洲太平洋沿岸港口。

3）西北欧、北美东海岸-地中海-苏伊士运河-亚太航线。该航线又称苏伊士运河航线，是欧洲通往亚洲的海上交通捷径，比绕道南非好望角节省8000~15 000km航程，是北美、西北欧对中东和亚太地区间贸易运输的重要航线。该航线向西主要运送工业原料、粮食等，从波斯湾向西欧运送石油。该航线向东主要运送工业制品。日本80%的进口石油也是通过此航线运输的。

4）西北欧、地中海-南美东海岸航线。该航线一般经西非大西洋岛屿——加那利、佛得角群岛。

5）西北欧、北美东海-好望角-远东航线。由于苏伊士运河航道限制，从波斯湾到西欧和北美的25万t以上特大型油轮只能穿过印度洋，绕道好望角航行。该航线主要承担通向西欧和美国的石油运输，是巨型油轮的航线。

6）南美东海岸-好望角-远东航线。这是一条以石油、矿石为主的运输线。南美东海岸国家进口海湾国家石油，远东国家进口巴西矿石，都主要通过这条航线。中国至南美东海岸的石油和矿石运输也走该航线。

（3）印度洋航线。印度洋航线主要是指横贯印度洋东西的大洋航线和通达波斯湾沿岸产油国的航线。该航线以石油运输线为主，包括三条重要的油运线，此外也有不少是大宗货物的跨洋运输线，过往的船舶众多，在世界航运中起着"海上走廊"的作用。横贯印度洋东西的航线包括从亚太地区及大洋洲横越印度洋西行的航线和从欧洲、非洲横越印度洋东行的航线，基本上是沟通三大洋的航线。在这组航线上，东端的马六甲海峡和西端的苏伊士运河是两个枢纽地点。波斯湾输油航线一面西行（经苏伊士运河或好望角）至欧洲和美国，另一面东行（经马六甲海峡或龙目海峡）至亚太地区。

1）波斯湾-好望角-西欧、北美航线。该航线主要航行超级油轮，是世界上最主要的海上石油运输线。

2）波斯湾-东南亚-日本航线。该航线上，载重吨 20 万 t 以下的船舶可向东航行，经马六甲海峡至日本，载重吨 20 万 t 以上的船舶则需通过龙目海峡、望加锡海峡驶向日本。

3）波斯湾-苏伊士运河-地中海-西欧、北美运输线。该航线可通行载重吨 25 万 t 以下的大型油轮。

2. 按货物流向划分的主要航线

当前，国际航运的货物主要是集装箱货物和大宗货物，其中大宗货物主要是指石油、煤炭、铁矿石、铝土矿、磷灰石和谷物。国际航运承担着世界贸易总量 80% 的运输任务，其中大部分是大宗货物运输，约占国际航运总量的 80%。按货物流向划分，世界主要航线有集装箱航线、石油航线、铁矿石航线、谷物航线、煤炭航线、铝土矿航线和磷灰石航线。

（1）集装箱航线。世界集装箱运输的主要区域是北美、西欧、远东（包括东南亚）和澳大利亚，这些地区经济发达程度高，适箱货物丰富，连接这四个贸易区的航线的集装箱货运量很大。目前，国际班轮航线的集装箱运输就是以这些地区的航线为中心发展起来的，其中规模最大的号称世界集装箱三大主干航线的是：亚洲（远东）-北美北太平洋航线；北美-欧洲、地中海北大西洋航线；欧洲、地中海-亚洲（远东）印度洋航线。

世界主要集装箱货物航线有：①远东-北美东、西岸航线；②北美-欧洲、地中海航线；③欧洲、地中海-远东航线；④远东-澳大利亚航线；⑤澳大利亚、新西兰-北美航线；⑥欧洲、地中海-西非、南非航线。

（2）石油航线。海上石油运输在整个国际航运中占有很重要的地位，全世界石油年运量达十几亿吨。世界上主要的原油产地集中于中东海湾地区、北非地区、西非地区、北海地区、西伯利亚-中亚地区、我国及周边地区、马来地区、南美加勒比地区及北美地区。需要进口原油的国家和地区主要集中于西北欧及美国、日本。随着经济的发展，我国也将成为世界主要石油进口国家。因此，形成了世界上四条主要油运航线。

1）波斯湾-西欧、北美航线。该航线是西欧、北美石油消费区的主要供油航线。该航线通常使用超级油船运输；并且由于水深限制，自波斯湾起航后，超级油船都经莫桑比克海峡，再绕道好望角航行。

2）波斯湾-日本航线。该航线是日本的主要供油航线。使用 VLCC（Very Large CrudeOil Carrier，巨型原油船）运输时，需绕道龙目海峡和望加锡海峡。如果使用 20 万 t 级以内的油船运输则可经过马六甲海峡运抵日本，航程较前者短。

3）波斯湾-西欧航线。该航线是主要为西欧供油的航线，部分原油也运往北美，与上述的波斯湾-西欧、北美航线的主要区别是，经苏伊士运河和地中海，穿直布罗陀海峡抵达西欧和北美，不绕道好望角，采用 25 万 t 级以内的油船运输。

4）墨西哥-日本航线。该航线是日本的另一条主要供油航线。从墨西哥到日本，一是经巴拿马运河，穿越太平洋抵达日本，由于油船尺度受巴拿马运河尺度限制，油船载重吨通常在 6 万 t 以下；二是从墨西哥的西海岸起航，沿北太平洋抵日本。

（3）铁矿石航线。铁矿石海上运输仅次于石油运输。铁矿石的主要出口国是澳大利亚、巴西、加拿大、委内瑞拉、印度、瑞典和利比里亚，其中澳大利亚和巴西是两大铁矿石输出国，年出口量都超过 1 亿 t。铁矿石的主要进口国是日本、中国、德国、美国、英国等。

（4）谷物航线。谷物运输主要是指小麦、玉米、大麦、大豆等的运输。美国、加拿大、澳大利亚、阿根廷是世界主要的谷物输出国，谷物进口国主要有日本、中国、南亚和西亚各国、欧洲等。

（5）煤炭航线。煤炭的主要输出国有美国、澳大利亚、波兰、加拿大、俄罗斯和中国，进口国有日本、意大利、法国、荷兰、比利时、卢森堡及北欧诸国等。

（6）铝土矿航线。铝土矿主要分布在西非的几内亚湾沿岸，拉丁美洲的巴西、牙买加、苏里南和圭亚那，还有澳大利亚和印度尼西亚。澳大利亚是主要的出口国，其次是牙买加和苏里南。美国、日本、俄罗斯和德国为主要进口国。

（7）磷灰石航线。生产磷灰石的三大国家是美国、摩洛哥和俄罗斯，其中摩洛哥是最大的磷酸盐出口国。磷灰石和磷酸盐主要从摩洛哥和美国运往欧洲各国。

7.1.4 著名航运公司

1. 我国著名航运公司

（1）中国远洋海运集团总公司。中国远洋海运集团总公司（简称中国远洋海运集团）于 2016 年 2 月 18 日在上海正式成立，由中国远洋运输（集团）总公司与中国海运（集团）总公司重组而成，总部设在上海，是国资委直接管理涉及国计民生和国民经济命脉的特大型中央企业。

截至 2022 年，中国远洋海运集团经营船队综合运力 11347 万载重吨，排名世界第一。其中，集装箱船队规模 303 万 TEU，居世界前列；干散货船队运力 4475 万载重吨，油、气船队运力 2929 万载重吨，杂货特种船队运力 556 万载重吨，均居世界第一。

中国远洋海运集团完善的全球化服务筑就了网络服务优势与品牌优势。航运、码头、物流、航运金融、修造船等上下游产业链形成了较为完整的产业结构体系。集团在全球投资码头 57 个，集装箱码头 50 个，集装箱码头年吞吐能力 1.32 亿 TEU，居世界第一。全球船舶燃料销量超过 2830 万吨，居世界第一。集装箱租赁业务保有量规模达 391 万 TEU，居世界第三。海洋工程装备制造接单规模以及船舶代理业务也稳居世界前列。

（2）中远集装箱运输有限公司。中远集装箱运输有限公司是中国远洋海运集团所属专门从事海上集装箱运输的核心企业，总部设在上海，共有 27 个部门。集装箱运输业务遍及全球，在全球拥有 400 多个代理及分支机构。在中国本土，拥有货运机构近 300 个。在境外，网点遍及五大洲，做到了全方位、全天候"无障碍"服务。

截至 2023 年，中远集装箱运输有限公司自营 367 艘集装箱船舶，运力规模为 2081530TEU（中远海运集运及中远海控控股子公司东方海外，即"双品牌"船队自营 478 艘集装箱船舶，运力规模为 2928499TEU，船队总规模居于行业领先）。公司共经营 397 条航线，其中包括 260 条国际航线（含国际支线）、53 条中国沿海航线及 84 条珠江三角洲和长江支线。公司自营船队在全球 142 个国家和地区的 580 个港口均有挂靠。

中远集装箱运输有限公司依托自身全球化经营、一体化服务的集装箱运输网络，围绕"客户至上、价值领先、世界一流的集装箱生态体系综合服务商"愿景目标，保障产业链供应链的稳定畅通，积极构建全球化、数字化的集装箱供应链服务体系，为全球客户和上下游合作伙伴创造更高价值。

2. 国外著名航运公司

全球十大班轮公司排名见表 7-2。

表 7-2　全球十大班轮公司排名表（截至 2023 年 5 月）

排名	公司	TEU 总计（只）	船舶数量（艘）
1	地中海航运	5052394	748
2	马士基航运	4127158	689
3	达飞轮船	3486452	615
4	中远海运集团	2936985	465
5	赫伯罗特	1809645	247
6	长荣海运	1656550	212
7	海洋网联船务（ONE）	1599427	205
8	现代商船	809867	73
9	阳明海运	705614	93
10	以星航运	595037	140

7.2　国际航运船舶经营方式

国际航运是随着国际贸易的发展而发展起来的，国际航运船舶的营运方式必须适应国际货物贸易对运输的需求。例如，出口几百台电视机和出口几万吨玉米的货主对运输的需求显然是不同的。前者货物仅能装满几个集装箱，装到船上也仅占用部分舱位，并且通常要求尽快运出。出于经济考虑，这样的货主不可能要求专船服务。对于后者，选择适当吨位的船舶，货物可以装满整条船，因而整条船可以按照货主要求只为一个货主服务。

为了适应不同货物和不同贸易合同对运输的不同需求，同时也能使船舶公司合理利用船舶运力，获得更好的经济效益，当前国际航运中，船舶的营运方式主要有两种：班轮运输和租船运输。

7.2.1　班轮运输

1. 班轮运输的概念

班轮运输（Liner Transport）又称定期船运输，是指船舶按事先制订的船期表（时间表），在特定的航线上，以既定的挂靠港顺序，经常地从事航线上各港口之间的货物运输，并且按事先公布的费率收取运费。

定期班轮严格按照预先公布的船期表运行，不管货物是否装满船，离港和到港的时间不变。

2. 班轮运输的特点

（1）定期、定港、定航线、低费率。班轮公司通常都在其固定的航线上行驶，排好定期开航和中途固定停靠港口的到、开时间，并且将船期表登载于媒体上，或者分送给各主要托运人。只要托运人按船期表规定的时间备货和托运，对于航线上固定的始发港、中途停靠港及终到港，则不论发、到货物的种类如何、数量多少，班轮公司均可接受或交付，这极大方便了买卖双方。运输费用则是根据班轮公司事先制定的运价表向货主计收，以利于货方核算货物成本。

（2）不规定装卸时间。在班轮运输中，载货船舶在航线上始发港、终到港及中途停靠港的装卸作业是由船方在船期表规定的船舶到、离港期间内负责安排的，承托双方不必另行规定货物的装卸时间。

3. 班轮运输对国际贸易的作用

（1）特别有利于一般杂货和小额贸易货物运输。在国际贸易中，除大宗商品利用租船运输外，经常有零星成交、批次多、到港分散的货物。因为班轮船舶在固定的航线上有规则地从事运输，即使是小批量货物，货主也能随时向班轮公司托运，而不需要将货物积攒成大批量时再交付运输。这样，货主能节省货物集中等待的时间和仓储费用。

（2）班轮运输有"四固定"特点，并且对社会公布，为买卖双方洽谈运输条件提供必要依据，使买卖双方有可能事先根据班轮船期表，商定交货期、装运期及装运港口，保证货物按时上市。另外，根据班轮费率表事先核算运费和附加费用，从而能比较准确地进行比价和核算货物价格，决定贸易是否成交。

（3）用于班轮运输的船舶，技术性能较好，设备较齐全，船员的技术业务水平高，能满足各种货物对运输的要求。此外，在班轮挂靠的港口，班轮公司一般都有自己专用的码头、仓库和装卸设备，有良好的管理制度，所以货运质量较有保证。

7.2.2 租船运输

1. 租船运输的概念

租船运输（Shipping by Chartering）是为了适应国际贸易的需要而发展起来的。19世纪中叶后，随着国际贸易的迅速发展，船舶需要量急剧增加，进出口商人和实力较弱的承运人无意投资于造船来满足运输的需要，于是租船运输业便得到了发展。20世纪初，世界石油大量开采和运输又为租船运输业的进一步发展提供了契机。租船运输发展至今，虽然就所载运的货物价值而言仅占世界海运货价总值的一小部分，但就世界海运货运量而言，通过租船载运的货吨却占了大部分，租船运输已成为海洋运输中一种不可替代的船舶经营方式。

租船运输又称不定期船运输，是指船舶根据船舶所有人与需要船舶运输的租船人双方事先签订的租船合同（Charter Party）安排营运，即根据租船合同，船舶所有人将船舶出租给租船人使用，以完成约定的货运任务，并且按约定收取运费或租金。

通常货主租用整船来运输自己的货物。租船营运方式与班轮运输不同，船舶的航线、运输的货物及装货港、卸货港或中途停靠的港口都是根据货主的要求而定。

2. 租船方式

根据承租人营运需要的不同，市面上有不同的租船方式，其中最主要的是航次租船和定期租船。随着国际经济和海上运输的发展变化，又出现包运租船和光船租船等不同的租船方式。

（1）航次租船。航次租船又称程租，是以航次为基础的租船方式。航次是指从装货开始至卸货为止一次完整的运输过程。在这种租船方式下，船方必须按租船合同规定的航次完成货物运输任务，并且负责船舶的经营管理及船舶在航行中的一切费用开支，而租船人只负责提供货物，并按约定支付运费。

航次租船可以在指定的港口之间进行一个航次或数个航次货物运输，由租船双方根据需要商定。如果签订一份租船合同时，规定船舶被租用数个航次，则称为连续航次租船。

（2）定期租船。定期租船简称期租，由船方提供一艘特定的船舶给租船人使用一定时期，在规定的期限内由租船人自行调度和经营管理。租金按月（或30天）、按船舶载重吨计算。

（3）包运租船。包运租船是指船方提供给租船人一定的运力（若干条船）船舶，在确定的港口之间和约定的时间内，完成合同规定的总货运量。租船人支付的运费根据双方商定的运费率和完成的总运量计算。包运租船主要承运大批量干散货（如谷物）或液体散货（如石油）。

（4）光船租船。光船租船在某些方面与定期租船相似，也是船方将一艘特定的船舶提供给租船人使用一个时期的租船，不同的是，船方所提供的船舶只是一艘"光船"——没有配备船员的空船。承租人接受了这艘船舶后还要为船舶配备船员才能使用，并且船员的工资和生活、船舶的营运管理及一切费用都由租船人负责。由于雇用和管理船员工作繁重复杂，租船人对这种方式也就缺乏兴趣。因此，目前光船租船方式在租船市场上较少采用。

3. 租船运输的特点

与班轮运输相比较，租船运输主要有下述基本特点：

（1）不定航线、不定船期、不定装卸港口、不定费率。租船运输中船舶的航线、航行时间、货载种类和装卸港口等是船方根据租船人的不同需要并结合租船市场上的各种因素而确定的。由于其航次和航线取决于租船市场上揽到的业务，因此船舶的配备比班轮运输更为复杂。经营租船运输需要丰富的管理经验，对船舶进行妥善、合理的安排，使前、后租船合同的航次在时间和空间上紧密衔接，避免闲置船只或空放航次，导致经济效益低。此外，租船运输不像班轮运输那样有固定的运价表，其租金率或运费率是由合同双方在每一笔租船交易洽商时，根据租船市场的行情决定的。费率标准主要受船货供求关系的影响。因此，合同双方在洽谈费率时，可以租船市场的近期行情为基础，并结合自己的谈判地位及当时当地具体的供求情况讨价还价，以达成双方均能接受的租金率或运费率。

（2）适合大宗货物运输。大宗货物的运输量较大，一般需要用整艘甚至多艘船舶进行运输。另外，大宗货物本身价值较低，对运输费用的承受能力也相对较低，而班轮运输无法提供足够、适宜的舱位，也不可能以过低的运费来承运大宗货物。为了适应大宗货物运输的需求，各种专用船舶和多用船舶相继建成，并投入租船市场，同时船舶吨位也不断提高，通过规模经营降低了运输成本。目前，世界干货和石油的海运量中租船运输所占的比重均超过50%。由此可见，租船运输在大宗货物运输中起着十分重要的作用。

（3）通过租船经纪人洽谈成交租船业务。租船运输与班轮运输的又一区别是：班轮运输中是由船务代理和货运代理为承运人和托运人促成运输合同的；而租船运输中一般是由船东和租船人分别委托船东经纪人和租船代理人洽谈租船业务的。租船经纪人以佣金作为劳务报酬，他们依靠广博的专业知识、丰富的实务经验及广泛的业务联系渠道，在偌大的航运市场上为船东觅揽合适的货源或为租船人提供合适的船舶。

（4）租船合同条款由合同双方自由商订。在租船市场上，船、货的供求关系存在于世界范围之内，无人能垄断和控制世界船舶和货源的供应。从总体上看，合同双方无论就专业知识还是议价实力而言，都处于同等地位，因此，没有必要像班轮运输那样，通过制定国际公约或订立国内法强制规定双方的责任与义务。租船合同的签订具有法律上认可的订约自由，换言之，合同双方完全可以凭借其谈判实力，在租船合同中订入保护自己利益的条款。

7.3 班轮货运程序

班轮运输为众多货主服务，承运他们托运的货物，每个货主的货物量都不太大，班轮船舶挂靠港口多，装卸作业频繁，出现货损和货差的可能性较大，为了使货物在装卸、运输的过程中能顺利交接和不出差错，班轮运输经过长期国际航运实践，逐渐形成了一套与这种营运方式相适应的货运程序。

货物运输中会伴随大量的信息流动，其中包括商务和货运方面的信息，在传统班轮业务中各种纸质货运单证就是这类信息的载体。班轮运输从办理货物托运手续开始，到货物装船、卸货，直至货物交付的整个过程，都需要编制各种单证。这些单证在货方（托运人和收货人）与船方之间流转，作为货物交接的证明，也是货方、港方、船方等有关单位作业的凭证，又是划分货方、港方、船方责任的必要依据。

因此，在了解班轮货运程序的同时，也应关注各环节作业的单证。下面简要介绍班轮货运作业程序及主要单证在装货港与卸货港之间流转的过程。

7.3.1 班轮货运流程

1）托运人向班轮公司提出货物装运申请——订舱，递交托运单。

2）班轮公司同意承运后，签发装货单，指定船名和航次，并要求托运人在指定时间内将货物送至指定的码头仓库。

3）托运人持装货单向海关办理货物出口报关、验货放行手续。

4）货物经过检验及检量后，托运人将货物送至指定的码头仓库准备装船。

5）班轮公司将订舱信息告知船舶及装卸公司。

6）货物装船后，大副签发收货单——大副收据。

7）托运人持收货单到班轮公司付清运费（预付运费情况下），换取已装船提单正本。

8）托运人持提单及有关单证到议付银行结汇，取得货款，议付银行将提单及有关单证邮寄开证银行。

9）收货人到开证银行付清货款取回提单。

10）收货人向海关办理货物进口手续，支付进口关税。

11）收货人持提单正本到班轮公司在卸货港的代理人处办理提货手续，付清应付的费用后，换取代理人签发的提货单。

12）收货人持提货单到码头仓库或船边提取货物。

为了更好地为货主服务，班轮公司都将自己经营的班轮航线、船舶挂靠的港口及船期等通过媒体向社会公布。当前各航运公司大都建立了计算机网站，通过访问网站能够方便、及时地了解各公司班轮动态。许多航运公司已开展网上订舱、单证制作、信息查询业务，使客户足不出户便可办理货物出口的多种业务手续，并且客户能在网上对货物实行动态跟踪，随时查询单证流转、海关申报状况、进出口及中转货物的走向等相关信息，从而使全球用户均可直接在网上与公司开展商务活动。

7.3.2　单证作业现代化

从班轮货运业务可以看出，国际航运业务中要处理种类繁多的各种单证，这些单证不但在承运人与托运人之间传递，而且要在贸易、保险、银行和海关等许多机构中传递、交接，手续非常繁杂。传统单证作业均为手工操作，人工填写数据，重复工作多，速度慢，修改不便，并且容易出错。随着计算机和网络技术的发展，这种以纸质单证为基础的手工作业，逐渐被现代化的商务手段——电子数据交换所代替。

电子数据交换（Electronic Data Interchange，EDI）通过电子方式，采用标准化的格式，使用专用密码进行信息交换，告知贸易各相关方货物支配权转移的情况。采用 EDI 系统，贸易、运输、保险、银行和海关之间的大量数据能够通过计算机网络进行交换和处理，报关、装运通知、货物进出口等大部分业务可在计算机上完成，不需要借助纸质单证。因而 EDI 可简化班轮公司、港口和海关等之间的单证流转手续，加速信息流动，节约纸张费用，减少差错，提高国际航运全过程的效率。

7.4　提单

前面已经提到，货物装船后托运人从班轮公司那里得到提单，可以持提单到银行结汇，在卸货港，收货人用提单向班轮公司代理人换取提货单，再凭提货单提取货物。提单（Bill of Loading，B/L）是国际海上货物运输，尤其是国际班轮运输中一种最重要的单证，因此这里要特别对提单做简要介绍。

7.4.1　提单的功能

1. 提单是货物运输合同的证明

提单是承运人与托运人之间原已存在海上货物运输合同的证明。在承运人签发提单前，托运人与承运人之间就货物的名称、数量及运费等达成的协议，就是货物运输合同，它包括托运单、运价表、船期表和托运人应了解的承运人的各种习惯做法等。承运人签发提单只是履行合同的一个环节，提单并不会因此而成为货物运输合同。在托运人和承运人之间，如果提单上的条款和规定与原货物运输合同有抵触，应以原货物运输合同为准。

但是，如果承运人与托运人之间事先并无相关的约定，并且托运人未对提单上的条款和规定提出异议，则提单上的条款和规定便成为承运人与托运人之间达成的货物运输合同的内容，对承托双方均有约束力。此外，当提单被转让给包括收货人在内的第三方后，提单上的条款和规定对承运人和第三方同样具有约束力。

2. 提单是货物收据

提单是承运人接收货物或将货物装船后向托运人出具的货物收据。提单作为货物收据，对承托双方具有初步证据效力。这种证据效力是相对的，如果实际证实承运人确实未收到货物或所收到的货物与提单记载不符，仍可否定提单的证据效力。但是当提单已转让给包括收货人在内的第三方时，提单在承运人和第三方之间就具有最终证据效力，即使承运人能举证确实未收到货物或所收到的货物与提单记载不符，承运人也必须对其与事实不符的记载负责。

3. 提单是物权凭证

提单是货物所有权的凭证，是票证化了的货物。一定情况下，谁拥有提单，谁就拥有该提单所载货物的所有权，并享有物主应享有的一切权利。

物权凭证的属性大大增强了提单的效用，使得国际市场上货物的转卖更为方便。只要在载货船舶到达目的港交货之前直接转让提单，货物所有权就可随即转让。当提单被转让后，承运人与包括收货人在内的提单受让人之间的权利、义务将按提单规定而确定。在发生货损货差时，收货人可以直接依靠提单对承运人行诉，而不需经过该提单签订者——托运人的授权。

7.4.2 提单分类

提单种类很多，可以从不同角度进行分类。

1. 按货物是否已装船划分

提单按货物是否已装船划分可分为已装船提单和收货待运提单。

货物已装船后，由承运人或其代理人签发的写明装运船船名和装船日期的提单，称为已装船提单（On Board B/L）。如果承运人签发了已装船提单，就是确认他已将货物装在船上。这种提单除载明一般事项外，通常还必须注明装载货物的船舶名称和装船日期，即提单项下货物的装船日期。由于已装船提单对于收货人及时收到货物有保障，所以在国际货物买卖合同中一般都要求卖方提供已装船提单。

收货待运提单（Received for Shipment B/L），是指承运人已接收提单载明的全部货物，但尚未装船时所签发的提单。因此，提单上没有装船日期，甚至连船名都没有，在集装箱运输方式下，根据不同的运输条款，承运人在托运人仓库或集装箱货运站或集装箱码头堆场接收货物后，即签发场站收据，托运人或其代理人凭以向船代换取提单，这种提单就是收货待运提单。由于签发收货待运提单时，货物尚未装船，无法估计货物到卸港的具体日期，因此买方往往不愿意接受收货待运提单。正规的做法是，待货物装船后，凭收货待运提单换取已装船提单，或者由承运人在收货待运提单上加注船名和装船日期，并签字盖章使之成为已装船提单。但实务中，通常是在货物装船后，直接凭场站收据换取已装船提单。

2. 按对货物外表状况是否有不良批注划分

提单按对货物外表状况是否有不良批注划分可分为清洁提单和不清洁提单。

清洁提单（Clean B/L）是指未被承运人加注或即使加注也不影响结汇的提单。如果货物在装船时或被承运人接收时表面状况良好，不短少，承运人则在其出具的大副收据或场站收据上不加任何不良批注，从而使据此签发的提单为清洁提单。银行在办理结汇时，都规定必须提交清洁提单。

如果承运人在提单上加注有关货物和包装不良或存在缺陷等批注，这种提单就是不清洁提单（Foul B/L）。由于不清洁提单不能用于结汇，通常货物装船时表面状况不良，托运人仍会要求承运人签发清洁的已装船提单，以便能与其他文件一并送交银行办理结汇。此时，承运人若应允托运人的请求签发了清洁提单，就等于默认了所收到的货物完好无缺。

使用清洁提单在国际贸易实践中非常重要，买方要想收到完好无损的货物，必须要求卖方在装船时保持货物外观良好，并且要求卖方提供清洁提单。

3. 按提单收货人划分

提单按提单收货人划分可分为记名提单、不记名提单和指示提单。

在提单"收货人"一栏中具体写明收货人名称的提单，称为记名提单（Straight B/L）。记名提单的货物不能转让，只能由提单上指定的收货人提取。如果承运人将货物交给提单指定以外的人员，那么即使该人占有提单，承运人也应负责。使用这种提单可以避免在转让过程中可能带来的风险，但同时代表货物也失去了可转让流通的便利。由于记名提单的流通受到限制，给贸易商带来很大不便，在国际贸易中使用较少，一般仅在运输贵重货物、展品和外援物资时采用。

在提单"收货人"一栏只填写提单持有人或不填任何具体收货人的提单，称为不记名提单（Open B/L）。这种提单极为简便，不需要任何背书手续即可转让或提取货物。承运人交付货物只凭单，不凭人。但是，这种提单极不安全。如果提单被窃或遗失后再被转让给第三方，就会引起纠纷，因此现在很少使用这种提单。

在提单"收货人"一栏中只填写"凭指示"或"凭××指示"的提单，称为指示提单（Order B/L）。指示人可以是托运人和收货人，也可以是银行。指示提单是一种可以流通的有价证券，提单持有人可以通过背书方式将它转让给第三方，而不必取得提单签发人（承运人）的许可。买方愿意接受这种提单，银行也愿意以这种提单作为议付货款的单证。在国际贸易中，指示提单既可以流通，又比较安全，是使用最普遍的一种提单。

4. 按收费方式划分

提单按收费方式划分可分为运费预付提单和运费到付提单。

运费预付提单（Freight Prepaid B/L）是指托运人在装港付讫运费的情况下承运人所签发的提单。以 CIF、CFR 贸易条件成交的货物，由卖方租船或订舱，并且承担相应的运输费用，因此其运费是预付的。这种提单正面需载明"FREIGHT PREPAID"（运费预付）的字样。

运费到付提单（Freight Collect B/L）是指货物到达目的港后支付运费的提单。这种提单正面需载明"FREIGHT COLLECT"（运费到付）的字样，以明确收货人具有支付运费的义务。以 FOB 贸易条件成交的货物，通常由买方租船或订舱，并且承担相应的运输费用，因此，其运费为到付的。

5. 按运输方式划分

提单按运输方式划分可分为直达提单、转船提单和多式联运提单。

货物从装船港装船后，中途不经过换船直接运达卸货港卸货，这种货物的提单称为直达提单（Direct B/L）。使用直达提单，货物由同一船舶直运目的港，对买方来说比中途转船有利得多，它既可以节省费用，减少风险，又可以节省时间，及早到货。凡信用证规定不准转船者，必须使用这种直达提单。

货物在装船港装船后，需要在中途港换船转运到目的港卸货，这时承运人签发的提单称为转船提单（Transhipment B/L）。由于货物中途转船，增加了转船费用和风险，并且影响到货时间，故一般信用证内均规定不允许转船，但若买方所在处的港口直达船少或没有直达船，也只好同意转船。

集装箱货物为了实现"门到门"运输，需要经过船舶、火车、汽车和飞机等不同运输工具联运，才能完成。以这种方式运输的货物所签发的提单称为多式联运提单（Multimodal Transport B/L）。多式联运提单通常由承担海运的班轮公司签发，一个承运人负责全程运输，负责将货物从接收地运至目的地交付收货人，并收取全程运费。提单内的项目不但包括起运港和目的港，而且列明一程、二程等运输路线，以及收货地和交货地。

6. 按签发提单的时间划分

提单按签发时间划分可分为倒签提单和预借提单。

应托运人的要求，承运人在货物装船后，以早于该货物实际装船日期作为签发提单日期的提单，称为倒签提单（Backdated B/L）。在国际贸易中，当货物实际装船日期晚于信用证规定的装船日期时，若仍按实际装船日期签发提单，托运人就无法结汇。为了使签发提单的日期与信用证规定的装运日期相符，以利结汇，托运人往往要求承运人签发倒签提单。

货物尚未装船，或者货物已开始装船，但尚未装完毕，因信用证有效期即将到期，托运人为了及时结汇而要求承运人提前签发已装船清洁提单，即托运人从承运人那里借用的已装船清洁提单，这种提单称为预借提单（Advanced B/L）。

从法律上讲，无论出自何种原因，伪造装船时间都是违反运输合同的，有可能构成对收货人的欺诈，经常引起航运纠纷。

7. 按船舶的经营方式划分

提单按船舶的经营方式划分可分为班轮提单和租船提单。

班轮提单（Liner B/L）是指经营班轮运输的船公司或其代理人签发的提单。这种提单除正面项目和条款外，背面还列有关于承运人与托运人的权利和义务等运输条款。

租船提单（Charter Party B/L）是指根据租船合同签发的一种提单。这种提单在船方与承租人之间不具有约束力，船方与承租人之间的权利、义务仍依据租船合同确定。但是，当此提单转让给船方和承租人以外的第三方后，提单签发者——船方与第三方之间的权利、义务将依据提单而确定。此时，船方同时受租船合同和其所签发的提单的约束。如果船方根据提单对第三方提单持有人所承担的责任超过其根据租船合同所应承担的责任，则船方可就其额外承担的责任向承租人追偿。船方与承租人之间的权利、义务关系不会因为船方签发租船提单而改变。

船方为了避免其所签发的租船提单的责任大于租船合同的责任，以及就额外承担的责任向承租人追偿的麻烦，通常在租船提单中载明"租船合同中所有条款、条件和免责事项，均适用于本提单，并被视为并入本提单"等类似的字样，将租船合同条款并入租船提单内，使租船提单受租船合同的约束，进而约束受让提单的第三方。

7.4.3 提单内容

提单是国际航运，也是国际贸易中最重要的单证之一，各大航运公司都制定自己的提单格式。尽管各公司提单格式有所差别，但都普遍符合有关国际规则，提单内容大体相似，都分为正面内容和背面条款两部分。

1. 正面内容

通常，提单的正面记载了有关货物和货物运输的事项，这些事项大部分是有关提单的国内法规或国际公约规定的、作为运输合同必须记载的事项，以使提单具有证据效力。提单正面内容需要托运人和承运人填写。

1）托运人填写的内容包括：托运人和收货人名称，货物的名称、标志、件数、重量或体积等。

2）承运人填写的内容包括：船名，装货港和卸货港，提单的签发日期和地点，对货物表面状况的批注，承运人或其代表的签字。

有些提单还在正面以印刷条款的形式，列出承运人的免责和托运人做出的承诺，如"托运人、收货人和本提单持有人接受并同意本提单包括其背面所记载的一切印刷、书写或盖印标注的规定、免责事项和条件"。

2. 背面条款

提单的背面印有各种条款，主要规定了承运人与货方之间承运货物的权利、义务、责任与免责。这些条款是解决他们之间争议的依据。

1）定义条款对所使用的关键词加以定义，如货方包括托运人、受货人、发货人、收货人、提单持有人和货物所有人。

2）管辖权条款规定发生争议时依据哪一国家法律解决，在哪个法院仲裁。

3）承运人的责任条款规定承运人所承担的责任和免责事项。目前，大多航运公司有关承运人的义务、赔偿责任、权利及免责都适用于《海牙规则》。

7.4.4　电子提单

1. 电子提单的概念

随着 EDI 技术应用于国际物流领域，提单当事人可以通过电子计算机办理订舱、签发提单、转让提单等航运业务。电子提单是指承运人与托运人通过 EDI 系统传送有关海上货物运输合同数据的提单。与传统提单不同，电子提单不再是一种纸质单证，其缮制、修改、签发、转让和储存的全部过程都在计算机内部进行，具有快速传递、降低单证处理成本、减少潜在错误等优点。

2. 电子提单涉及的法律与技术问题

EDI 的应用使得贸易手段发生了质的变化，它使信息传递数据化、规范化、网络化、迅速化，开创了无纸贸易的新时代，但同时也带来了法律上和技术上的新问题。

电子提单应具有纸质提单相同的功能，即货物收据、运输合同的证明和物权凭证。

传统的纸质提单包含一般合同应具备的基本条款，而 EDI 标准格式的使用不允许通常印刷在传统提单背面的合同条款的交换，而且一份提单背面所列内容多达几十条，如果上述内容全部写入电子提单，势必造成传输成本过高、程序繁杂，违背 EDI 方便、快捷的初衷，因此，电子提单没有背面条款。但这并不会影响电子提单作为运输合同的证明，因为背面条款不是证明合同条款的唯一途径。对于需在提单背面列明的其他合同条款或条件，可以在贸易伙伴之间达成的通信协议中列入标准条款，而电子提单仅注明船名、承运人、托运人、收货人、货物名称、数量、卸货港等关键性内容，同时注明适用通信协议中的标准条款，以使标准条款并入该电子提单。

7.4.5 有关提单的国际公约

提单是各个航运公司自行制定的具有法律效力的单证，但它涉及船货双方、银行和保险公司等多方面利益。由于提单的利害关系人常属于不同国籍，提单签发地和提货港也常在不同国家，一旦出现争议或涉及诉讼，就会产生提单的法律效力和适用哪一国家的法规问题。如果各航运公司的提单中对权利和义务的规定差异较大，必然在国际贸易和航运中引起纷争。因此，航运公司、货主和保险公司都希望制定国际公约，确立一个共同的行为准则，统一各国提单法规。

1. 有关提单的三个国际公约

当前有关提单的国际公约有三个，它们的简称分别是《海牙规则》《维斯比规则》和《汉堡规则》。

《海牙规则》主要做了如下六条规定：

1）规定了承运人提供适航船舶的义务：承运人有义务在开航前和开航时谨慎处理，以便使船舶适航；妥善地配备船员、装备船舶和配备供应品；使货舱、冷藏舱、冷气舱和该船其他载货处所适于并能安全收受、载运和保管货物。

2）承运人应适当而谨慎地装载、操作、积载、保管、照料和卸下所运货物。

3）规定了17项承运人的免责事项，同时，又规定承运人只有履行了适航义务才能享受免责权利。当船舶因不适航而引起货物损害或灭失时，承运人欲享受免责权利，就必须对其谨慎处理、履行适航义务负举证责任。

4）承运人的赔偿责任限制：承运人对货物或与货物有关的灭失或损害，在任何情况下，以每包或每单位不超过100英镑或与其等值的其他货币予以赔偿。但托运人于货物装运前已将其性质或价值加以说明，并在提单上注明的，不在此限。

5）承运人的责任期间为货物装上船舶开始至卸离船舶为止的一段时间。

6）索赔通知和诉讼时效：收货人应将货物损失的一般情况，于货物被移交其监管之前或当时（如果损害不明显，则在3天之内），书面通知承运人或其代理人。否则，这种移交便应作为承运人已经按照提单规定交付货物的表面证据。

《海牙规则》和《维斯比规则》的综合体称为《海牙—维斯比规则》。《维斯比规则》的修订内容如下：

1）确立了提单作为最终证据的法律效力：当提单已被转让给第三方时，便不能接受与此相反的证据。它表明，当提单被转到包括收货人在内的第三方手中，而该第三方对提单中所记载的内容确信无疑地接受了，那么承运人就不得进一步提出证据，证明其实际接收或装船的货物状况与提单上所记载的内容不符，从而不能免除其对第三方因此而遭受的损失的赔偿责任。

2）延长了诉讼时效，还规定在解决了争议案之后，即使1年的诉讼时效期已满，只要在受诉法院的法律准许期间之内，还可向第三方提起索赔诉讼，但是，准许的时间自提起此种诉讼之人已经解决索赔案件，或者向其本人送达起诉传票之日起算，不得少于3个月。

3）提高了承运人的赔偿责任限制，同时，还将计算赔偿责任限制所采用的单一计算方法改为双重计算方法。

4）增加了集装箱货物的责任限制条款：如果货物是以集装箱、托盘或类似的运输工具集装，则提单中所载明的装载这种运输工具的包数或单位数便可视为计算赔偿的限额的包数和单位数。除上述情况之外，此种运输工具应视为包件或单位。

5）非合同索赔的适用：规定固定的抗辩和责任限制，应适用于就运输契约汇总所载的货物的灭失或损害对承运人所提起的任何诉讼，而不论该诉讼是以契约为根据还是以侵权行为为根据。如果这种诉讼是对承运人的雇用人或代理人（不包括独立的订约人）所提起的，该雇用人或代理人便有权适用承运人按照本规则所援用的各种抗辩和责任限制。

6）扩大了适用范围：本规则的各项规定适用于在两个不同的国家港口之间运输货物的每一提单，如果提单是在一个缔约国签发的，或者货物是从一个缔约国港口启运的，或者提单中列有首要条款，首要条款就是法律选择条款，即合同双方当事人合意选择适用本规则。

《汉堡规则》与《维斯比规则》不同，它是对《海牙规则》进行彻底修改后的一个完整、独立的新法案。《汉堡规则》修订的主要内容如下：

1）加强了承运人的赔偿责任：如果货物的灭失、损坏及延迟交付货物所造成的损失是发生在承运人的责任期间内，承运人应负赔偿责任。除非承运人证明其本人、其雇用人或代理人为避免该项事故的发生及其后果已采取了一切所能合理要求的措施。

2）扩大了货物的范围：把舱面货、活动物都包括在货物范围内。

3）延长恶劣承运人的责任期间：将承运人履行义务、承担责任的时间范围扩展为在装货港、运输途中及卸货港，即货物在承运人掌管下的全部时间。

4）提高了承运人的赔偿责任限制：承运人对货物灭失或损坏造成的损失所负的赔偿责任，以灭失或损坏的货物每件或每其他货运单位相当于 835 SDR，或者毛重每千克 2.5 SDR 灭失数额为限，两者中以较高金额为准；承运人对延迟交付的赔偿责任，以相当于该延迟支付货物应支付运费的 2.5 倍的数额为限，但不得超过货物运输合同规定的应付运费总额。

2. 《海牙规则》关于承运人的责任和免责

尽管《海牙规则》是最早的一个有关国际航运的公约，但目前仍然是国际航运中影响最广泛的国际公约，是各国提单立法的主要依据，大多数航运公司都根据《海牙规则》制定自己的提单条款。

3. 三个国际公约的差别

随着社会和航海技术的进步，从《海牙规则》到《汉堡规则》有关提单的国际公约的内容发生了很大变化，对当事各方利益的保护更趋合理，主要体现在如下三个方面：

（1）承运人的责任基础。《海牙规则》采用了"不完全过失原则"，而《汉堡规则》改为"推定的完全过失原则"。

《海牙规则》规定承运人对自己的过失承担责任，但同时又规定，对"船长、船员、引航员或承运人雇用的人员驾驶或管理船舶的行为、疏忽或不履行契约"造成的货损或灭失不负责，也就是说，《海牙规则》既包含责任条款又包含免责条款。因此，一般认为《海牙规则》采用的是"不完全过失原则"。

《汉堡规则》规定的承运人责任是以推定过失或疏忽的原则为基础，即货物灭失、损坏和延迟交付造成的损失，只要发生在承运人责任期间，首先推定为承运人的过失，由承运人承担责任。但这只是初步推定，承运人有举证的权利。只要承运人能够证明其本人、他的雇用人和代理人为避免发生事故已采取合理措施，则其可以免责。

（2）承运人责任限制。承运人责任限制是指已明确承运人负有赔偿责任时，承运人对每件或每一单位货物支付赔偿金的最高限额。

《海牙规则》规定，承运人对货物损坏或灭失的赔偿金额不超过每件或每单位100英镑或等值货币。《维斯比规则》提高为每件或每单位10000金法郎或666.67SDR，或者按损坏或灭失货物毛重计算，每公斤30金法郎或2特别提款权，两者以较高金额为准。《汉堡规则》规定每件或每货运单位835SDR，或者毛重每千克2.5SDR，两者以较高金额为准。

（3）承运人责任期间。《海牙规则》规定承运人责任期间是"自货物装上船舶开始至卸离船舶为止"，即简称"钩到钩"。

《汉堡规则》规定承运人责任期间包括在装货港、在运输途中及在卸货港，货物在承运人掌管的全部期间。

4. 《中华人民共和国海商法》

《中华人民共和国海商法》（以下简称《海商法》）的起草工作始于新中国之初，但由于历史上的原因，起草工作中断了近20年。为了适应我国进一步对外开放和我国海上运输与经济贸易不断发展的需要，1981年恢复了《海商法》的起草工作，直至1992年11月7日，《海商法》在第七届全国人民代表大会常务委员会第28次会议上审议通过，并于1993年7月1日起正式施行。

《海商法》具有很强的国际性。本法的制定遵循了独立自主、自力更生、参照国际公约和国际惯例及维护当事人合法权益的原则，从我国海上运输、经济贸易等实际情况出发，尽可能吸收、借鉴目前通行的国际公约、国际惯例及具有深远影响的合同形式，并且适当考虑了国际海事立法的发展趋势。

《海商法》涉及面广，包括总则、船舶、船员、海上货物运输合同、海上旅客运输合同、船舶租用合同、海上拖航合同、船舶碰撞、海难救助、共同海损、海事赔偿责任限制、海上保险合同、时效、涉外关系的法律适用和附则15章内容。其中，海上货物运输合同较多地吸收了目前国际上广泛适用的《海牙—维斯比规则》，同时，也在一定程度上体现了《汉堡规则》的精神。

自1993年7月1日《海商法》生效以来，我国与海事、海商有关的立法有了飞速的发展：《中华人民共和国对外贸易法》（2004年修正）、《中华人民共和国国家赔偿法》（1995年1月1日）、《中华人民共和国仲裁法》（2017年修正）、《中华人民共和国保险法》（2015年第4次修正）、《中华人民共和国拍卖法》（2015年修正）、《中华人民共和国民法典》（2021年1月1日）、《中华人民共和国公司法》（2018年修正）、《中华人民共和国海洋环境保护法》（2023年修正）、《中华人民共和国海事诉讼特别程序法》（2000年7月1日）、《中华人民共和国海关法》（2021年修正）等。

在《海商法》的实施过程中，其中某些当时的条约、民间规则或合同格式已为新的条约、民间规则或合同格式所取代，使得对我国的《海商法》做进一步的修订成为必要。

7.5 班轮运价与班轮公会

运费是承运人根据运输合同完成货物运输后，托运人支付的报酬。而运价是指承运人运输一个计量单位货物所收取的运费。

由于班轮运输的服务对象是众多货主，所承运的货物种类繁多，承运人不可能随时随地针对某种货物单独与某一个托运人洽谈价格。在国际航运中，绝大部分班轮运价都是由班轮公会或班轮公司对不同货物按照一定办法事先制定出来的，并以运价表形式对外公布。

7.5.1　班轮运价的特点

1）班轮运价包含货物从启运港到目的港的运费及在两港的装卸费。

2）班轮运价是垄断性价格，比较稳定，一般以运价表形式对外公布。为了适应国际贸易的需要，更好地为托运人服务，各班轮公司的运价都保持相对稳定，短期内不变动。《班轮公会行动守则公约》规定，提高运价的时间间隔不得少于 10 个月。

3）班轮运价实行等级运价，高值货物高运价、低值货物低运价政策。班轮运输的货物大多是经过加工的成品或半成品，本身价格高，对运费的承受能力较强，但是不同价格货物对运费的承受能力不同。

7.5.2　班轮运费的计算标准

在班轮运输中，货物的重量和体积是最基本的计费标准。普通货物的运费，一般按照体积或重量计算运费。对于贵重和高价货物，则按其货价的一定百分比计算运费。对于某些特定货物可能要按其实体的件数或个数计算运费，如汽车按"每辆"收费；采用集装箱运输，按每一个集装箱计算运费。不同货物应按何种计价标准计算运费，在班轮公司公布的运价表中有具体规定，这里仅列出其中常用的四种：

（1）按货物毛重计费。按货物毛重计费在运价表中以"W"（Weight 缩写）表示。一般以公吨为计算单位，也有按长吨或短吨计算的。

（2）按货物体积计费。按货物体积计费在运价表中以"M"（Measurement 缩写）表示。一般以立方米为计算单位，即 $1m^3$ 为一个尺码吨，也有按 $40ft^3$（约为 $1.1328m^3$）为一个尺码吨计算的。

（3）按货物毛重或体积计费，取其中较高者。按货物毛重或体积计费在运价表中以"W/M"表示。如果 1 重量吨货物的体积超过 $1m^3$ 或 $40ft^3$，则按体积收费，这种货物称为"轻货"；如果 1 重量吨货物其体积不足 $1m^3$ 或 $40ft^3$，则按毛重收费，这种货物称为"重货"。

（4）按货物价格计费。按货物价格计费又称从价运费，在运价表中以"Ad. Val"（Ad Valorem 缩写）表示。按从价运费收费的，大多属高价值货物，一般按货物 FOB 价格的百分比计算运费。

另外，班轮运价表中都规定起码费率，即按每一提单所列货物的重量或体积所计算的运费未达到最低运费额时，则按最低运费计收。如果不同货物混装在同一包装内，则全部运费按其中较高者计收。如果同一提单内有两种以上货名，托运人应分别列出各货名的重量或体积，否则全部按最高运价计算运费。

7.5.3　班轮公会

1. 班轮公会的概念

班轮公会最早创建于英国。当一条航线上同时有多家班轮公司运营时，班轮公司之间竞争非常激烈，常以降低运价来争揽货载。但是，无节制地压低运价，势必减少班轮公司的收入，甚至会损害班轮公司的经营。因此，为了维护共同利益，避免相互恶性竞争，同一航线上经营的班轮公司通过在运价和其他经营活动方面签订协议，组成以垄断航线经营为目的的班轮公会（Liner Conference）。

当前，国际主要航线上几乎都存在着这种航运垄断组织，如欧亚航线上存在着远东班轮公会，马士基公司几乎是所有公会的首领。

2. 班轮公会为垄断经营采取的主要措施

为了限制和调节班轮公会内部竞争，班轮公会采取如下措施：

（1）制定协定费率。协定费率分为固定费率和最低费率。固定费率是指为某一航线制定一个固定运价，所有会员公司必须按统一运价计收运费，不得有任何增减。最低费率是指为某一航线制定一个最低运价，所有会员公司不得以低于最低运价计收运费。

（2）统一安排运营。在班轮公会控制的航线上限制航次和挂靠港，规定各会员公司在一定期间内船舶次数和每一航次挂靠港数，并且制定船期表，各会员公司都必须遵守。限制货载，为各会员公司划定装货区域，规定各会员公司在一定时期内货载的分配数额，数额允许有一定百分比的增减。

为了防止来自公会外部的竞争，班轮公会常采用的措施有：

（1）延期回扣制。按照回扣制度规定，货主要与公会签订所谓"忠诚信约"，即在一定期间内，货主将自己的全部货物交给班轮公会运输，在计算期届满时，可按整个计算期间所支付运费总额的一定比例从班轮公会取得回扣。实际上在延期回扣的情况下，货主欲取得本期应得的回扣，必须在下一计算期间内继续将自己的货物交给公会承运，这样才能取得上一计算期内应得的全部回扣。

（2）合同费率制。班轮公会与各货主集团之间常常以合同形式约定，如果货主将货物全部交给会员公司运输，则班轮公会可以保证提供所需的运力，并且货主可以享受优惠的公会运价。

（3）安排战斗船。安排战斗船是班轮公会与非会员公司进行竞争的一种相当原始的方式。当公会所经营的航线上出现了非会员公司的船舶营运时，班轮公会派出战斗船。战斗船与非会员公司船舶的开航时间和挂靠港相同，以低于非会员公司的运费率接受货载，迫使非会员公司退出该航线或接受公会的条件。战斗船在竞争中所遭到的一切损失，则由公会成员共同承担。

尽管班轮公会存在种种垄断性弊端，但是班轮公会对稳定国际航运秩序、满足航运市场需求有一定积极作用。它制定的运价合理，抑制了无序竞争，可以保证船东获得比较合理的经济效益，能够为提高船舶技术性能和更新船舶积累资金，从而为国际贸易和托运人提供更好的运输服务。

7.6 集装箱运输与国际多式联运

7.6.1 集装箱的定义

关于集装箱的定义在许多国家标准、国际公约和文件中都有具体的规定，但其内容不尽一致。在处理业务时，不同的定义就可能有不同的解释。研究集装箱的定义，对于在国际贸易中处理索赔、共同海损及保险等业务方面都有密切的关系。随着集装箱运输的发展，研究集装箱的定义将越来越具有现实意义。

集装箱的定义主要有国际标准化组织的定义、集装箱海关公约的定义、国际集装箱安全公约的定义、美国标准协会的定义、英国标准的定义、日本工业标准的定义、北美太平洋班轮工会的定义和我国国家标准的定义等。

国际标准化组织对集装箱所下的定义如下：

集装箱是一种运输设备，具有耐久性，其坚固强度足以反复使用；便于商品运送而专门设计的，由一种或多种运输方式运输时无须中途换装；设有便于装卸和搬运的装置，特别是便于从一种运输方式转移到另一种运输方式；便于货物的装满与卸空；内容积为 1m³ 及其以上。

美国标准化协会、日本工业标准、法国国家标准、我国国家标准全部引用了国际标准化组织的定义。

7.6.2 集装箱的种类

随着集装箱运输的发展，为适应装载不同种类货物的需要，出现了不同种类的集装箱，这些集装箱不但外观不同，而且结构、强度、尺寸等也不相同。

1. 根据集装箱的用途划分

（1）通用集装箱。通用集装箱也称杂货集装箱，用以装载除液体货物、需要调节温度货物及特种货物以外的一般件杂货。这种集装箱的使用范围极广，常用的有 20ft 和 40ft 两种，其常为封闭式，一般在一端或侧面设有箱门。

（2）开顶集装箱。开顶集装箱也称敞顶集装箱，是一种没有刚性箱顶的集装箱，但有可折式顶梁支撑的帆布或涂塑布制成的顶篷，其他构件与干货集装箱类似。开顶集装箱适于装载较高的大型货物和需吊装的重货。

（3）台架式及平台式集装箱。台架式集装箱没有箱顶和侧壁，甚至有的边端壁也去掉，而只有底板和四个角柱。台架式集装箱有很多类型，它们的主要特点是为了保持其纵向强度，箱底较厚。箱底的强度比普通集装箱大，而其内部的高度则比一般集装箱低。在下侧梁和角柱上设有系环，可把装载的货物系紧。台架集装箱没有水密性，不能装运怕水湿的货物。它适于装载形状不一的货物。台架式集装箱可分为敞侧台架式、全骨架台架式、有完整固定端壁的台架式，以及无端壁仅有固定角柱和底板的台架式集装箱等。

平台式集装箱是仅有底板而无底部结构的一种集装箱。该集装箱装卸作业方便，适合装载长、重大件货物。

（4）通风集装箱。通风集装箱一般在侧壁或端壁上设有通风孔，适于装载不需要冷冻而需要通风、防止潮湿的货物，如蔬菜等。如果将通风孔关闭，通风集装箱则可作为杂货集装箱使用。

（5）冷藏集装箱。冷藏集装箱是专门为运输要求保持一定温度的冷冻或低温货设计的集装箱，它分为带冷冻机的内藏式机械冷藏集装箱和没有冷冻机的外置式机械冷藏集装箱，适合装载肉类、水果等货物。冷藏集装箱造价较高，营运费用也较高，使用中应注意冷冻装置的技术状态及箱内货物所需的温度。

（6）散料集装箱。散料集装箱除了有箱门外，在箱顶部还设有 2~3 个装货口，适用于装载粉状货物。使用时要注意保持箱内清洁干净、两侧光滑，从而便于货物从箱门卸货。

（7）动物集装箱。这是一个专门供装运牲畜的集装箱。为了实现良好的通风，箱壁用金属丝制造，侧壁下方设有清扫和排水口，并且设有喂食装置。

（8）罐式集装箱。这是一种专供装运液体而设置的集装箱，如酒类、油类及液状化工品等货物。它由罐体和箱体框架两部分组成，装货时货物由罐顶部装货孔进入，卸货时，则由排货孔流出或从顶部装货孔吸出。

（9）汽车集装箱。这是专门为装运小型轿车而设计制造的集装箱。其结构特点是无侧壁，仅设有框架和箱底，可装载一层或两层小轿车。

2. 按集装箱的主体材料划分

由于集装箱在运输途中常受各种力的作用和环境的影响，因此集装箱的制造材料要有足够的刚度和强度，应尽量采用质量轻、强度高、耐用、维修保养费用低的材料，并且材料既要价格低廉，又要便于取得。目前，世界上广泛使用的集装箱按其主体材料可分为：

（1）钢制集装箱。其框架和箱壁皆用钢材制成。其最大优点是强度高、结构牢，焊接性和水密性好、价格低、易修理、不易损坏；其主要缺点是自重大、耐蚀性差。

（2）铝制集装箱。铝制集装箱有两种：一种为钢架铝板；另一种仅框架两端用钢材，其余用铝材。其主要优点是自重轻，外表美观，弹性好，不易变形；其主要缺点是造价高，受碰后易损坏。

（3）不锈钢制集装箱。一般多用不锈钢制作罐式集装箱。其主要优点是：强度高、不生锈、耐蚀性好；其缺点是投资大。

（4）玻璃钢制作集装箱。玻璃钢制集装箱是在钢制框架上装上玻璃钢复合板制成的。其主要优点是隔热性、防腐性和耐化学性均较好，强度大，刚性好，能承受较大压力，易清扫，修理简便，集装箱内容积大等；其主要缺点是自重较大，造价较高。

7.6.3　集装箱运输的优越性

1. 保证货物运输安全

由于集装箱具有足够的强度和刚度，箱体结构坚固，不怕压，箱门有防雨装置，可以不动箱内货物直接进行装卸和换装，大大减少了传统运输方式中人力装卸、搬运的次数，可以避免人为和自然因素造成的货物破损、湿损、丢失等货运事故，减少经济损失，保证货物运输安全。

2. 简化货物包装，节省包装费用

集装箱本身就能起到保护商品的作用，又可以实行"门到门"运输，所以用集装箱运输货物可以简化甚至取消运输包装，节省包装材料和费用，降低商品的成本。

3. 提高装卸效率

由于集装箱的装卸作业适于机械化，其装卸作业效率得到大幅度的提高，从而加速了车船的周转和货物的送达。

4. 节省运营费用

开展集装箱业务，是将集装箱置于露天堆场上存放和作业的，可大量减少仓库的建造费用和仓库作业费等，此外，装运集装箱的公路或铁路运输车辆均可以是骨架式的，造价比较低。

5. 简化货运手续

件杂货物运输是以件为单位，按货物现状进行交接的；而集装箱运输是以箱为单位凭封印进行交接的。

6. 便于自动化管理

集装箱是一种规格化的货物运输单元，为自动化管理创造了便利条件。

由于集装箱运输的上述优越性，使得集装箱运输不受国界的限制、政治观点的影响、经济实力的左右、运输方式的区别，世界各国均可以此作为货物运输的发展方向。

7.6.4　集装箱运输的关系方

集装箱运输是一个复杂的系统工程，是一个多环节、多活动、多部门的组合，完成不同形式的集装箱运输会涉及不同的关系方，一般而言，集装箱运输的关系方主要有无船承运人、集装箱实际承运人、集装箱租赁公司、集装箱堆场和集装箱货运站等。

1. 无船承运人

无船承运人专门经营集装箱货运的揽货、装拆箱、内陆运输及经营中转站或内陆站业务，可以具备实际运输工具，也可不具备。对真正的货主来讲他是承运人，而对实际承运人来说他又是托运人，通常无船承运人应受所在国的法律制约，在政府有关部门登记。

2. 集装箱实际承运人

集装箱实际承运人是掌握运输工具并参与集装箱运输的承运人。通常拥有大量集装箱，以利于集装箱的周转、调拨、管理及集装箱与车、船、机的衔接。

3. 集装箱租赁公司

集装箱租赁公司是专门经营集装箱出租业务的行业。

4. 集装箱堆场

集装箱堆场是指办理集装箱重箱或空箱装卸、转运、保管、交接的场所。

5. 集装箱货运站

集装箱货运站是处理拼箱货的场所，它办理拼箱货的交接、配载、积载后，将箱子送往集装箱堆场（CY），并接受 CY 交来的进口货箱，进行拆箱、理货、保管，最后拨给收货人。同时也可按承运人委托进行铅封和签发场站收据等业务。

从集装箱运输的整体系统看，集装箱运输的关系方又可划分为基本关系方、代理方、中立方。基本关系方包括发货人、收货人、内陆运输承运人、海上运输承运人、港口、货运站，依据这些基本关系就可以完成集装箱运输的基本环节。由于集装箱货物运输的专业化，集装箱运输业务处理是个非常复杂、烦琐的作业，所以集装箱运输的基本关系方往往委托某些专业人士处理相关业务，这样就出现了集装箱运输代理方。代理方由于代理业务的着重点不同，又可分为船代方和货代方。中立方本身不参与具体的集装箱运输业务，只是作为政府职能部门向各集装箱运输关系方提供公众服务，如海关等。

7.6.5　集装箱货物的交接方式

集装箱货物在实际运输过程中，在托运人与承运人之间有两种不同的形态：整箱货（FCL）和拼箱货（LCL）。处于整箱货交接形态下，托运人与承运人交接的都是满货物的集装箱（一般称为重箱或实箱）。整箱交接一般意味着由发货人自行装箱并负责填写装箱单，由海关加封。可以理解为这些货物只有一个发货人一个收货人。拼箱货交接形态下，双方都以货物本身的形态办理交接，承运人在托运地收到货物后按事先约定的拼箱计划将几个发货人的货物拼装入一个集装箱内，负责填写装箱单并办理加封手续。运至目的地后，由承运人负责拆箱，再分别交付各收货人，即有几个发货人和几个收货人的交接形态。

在集装箱运输中，根据整箱货和拼装货在承运人从发货人手中接收货物和向收货人交付货物的地点不同进行组合，集装箱货物的交接方式有以下九种：

（1）门到门。由托运人负责装载的集装箱，在其货仓或厂库交承运人验收后，负责全程运输，直到收货人货仓或工厂仓库交箱为止。这种全程连线运输称为"门到门"运输。

（2）门到场。由发货人货仓或工厂仓库至目的地或卸箱港的集装箱运输装卸区堆场。

（3）门到站。由发货人货仓或工厂仓库至目的地或卸箱港的集装箱货运站。

（4）场到门。由启运地或装箱港的集装箱装卸区堆场至收货人的货仓或工厂仓库。

（5）场到场。由启运地或装箱港的集装箱装卸区堆场至目的地或卸箱港的集装箱装卸区堆场。

（6）场到站。由启运地或装箱港的集装箱装卸区堆场至目的地或卸箱港的集装箱货运站。

（7）站到门。由启运地或装箱港货运站到收货人的货仓或工厂仓库。

（8）站到场。由启运地或装箱港的集装箱货运站到目的地或卸箱港的集装箱装卸区堆场。

（9）站到站。由启运地或装箱的集装箱货运站到目的地或卸箱港的集装箱货运站。

7.6.6 国际多式联运

国际集装箱运输是一种先进的运输方式，不同运输方式和承运人之间货物的交接非常便捷，国际航运公司为了争取货源，将服务内容由单纯海上运输扩大到两端陆上运输，进而发展成国际多式联运。

1. 国际多式联运的定义与特征

国际多式联运（Multi Modal Transport）是一种以实现货物整体运输效益最优化为目标的联运组织形式。它通常是以集装箱为运输单元，将不同的运输方式有机地组合在一起，构成连续、综合性的一体化货物运输。

根据 1980 年《联合国国际货物多式联运公约》（以下简称《多式联运公约》）的定义，"国际多式联运是指按照多式联运合同，以至少两种不同的运输方式，由多式联运经营人将货物从一国境内接管货物的地点运至另一国境内指定地点交付"。根据该定义，可以看出构成国际多式联运必须具备以下特征：

1）必须具有一份多式联运合同，明确规定多式联运经营人与联运人之间权利、义务、责任与豁免的合同关系和多式联运性质。

2）必须使用一份全程多式联运单证，即证明多式联运经营人已接管货物并负责按照合同交付货物所签发的单证。

3）必须是至少两种运输方式的连贯运输。

4）必须是国际货物运输。这不仅是区别于国内货物运输，更主要的是涉及国际运输法规的适用问题。

5）必须由一个多式联运经营人对货物运输全程负责。在联运业务中，多式联运经营人对货主负有履行合同的责任，并承担自接管货物起至交付货物时止的全程运输责任，以及货物在运输途中因灭失损坏或延迟交付所造成的损失负赔偿责任。

6）对货主实行全程单一费率，以包干形式一次收取。

由此可见，国际多式联运的主要特点是，多式联运经营人与托运人签订一个运输合同，实行一次托运、一次收费、一单到底，全程运输由多式联运经营人统一组织和负责。

2. 多式联运经营人的责任形式

集装箱运输经营人所采用的责任形式主要有统一责任制、网状责任制和单一责任制。统一责任制是由负责集装箱运输的人对全程运输按统一的损害赔偿原则负责；网状责任制下，虽有经营集装箱运输的人对全程运输负责，但对货物损害赔偿的原则仍按责任运输区段所适用的法规规定；单一责任制下，各单一运输方式下的承运人仅对自己运输区段所发生的损害负赔偿责任，并适用该区段的法律规定。

《多式联运公约》采用的是"经修正后的统一赔偿责任制"，它介于统一责任制和网状责任制之间。根据这一责任形式，多式联运经营人对货损的处理，不管是否能确定造成货损的实际运输区段，都将适合《多式联运公约》的规定（统一责任制）。但是，如果货物的灭失、损害发生于多式联运的某一特定区段，而对这一区段所适用的一项国际公约或强制性国家法律所规定的赔偿责任限制高于《多式联运公约》规定的赔偿责任限制，多式联运经营人对这种灭失、损害的赔偿，则应按照国际公约或强制性国家法律予以确定（网状责任制）。

《联合运输单证统一规则》是最早的关于联运单证的国际民间协议。作为民间规则，其适用不具有强制性，但常常被国际货物多式联运合同双方当事人协议采用。其主要内容包括多式联运经营人的责任形式、责任期间、对货物运输延迟的责任及货物灭失或损坏的通知与诉讼时效等。

《联合国国际贸易和发展会议/国际商会多式联运单证规则》是 1991 年由联合国国际贸易和发展会议与同际商会共同制定的一项民间规则，供当事人协议自愿采用。其所涉及的内容包括多式联运单证的证据效力、多式联运经营人的赔偿责任基础、责任期间、责任限制和责任限制除外规定及诉讼时效等。

3. 国际多式联运的优越性

国际多式联运是在集装箱运输的基础上产生并发展起来的一种新型的运输组织形式。大部分国家国际货物运输已采用多式联运的形式，国际多式联运之所以能如此迅速发展，是由于它与传统运输组织形式相比具有突出的优越性，主要体现在以下三个方面：

（1）手续简便，责任统一。在国际多式联运中，不论运程远近，运输环节多少，沿途手续复杂与否，所有一切运输事项均由国际多式联运经营人负责办理，货主只需办理一次托运，订立一份运输合同，支付一笔运费，办理一次保险，就可将货物从启运地运到目的地，大大简化了运输与结算手续。此外，一旦货物在运输途中发生灭失、损坏或延迟交付等事故，由国际多式联运经营人对全程运输负责，货主只需与国际多式联运经营人交涉就可解决问题，而每一运输区段的实际承运人再分别在各自区段内对国际多式联运经营人负责。

（2）减少中间环节，提高运输质量。国际多式联运以集装箱为运输单元，可以实现"门到门"运输，即货物在托运人工厂或仓库装箱后，可直接运送至收货人的工厂或仓库。途中转运时，使用专用机械设备装卸，并且无须掏箱、装箱，减少了中间环节，因而，货运货损、货差和被盗的可能性大为减少；此外，全程运输由专业人员组织，可做到各个运输环节和运输工具之间配合密切、衔接紧凑，货物中转及时，停留时间缩短，从而大大加快了货物运达速度，有效提高了运输质量，保证货物安全、迅速、准确、及时地运到目的地。

（3）降低运输成本，节省运杂费用。国际多式联运全程运输中各区段运输和各环节的衔接，是由国际多式联运经营人与各实际承运人订立分运合同和与各代理人订立委托合同来完成的。国际多式联运经营人通常与这些实际承运人和代理人订有长期协议，并可争取到优惠运价或较低的佣金。并且，国际多式联运经营人通过对运输路线的合理选择和运输方式的合理使用，可以降低全程运输成本；在国际多式联运中，由于采用集装箱运输，可以简化甚至取消货物包装，节省货物包装费用。

7.7 租船程序

国际海上运输实际上属于一种服务贸易，交易的对象是海上运输服务。在国际航运市场上，租船交易形式上与货物贸易非常相似，租船供求双方根据对当时国际航运市场行情的判断及对未来的预测，围绕船型、租期、运费或租金等进行谈判，通过多个回合的讨价还价，最后签订租船合同，达成租船交易。

7.7.1 租船市场

船舶租赁实质上是一种商业行为，租进或租出船舶就是购进或售出一定时期内或某一个航状中船舶的使用权。租船作为一项国际贸易活动，随着其兴起与发展，已逐渐形成了相应的交易场所即租船市场。在租船市场内，出租人、承租人及他们的经纪人互通情报，提供船舶和货源情况进行租船活动。租船市场不仅能为出租人和承租人提供大量的业务机会，还能有效地促进租船业务迅速成交。

目前，世界上具有影响的租船市场有伦敦、纽约、汉堡、奥斯陆、东京、香港等地市场。

伦敦市场是世界上历史最悠久、业务最广泛、成交量最大的国际租船中心，其业务范围还涉及船舶买卖交易、粮食和油料作物种子交易和航空租机交易等。

纽约市场是仅次于伦敦市场的国际租船市场。与伦敦市场不同，纽约市场不设专门集中场所，租船业务完全由经纪人凭借通信工具洽谈成交。

除以上主要的租船市场外，挪威的奥斯陆市场、德国的汉堡市场和瑞典的斯德哥尔摩市场是欧洲地方性租船市场。在这些市场，从事第三国运输的出租人以其高质量的专业化船舶寻觅着世界各地合适的承租人。

在远东，日本的东京市场正在迅速发展成为国际上具有影响力的货主市场。我国的香港市场则是一个以出租人为中心的地区性国际租船市场，其规模与东京市场相近。

各租船市场并非孤立，它们通过租船经纪人，并且依靠现代通信技术联成全球性的网络，本市场无法成交的业务可随时转向其他租船市场洽谈成交，从而最大限度地促进全世界货运需求和货运能力相互协调，确保航运市场良性运转。

7.7.2 租船程序概述

在租船市场上，承租人提出租船要求到最终与出租人成交，一般要经过以下程序：

1. 询盘

承租人根据自己对货物运输的需要或对船舶的特殊要求，将货物信息和基本租船要求通过经纪人传递到租船市场上，寻找合适的出租人，并要求出租人做出答复，这一过程即为询盘。询盘的内容应完整、简洁明了。

对于航次租船，其询盘内容主要包括承租人全称和地址、货物名称和数量、装货港和卸货港、受载日和销约日、装卸时间、装卸费用负担、运费率、建议使用的标准合同范本、佣金等。

定期租船的询盘内容主要包括承租人全称和地址、船舶吨位和船型、租期、租金率、交船地点、还船地点、交船日期和销约日、对船舶的特殊要求、建议使用的标准合同范本、佣金等。

2. 发盘

出租人接到承租人的询盘后，根据询盘条件权衡利弊，在有利可图的情况下，通过经纪人向承租人报出所提供的船舶和租金或运费水平等，即为发盘，也称报价。发盘有虚实之分，对于实盘，其报价条件不可改变，常附有有效时间的规定，承租人必须在有效期内对该报价做出答复，过期失效。同时，出租人在有效期内，也必须受其报价的约束，不得撤回、变更或再向其他承租人发盘。对于虚盘，其报价条件可以修改，并且不附有应予答复的有效时间的限制，因此不约束洽租双方。出租人可以同时向几个承租人发虚盘，以选择最合适的承租人继续洽租。

3. 还盘

承租人接到出租人报出的虚盘后，对出租人提出的条件不能接受，而进行修改、增减或提出自己的要求，称为还盘，也称还价。

还盘实质上是一种发盘，因此也有虚实之分。对还盘也可再还盘，称为反还盘。

4. 受盘

承租人和出租人在还盘过程中讨价还价，直至最后一次实还盘的内容被对方在有效期内全盘接受，即受盘，租船契约即告达成。

5. 编制订租确认书

受盘后，出租人将双方共同承诺的主要条款汇总成订租确认书，发给承租人，经双方和租船经纪人共同签字后，各自保留一份备查。

6. 签订租船合同

租船契约达成后，出租人按订租确认书的内容拟制正式租船合同，并送交承租人审核。承租人如果发现合同与原协议有不符之处，应及时向出租人提出异议，并要求修改。若无异议，即可签署合同。

合同通常缮制正本两份，签约后双方各持一份，作为日后履行合同时双方承担责任和享有权利的依据。

7.7.3　租船运输合同

租船合同是租船运输经营方式下，出租人和承租人按照"订约自由"的原则，就租船交易相互间的权利、义务和责任而达成的一种契约。

1. 标准租船合同范本

订立合同是一项复杂、烦琐而细致的工作。为了简化和加速签订租船合同的进程，节省为签订合同所支出的费用，减少因考虑不周可能制定不合理条款或遗漏内容等异常风险，也为了能在合同中订入一些于己有利的条款，国际上一些航运集团、货主组织及一些有实力的承运人和货主，均制定出各自的租船合同范本。这些合同范本列有现成的主要条款，并且便于日后的删减、修改和补充。其中由英国航运公会、波罗的海国际航运公会、纽约土产交易所和日本航运交易所等机构所制定的租船合同范本，因其已得到公认并被广泛采用而称之为标准合同范本。

标准租船合同范本有程租、期租和光租之分。

目前，国际租船市场上使用最广泛、影响最深远的标准程租合同范本主要有统一杂货租船合同（Uniform General Charter），代号"金康"（GENCON）。该标准格式是1922年波罗的海国际航运公会制定的，其货种适用范围最广。1994年最近一次修订时，在合同条款上做了较大的改动。

标准期租合同范本主要有统一定期租船合同和定期租船合同。统一定期租船合同（Uniform Time Charter）代号"巴尔的摩"（BALTIME），是由波罗的海国际航运公会于1909年制定的，目前较为普遍采用的是该格式1974年的修订版；定期租船合同（Time Charter Party）代号"纽约土产"（NYPE），是1913年由美国纽约土产交易所制定的，并由美国政府批准使用的标准格式，现在使用的是1993年修订版。

标准光船租赁合同范本主要有波罗的海国际航运公会1989年制定的标准光船租赁合同（Standard Bareboat Charter），代号"贝尔康89"（BARECON 89）。

除了标准合同范本之外，还有一些拥有大量货源的承租人制定和使用的厂商合同格式。例如，我国租船公司对外洽谈租船业务时所采用的"1980年中国租船公司定期租船合同"（SINOTIME 98）。

2. 租船合同的主要内容

标准租船合同范本的种类很多，不但有程租、期租和光租之分，而且同一种租船方式的合同范本中，不同的货种可能有各自的格式。即使是同一货种，也可能有几个组织机构所制定的不同格式，更何况标准合同范本很可能具有一定的倾向性。因此，在此仅对各种标准租船台同范本中具有代表性的主要内容做一般介绍。

（1）合同当事人。租船合同的当事人是指根据合同有权起诉或被起诉的人，一般为出租人和承租人。出租人并不一定是真正的船舶所有人，可能是期租合同甚至是程租合同的承租人，根据原租船合同的条款，将租进来的船舶再转租出去，而成为转租合同的出租人（也称二船东）。

（2）船名和船籍。船名和船籍是合同中的重要组成部分，也是双方履行租船合同的必要前提。如果航次租船合同已订明船名，出租人就必须提供所指定的船舶，除非在租船合同中出租人有替代船舶的选择权。否则，承租人有权取消租船合同。船旗是船舶的国籍标志，涉及租船的国别政策，在战争时期它还直接关系到船货的安全。此外，当今世界盛行的"方便旗帜船"缺乏严格的技术管理，船舶技术性能差，给承租人带来很大的风险。因此，在履行租船合同时，船舶必须悬挂指定的船旗，未经承租人同意，不能随便更换船旗。

（3）货物。租程合同下，承租人需对载运的货物做出具体的说明，并且应按约定的货物供货装船。合同中关于货物装载数量的表示方法，可以是在一个准确的数量后，附带最低和最高的限制；也可以是在某个数量上允许有一定百分比的公差。通常，出租人对此公差有选择权，一般由船长根据航次的总储备量及船舶常数推算一个确切的货物装载量，并于装船前宣布，即"宣载"。实务中，货物的实际装载量往往达不到宣载的要求，如果由于承租人的原因而少装了货，出租人可以就短装的那部分运费向承租人索赔空舱损失；同样，因船长计算错误或其他原因，致使装船货物达不到宣载的数量，承租人也可以向出租人索赔额外仓储费和岸上运输费等短装损失。

（4）装卸港口。在合同中，装卸港口可以被——具体载明，也可以被笼统地订为一个区域（如美国港口），由承租人任选其中的港口。但承租人在宣布其所选择的港口时，必须承担该港口是"安全港口"的默示责任，保证该港口地理上是安全的，包括港口航道的水深与宽度、气象条件、助航设施、系泊设备等应保证船舶能安全进入、停靠和驶离而不会遭受损害；保证政治上必须是安全的，包括船舶不会遭遇战争、敌对行为、恐怖活动等风险。

为了减轻出租人必须驶往指定的或宣布的装卸港口的严格责任，通常在租船合同中装卸港口之后，再加上"或该港附近可以安全到达并保持浮泊的地点"，即"附近港口条款"。根据这一条款，出租人就可以将由于等候涨潮或长期持续的罢工或非突发性战争而造成的时间损失的风险转移给承租人。

7.8 案例分析

【案例1】 用保函换发清洁提单的案件

2022年4月，我国T公司向荷兰M公司出售一批纸箱装货物，以FOB条件成交，目的港为鹿特丹港，由M公司租用H远洋运输公司的货轮承运该批货物。同年5月15日，该合同货物在青岛港装船。当船方接收货物时，发现其中有28箱货外表有不同程度的破碎，于是大副在收货单上批注"该货有28箱货外表破碎"。当船方签发提单，欲将该批注转注提单时，卖方T公司反复向船方解释说买方是老客户，不会因一点包装问题提出索赔，要求船方不要转注收货单上的批注，同时向船方出具了下列保函："若收货人因包装破碎货物受损为由向承运人索赔时，由我方承担责任。"船方接受了上述保函，签发了清洁提单。

该货船启航后不久，接到买方M公司的指示，要求其将卸货港改为法国的马赛港，收货人变更为法国的F公司。经过一个多月的航行载货船到达马赛港，船舶卸货时法国收货人F公司发现该批货物有40多箱包装严重破碎，内部货物有不同程度受损，于是以货物与清洁提单不符为由，向承运人提出索赔。后经裁定，向法国收货人赔偿20多万美元。此后，承运人凭保函向卖方T公司要求偿还该20多万美元的损失，但T公司以装船时仅有28箱包破碎为由，拒绝偿还其他的十几箱货物的损失。于是承运人与卖方之间又发生了争执。

案例分析：

这是一个典型的托运人（卖方）与承运人一起隐瞒装船货物不清洁事实，承运人凭保函发清洁提单的案件。承运人未在提单上对货物的不良包装加以批注，没有履行其应尽的义务，并丧失了公约或法律赋予的可能免除责任的权利。这不仅造成了收货人的损害，同时也给承运人自己带来了风险。卖方在货物装船时就提供了一部分包装破碎的货物，这本身就是一种违约行为；不仅如此，卖方还与承运人一起隐瞒事实真相，从而构成对买方的欺骗。如果买方获悉这一真相后，不仅可以起诉承运人，还可以卖方严重违约甚至欺诈为由提出撤销买卖合同，要求退回货款，同时要求卖方给予损害赔偿。因此，以保函换清洁提单的做法实不可取。

【案例2】 海运货物纠纷案例

2022年12月内地某进出口公司（以下称A公司）与香港某贸易公司（以下称B公司）签订一份谷物买卖合同。约定：A公司向B公司提供谷物100T，价格术语为FOB内地某港，合同金额共45万元人民币，付款方式为D/P即期付款。签约时合同双方都清楚此合同项下的谷物的最终销售地是台湾某港。合同签订后，A公司积极组织货源，按合同规定的时间备妥货物。B公司负责组织货物运输。

2023年1月B公司通知A公司，已经委托在储运港的货运代理（以下称C公司）作为B公司的代理，指示A公司把货物交给C公司。A公司遂与C公司联系，获知其已按照合同约定的时间做出运输安排，于是合同约定将货物交给C公司，并取得C公司已盖章的提单。该提单注明托运人为A公司，收货人凭指示提货，通知方为B公司。启运港为南方某港，目的港是台湾某港，随后C公司又向某船公司（以下称D公司）提供一份托运人为C公司、收货人和通知人均为一家台湾公司（以下称E公司）的集装箱货物托运单，D公司据此编制了内容与之相同的正本海运提单。

货到目的港时，B公司和D公司联系，称B公司作为C公司的委托人，凭保函向D公司提出出货请求。由于D公司没有谨慎地识别保函的来源及出具的主体，遂电放了货物。与此同时，B公司迟迟不付款赎单引起了A公司的怀疑。B公司关张逃逸，下落不明。D公司持有的保函成为一张废纸，至此B公司以保函形式骗取船东电放货物的欺诈事实已经确凿，最终的结果是本案的其他当事人都成为B公司利用电放诈货的受害者。

案例分析：

本案中，B签发的是指示公司提单，应当按照A公司的指示交付货物，但B公司在C公司未出示正本提单的情况下仅凭其出具的保函交付货物，构成无单放货。无单放货是航贸界的常见现象，其存在的原因是贸易领域与运输领域衔接不畅。在海上运输领域，集装箱运输方式的出现以及现代化船舶的应用使得货物运输时间大为缩短；而在贸易领域，单证流转环节较多，导致流转时间较长，尤其是银行审单效率难以与运输效率相匹配。这就造成了船舶已经到达目的港，提单却未到的情况发生。

对收货人来说，无法提货会影响生产或转售活动，还要支付额外的仓储保管费用，对承运人来说，无人提货会影响船期和后续航次。为满足国际贸易需要，并降低无单放货的风险，承运人往往要求无正本提单的收货人凭保函提货。

本案中，C公司出具的保函载明：因生产急需，请予放货，本公司自愿承担由此产生的责任。这一要求虽然合理，但不合法，无法作为D公司无单放货的法律依据。

📖 复习与思考

1. 国际海洋运输的主要设施有哪些？
2. 集装箱船与油船的类型主要有哪些？
3. 何谓租船运输？租船运输有哪些具体方式？
4. 海运提单的主要内容与作用是什么？

第8章

国际物流其他运输方式

8.1 国际铁路货物联运

8.1.1 国际铁路货物联运概述

在两个或两个以上国家铁路全程运送中，使用一份运送票据，并以连带责任办理货物的全程运送，在由一国铁路向另一国铁路移交货物时，无须发、收货人参加，这种运输方式称作国际铁路货物联运。国际铁路货物联运分为旅客运输和货物运输两大类。国际铁路货物联运根据发货人托运的货物数量、性质、体积、状态等条件，办理种别分为整车、零担和大吨位集装箱。

国际上主要的铁路组织有铁路合作组织和国际铁路联盟。

1. 铁路合作组织

铁路合作组织（以下简称铁组）成立于1956年6月，目的是发展亚欧间的铁路联运。其基本任务是掌管国际客、货联运协定及有关的各种规章制度和办事细则的修改和补充，制定联运运价，编制合理的国际运行路径，商订运输计划，改善国境站的工作；研究在国际联运中如何经济地利用车辆，提高列车的运行速度，编制或改进列车时刻表；组织铁路运输、公路运输方面的科学技术合作和经验交流；研究和商订有关统一界限、车辆、线路上部建筑、信号和运营规章等问题；研究和解决汽车运输发展和管理的有关问题；与其他从事铁路、公路运输的国际组织合作。目前，铁组的显著特点是：作为一个国际铁路组织，既是铁组成员国家机关的组成部分，又可以从企业的角度综合解决国际铁路运输问题。

2. 国际铁路联盟

国际铁路联盟（以下简称铁盟）成立于1922年12月，总部在巴黎，目的是推动国际铁路运输的发展，促进国际合作，改进铁路技术装备和运营方法，开展有关问题的科学研究，实现铁路建筑物、设备技术标准的统一。铁盟下设机构有计划、运输、财务、运营、机车车辆、线路设备、经济问题、物资供应、人事、法律问题等专门委员会，可根据一定的问题组成工作小组或临时委员会，主要解决成员铁路向铁盟提出的问题。此外，铁盟还设有试验研究所、公共关系中心、国际铁路文献资料局、中央清算局和统计局等专业机构和专题组等下设机构。

国际铁路货物联运的规章由参加国铁路成员共同制定，规章的修改和补充必须经各方协商，并按规定公布。

我国办理国际铁路货物联运时适用下列规章：

1. 《国际铁路货物联运协定》

《国际铁路货物联运协定》（СМГС）简称《国际货协》，是于1951年11月由苏联、捷克、罗马尼亚、民主德国等8个国家共同签订的一项铁路货运协定。1954年1月我国参加，其后，朝鲜、越南、蒙古国也陆续加入。我国对朝鲜、蒙古国以及俄罗斯及其他独联体各国的一部分进出口货物均采用国际铁路货物联运方式运送。近年来，在原有协定的基础上，我国与相关国家又增订了有关铁路运输的国际公约。

《国际货协》是缔约各国发货人、收货人以及过境办理货物联运所共同遵循的基本文件，共设8章41条及一些附件，主要内容包括适用范围、运输契约缔结、托运人的义务和权利、承运人权利和义务、赔偿请求与诉讼时效等。

《国际货协》规定了货物联运运送组织、运送条件、运送费用计算核收办法及铁路与收发货人之间的权利与义务等，对铁路和收发货人都具有约束力。此外，《国际货协》附件中有多项规则，如《国际铁路联运危险货物运送特定条件　国际货协附件第4号》《敞车类货车货物装载和加固规则》《集装箱运送规则》《易腐货物运送规则》及各种轨距铁路的装载限界、运单格式、标示牌和标记样式。

2. 《国际铁路货物联运协定办事细则》

《国际铁路货物联运协定办事细则》（以下简称《货协细则》）是铁路工作人员执行《国际货协》、办理货运业务时铁路内部的办事程序、工作方法及调整路内关系的准则，只适用于铁路内部。

3. 《关于统一过境运价规程的协约》及其附件《统一过境运价规程》

1991年6月27日，在华沙，由保加利亚、中国、朝鲜、蒙古国、罗马尼亚和苏联的铁路部门作为缔约铁路公布了《关于统一过境运价规程的协约》（以下简称《协约》），决定在国际铁路货物过境联运中采用《统一过境运价规程》（以下简称《统一货价》）。《统一货价》是《协约》不可分割的组成部分，不再从属于《国际货协》，具有独立的法律地位。我国铁路于1991年9月1日起执行。

《统一货价》规定了过境参加《统一货价》的铁路时，需要办理的相关货物运输手续、过境运送费用、杂费、里程计算、品名和运费计算表等，对铁路站和收发货人都有约束力。

4. 《关于国际联运车辆使用规则的协约》及其附件《国际联运车辆使用规则》

《国际联运车辆使用规则》（以下简称《车规》）主要规定了国际联运协定各国参与联运铁路车辆的有关技术条件及在有关国家国际联运中的交接要求及内容。对铁路车辆部门和国境站适用。

5. 《关于国际旅客和货物联运清算规则的协约》及其附件《国际旅客和货物联运清算规则》

《国际旅客和货物联运清算规则》（以下简称《清算规则》）规定了其参加国铁路之间一切费用的清算办法，适用于铁路财务清算部门和国境站。

《车规》《清算规则》和《统一货价》一样，过去均为《国际货协》的附件，从属于《国际货协》，1991年起脱离了《国际货协》，成为具有独立法律地位的文件。各国铁路可视具体情况选择参加各项协定和协约。铁组成员参加铁组范围内现行协定和协约的情况见表8-1。

表 8-1 铁组成员参加铁组范围内现行协定和协约的情况表

国家名称	《国际货协》	《统一货价》	《车规》	《清算规则》
阿塞拜疆	Y	N	N	N
阿尔巴尼亚	Y	N	N	N
白俄罗斯	Y	Y	Y	Y
保加利亚	Y	Y	Y	Y
匈牙利	N	N	Y	Y
越南	Y	N	N	Y
格鲁吉亚	Y	N	Y	Y
哈萨克斯坦	Y	Y	Y	Y
中国	Y	Y	Y	Y
朝鲜	Y	Y	Y	Y
吉尔吉斯斯坦	Y	Y	Y	Y
拉脱维亚	Y	Y	Y	Y
立陶宛	Y	Y	Y	Y
摩尔多瓦	Y	Y	Y	Y
蒙古国	Y	Y	Y	Y
波兰	Y	N	Y	Y
俄罗斯	Y	Y	Y	Y
罗马尼亚	N	N	Y	Y
斯洛伐克	N	N	Y	Y
塔吉克斯坦	Y	Y	Y	Y
土库曼斯坦	Y	N	N	Y
乌兹别克斯坦	Y	N	N	Y
乌克兰	Y	Y	Y	Y
捷克	N	N	N	Y
爱沙尼亚	Y	Y	Y	Y

注: Y 表示适用; N 表示不适用。

6. 国境铁路协定或议定书

它是由两个相邻国家铁路签订的, 规定办理联运货物交接的国境站交接车辆和货物的交接条件和方法、交接列车和机车运行办法及服务方法等的协定。中朝、中越、中蒙、中俄和中哈铁路间都订有国境铁路协定, 主要对国境铁路局适用, 同时有关条文对收、发货人也有约束力。

国境站是国际联运中, 一国铁路与另一国铁路办理货物和车辆等交接作业的车站。

【小知识】　　　阿拉山口国境站2022年通行中欧班列突破2000列

据中国国家铁路集团消息，日前，一列由波兰马拉舍维奇站始发，满载变速箱、聚乙烯、马达支撑片等货物的返程中欧班列驶入中国铁路乌鲁木齐局阿拉山口国境站，标志着阿拉山口国境站今年通行中欧班列数量突破2000列。

据统计，今年阿拉山口国境站日均通行中欧班列达16列，单日最高达24列。为畅通口岸运输通道、保障中欧班列高效通行，阿拉山口国境站与哈萨克斯坦多斯特克国境站沟通协调，提前了解哈方三日预报货物品类及车数，结合车站现车情况，合理运用到发线、换装线。

此外，根据进口货物品类情况，及时调整装卸作业线路，压缩优化散堆装货物、中欧班列及落地交付货物的装卸车、取送车时间，保证日班计划目标兑现。在出口货物交重组织方面，他们动态掌握哈萨克斯坦多斯特克国境站各品类现车保有量，根据哈方现车情况，及时调整交重品类及车数，保证出口货物交车顺畅。

为不断压缩中欧班列口岸通关时间、助力中欧班列提质增效，阿拉山口国境站与当地海关部门密切联动，优化服务措施，主动靠前服务企业，积极推动"关铁通""铁路快通"新模式落地，提供"零接触"一站式服务，设立中欧班列绿色通道及专用窗口，不断推行无纸申报、自动核放及"7×24"小时预约通关等便利化措施，多措并举助力中欧班列高效开行。

目前，阿拉山口国境站累计通行中欧班列2.4万列，通行线路达78条，覆盖国内24个省区市，可到达德国、波兰、俄罗斯等18个国家。

7. 我国国内铁路货物运输适用的有关规章

我国国内铁路货物运输适用的规章主要有《铁路货物运输规程》《铁路货物运价规则》《铁路危险货物运输管理规则》《铁路货物运输管理规则》《铁路超限货物运输规则》《铁路货物装载加固规则》《铁路集装箱运输管理规则》等。

一般来说，在上述各种规章中，多边协定高于双边协定，双边协定高于国内规章。因此，铁路和发、收货人在联运过程中首先要适用《国际货协》《统一货价》等多边协定，其次是适用国境铁路协定，再次才适用国内的规章。如果双边协定参加者对多边协定或我国铁路对多边协定和双边协定有保留者，则不再适用被保留的有关条款。

实际上多边协定中都规定有适用双边协定和一国国内规章的条款，据此可相应地适用双边协定的特殊规定和国内的规章。这个适用的本身说明首先适用的还是多边协定。

我国铁路部门为便于工作自行汇编的《国际铁路货物联运办法》，仅供国内各车站办理国际铁路货物联运时使用，不能作为解决国际铁路联运各类纠纷的法律依据。

8.1.2　国际铁路货物联运的基本业务

1. 国际铁路货物联运的范围

国际铁路货物联运的范围包括《国际货协》国铁路之间的货物联运、《国际货协》国同非《国际货协》国铁路间的货物联运、通过《国际货协》国港口的货物联运。

2. 国际铁路货物联运的运到期限

货物运到期限是指铁路运输部门根据现有技术设备条件和运输组织工作水平，对按不同种别办理的货物，所确定的从启运地至目的地的最大期限。它是衡量铁路运输质量的一项重要指标。

（1）运到期限的组成。国际铁路货物联运的办理种别可以分为整车、零担、集装箱、托盘和货捆货物等。按运送速度又可以分为慢运和快运。根据有关铁路间的商定，整车货物可随旅客列车挂运。

国际铁路联运货物的运到期限是由发送期间、运送期间、货物换装或车辆换转向架作业期间组成，计算公式为

$$T_{运到} = T_发 + T_运 + T_换$$

式中　$T_{运到}$——货物运到期限（天），运送超限货物时延长100%；

　　　$T_发$——货物发送期间（天）；

　　　$T_运$——货物运送期间（天）；

　　　$T_换$——货物换装或车辆换转向架作业期间（天）。

$T_发$、$T_运$、$T_换$的计算标准见表8-2。

表8-2　货物运到期限计算标准

运送速度	发送期间（发送路和到达路平分）	运送期间（每一参加运送铁路分算）			换装或换车辆转向架作业期间
		零担	整车或大吨位集装箱	随旅客列车挂运的整车和大吨位集装箱	
慢运	1天	每150运价公里计1天	每200运价公里计1天	—	每次作业计2天
快运	1天	每200运价公里计1天	每320运价公里计1天	每420运价公里计1天	

（2）实际运到期间的起止时间。实际运到期间从承运货物的次日零时起算，到铁路通知收货人货物到达并可以将货物交给收货人处理时止。若承运的货物在发送前需预先保管，则应从指定装车的次日零时起算。货物在国境站换装，若部分货物用补充运行报单补送，则实际运到期间按随原运单到达的部分货物计算。

（3）运到期限的最终确定。在运送途中发生下列非铁路原因造成的滞留时间，铁路有权延长相应运到期限：

1）为履行海关和其他规章所需的滞留时间。

2）非因铁路过失而造成的暂时中断运输的时间。

3）因变更运输合同而发生的滞留时间。

4）因检查货物同运单记载是否相符，或者检查按特定条件运送的货物是否采取了预防措施，并且在检查中确实发现不符时而发生的滞留时间。

5）由于发货人的过失而造成多出重量的卸车、货物或其容器与包装的修整及倒装或整理货物的装载所需的滞留时间。

6）因牲畜饮水、遛放或兽医检查而造成的站内滞留时间。

7）由于发货人或收货人的过失发生的其他滞留时间。

（4）货物运到逾期罚款。

货物全程实际运送天数超过所确定的总运到期限天数，则该批货物运到逾期。货物运到逾期后，铁路应按表8-3所列的标准向收货人支付运到逾期罚款。

表8-3　运到逾期罚款计算标准

逾期百分率 s	罚款率	罚款额
$s \leqslant 10\%$	6%	运费×6%
$10\% < s \leqslant 20\%$	12%	运费×12%
$20\% < s \leqslant 30\%$	18%	运费×18%
$30\% < s \leqslant 40\%$	24%	运费×24%
$s > 40\%$	30%	运费×30%

3. 国际铁路货物联运的运送费用

国际铁路货物联运的运送费用包括发送路运送费用、过境路运送费用和到达路运送费用。这三种路段运送费用的计算和核收办法各不相同，其核收原则见表8-4。

表8-4　运送费用的核收原则

项目	发送路（《国际货协》国）	过境路（统一货价）	到达路（《国际货协》国）
适用规章	承运当日发送路国内规章	承运当日《统一货价》	承运当日到达路国内规章
支付币种	发送国货币	运价货币折成核收国货币	到达国货币
支付地	发站	发站或到站	到站（我国为进口国境站）
支付人	发货人	发货人或收货人	收货人

过境路运送费用按下列规定计收：参加《国际货协》并实行《统一货价》各过境路的运送费用，在发站向发货人（相反方向运送则在到站向收货人）核收；但办理转发送国家铁路的运送费用，可以在发站向发货人或在到站向收货人核收。过境非《国际货协》铁路的运送费用，在到站向收货人（相反方向运送则在发站向发货人）核收。

4. 国际铁路货物联运的进出口运输程序

（1）在国际货物买卖合同中订立国际铁路联运交货条款。

根据国际商会制定的《国际贸易术语解释通则》，适用于国际铁路联运的贸易术语主要有 FCA、CPT 和 CIP。除了以上贸易术语应在合同中交货条款注明外，交货地点一定要具体明确，因为交货地点是划分运输费用的界限。

（2）国际铁路货物联运计划的编制和审定。

国际铁路货物联运计划是对外贸易运输计划的组成部分，它体现了国际铁路货物联运的具体任务，也是日常铁路货物联运工作的主要依据。它的编制主要包括年度运量计划的编制和月度货运计划的编制。

（3）出口货物托运与承运。

货物的托运是发货人组织货物运输的一个重要环节。发货人在托运货物时，应向车站提出货物运单，以此作为货物托运的书面申请。车站在确认可以承运时，应予以签证表示受理托运。发货人根据车站的要求将货物搬入车站或指定的货位，车站方予以承认。一般情况下，整车货物装车完毕，发站在货物运单上加盖承运日期戳，即为承运。

托运所涉及的单证主要是国际铁路货物联运运单和补充运行报单。

（4）运输合同的变更。根据《国际货协》第十九条规定，发货人和收货人都有权对运输合同要求变更，但此变更只能有一次，并且在变更运输合同的同时，不准将同一批货物分开办理。

（5）装车发运工作。按我国铁路规定，在车站公共装卸场所内的装卸工作，由铁路负责组织；其他场合则由发货人或收货人负责组织。但某些性质特殊的货物，即使在车站的货场内，也均由发、收货人组织装卸。

（6）国际铁路货物联运货物在国境站的出入境工作流程。联运货物装车发运后，经过发送路途中运输，到达出口国境站办理出境手续。对进境货物而言，还需要在进口国境站办理货物和车辆交接手续。

（7）进口货物的到达与交付。在货物到达后，应通知运单中所记载的收货人领取货物。在收货人付清运单中记载的一切应付运送费用后，铁路需将货物连同运单正本和货物到达通知交付给收货人。

8.1.3　特定运输条件的货物运输

1. 超限、超长、超重货物的运输

（1）定义和种类。

1）超限货物。凡货物的外形尺寸有任一部位超过参加运送的任一铁路装载界限的，均属超限货物。

2）超长货物。凡长度超过 18cm（经由越南时超过 12cm）的货物，均属超长货物。

3）超重货物。凡重量超过 60t（在换装运送中在越南重量超过 20t）的货物，均属超重货物。

（2）运输条件。超限、超长和超重货物的运送条件，原则上必须由参加运送的各国铁路预先商定后才准许运送。

对于不换装运送的超限、超长和超重货物，发货人必须在办理托运的 1 个月以前向始发站提出关于货物的包装种类、重量和尺寸资料；换装运送的，则必须在 2 个月以前向始发站提出。超限货物还必须提出货物装车示意图。始发站收到上述有关资料，审核后向主管铁路部门提请。

超长货物（运往越南的除外）在下列情况下，可不经预先商定即可运送：

1）不换装运送中，装在一辆车上时长度超过 18m，而不超过 25m 的货物。使用游车[○]时，货物不应支靠在游车上。

2）长度不超过 30m（对欧洲 1435mm 轨距的铁路为长度不超过 36m）的铁路铁轨和钢

○　一种特殊的车辆，用于铁路快速运输中的装卸操作。

筋混凝土用的圆钢筋。

2. 危险货物的运输

（1）定义和分类。凡具有爆炸、易燃、毒害、腐蚀和放射性性质，在铁路运输、装卸和储存保管过程中，容易造成人身伤亡和财产损毁而需要特别防护的货物，均属危险货物。

《国际货协》附件《危险货物运送规则》将危险货物按性质分为10类：爆炸品和装有爆炸品的物品；能形成爆炸混合物或助燃的物品；压缩气体、液化气体或在压力下溶解的气体；自燃物品；同水接触时形成发火气体的物品；易发火的固体和液体物品；腐蚀性物品；毒品；有臭味的产品和能引起传染病的物品；放射性物品。

（2）运输条件。

1）应遵守的原则规定。由于《国际货协》附件《危险货物运送规则》与我国《铁路危险货物运输管理规则》对危险货物的分类和运输条件不尽相同，因此，在我国铁路区段运输国际联运的危险货物时，应遵守以下原则规定：

a）按《危险货物运送规则》属危险货物而按国内铁路规定属非危险货物的，可按非危险货物运输，但货物包装和标志应符合国际联运的有关规定。

b）按国内铁路规定属危险货物而按国际联运规定属非危险货物的，应按危险货物组织运输。

2）运送的特别要求和限制条件。运送的特别要求和限制条件如下：

a）爆炸品、压缩气体、液化气体或在压力下溶解的气体、自燃物品和放射性物品，只限于列载在《危险货物运送规则》相应品类表中的物品准予运送。没有列载的，只有在征得参加运送铁路同意后才准予运送。

b）危险货物的包装、一件货物重量的限制、车种要求、混装限制、标示牌及运单内的记载内容，均需遵守国际联运的规定条件时才准予运送。在个别情况下要求不按其规定条件运送时，应征得有关铁路同意后才准予运送。

c）危险货物装载必须稳固，加固材料必须由发货人负责。在换装运送中，对于装入纸袋或厚纸盒中的整车危险货物，发货人应在每一车内放置不少于10个纸袋或5个厚纸盒的备用空容器，以备包装损坏时使用。

d）危险货物零担运送应满足国际联运对其的有关特别要求。运送《国际货协》附件《零担运送时需要预先商定的危险货物名称表》列载的危险货物时，必须在征得有关铁路同意后，才能按零担运送。装入玻璃或陶制器皿内，再装入筐或木笼箱中的易燃、腐蚀性和有毒的液体危险货物，不准按零担运送，但非危险货物运送的小包装纯化学试剂和制剂及根据特定条件仅定有此一种包装规定的货物除外。

e）运送危险货物时，必须按规定在每一件货物上和车辆上粘贴相应的标示牌。

3. 易腐货物和活动物的运输

（1）定义和分类。在铁路运输中对外界高温或低温通常需要采取防护措施，即遵守保温制度加冷、加温、通风或照料或照管或服务的货物，称为易腐货物。

易腐货物根据装车前的技术处理和保温处理情况及热状态，可以分为深冻结食物（低于-18℃）、冻结食物（-6~8℃）、冷却食物和非冷却食物。

（2）运输条件。

1）运输易腐货物时，应遵守《国际货协》附件《易腐货物运送规则》的规定。在我国铁路段内运输时，还必须遵守我国《铁路鲜活货物运输规则》的规定；运送活动物时，必须遵守货物发送国、到达国和过境国的兽医卫生规章，并按规定保证动物的押运。

2）对易腐货物和活动物的运输还有运送的特别要求和限制。

4. 集装箱货物的运输

（1）办理种类和货运程序。国际铁路集装箱的办理种类包括小吨位集装箱、中吨位集装箱、大吨位集装箱、大吨位空集装箱。

国际铁路集装箱货运程序为空箱发放、集装箱货物的接收与承运、装车、卸车和集装箱货物的交付。

（2）运输条件。

1）小吨位集装箱、中吨位集装箱、大吨位集装箱，允许在发送路办理该集装箱承运的一切车站和《国际货协》有关附件上载列的车站间办理运送；如果《国际货协》及其附件《铁路集装箱运送规则》未做另外规定，则集装箱的承运和装车按发送路的现行国内规章办理，而集装箱的交付按到达路的现行国内规章办理；不符合集装箱办理类型要求的集装箱，只有在参加运送的各铁路商定后，才准许运送。

2）集装箱的运输还有一些特别的要求和限制条件。

8.1.4 《国际铁路货物联运协定》的主要内容

1. 适用范围

《国际货协》适用于缔约国之间的货物运输，对承运人、发货人、收货人均有约束力。对从不参加《国际货协》的国家，通过参加国铁路将货物运往未参加《国际货协》国家（或反向货物运输）则应按《国际货协》的附件办理。下列运输不适合本决定：

1）货物发站、到站在同一国内，而发送的铁路可通过另一国家过境运输时。

2）两个国家车站之间，用发送国或到达国车辆通过第三国过境运输时。

3）两国相邻车站间，全程运输使用同一方的铁路车辆，并根据这一铁路的国内规章办理货物运输时。

以上货物可根据各国有关铁路间签署的特别协定办理。

2. 铁路的责任

（1）铁路的责任期间和范围。铁路在规定的条件范围内，从承运货物时起，至到站交付时止，以及如将货物转发送到未参加《国际货协》的铁路国家，则至按另一种国际联运协定的运单办完货物运送手续为止，对于货物运到逾期及对因货物全部或部分灭失、重量不足、毁损、腐坏或因其他原因降低质量所发生的损失，认定为铁路的责任。

（2）铁路的连带责任。按《国际货协》运单承运货物的铁路，负责完成货物运送全程的运输合同，至到站交付时止，如将货物转发送到未参加《国际货协》的铁路国家，则负责完成至按另一种国际联运协定的运单办完货物运送手续为止。如果货物转发送至未参加《国际货协》的铁路国家，则至按《国际货协》运单办完运送手续后开始。每一继续运送的铁路，自接收附有运单的货物时起，即认为参加了这项运输合同，并承担由此而产生的义务。

（3）免责事项。免责事项如下：

1）由于铁路不能预防或不能清除的情况。

2）由于货物自然特性所致。

3）货物的灭失、损害系由于发货人、收货人过失所致。

4）货物的损害系由于发货人、收货人装卸过失所致。

5）使用敞车类货车运送货物（规章允许除外）。

6）包装不牢、标志不清。

7）发货人未按《国际货协》规定办理货物托运。

8）发货自然损耗。

9）发货人申报内容不准确、不完全、不确切所致。

3. 发货人的责任

发货人对自己填的货协运单的真实性负完全责任；应按规定交纳运送费用；发运前取消运输的应承担违约责任；由于发货人提供的包装不良，并且铁路部门无法从外部发现造成货损货差的，责任由发货人自负；如果给铁路或他人造成了损失，还应依法负赔偿责任。

4. 收货人的责任

收货人必须按规定支付运送费用并领取货物，只有在货物由于毁损、腐坏或因其他原因而使质量发生变化，以致部分或全部货物不能按原用途使用时，方可拒领。如果收货人超过期限提取货物，应按规定向铁路部门支付保管费。

5. 运单

适合铁路运输的单证叫作运单。运单由运单正本、运单报单、运单副本、货物交付单及货物到达通知单组成。

按照《国际货协》第六、七条的规定，发货人在托运货物时，应对每批货物按规定的格式填写运单和运单副本，并在填写后向始发站提出，在始发站承运货物（连同运单）时起，即认为运输合同业已订立。

6. 索赔及其处理

（1）赔偿请求。

1）赔偿请求人。赔偿请求应由发货人向始发站或发送铁路主管部门，收货人向到达站或到达铁路主管部门提出。

2）赔偿请求的形式。赔偿请求是以书面形式提出的。

3）赔偿请求的时限。关于货物部分灭失、重量不足、毁损、腐坏或因其他原因降低质量的赔偿请求，自货物交付收货人之日起计算；关于货物全部灭失的赔偿请求，按规定的货物运到期限满30天起计算；关于补充支付运费、杂费、罚款的赔偿请求，或者关于退还这项款额的赔偿请求，或者关于因运价规程使用不当及费用计算错误所发生的订正清算的赔偿请求，自付款之日起计算，若未付款，则自货物交付之日起计算；关于其他的赔偿请求，自查明提出赔偿请求依据的情况之日起计算。

（2）诉讼。

1）诉讼提起人。凡有权向铁路提出赔偿请求的人，即有权根据运输合同提起诉讼。

2）提起诉讼的条件。只有根据规定提出赔偿请求后，才可提起诉讼。铁路在收到赔偿请求后，未按照规定的期限处理赔偿请求，或者在上述期限内铁路已将全部或部分拒绝赔偿请求一事通知请求人，则有起诉权的人才可对受理赔偿请求的铁路提起诉讼。

3）司法管辖。诉讼只能在受理赔偿请求的铁路所属国家的适当法院提起。

4）诉讼时效。根据运输合同提起诉讼的时效与提出赔偿请求的时效相同。超过时效的赔偿请求无效，也不得以诉讼形式提起。

7. 运输合同的变更

1）发货人可对运输合同作下列变更：

a）在始发站将货物领回。

b）变更到达站。

c）变更收货人。

d）将货物运回始发站。

2）收货人可对运输合同做下列变更：

a）在到达国范围内变更货物的到达站。

b）变更收货人。

3）下列情况下，铁路不受理变更：

a）应执行变更合同的车站，在接到申请书或由始发站或到达站发来的电报通知后已无法执行。

b）此种变更违反铁路运营管理的有关规定。

c）此种变更与参加运送铁路所属国家现行法令和规章有抵触时。

d）在变更到达站情况下，货物价值不能抵偿运到新指定到达站的一切费用时。

8.2　国际航空货物运输

8.2.1　概述

1. 航空货物运输的特点

1）运送速度快，运输路程短，这个特点也是航空货物运输的最大优点和主要特点。

2）安全准确，有利于稳定和开拓市场。

3）可简化包装、节省费用。

4）载运量小、运输费用高。

5）适用于鲜活、易腐和季节性要求高的货物运送。

2. 航空运输市场的分类

航空运输市场按运载对象可以分为民用航空旅客运输市场和民用航空货物运输市场（包括航空邮件运输）。

航空运输市场按地理范围可以分为航空国内运输市场、航空国际运输市场和航空地区运输市场。

航空运输市场按运输时限可以分为航空定期运输市场、航空不定期运输市场和航空快捷运输市场。

3. 航空集装运输

航空集装运输是指利用航空集装设备装载货物、行李和邮件的运输。航空集装运输具有如下特点：

1）减少货物装卸时间，提高作业效率。

2）减少货运事故，提高运输质量。

3）有利于组织联合运输和"门到门"服务。

4）航空集装箱缺乏标准化和互换性。

5）航空集装箱的造价较高，空箱回送浪费运力。

航空集装设备主要是指能够使用飞机内的轮滚系统进行传递和固定的被称为集装器的集装箱、集装板、集装棚及与之配套使用的装运设备。航空集装设备分为航空集装箱、集装板（也称托盘）、集装棚。航空集装设备的代号分别表示不同内容：第1、2、3位是字母分别代表集装箱的类型、底板尺寸、外形或适配性；第4、5、6、7位是数字代表序号；第8、9位是字母分别代表所有人、注册人。

4. 民用运输机场

民用运输机场是指专供民用航空器起飞、降落、滑行、停放及进行其他活动使用的划定区域，包括附属的建筑物、装置和设施。民用运输机场、通用航空固定性机场和其他专门用途的民用机场，通称民用机场。

（1）民用运输机场的组成。

1）飞行区。飞行区包括跑道、滑行道、停机坪及各种保障飞行的措施，还包括保证飞机起飞和着落的冲空保护区。

2）客货运输服务区。客货运输服务区也称航站区，它是为旅客、货物、邮件运输服务的区域，包括客机坪、候机楼、停车场及货运站或货运中心。

3）机务维修区。机务维修区是为飞机上各种设备提供维修服务的场所，包括维修机坪、维修机库、维修工厂或维修车间等。

4）输油系统。输油系统包括油料储存和飞机加油设备等。

5）消防和急救设备。设立消防和急救设备的目的是防止飞机失事和失事后进行抢救。

6）流动便利设备。流动便利设备是指升降平台、牵引车、传送带和食品车等。

（2）我国民航运输机场的分类。我国民航运输机场按是否对外开放，分为国际机场和国内机场。国际机场是指经政府批准对外开放，供国际航线的航空器起降营运，并设有海关及边防检查站等机构的口岸。国内机场供国内航线的航空器使用，除特殊情况经批准外，不提供给外国航空器使用。

根据服务的航线和规模，机场分为大型枢纽机场、干线机场和支线机场。大型枢纽机场，其国际、国内航线密集，客、货、邮件吞吐量大，如北京大兴国际机场、北京首都国际机场、上海浦东国际机场、上海虹桥国际机场和广州新白云国际机场；干线机场以国内航线为主，客、货、邮件吞吐量较大，主要是指省会城市、自治区首府以及重要工业、旅游、开放城市的机场；支线机场以地方航线为主，规模较小，等级较低，大多分布在各省、自治区地面交通不便的地方。

（3）民用机场飞行区等级。国际民用航空组织规定，采用民用机场跑道的长短和能起降的飞机的类型相结合的方法来划分民用机场飞行区的等级，即根据民用机场飞行区使用的飞机的基准飞行场地长度，从小到大分为 1、2、3、4 四个等级；根据该机场飞行区能起降的最大飞机的翼展和主起落架外轮外侧间的距离，从小到大分为 A、B、C、D、E 5 个等级，见表 8-5。例如，4D 机场是指在标准条件下，可用跑道长大于或等于 1800m，可用最大飞机的翼展为 36~52m 和主起落架外轮外侧间距为 9~14m。因为国际航班一般使用中远程民用航空器，故民用国际机场飞行区等级指标为 4D（含 4D）以上。

表 8-5　民用国际机场飞行区等级划分要素表

第一要素		第二要素		
代码	飞机基准飞行场地长度 a/m	代字	翼展 b/m	主起落架外轮外侧间距 c/m
1	$a<800$	A	$b<15$	$c<4.5$
2	$800\leqslant a<1200$	B	$15\leqslant b<24$	$4.5\leqslant c<6$
3	$1200\leqslant a<1800$	C	$24\leqslant b<36$	$6\leqslant c<9$
4	$a\geqslant 1800$	D	$36\leqslant b<52$	$9\leqslant c<14$
		E	$52\leqslant b<65$	$9\leqslant c<14$

注：选用允许起降的飞机中翼展最大或主起落架外轮外侧间距最大者，以确定第二要素的代字。

8.2.2　航空运输的基础知识

1. 航线和航班

（1）航线。民航从事运输飞行，必须按照规定的线路进行，这种路线就叫航空交通线，简称航线。航线分为国内航线、国际航线和地区航线。

（2）航班、班次

1）航班。飞机由始发站起飞按照规定的航线经过经停站至终点站进行运输生产飞行，称为航班。航班分为去程航班和回程航班。

2）班次。班次是指在单位时间，通常以 1 星期计算飞行的班数（包括去程和回程）。班次根据运输需求和运输能力确定。

2. 国际民航组织

与国际民用航空运输有关的组织，主要有国际民用航空组织（ICAO）和国际航空运输协会（IATA）。

【小知识】

国际民航组织（International Civil Aviation Organization）前身为根据 1919 年《巴黎公约》成立的空中航行国际委员会（ICAN）。由于第二次世界大战对航空器技术发展起到了巨大的推动作用，使得世界上已经形成了一个包括客货运输在内的航线网络，但随之也引起了一系列急需国际社会协商解决的政治上和技术上的问题。因此，在美国政府的邀请下，52 个国家于 1944 年 11 月 1 日至 12 月 7 日参加了在芝加哥召开的国际会议，签订了《国际民用航空公约》（通称《芝加哥公约》），按照公约规定成立了临时国际民航组织（PICAO）。

1947 年 4 月 4 日,《芝加哥公约》正式生效, 国际民航组织也因之正式成立, 并于 5 月 6 日召开了第一次大会。同年 5 月 13 日, 国际民航组织正式成为联合国的一个专门机构。1947 年 12 月 31 日, 空中航行国际委员会终止, 并将其资产转移给国际民航组织。

中国是《国际民用航空公约》创始缔约国之一, 1946 年成为正式成员。1971 年 11 月, 国际民航组织理事会通过决议, 承认中华人民共和国政府的代表为中国驻国际民航组织的唯一合法代表。1974 年 2 月, 中国政府正式恢复参加该组织, 并于当年当选为二类理事国后一直连任。2004 年第 35 届大会上, 中国当选为一类理事国并连任至今。

2015 年 3 月 11 日, 国际民航组织第 204 届理事会选举产生下任秘书长。中国政府提名的候选人柳芳成功当选。2018 年 3 月 16 日, 柳芳在国际民航组织第 213 届理事会上成功连任。柳芳是国际民航组织历史上首位中国籍秘书长, 也是首位女性秘书长。2022 年 9 月 27 日至 10 月 7 日, 国际民航组织第 41 届大会在加拿大蒙特利尔举行, 中国民用航空局局长宋志勇率中国代表团与会。

【小知识】

国际航空运输协会 (International Air Transport Association, IATA) 是一个由世界各国航空公司所组成的大型国际组织, 其前身是 1919 年在海牙成立并在二战时解体的国际航空业务协会, 总部设在加拿大的蒙特利尔, 执行机构设在日内瓦。与监管航空安全和航行规则的国际民航组织相比, 它更像是一个由承运人 (航空公司) 组成的国际协调组织, 解决在民航运输中出现的诸如票价、危险品运输等问题, 主要作用是通过航空运输企业来协调和沟通政府间的政策, 并解决实际运作的问题。

3. 航空运输的飞行方式和运输种类

(1) 飞行方式。

1) 班期飞行。班期飞行是根据班期时刻表, 按规定的航线、规定的机型、规定的日期、规定的时刻的飞行。它是民航运输生产活动的基本形式。

2) 加班飞行。加班飞行是根据临时性的需要, 在班期飞行以外增加的飞行, 是在班期飞行的航线上, 解决航班客货运输繁忙现象的飞行, 是班期飞行的补充。

3) 包机飞行。包机飞行是根据包机单位的要求, 在现有航线或以外航线进行的专用飞行。它包括客货包机飞行、专业飞行和专机飞行, 是班期飞行的补充。

(2) 运输种类。

1) 国内航空运输。国内航空运输是指运输对象 (客、货、邮件) 的始发地点、经停地点和目的地点均在一国国内的运输, 即国内航线上的航空运输。

2) 国际航空运输。国际航空运输是指涉及一国以上的航空运输, 是无论运输有无间断或无转运, 其运输对象的始发地点、目的地点或约定的经停地点之一不在国境内的运输, 包括定期航班飞行和不定期航班飞行。

4. 航空区域

(1) ARETC1 区。ARETC1 区东邻 ARETC2 区、西接 ARETC3 区, 北起格陵兰岛、南至南极洲, 主要包括北美洲、南美洲及附近岛屿、格陵兰岛、西印度群岛和加勒比岛屿及夏威夷群岛 (含中途岛和巴尔迈拉岛)。

(2) ARETC2 区。ARETC2 区东邻 ARETC3 区、西接 ARETC1 区, 北起北冰洋诸岛、南

至南极洲，包括欧洲、非洲、中东及附近岛屿。

（3）ARETC3 区。ARETC3 区东邻 ARETC1 区、西接 ARETC2 区，北起北冰洋、南至南极洲，包括亚洲（除中东所包括的亚洲部分国家），所有的东印度群岛、澳大利亚、新西兰及其毗邻的岛屿、太平洋岛屿（包括在 ARETC1 区的太平洋岛屿除外）。

5. 国际航空货运手册

国际航空货运手册包括《航空货运指南》和《国际航空货运运价手册》（TACT）。《国际航空货运运价手册》由国际航空运输协会组织出版，包括 *TACT Rules*、*TACT Rates-North America* 和 *TACT Worldwide* 三部分。

8.2.3 国际航空运输的基本业务

1. 货物托运和收运

（1）货物托运。

1）委托航空货运代理托运货物。航空出口货物的托运人，一般都是委托航空货运代理（以下简称空运代理）办理货物托运。委托时，托运人应填制"国际货运托运书"（以下简称托运书），连同国际货物买卖合同副本（或出口货运明细单）、发票、装箱单及海关需要的文件和资料交空运代理，由空运代理办理仓库提货、报关、制单等托运手续。出口货物批量大要采取包机运输时，需提前填制"包机委托书"交空运代理负责办理包机手续。

2）预订航班舱位。托运人托运下列货物应当预订航班舱位（由代理人办理），否则承运人有权不予受理：货物在中转时需要特殊对待；货物的声明价值超过 10 万美元或等价货币；不规则形状或尺寸的货物；特种货物；批量较大的货物；需要两家及以上承运人运输的联程货物。

3）货物包装。托运的货物需要根据货物的性质、质量、运输环境和承运人的要求，采用适当的包装材料和形式，妥善包装。在每件货物的外包装上标明出发地、目的地、托运人、收货人的名称及详细地址等，并粘贴或拴挂货物运输标签。托运时还需要根据货物的性质，在货物外包装上粘贴包装储运指示标志。

4）填制航空货运单。根据《华沙公约》有关规定，航空货运单应由托运人填写，也可以由承运人或其代理人填写。实际上航空货运单均由承运人或其代理人填写。因而，托运人必须填写国际货运托运书以作为填制航空货运单的依据。航空货运单签字后即宣告航空运输契约开始生效，具有法律效用。

（2）收运。

1）一般条件。凡我国和国际有关的法律、行政法规及其他有关规定禁止运输的物品，不得接收；批量大、有特定条件和时间限制的联运货物，应安排好联运中转舱位后方可接收；货物的包装、重量和体积必须符合空运的要求。

2）安全检查。对于国家限制运输的物品，承运人应当查验国家有关部门出具的运输许可证；承运人应当查验托运货物的包装（但对内包装不承担检查的责任），如发现包装不符合航空运输要求，在托运人改善托运货物包装后，方可办理收运手续。托运人对收运的货物应当进行安全检查，对当日托运、装机发运的货物，开箱检查或通过安检仪器检测。

3）价值限制。每批货物（即每份航空货运单）的声明价值不得超过 10 万美元或等价货币（未声明的，按毛重 20 美元/kg 计算）。超过时，应分批交运（即分成两份或多份航空货运单)。如货物不宜分开，必须经有关航空公司批准后方可收运。

4）付款要求。货物的运费可以预付，也可以到付。承办运费到付货物时，应当确认货物目的地国家和有关承运人允许办理此种业务后，方可收货。下列货物不可办理运费到付：收货人和托运人为同一人的货物；收货人为政府代理机构（政府代理人托运货物时，出具书面保函者除外）；尸体、骨灰；动物；易腐货物；私人用品及家具（无出售价值的）；货物的再出售价值低于运费的。

2. 货物运输

1）运送的时间。承运人应当根据航空货运单约定的契约条件，在合理的时间内将货物运至货物目的地，对托运人预先订妥舱位的货物，承运人应当按托运人预订的航班将货物运至目的地。

2）运输路线。承运人应当按照合理、经济的原则选择运输路线。承运人为尽早地将货物运抵目的地，有权改变托运人在航空货运单上列明的运输路线。

3）舱单。承运人运输货物应当填制舱单，对于联运的货物，承运人应当填制转运的舱单。

4）货物装卸。承运人按装机单、卸机单准确装卸货物。按照货物包装上的储运指示标志作业，轻拿轻放，防止货物损坏；在货物运输中，发现货物包装破损无法续运时，应当做好运输记录，及时通知托运人或收货人，征求托运人或收货人对货物的处理意见。

5）仓库保管。承运人根据进、出机场货物种类及运量，分别建立普通货物仓库、贵重货物仓库、鲜活货物仓库、危险货物仓库、活体货物仓库等，并且需要建立和健全仓库保管制度，严格交接手续，库内货物应当合理码放、定期清仓。做好防火、防盗、防鼠、防水、防冻工作，确保进出货物准确、完整。

3. 货物到达和交付

1）到货通知。除另有约定外，承运人应当在货物到达后立即通知收货人。承运人自发出到货通知次日起，免费保管3天。逾期不提取，收货人必须交纳保管费。

2）货物的交付。承运人交付货物时，要求收货人出具证件和到货通知。承运人应当按照航空货运单上列明的货物件数清点后，交付收货人。

4. 变更运输

（1）自愿变更运输。托运人对已经办妥运输手续的货物，提出变更要求，称为自愿变更运输。

1）自愿变更运输的范围。自愿变更运输的范围包括：在出发地机场或目的地机场提回货物；在货物运输途中的任何一次经停时，中止运输；在目的地点或货物运输途中要求将货物交给非航空货运单上指定收货人，即变更收货人；要求从中途或目的站将货物运回出发地机场；变更目的地。

2）自愿变更运输的条件。自愿变更运输的条件包括托运人应当以书面形式向承运人提出变更要求，并向承运人出示其所收执的航空货运单（第三联航空货运单正本）；托运人要求变更运输的货物，应是一份航空货运单所填写的全部货物；收货人拒绝接受航空货运单或货物，或者是承运人无法与收货人联系；托运人提出的变更要求不能违反我国和有关国家的法律、行政法规和其他有关规定，否则承运人应当予以拒绝。

3）自愿变更运输的处理。货物发运前退运，承运人应当收回托运人收执的航空货运单，并从运费中扣除货物发运前已发生的各项费用，余额退还托运人；货物发运后变更运输，承运人之间应当相互联系，及时复电证实，承运人收到变更运输证实后，应向有关承运人发出"货物运输更改通知单"；有关承运人收到要求变更运输通知后，应视情况按有关规定处理，必要时托运人应当交付有关费用；托运人的变更要求不能执行时，承运人应当立即通知托运人；承运人按照托运人的变更要求处理货物，但承运人没有要求托运人出示所收执的航空货运单，给该航空货运单的合法持有者及收货人造成损失的，应当由承运人承担责任，但是承运人享有向托运人追偿的权利；托运人不得因运输变更而使承运人或其他托运人遭受损失，否则应当赔付由此产生的费用。

（2）非自愿变更运输。托运人托运货物后，因承运人的原因，如机场关闭、航班中断和天气影响等，致使货物不能空运至目的地，需要变更运输的，称之为非自愿变更运输。在这种情况下，承运人按照下列规定处理运费费用：

1）在出发地点退运货物，承运人应将全部运费退还托运人。

2）在经停地点变更目的地，托运人交付的费用多退少补。

3）在经停地点将货物运回原出发地，承运人应将全部运费退还托运人。

4）在经停地点改用其他运输工具将货物运至目的地，超过部分的费用由承运人承担。

5. 索赔与理赔

（1）承运人的责任和豁免。

1）承运人应对因发生在航空运输期间的事件造成货物的毁灭、遗失、损坏承担责任。但是当承运人证明货物毁灭、遗失、损坏是下列原因造成的，可以不承担责任：货物本身的自然属性、质量或缺陷；承运人或受雇人、代理人以外的人包装货物情况下的货物包装不良；战争或武装冲突；政府有关部门，如海关等部门采取的有关货物检验检疫及入境、出境或过境的行为。

2）货物在航空运输中因延迟造成的损失，承运人应当承担责任。但承运人证明本人或其受雇人、代理人为了避免损失的发生，已经采取了一切必要的措施或不可能采取此种措施的，不承担责任。

3）在货物运输中，经承运人证明，损失是由索赔人或代行权利人的过错造成或促成的，应当根据造成或促成此种过错的程度，相应免除或减轻承运人的责任。

（2）赔偿和诉讼。

1）在货物运输中造成货物毁灭、遗失、损坏或延误时，托运人、收货人或其代理人应在规定的期限内以书面形式向承运人提出索赔，期限规定如下：货物发生损失的，最迟应当自收到货物之日起 14 天内提出；货物发生延误的，最迟应当自货物交付收货人处置之日起 21 天内提出；货物毁灭或遗失的，应自填该航空货运单之日起 120 天内提出。

2）承运人赔偿责任限额：托运人未向承运人办理货物声明价值，承运人应当按照实际损失的价值赔偿，但赔偿责任限额为 17 计算单位（SDR）/kg；托运人已向承运人办理货物声明价值，并交付了声明价值附加费的货物，承运人应当按照实际损失的价值赔偿，但赔偿责任限额为货物声明价值；托运人在托运货物时，特别声明在目的地交付时的利益，并在必要时交付附加费的，除承运人证明托运人的金额高于托运货物在目的地交付的实际利益外，承运人应当在声明金额范围内承担赔偿责任；确定承运人赔偿责任限额货物的重量的规定。

另外，还有承运人丧失援用赔偿责任限制的规定和承运人的受雇人、代理人援用赔偿责任限制的规定。

3）诉讼：托运人或收货人或其他有权提起诉讼的人，应自航空器到达目的地之日起，或者应当到达目的地之日起，或者运输终止之日起2年内提起诉讼，否则丧失对承运人诉讼的权利。

由几个航空承运人办理的连续运输，货物发生毁灭、遗失或延误的，托运人有权对第一承运人提起诉讼，收货人有权对最后承运人提起诉讼，托运人和收货人均可以对发生毁灭、遗失、损失或延误的运输区段的承运人提起诉讼。上述承运人应当对托运人或收货人承担连带责任。

对实际承运人履行的运输提起的诉讼，可以对实际承运人或缔约承运人提起，也可以同时对实际承运人和缔约承运人提起，被提起诉讼的承运人有权要求另一承运人参加应诉。

8.2.4　国际航空货物运输的经营方式和组织方法

1. 国际航空货物运输的经营方式

（1）班机运输。班机运输是指定期开航的定始发站、到达站、途经站的飞机运输。一般航空公司的班机多使用客货两用的飞机，在搭载旅客的同时运送小批量货物；货源充足的大航空公司，在一些航线上开辟定期货运航班，使用全货机运输。由于班机一般是以客运为主，货舱有限，不能满足大批量货物的及时运出，有时需要分期分批运输。

（2）包机运输。包机人为了一定的目的包用航空运输企业的飞机运载货物的方式，称为货物包机运输，包括整架包机和部分包机。

1）包机合同和运输凭证。包机人申请包机，应凭个人有效身份证与承运人联系协商包机运输条件，双方同意后签订包机合同，并履行包机合同规定的各自应当承担的责任和义务。包机人和承运人执行包机合同时，每架次货运包机应当填制一份航空货运单，作为包机的运输凭证。

2）包机运输有关规定。包机人应当保证所托运的货物内没有夹带有关国家法律、行政法规和其他有关规定禁止和限制运输的物品，并应当提前将货物送到指定机场，自行办妥检验检疫、出境等出口手续；包机人可以充分利用包用飞机的吨位，但不得超过飞机的最大载重量。承运人如需利用包机的剩余吨位，应当与包机人商定。

（3）包舱、包集装箱（板、棚）运输。包舱、包集装箱（板、棚）运输是指托运人根据所托运的货物，在一定时间内需单独占用飞机货舱或集装箱、集装板、集装棚，而承运人需要采取专门措施给予保证的一种经营方式（不含正常运输中的集装箱、集装板、集装棚运输）。

2. 国际航空货物运输的组织方法

（1）集中托运。集中托运是指航空货运代理公司将若干批单独发运到同一方向的货物组成一整批，填写一份总运单发到同一目的站，由航空货运代理公司委托目的站当地的代理人负责收货、报关并分拨给各个实际收货人的一种航空货物运输的组织方法。航空货运代理公司对每一托运人另发一份代理公司签发的分运单，以便托运人转给收货人凭以提取货物。

航空公司采用按重量递减的定价原则，制定并公布按不同重量的收费运价，从而赚取运价的差额。集中托运业务在国际航空运输界开展得比较普遍，是航空货运代理公司的主要业务之一。

（2）航空快件运输。航空快件运输是指具有独立法人资格的企业，通过航空运输及自身或代理的网络，在发货人与收货人之间以最快速度传递文件和物品的一种现代化的运输组织方法。因主要运送国际往来的文件和物品，故也称国际快件运输。

国际快件主要包括商务文件、资料、投标书、合同书、检验检疫证明书、银行票据、照片、机票及商业性小包裹，如礼品、小型样品、需要返修的零配件、时令性水产品等。

航空快件运输已成为航空货物运输的主要业务之一，主要由专门的快件公司从事。

（3）联合运输。

1）陆空联运。陆空联运包括火车与飞机的联合运输（Train-Air，TA）及卡车与飞机的联合运输（Truck-Air，TA），这里的卡车是指长途汽车运输。我国空运出口货物常采用陆空联运的方法。

2）陆空陆联运。陆空陆联运是指火车、飞机与卡车的联合运输（Train-Air-Truck，TAT）。我国南方各省份出口货物，利用香港的机场航班多、普通货物的运价便宜等优势，货物先用火车运至深圳北站，卸后装卡车运至香港，再从香港机场用航空班机运至目的地或中转站。组织陆空陆联运必须事前与香港的收转人联系，预订舱位所需单证必须提前寄到。

3）海空联运。机场位临海岸，设有机场码头，并开通海上航线，组织海空联运，以集散经航空运输的货物。

8.2.5 国际航空货物的运输费用

国际航空货物运价由特种货物运价、货物等级运价、一般货物运价组成。

（1）特种货物运价。特种货物运价是由各国航空运输协会，根据在一定航线上有经常性特种货物运输的发货人的要求，或者为促进某地区的某种货物运输，向国际航空运输协会提出申请，经过同意后制定的特种货物运价。特种货物运价一般低于一般货物运价，其目的是向发货人提供一个竞争性的运价，以便发货人使用航空公司的运力。

（2）货物等级运价。货物等级运价是在一般货物运价的基础上，加上或减去一定的百分比后公布的，适用于指定地区少数货物的运输。

（3）一般货物运价。一般货物运价是指该种货物既没有可使用的等级运价，又没有特种货物的运价，只是用一般货物运价。

8.2.6 航空货运单

航空货运单是一种运输合同，是由承运人或其代理人签发的一份重要的货物单据，不代表货物凭证，不可议付。

1. 航空货运单的作用

（1）承运合同。承运合同是发货人与承运人之间的运输合同，一旦签发，便成为签署承运合同的书面证据。

（2）货物收据。当发货人将其货物发运后，承运人或其代理人将一份航空货运单正本交给发货人，作为接受其货物的证明。

（3）运费账单。航空货运单上分别记载着属于收货人应负担的费用和属于代理人应负担的费用，因为可以作为运费账单和发票，承运人可将一份航空货运单正本作为记账凭证。

（4）报关单据。当航空货物运达目的地后，应向当地海关报关。在报关所需的单证中，航空货运单通常是海关放行查验时的基本单据。

（5）保险证书。若承运人承担保险或发货人要求承运人代办保险，则航空货运单即可作为保险证书。

（6）承运人内部业务的依据。航空货运单是承运人办理该运单项下货物的发货、转运、交付的依据。航空货运单各联分发对象见表8-6。

表 8-6　航空货运单各联分发对象

顺序	名称	分发对象	颜色
A	Original3（正本3）	交托运人	浅蓝色
B	Copy9（副本9）	交代理人	白色
C	Original1（正本1）	交出票航空公司（承运人）	浅绿色
D	Original2（正本2）	交收货人	粉红色
E	Copy4（副本4）	提取货物收据到站留存	浅黄色
F	Copy5（副本5）	交目的地机场	白色
G	Copy6（副本6）	交第三承运人	白色
H	Copy7（副本7）	交第二承运人	白色
I	Copy8（副本8）	交第一承运人	白色
J	Extra Copy（额外副本）		白色
K	Extra Copy（额外副本）	交分批运送货物的其他承运人	白色
L	Extra Copy（额外副本）		白色

2. 航空货运单的分类

（1）航空主运单。凡是由航空公司签发的航空货运单叫作主（或总）运单。每一批由航空运输公司发运的货物都有主运单。主运单是承运人办理该运单项下货物的发运和交付的依据，是承运人与托运人之间订立的运输契约。

（2）航空分运单。航空分运单是航空货运代理公司在办理集中托运业务时，签发给每一个托运人的货运单。它是航空货运代理公司（作为承运人）与托运人签订的运输合同。航空分运单有正本三联，副本若干联。正本第一联交托运人，第二联航空货运代理公司留存，第三联随货交收货人。副本则分别供报关、财务、结算及国外代理办理中转分拨等用。货物到达目的站后，由航空货运代理公司在该地的分公司或其他代理，凭航空主运单（第二联正本主运单）向当地航空公司提取货物，然后按航空分运单将货物分别拨交给各收货人。

航空主运单与航空分运单的基本内容相同，其法律效力相当。相互之间的关系及当事人责任划分如图8-1所示。

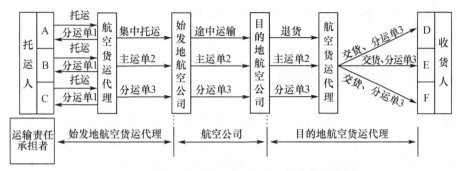

图 8-1 主运单、分运单流程及运输责任划分图

8.2.7 国际航空运输法规

1.《芝加哥公约》

《芝加哥公约》是目前国际上被广泛接受、最重要的一个国际民航公约。《芝加哥公约》除序言外，共 22 章 96 条。序言中阐明公约的目的是为了"使国际民用航空能按照安全和有秩序的方式发展，并使国际航空运输业务建立在机会均等的基础上，健康、经济地经营"。《芝加哥公约》的主要内容包括以下八个方面：

1）缔约各国承认每一个国家其领空有完全和排他的主权。

2）规定了国内载运权。

3）根据国际航空运输的发展和实践，对定期航班和不定期航班的权利做出了规定。

4）对从事国际飞行的航空器的国籍和航空器应具备的条件做出规定。

5）缔约各国应采取一切可行性措施，通过颁发特别规定或其他方法，以方便和加速航空器在缔约国领土间的航行。

6）关于国际航空运输递交统计资料和联营问题的规定。

7）关于成立国际民用航空组织的规定。

8）制定国际民航技术标准和建议措施。

2. 华沙体系

华沙体系是以下八个文件的总称：①《华沙公约》；②《海牙议定书》；③《瓜达拉哈拉公约》；④《危地马拉城议定书》；⑤《蒙特利尔第一号附加议定书》；⑥《蒙特利尔第二号附加议定书》；⑦《蒙特利尔第三号附加议定书》；⑧《蒙特利尔第四号附加议定书》。

3.《中华人民共和国民用航空法》

1996 年 3 月 1 日起实施、2018 年 12 月 29 日第五次修正的《中华人民共和国民用航空法》（以下简称《民用航空法》），是我国第一部规范民用航空活动的法律，是我国民航发展的重要里程碑。《民用航空法》的实施，对维护国家领空主权和民用航空权利、保障民用航空活动当事人各方的合法权益、促进民用航空事业的发展，起到十分重要的作用。

8.3 国际公路运输

公路运输是现代运输的主要方式之一，也是构成陆上运输的两个基本运输方式之一，它在整个运输领域中占有重要的地位，并发挥着越来越重要的作用。公路运输既是一个独立的运输体系，也是车站、港口和机场集散物资的重要手段。

8.3.1 公路运输概述

公路运输由公路和汽车两部分组成。

1. 公路运输的特点

公路运输机动灵活、简捷方便，在短途货物集散运输上比铁路、航空运输具有更大的优越性，尤其是在实现"门到门"的运输中，它的作用更为突出。其他运输方式都或多或少地依赖公路运输来最终完成两端的运输任务。公路运输的特点主要有以下 11 个方面：

1）拥有很强的配送能力，提供"门到门"服务，无须中间环节。

2）在运输中提供货运服务的转运国无须增加关税检查。

3）如果因为路面施工、堵塞或运输服务受到破坏而需要改变行车路线，公路运输可以做出灵活的改变。

4）在一定的距离范围内，与航空运输相比，国际公路运输在运输时间和运费方面很有竞争力。

5）办理凭证简单。

6）服务趋于高可靠性和标准化。

7）（欧洲）《国际公路车辆运输规定》规定的运输工具可以是毛重量为 42t 的 12.2m 的拖车或 15.5m 的拖挂车。

8）对于数量不大的杂货和选择性散货的运输来说，公路专运车是一种理想的运输方式。

9）与通常的海上运输（散货）服务相比，包装成本更低。

10）在整个的公路运输期间，驾驶员与运输工具同行，因此可以通过人力的监控减少损坏和泄漏的风险。

11）拖车服务非常灵活，有助于商业发展。

公路运输也存在缺点：载重量小，不适宜装载大件、重件货物，不适宜走长途运输；车辆运输途中震动较大，容易造成货损和货差事故；与水运和铁路运输相比，运输成本和费用比较高。

2. 公路运输的经营方式

（1）公共运输业。公共运输业专业经营汽车货物运输业务并以整个社会为服务对象，其经营方式有：

1）定期定线。不论货载多少，在固定路线上按时间表行使。

2）定线不定期。在固定路线上视货载情况派车行使。

3）定区不定期。在固定的区域内根据需要派车行使。

（2）契约运输业。按照承运人和托运人双方签订的运输契约运送货物，签订契约的一般都是常年运量大且稳定性强的工矿企业。契约的期限一般较长，按契约规定托运人保证提供一定的货运量，承运人保证提供所需的运力。

（3）自用运输业。自用运输业是指工厂、企业、机关自置汽车，专为运送自己的物资和产品，一般不对外营业。

（4）汽车货运代理。汽车货运代理本身既不掌握货源也没有交通工具，是以中间人的身份一边揽货一边向运输公司托运，借以收取手续费和佣金。有的汽车货运代理商专门向货主揽取零星货载，加以归纳集中成为整车货物，然后自己以托运人的名义向运输公司托运，赚取零担和整车货物运输费用之间的差额。目前，发达的国际货运代理多是属于后一种经营方式。

3. 运费

公路运费均以"吨/公里"为计算单位，一般有两种计算标准：一是按货物等级规定基本运费费率；二是以路面等级规定基本运价。凡是一条运输路线包含两种或两种以上的等级公路时，则以实际行驶里程分别计算运价。特殊道路如山岭、河床、原野地段等，则由双方另行商定。

8.3.2　公路集装箱货物运输

1. 公路集装箱货物运输的特点

1）就运输流程来说，出口集装箱货物必须事先将分散的小批量货物预先汇集在内陆地的仓库或货运站内，然后组成大批量货物以集装箱形式运到码头堆场，或者由工厂、仓库再将货物整箱托运到码头堆场。

2）运输路线简单、方便，一般都在固定的几个仓库或货运站、堆场，为集装箱运输实现规模化、标准化创造了条件。

3）作业方式更容易实现机械化和程序化，为开展集装箱码头堆场、货运站直至仓库之间的拖挂车运输打下了良好的基础。

4）就装卸货物流程来说，集装箱货物分为整箱货和拼箱货两种，前者由发货人自行装箱，后者是由集装箱货运站负责装箱。整个装卸业务流程明确了责任，由货主或货运站装箱，拆箱也更专业化、熟练化。

2. 货源组织

（1）集装箱货源组织形式。

1）计划调拨运输。计划调拨运输是集装箱货源组织的最基本形式，是由公路运货代理公司的配载中心统一受理由口岸进出口的集装箱货源，由代理公司或配载中心根据各集卡公司（车队）的车型、运力及基本的货源对口情况，统一调拨运输计划。

2）合同运输。在计划调拨运输以外或有特殊要求的情况下可采用合同运输形式。合同运输由船公司、货运代理或货主直接与集卡公司（车队）签订合同，确定某一段时间内运箱量的数量。

3）临时托运。临时托运可视为小批量的、无特殊要求的运输。它一般不影响计划运输和合同运输的完成。临时托运主要是一些短期的、临时的客户托运的集装箱。

（2）集装公路运输货源组织的手段。

1）委托公路运输代理公司或配载中心组货。

2）建立营业受理点。

3）及时了解港区、货代、货主的情况。

8.3.3 公路货物运输公约和协定

为了统一公路运输所使用的单证和承运人责任，联合国所属欧洲经济委员会负责草拟了《国际公路货物运输合同公约》，简称 CMR。

1.《国际公路货物运输合同公约》的适用范围

1）于公路以车辆运输货物而收取报酬的运输合同，接受货物和制定交货地点依据合同的规定在两个不同的国家，其中至少有一国是缔约国。

2）如车辆装载运输的货物在运输过程中经由海上、铁路、内陆水路或航空，但货物没有从车辆上卸下，该公约仍对整个运输适用。

3）若公路承运人本人也为其他运输方式下的货物运送人，其责任也应依照上述1）的规定予以确定，但在作为公路承运人和其他运输方式承运人时，则其具有双重身份。

4）公路承运人应对其受雇人、代理人和为履行运输而使用其服务的任何其他人的行为和不行为一样承担责任。

2. 运单

《国际公路货物运输合同公约》规定："运单是运输合同，是承运人收到货物的初步证据和交付的凭证。"

（1）运单应该记载的主要内容。

1）运单签发的日期和地址。

2）收货人、发货人、承运人的名称和地址。

3）货物接管的地点、日期和制定的交货地点。

4）一般常用的货物名称、包装方式，如果属于危险货物，还应注明通常认可的性能。

5）货物的件数、特性、标识、号码。

6）货物的毛重，或者以其他方式表示的数量。

7）与运输有关的费用（运输费用、附加费、关税及从签订合同到终止之间发生的其他费用）。

另外还应包括：是否允许转运的说明，发货人负责支付的费用，货物的价值，发货人关于货物保险和承运人的指示，交付承运人的单据清单，有关履行运输的期限等。除此之外，缔约国还可以在运单上列明他们认为有利的事项。

（2）运单的性质。

1）运单是运输合同。

2）运单是货物的收据、交货的凭证。

3）运单是解决责任纠纷的依据。

4）运单不是物权凭证，不能转让、买卖。

（3）运单的签发及证据效力。

《国际公路货物运输合同公约》第四条规定："运输合同应以签发运单来确认，无运单、运单不正规或运单丢失不影响运输合同的成立或有效性，仍受本公约的规定约束。"运单一式三份，第一份交由发货人，第二份应跟随货物同行，第三份由承运人保留。承运人在接收货物时应做到以下两点：

1）保证检验运单中有关货物件数、标识、号码的准确性。

2）检查货物的外表状况及其包装。

3. 发货人责任

以下 10 种情况属于发货人责任：

1）没有准确提供自己的名称、地址。

2）没有在规定的时间、地点将货物交给承运人。

3）收货人的名称、地址有误，并且由发货人提供。

4）对托运的货物没有说明其准确名称而造成的损失。

5）对托运的危险货物没有在运单中注明危险特性、危险编号，以及一旦发生意外时应采取的措施。

6）对运输要求没有作说明。

7）没有提供办理海关和其他手续所必需的通知。

8）货物包装不牢、标识不清。

9）货物内在缺陷引起的货损。

10）由于发货人的过失造成对第三方的损害。

特别应注意，为了交付货物应办理的海关或其他手续，发货人应在运单后附必需的单证，或者将其交承运人支配和提供给承运人所需的全部情况。

4. 承运人责任和豁免

（1）承运人责任。《国际公路货物运输合同公约》第十六条规定："承运人应对自货物接管之时起至货物交付时止所发生的全部或部分灭失、损害以及由于运输延误而造成的损失承担责任。"此外，在运输过程中承运人因使用车辆不当或由于承运人使用他人车辆，或者其代理人的过失同样承担责任。

（2）免责。在以下六种情况下，承运人可免责：

1）货物的灭失、损害是由于无包装或包装不良造成的。

2）货物的灭失、损害是由于使用无篷敞车引起的，此种使用已在运单中明确规定和有所规定。

3）货物的灭失、损害是由于发货人、收货人或其代理人所从事的货物搬运、积载、卸载引起的。

4）货物的灭失、损害是由于包装上号码不完整及标识不清、不当、错误所致的。

5）货物的灭失、损害是由于承运活的动物。

6）货物的灭失、损害是由于货物的自然特性所致的锈损、腐烂、干燥、渗漏、发霉、发潮等。

5. 索赔与诉讼

（1）诉讼地点。根据《国际公路货物运输合同公约》所提起的任何法律诉讼，原告可以在双方协议中约定的缔约国的任何法院提起，也可以在下列地点所属国家法院提起：

1）被告通常住所或主要营业所法院。

2）合同订立地法院。

3）承运人接管或交付货物的地点法院。

（2）诉讼时效。诉讼时效为：

1）《国际公路货物运输合同公约》规定，因货物运输正常所提出的诉讼，其时效为 1 年。

2）如货物的灭失或损害系承运人故意不当行为，或者根据受理案件的法院的法律认定是与故意不当行为相等的其他过失行为所致，时效为2年。

8.4 国际邮政运输

8.4.1 国际邮政运输的特点和作用

国际邮政运输具有以下特点：

1）具有广泛的国际性。

2）具有国际多式联运性质。

3）具有"门到门"运输的性质。

4）手续简便、运费较低。

5）适于重量轻、体积小的物品。

国际邮政运输的作用主要是通过国际邮件的传递，沟通和加强各国人民之间的通信联系，促进相互间的政治、经济、文化交流。

8.4.2 万国邮政联盟组织

万国邮政联盟（Universal Postal Union，UPU）简称"万国邮联"或"邮联"，总部设在伯尔尼，它是联合国关于国际邮政事务的专门机构。其宗旨是向成员国提供技术援助，组织和改善国际邮政业务，以利于此领域的国际合作与发展；以邮政业务的发展加强各国人民的联系，从而进一步地促进在社会、文化与经济领域的国际合作。

万国邮政联盟由德国在1874年9月发起，22个国家于10月9日参加了在瑞士伯尔尼召开的世界邮政大会，经过讨论签署了第一个国际邮政公约，即《伯尔尼条约》（又称《关于创设邮政总联盟条约》），并且据此成立了"邮政总联盟"，也就是万国邮政联盟的前身。1978年5月，该联盟在巴黎召开了第二次代表大会，修订了《伯尔尼条约》，定名为《万国邮政公约》，同时把"邮政总联盟"更名为"万国邮政联盟"，沿用至今。

万国邮政联盟的组织机构有：

（1）大会。大会是最高权力机构，每5年举行一次。

（2）行政理事会。行政理事会是大会休会期间的执行机构，每年举行一次年会。

（3）邮政经营理事会。邮政经营理事会研究邮政技术和合作方面的问题，并就此提出改进建议及推广邮政经验和成就。

我国于1914年加入万国邮政联盟，由于台湾占据了席位，于1953年与其断绝往来。万国邮政联盟于1972年4月承认我国为该组织的唯一合法代表，此后我国与该组织恢复正常往来。

8.4.3 邮包的种类

国际邮件按运输方法分为水陆路邮件和航空邮件。按内容性质和经营方式分为函件和包裹两大类。按我国邮政规定，邮包可以分为普通包裹、脆弱包裹和保价包裹。以上的包裹若以航空方式邮递，即分别称为航空普通包裹、航空脆弱包裹和航空保价包裹。此外，国际上还有快递包裹、代收货价包裹、收件人免付费用包裹等。

（1）普通包裹。凡适于邮船的物品，除禁限寄物品和超过规定限量寄递的物品外，都可按普通包裹寄递。普通包裹业务在交寄时寄件人无须办理特殊手续，在邮局处理过程中也不享有优先性。

（2）脆弱包裹。包裹内装有容易损坏和需要小心处理的物品，如玻璃器皿等，可按脆弱包裹寄递。此类包裹只限寄往同意接受脆弱包裹的国家和地区。

（3）保价包裹。保价包裹是指邮局按寄件人申明价值承担补偿责任的包裹，如金银首饰、珠宝、工艺品等。此项业务仅限于在同意办理保价包裹业务的国家和地区间开展，凡适宜邮递的贵重物品均可按保价包裹交寄，并必须在设有海关的邮局交寄。

邮政局在收寄包裹时，均给寄件人以执据，故包裹邮件系统属于给据邮件。给据邮件均可办理附寄邮件回执。回执是在邮件投交收件人后作为收到凭证的邮件。回执尚可按普通、挂号或航空寄送。

8.4.4　邮资和单证

1. 邮资

邮资是邮政局为提供邮递服务而收取的费用，各国对邮资采取不同的政策，有些国家把邮政收入作为国际外汇来源之一；有些国家要求邮政自给自足，收支大致相抵；有些国家对邮政实行补贴政策，从而形成了不同的邮资水平。

根据《万国邮政公约》规定，国际邮资应该按照与金法郎接近的等价折成其本国货币规定。邮联以金法郎为单位，规定了基本邮资，依此为基础，允许各国可按本国情况增减，增减幅度最高增加 70%，最低可以减少 50%。

国际邮资均按重量分级作为计算标准。邮资由基本邮资和特别邮资两部分组成。基本邮资是指邮件经水陆路运往寄达国家应付的邮资，是特别邮资计算的基础。其费率是根据不同邮件种类和国家地区制定的，邮政局对每一邮件都照章收取基本邮资。特别邮资是为某项附加手续或责任而收取的邮资，如挂号费、回执费、保价费等，是在基本邮资的基础上按每件加收的，但是保价邮资必须按所保价值计算。

2. 单证

邮政运输的主要单证是邮政收据，它是邮政收到寄件人的邮件后所出具的凭证，也是邮件灭失或损坏时凭以向邮局索赔的凭证和收件人凭以提取邮件的凭证。

8.4.5　邮政运输的有关规定

国际邮件内容除必须遵照国际一般禁止或限制寄递的规定外，还必须遵照本国禁止和限制出口的规定，以及寄达国禁止和限制进口和经转国禁止和限制过境的规定。

1. 我国海关规定的禁寄限寄范围

（1）禁寄品。禁寄物品是指国家法律、法规禁止寄递的物品，主要包括：武器、弹药；易爆炸性物品；易燃烧性物品；易腐蚀性物品；放射性元素及容器；烈性毒药；麻醉药物；生化制品和传染性物品；危害国家安全和社会政治稳定及淫秽的出版物、宣传品、印刷品；妨害公共卫生的物品；国家法律、法规、行政规章明令禁止流通、寄递或进出境的物品

（如国家秘密文件和资料、国家货币及伪造的货币和有价证券、仿真武器、管制刀具、珍贵文物、濒危野生动物及其制品等）；包装不妥，可能危害人身安全、污染或损毁其他寄递件、设备的物品；各寄达国（地区）禁止寄递进口的物品。

（2）限寄品。限寄品是指规定数量或经批准方可向外寄递的物品。例如，邮寄卷烟、雪茄烟每件以两条（400支）为限，（两者合寄时也限两条）；邮寄烟丝、烟叶每次均各以5kg为限，两种合寄时不得超过10kg；每人每次限寄一件，不准一次多件或多次交寄。

有些物品则需要卫生检验检疫证书，如种子、苗木等繁殖材料和其他应检疫的植物或植物产品。

2. 有关重量、尺寸、封装和封面书写要求的规定

按照国际和我国邮政规定，每件邮包重量不得超过20kg，长度不超过1m。

因为邮件内所装的物品性质不同，邮件封装的要求也不同。对封装总的要求是以邮递方便、安全并保护邮件不受损坏丢失为原则。对封面书写则要求清楚、正确、完整，以利于准确、迅速和安全地邮递。

8.4.6 邮政运输的免责范围

邮政部门与寄件人之间是委托与被委托的关系。双方的权利义务和责任豁免是由国家法律和国家授权制定的邮政规章制度予以明确规定并受其约束的，与此同时，还要受到国际公约和协定的约束。这种关系自邮政部门接收寄件人的委托时建立，并一直至邮政部门交付邮件于收件人而告终。

根据邮政法规，寄件人应遵守邮政有关规定，办理邮件委托手续并按照规章交付邮资；邮政部门负有安全、准确、迅速完成接受委托的邮递责任，并对邮件的灭失、短少、损坏负有补偿责任。但非由于邮政部门的过失所造成的邮件的灭失、短少、损坏，邮政部门可免于负责。根据《中华人民共和国邮政法》规定，邮件的灭失、短少、损坏由于下列原因所致的，邮局不负补偿责任：

1）不可抗力。

2）寄达国家按其国内法予以扣留没收的。

3）违反禁寄限寄规定而被主管当局没收或销毁的。

4）寄达国声明对普通包裹不负责赔偿责任的。

5）寄件人的过失或所寄物品性质不符及邮件封装不妥的。

6）虚报保价金额。

7）属于海关监管查验所做的决定。

8）寄件人未在规定期限1年内办理查询。

关于补偿范围和补偿金额，根据《万国邮政公约》规定，凡是保价包裹和普通包裹，如果由于邮政部门责任，邮政部门负责予以补偿，对保价包裹的补偿金额，最多不超过货价金额。普通包裹的补偿金额，每件不超过下列标准，如实际损失低于该标准，则按实际损失补偿：

1）包裹重量5kg以下，补偿40金法郎。

2）包裹重量为5~10kg，补偿60金法郎。

3）包裹重量为10~15kg，补偿80金法郎。

4）包裹重量为 15~20kg，补偿 100 金法郎。

但是如果双方有协定的，则按双边协定的补偿规定办理。

【小知识】

金法郎（法文 franc，英文 Gold Franc）是历史悠久的一种货币单位。法郎诞生于 14 世纪，1795 年法郎成为法兰西第一共和国货币。1803 年 3 月 28 日（法国共和 11 年芽月 7 日），法国制定金币法郎法律，因此又称"芽月法郎"。1834 年法郎真正成为法国唯一的货币。

法郎在当时是一种稳定的货币，成为国际结算中常用的重要货币之一。许多国际组织和国际公约也采用法郎作为标准货币。1874 年 10 月 9 日万国邮政联盟成立时，在《万国邮政公约》中规定使用法郎制定统一的国际邮政资费，结算会员国之间邮政账务。

实行金本位制发行货币的国家，原可按照货币的含金量向银行兑换等值黄金。1914 年第一次世界大战爆发后，参战国为了适应战争需要，禁止黄金输出，停止货币兑换黄金。一战后世界经济格局发生变化，法国由债权国变成债务国，法郎名义上仍保持法定的黄金等值，但事实上早已贬值，原发行的金币法郎也不再在市场流通。但仍有一些国际组织继续沿用 1803 年"芽月法郎"的黄金重量和成色标准作为记账货币单位，用以国际结算，并特别称为"金法郎"，以区别于贬值流通的法国法郎。1924 年第 8 届万国邮政大会就在《万国邮政公约》中明确规定；万国邮联的标准货币是重 10/31g、含金率为 0.900 的金法郎。1930 年 5 月在瑞士巴塞尔创立的国际清算银行，也规定使用金法郎作为记账单位。

1922 年以后，各国货币勉强陆续恢复无金币流通的金本位制。1926 年 6 月法国重新规定法郎含金量为 0.05895g，与原金法郎相比贬值 90%。此时的法郎与金法郎早已是意义不同的两个金融名词，金法郎已演变为仅仅用于国际结算的一种计价单位，各国实际收付时再按照含金量折算成其他货币办理。1929 年"大萧条"，1936 年 10 月法国也宣布法郎放弃使用黄金比价。二战后，按照世界货币基金组织章程规定公布的各国货币含金量，与金本位制规定的流通金币含量完全不是同一个概念，不能持币按含金量向发钞银行兑换黄金。1946 年 12 月 18 日法国又改定法郎含金量为 0.00746113g。

根据 1994 年 1 月 1 日人民币与美元汇率及美元与特别提款权、金法郎汇率的变化情况，经商国家外汇管理局决定将金法郎与人民币的折合率自 1994 年 1 月 1 日起调整为 1 金法郎合 3.9 元人民币（1 特别提款权合 11.9379 元人民币）。现行使用的 1 金法郎合 2.47 元人民币的折合率停止使用。

8.5　案例分析

亚欧大陆桥

大陆运输（Land Bridge Transport）是以横贯大陆上的铁路或公路运输系统作为中间桥梁，把大陆两端的海洋连接起来，实现海铁联运的一种运输方式。在大陆桥运输中，大陆相当于连接着两片海洋的"桥"，因此称为"陆桥"。亚欧大陆桥是指连接亚洲和欧洲的大陆桥。目前，主要有西伯利亚大陆桥和新亚欧大陆桥。

1. 西伯利亚大陆桥

西伯利亚大陆桥（TSCS），又称亚欧大陆桥，起于俄罗斯的符拉迪沃斯托克（海参崴），经西伯利亚大铁路通向莫斯科，然后通向欧洲各国，终于荷兰鹿特丹港。大陆桥途经俄罗斯、中国、哈萨克斯坦、白俄罗斯、波兰、德国、荷兰7个国家，全长13000km左右，比经苏伊士运河或巴拿马运河的日本—西欧海上航运距离缩短一半。

西伯利亚大陆桥是世界上著名的国际集装箱多式联运线路之一。从1967年开通服务以来，服务区域和运量不断增加，它在沟通亚欧大陆、促进国际贸易中具有重要地位。

2. 新亚欧大陆桥

新亚欧大陆桥又名第二亚欧大陆桥，是指东起我国连云港西至荷兰鹿特丹的国际化铁路干线，全长10900公里。其中，我国境内部分为陇海兰新线。

大陆桥途经山东、江苏、安徽、河南、陕西、甘肃、青海、新疆8个省份的65个地、市、州的430多个县（市），到中哈边界的阿拉山口出国境。出国境后可经3条线路抵达荷兰的鹿特丹港。中线与俄罗斯铁路友谊站接轨，进入俄罗斯铁路网，途经阿克斗亚、切利诺格勒、古比雪夫、斯摩棱斯克、布列斯特、华沙、柏林，最终抵达荷兰的鹿特丹港，全长10900公里，辐射世界30多个国家和地区。

亚欧大陆桥陇海兰新城市带的主要城市有日照、连云港、徐州、商丘、开封、郑州、洛阳、三门峡、渭南、西安、宝鸡、天水、兰州、乌鲁木齐等。

新亚欧大陆桥具有重要作用。它的东西两端连接着太平洋与大西洋两大经济中心，基本上属于发达地区，但空间容量小，资源缺；而其辽阔狭长的中间地带亦即亚欧腹地除少数国家外，特别是中国中西部、中亚、西亚、中东、南亚地区，地域辽阔，交通不够便利，自然环境较差，但空间容量大，资源富集，开发前景好，开发潜力大，是人类社会赖以生存、发展的物华天宝之地。这里是世界上最重要的农牧业生产基地，粮、棉、油、马、羊在世界上占有重要地位。这里矿产资源有数百种，其中金、银、铜、铁、铀、铅、锌、铂、镍、钛、锑、汞、铬、镁、钠、钾、钒、铝、钨、锰、钼、磷、硼等均享誉世界。能源尤为富集，煤炭储量2万亿t以上，石油储量约1500亿t，天然气储量近7500亿立方英尺⊖，堪称世界"能源之乡"。因此，新亚欧大陆桥通过区域，在经济上具有较强的相互依存性与优势互补性，蕴藏了非常好的互利合作前景。

与西伯利亚大陆桥相比，新亚欧大陆桥具有明显的优势：第一，地理位置和气候条件优越。整个陆桥避开了高寒地区，港口无封冻期，自然条件好，吞吐能力大，可以常年作业。第二，运输距离短。新亚欧大陆桥比西伯利亚大陆桥缩短陆上运距2000~2500公里，到中亚、西亚各国，优势更为突出。一般情况下，陆桥运输比海上运输运费节省20%~25%，而时间缩短一个月左右。第三，移动图片辐射面广。新亚欧大陆桥辐射亚欧大陆30多个国家和地区。第四，对亚太地区吸引力大。除我国外，日本、韩国、东南亚各国、一些大洋洲国家均可利用此线开展集装箱运输。

3. 亚欧大陆桥运输方式

亚欧大陆桥运输作为过境运输，其运输方式主要有以下四种：

（1）铁路至铁路。铁—铁是指我国内陆国境口岸站（满洲里、二连、阿拉山口等）经

⊖　1立方英尺 = 0.0267m³。

独联体国家铁路运送至东欧、北欧，然后进一步通过铁路转运至西欧。

（2）铁路至海运。铁—海是指从我国内陆国境口岸站进境经我国铁路运送到港口站，继续海运到韩国、日本、东南亚和欧美各国。

（3）海运至铁路。海—铁是指从我国的海运港口车站装上铁路，通过我国铁路运送到内陆国境口岸站，交接给邻国铁路继续运输。

（4）铁路至公路。铁—货是指从我国内陆口岸经独联体国家铁路到白俄罗斯的布列斯特后，再用货车转运至西欧内陆。

在上述运输方式的基础上，还出现有海—铁—货、铁—海—铁等形式。由此可见，大陆桥运输离不开铁路运输方式，多是以集装箱作为运输单元。铁路运输的发展对大陆桥运输的开展至关重要。

案例思考：

1. 新亚欧大陆桥较西伯利亚大陆桥的优势是什么？
2. 新亚欧大陆桥对亚欧大陆经贸活动的意义和影响分别是什么？

 复习与思考

1. 简述国际铁路货物联运的定义。
2. 简述航空货物运输的特点。
3. 简述公路运输的特点和作用。
4. 简述国际邮政运输的特点和作用。

第9章 ▮▮▮

国际货物运输保险

保险是一种经济补偿制度。从法律上讲，保险是一种补偿性契约关系。当被保险人向保险人提供了一定的对价——按保险合同的规定交纳保险费后，保险人就应对被保险人将来可能遭受的某些损失依照合同规定承担经济赔偿责任。保险公司是用全体保户交纳的保险费补偿遭受损失的个体，而保户交纳的保险费又以生产成本的形式进入其所生产的产品的成本中，由社会广大消费者来承担。因此，保险作为一种社会经济补偿手段，具有分散危险和补偿个体损失的职能，通过保险使遭受因自然灾害或意外事故所造成损失的企业和个人，生产和生活得以维持和保障。

保险的历史源远流长，货物运输保险，尤其是海上货物运输保险已有几千年的历史。一般认为，公元前2000年的地中海共同海损分摊原则是海上保险的萌芽，流行于公元前800年的古希腊船货抵押借款制度则被认为是海上保险的初级形式，英国则完成了现代海上运输保险的法律与制度的确定并在全球得到确认。

保险是国际贸易中不可或缺的重要环节，是买卖双方缔结合同中必不可少的部分。国际贸易中买卖双方相距遥远，在长途运输中，由于自然灾害、意外事故和其他外来风险，货物很可能遭受损失，为了转嫁风险和保障货物遭受损失后能从经济上得到补偿，买方或卖方需办理国际货物运输保险。国际货物运输保险的开展促进了国际贸易的发展。

9.1 保险的基本原则

保险的基本原则是投保人（被保险人）和保险人（保险公司）签订保险合同、履行各自义务，以及办理索赔和理赔工作所必须遵守的基本原则。与国际物流有密切关系的保险基本原则主要有最大诚信原则、近因原则、可保利益原则、损失补偿原则及代位追偿权原则。

9.1.1 最大诚信原则

最大诚信原则（Principle of Utmost Good Faith）作为海上货物运输保险合同的基本原则，不但贯穿于订立合同之前或之时，而且贯穿于履行合同的全过程。它不仅要求被保险人应尽最大诚信，也要求保险人尽最大诚信。依据该原则，保险合同当事人均必须分别履行以下有关义务：

1. 如实告知

如实告知是指被保险人应于订立合同之前将其所知道的一切重要情况告诉保险人，"重要情况"是指被保险人知道或在通常业务中应当知道的有关影响保险人据以确定保险费率或确定是否同意承保的情况。保险人知道或在通常业务中应当知道的情况，保险人没有询问的，被保险人无须告知。关于被保险人违反告知义务的后果，各国立法有两种，一是保险人有权解除合同，二是保险合同无效。

我国的规定是：在被保险人故意违反告知义务时，保险人有权解约，对解约前发生的损失不负赔偿责任，并且不退还保险费；在非故意（即过失）的情况下，保险人既可以解约，也可以要求相应增加保险费。保险人若解约，对解约前发生的损失应负赔偿责任，但未告知的情况对保险事故的发生有严重影响的，保险人对解约前发生的损失不负赔偿责任，但得退还保险费。

2. 履行保证

保证即约定保证，是指被保险人允诺某项作为或不作为，或者满足某项条件，或者确定某项事实的存在或不存在。保证可分为明示保证和默示保证。明示保证是必须在保险合同或保险单的参考文件中载明的保证，如船名保证、开航日期保证等。被保险人如果违反了明示保证，保险人可根据情况加收保险费而继续履行合同或解除合同。默示保证是不在合同中载明的，但已为合同双方所熟知的事实，订立合同时，双方均默认有关保证的存在，如船舶适航保证等。被保险人违反默示保证，使合同无法履行，保险人即可解除合同。

3. 依法经营

保险公司除必须依法成立和接受有关部门的监督外，更重要的是必须严格依法经营。依法经营是保险公司遵守最大诚信原则的具体体现。

4. 明确说明

保险人对其责任免除事项应向被保险人明确说明，未明确说明的，该条款不产生效力。

9.1.2 近因原则

近因即损失的主要原因，是确定某项原因与损失具有最直接因果关系的标准，是确定保险人对保险标的损失是否负保险责任及负何种保险责任的一条重要原则。保险中的近因是指造成损失的最主要的、最有效的、最有影响的原因。近因不一定是指时间上或空间上最接近损失的原因。所以，近因原则（Principle of Proximate Cause）是指保险人只对承保风险与保险标的损失之间有直接因果关系的损失负赔偿责任，而对不是由保单承保风险造成的损失不承担赔偿责任。它对保险理赔工作中的判定责任、履行义务和减少争议都具有重要的意义。

例如，包装食品在运输中受海水浸湿，外包装受潮后导致食品发生霉变损失，该食品投保了水渍险。这时，食品损失由两个原因造成：一个是承保范围内的海水浸湿，另一个是承保范围外的霉变。因为前者直接导致了后者，故前者是食品损失的近因，而它在承保范围内，故保险公司应该赔偿。

再如，战争期间，一批货物在码头仓库待运时适逢敌机轰炸，引起仓库火灾使该批货物受损。被保险人对该批货物投保了一切险。这时货损由两个原因造成：一个是承保范围外的战争，另一个是承保范围内的火灾。前者直接导致后者，故前者是近因，而它不在承保范围内，所以保险公司可以拒赔。

9.1.3 可保利益原则

保险标的是保险所要保障的对象，它可以是任何财产及其有关利益或人的寿命和身体。保险可保利益是指被保险人对保险标的所拥有的某种经济权利和利益，被保险人会因为保险标的的安全或按期到达而受益，或者因为保险标的的发生灭失或损毁而蒙受损害或负有责任。

可保利益必须是合法的、确定的、可实现的，并且是可以用货币计算的经济利益。

可保利益原则（Principle of Insurable Interest）是指被保险人必须对保险标的具有可保利益，才能同保险人签订有效的保险合同，才能在保险标的遭受承保范围内损失时向保险人提出索赔要求。

可保利益可以表现为现有利益、期待利益或责任利益。

9.1.4 损失补偿原则

损失补偿原则（Principle of Indemnity）是指在保险事故发生而使被保险人遭受损失时，保险人必须在责任范围内对被保险人所受的实际损失进行补偿。损失补偿包括以下内容：

1. 及时赔偿

及时赔偿的前提是被保险人及时通知保险人并提供全部证据和材料，否则保险人可以不负赔偿责任。如果保险人未能在法定期限内履行赔付义务，除支付赔偿金外，还应当赔偿被保险人因此受到的损失。

2. 全部赔偿

全部赔偿是指对被保险人因保险事故造成的损失的全部赔偿，不包括被保险人为防止或减少损失而支付的必要的合理费用。

3. 赔偿实际损失

由于保险合同是一种补偿性合同，因此被保险人获得的保险赔偿当然不得超过其实际损失。全部赔偿与赔偿实际损失虽然都以保险金额为限，但前者强调的是"不得少赔"，而后者则强调"不得多赔"。因为少赔与多赔都与赔偿原则不吻合，所以保险人只有按全部赔偿和赔偿实际损失原则给予赔偿，才能真正使被保险人恢复到损失发生前的经济状况。因此，在不足额保险的情况下，保险人按比例赔偿；在发生超额保险和重复保险的情况下，保险人只赔偿实际损失。

9.1.5 代位追偿权原则

根据保险的赔偿原则，保险是对被保险人遭受的实际损失进行的补偿。当保险标的发生了保险承保责任范围内的灾害事故，而这一保险事故又是由保险人和被保险人以外的第三方承担责任时，为了防止被保险人在取得保险赔款后又重复从第三方责任方取得赔偿，获得额外利益，在保险赔偿原则的基础上又产生了代位追偿权原则（The Principle of Subrogation Right）。其目的就是限制被保险人获得双重补偿。

代位追偿权原则是指保险人在赔付被保险人之后，被保险人应把追偿保险标的的损失的权利转让给保险人，使保险人取代被保险人地位，以被保险人的名义向第三方进行追偿。由于国际物流货物运输保险一般都是定值保险，保险人已按保险金额赔付，保险人行使代位追偿权所得多少已同被保险人无关。即使追偿所得超过原赔偿金额，超过部分仍归保险人所有。

保险标的的损失要构成代位追偿，需具备以下两个条件：

1）损失必须是第三方因疏忽或过失产生的侵权行为或违约行为造成的，而且第三方对这种损失根据法律的规定或双方在合同中的约定负有赔偿责任。

2）第三方的这种损害或违约是保险合同中的保险责任。如果第三方的损害或违约行为不属于保险承保责任范围，就构不成保险上的代位追偿的条件。

在货运保险业务中经常出现代位追偿的情况。例如，卖方以 CIF 条件向美国出口 1000 包坯布，我方按合同规定加一成投保一切险。货物在海运途中因舱内食用水管渗漏，致使该批坯布中的 30 包浸有水渍。由于卖方已为坯布投保了一切险，收货人随即凭保单向保险公司提出索赔申请。保险公司通过调查，发现船方在运输过程中存在过失。因此，在赔付被保险人之后，保险公司有权以被保险人的名义要求船方对该损失进行赔偿。

9.2　我国海洋运输货物保险条款

海上运输在具有多种优势的同时，也面临着一些陆上运输中不可能有的特殊风险，如海上的台风、海啸等不可抗拒的自然灾害，触礁、搁浅等意外事故及海盗和船员的不法行为等灾难，因此不可避免地会遭受一些损失，为了把损失降到最低限度还要发生一些费用。海运货物保险的承保范围主要包括海上或外来的风险、损失及费用。

9.2.1　保险利益

保险人所承保的标的，是保险所要保障的对象。但被保险人（投保人）投保的并不是保险标的本身，而是被保险人对保险标的所具有的利益，叫作保险利益。投保人对保险标的不具有保险利益的，保险合同无效。

国际货运保险同其他保险一样，被保险人必须对保险标的具有保险利益。这个保险利益，在国际货运中，体现在对保险标的的所有权和所承担的风险责任上。以 FOB、FCA、CFR 和 CPT 方式达成的交易，货物在越过船舷后风险由买方承担。一旦货物发生损失，买方的利益受到损失，所以买方具有保险利益。因此，由买方作为被保险人向保险公司投保的，保险合同只在货物越过船舷后才生效。货物越过船舷以前，买方不具有保险利益，不属于保险人对买方所投保险的承保范围。以 CIF 和 CIP 方式达成的交易，投保是卖方的合同义务，卖方拥有货物所有权，当然享有保险利益。卖方向保险公司投保，保险合同在货物起运地起运后即生效。

9.2.2　海洋运输货物保险承保的风险

在海洋运输货物保险中，要明确承保责任的范围和保险的险别，这是保险人和被保险人履行权利和义务的依据。在办理货物运输保险时，当事人应根据货物的性质、包装情况、运输方式及自然气候等因素全面考虑，合理选择。

1. 风险

海洋运输货物保险中的风险可按图 9-1 进行分类。

（1）海上风险（Perils of the Sea）。海上风险又称海难，是指船舶或货物在海上运输过程中所遇到的自然灾害和意外事故。自然灾害是指由自然界变异引起破坏力量所造成的现象，是人力不可抗拒的灾害事故，如恶劣气候、雷电、海啸、地震、洪水等，它是保险公司承保的主要风险。意外事故是指人或物体遭受到外来的、突然的、非意料中的事故，如船舶搁浅、触礁、沉没、碰撞及火灾、爆炸等。

（2）外来风险（Extraneous Risks）。外来风险可分为一般外来风险和特殊外来风险两类。一般外来风险是指由于一般外来原因所造成的风险，主要包括偷窃、渗漏、短量、碰损、钩损、生锈、雨淋、受热受潮等。特殊外来风险是指战争、种族冲突或一国的军事、政治、国家政策法令和行政措施等的变化，如罢工、被拒绝进口或没收等。

2. 损失

被保险人因被保险货物遭受自然灾害、意外事故和外来风险而受到的损失，包括货物本身损坏或灭失及为营救货物而支出费用的损失。货物本身损坏或灭失按其损失的程度分为全部损失和部分损失。在海洋运输货物保险业务中，海上损失可按图 9-2 进行分类。

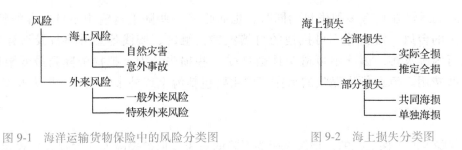

图 9-1　海洋运输货物保险中的风险分类图　　　　图 9-2　海上损失分类图

（1）全部损失。全部损失（Total Loss）简称全损，是指运输途中的整批货物或不可分割的一批货物的全部损失。全损有实际全损（Actual Total Loss）和推定全损（Constructive Total Loss）之分。

1）实际全损。实际全损是指被保险货物的实体已经完全灭失；被保险货物遭到了严重损失，已失去原有用途和价值；被保险人对保险货物的所有权已无可挽回地被完全剥夺；载货船舶失踪达到一定时期仍无音讯。

2）推定全损。它是指被保险货物在运输途中受损后，实际全损已经不可避免，或者为避免发生实际全损所需支付的费用与继续将货物运抵目的地的费用之和超过保险价值，即恢复、修复受损货物并将其运到原定目的地所需的费用将超过该目的地的货物价值。被保险货物发生推定全损时，被保险人可以要求保险人按部分损失赔偿，也可以自愿将保险标的的一切权利和义务转移给保险人，并要求保险人按全部损失赔偿。

（2）部分损失。部分损失（Partial Loss）是指被保险货物的损失没有达到全部损失的程度。部分损失又可分为共同海损（General Average）与单独海损（Particular Average）。

1）共同海损。它是指在同一海上航程中，船舶、货物和其他财产遭遇共同危险，为了共同、安全、有意、合理地采取补救措施所直接造成的特殊牺牲、支付的特殊费用。构成共同海损必须具备下列条件：同一航程中，船舶和货物确实面临共同危险；为解除船、货共同危险所采取的措施必须是有意而合理的；所做的牺牲必须是特殊的、费用必须是额外支付的；牺牲和费用必须要有效。共同海损的牺牲和费用，应当由全部受益的财产（船舶、货物和运费）按各自抵达目的港或航程终止港的价值比例分摊。这种分摊称为共同海损分摊。

① 共同海损的成立要件。

a）船舶、货物和其他财产必须遭遇共同危险。危险必须是船货共同面临的，因此空载航行的船舶或卸货完毕后的船舶遭遇海难，就不存在共同海损。

b）海上危险必须是真实的。所谓真实的危险，是指危险必须是客观存在的，仅仅是主观臆测的危险不会造成共同海损。船长考虑不周，贸然采取措施，但事后证明没有共同危险存在，船方应付过失责任，而不能以共同海损论处。

c）措施必须是有意的和合理的。所谓措施必须是有意的，是指船方在遇到海难时，主动采取行动以避免船货的共同危险。例如，舱内着火，引水灌舱，给未着火的包件带来湿损，就属共同海损。所谓措施必须是合理的，是指以最小的损失来避免最大的灾难。因采取的措施不合理而造成的损失，其不合理的部分不能得到共同海损的补偿。

d）共同海损的损失是必须的和直接的。共同海损措施是以牺牲较小利益保全较大利益为特征的，被牺牲的利益必须是共同海损措施直接造成的，并且是特殊的、异常的。所谓直接的，是指损失必须是共同海损行为直接造成的，船期损失、滞期损失、市价跌落等不能算作共同海损。

② 共同海损的范围。

a）共同海损牺牲。共同海损牺牲是指为了抢救船货等而造成的船货和其他财产的合理损失，包括：

- 抛弃货物的损失。
- 为扑灭船上火灾而造成的损失。
- 割弃残损部分的损失。
- 自愿搁浅所致的损失。
- 机器和锅炉损害的损失。
- 作为燃料烧掉的船用材料和物料。
- 卸货等过程中造成的损失。货物、燃料或物料在操作起卸、重装或积载过程中遭受的损失，在并且仅在这些作业的费用已分别列为共同海损时，才能作为共同海损受偿。

b）共同海损费用。共同海损费用包括：

- 救助报酬，不论是否依据救助合同给付的，只要救助活动是为了共同安全进行的，便应列入共同海损受偿。
- 搁浅船舶减载费用。
- 在避难港等处的费用。
- 代替费用。
- 垫款手续费和共同海损利息。

③ 共同海损理算。

a）共同海损理算的概念。共同海损事故发生后，采取合理措施所引起的共同海损牺牲和支付的共同海损费用，由全体受益方共同分摊。为此，需要确定作为共同海损受到补偿的牺牲和费用的项目及金额，应参加分摊的受益方及其分摊价值，各受益方的分摊额及最后应付的金额和结算办法，编制理算书等。这一系列调查研究和审计核算工作，称为共同海损理算。

b）理算的法律依据。共同海损理算应该依据合同约定的理算规则进行。当前，国际上最广为接受的一个理算规则是约克—安特卫普规则。这个规则虽然只是一个民间规则而不是国际公约，但由于其悠久的历史和广泛的接受性，在统一和协调各国的理算工作方面起着积极作用。合同没有约定理算规则的，共同海损理算应该依据理算地的法律进行。

c）分摊请求权的时效。根据《中华人民共和国海商法》，有关共同海损分摊的请求权，时效期间为1年，自理算结束之日起计算。

d）共同海损损失金额的确定。共同海损损失包括共同海损牺牲和费用。其中，共同海损牺牲的金额分别按以下规定计算：

● 船舶的共同海损牺牲。船舶的牺牲分部分损失和全损两种。部分损失时，按照实际支付的修理费、减除合理的以新换旧的扣减额计算。船舶尚未修理的，按照牺牲造成的合理贬值计算，但是不得超过估计的修理费。全损时，按照船舶在完好状态下的估计价值，减除不属于共同海损损坏的估计的修理费和该船舶受损后的价值的余额计算。

● 货物的共同海损牺牲。货物的牺牲分灭失和损坏两种情况。货物灭失的，按照货物在装船时的价值保险费加运费，减除由于牺牲无须支付的运费计算。货物损坏的，在就损坏程度达成协议前售出的，按照货物在装船时的价值加保险费加运费与出售货物净得的差额计算。

● 运费的共同海损牺牲。按照货物遭受牺牲造成的运费的损失金额，减除为取得这笔运费本应支付，但是由于牺牲无须支付的营运费用计算。

④ 共同海损分摊价值的确定。船舶共同海损分摊价值按照船舶在航程终止时的完好价值，减除不属于共同海损的损失金额计算；或者按照船舶在航程终止时的实际价值，加上共同海损牺牲的金额计算。

货物共同海损分摊价值按照货物在装船时的价值加保险费加运费，减除不属于共同海损的损失金额和承运人承担风险的运费计算。货物在抵达目的港以前售出的，按照出售净得金额，加上共同海损牺牲的金额计算。

运费分摊价值按照承运人承担风险并于航程终止时有权收取的运费，减除为取得该项运费而在共同海损事故发生后为完成本航程所支付的营运费用，加上共同海损牺牲的金额计算。

以上每一项分摊价值都要加上共同海损牺牲的金额，是因为共同海损牺牲中的一部分将要从其他各受益方那里得到补偿，因此也有部分价值因为共同海损行为而得到保全，从而也应计算在共同海损分摊价值之内。

⑤ 共同海损分摊金额的计算。共同海损应当由受益方按照各自的分摊价值的比例分摊。各受益方的分摊金额计算分两步。第一步计算出一个共同海损损失率。这应该以共同海损损失总金额除以共同海损分摊价值总额得出。然后以各受益方的分摊价值金额分别乘以共同海损损失率，得出各受益方应分摊的共同海损金额。

2）单独海损。单独海损是指货物受损后未达到全损程度，并且是单独一方的利益受损并只能由该利益所有者单独负担的一种部分损失。

3）共同海损与单独海损的区别。

① 发生的原因不同。共同海损是有意采取措施造成的；而单独海损则是由偶然的意外事件造成的。

② 涉及的利益方不一样。共同海损是为船、货各方的共同利益所受的损失；而单独海损则只涉及损失方个人的利益。

③ 后果不同。共同海损应由受益方分摊；而单独海损则由损失方自己承担。

3. 费用

保险人承担的费用是指保险标的发生保险事故后，为减少货物的实际损失而支出的合理费用，包括以下三种：

（1）施救费用（Sue and Labour Charges）。施救费用是指在遭遇保险责任范围内的灾害事故时，被保险人或其代理人、雇佣人员和保险单证受让人等为抢救保险标的物，以防止其损失扩大所采取的措施而支出的费用。

（2）救助费用（Salvage Expenses）。它是指保险标的在遭遇保险责任范围内的灾害事故时，由保险人和被保险人以外的第三方采取救助行为而向其支付的报酬。保险人对这种费用也负责赔偿。

（3）共同海损费用（General Average Expenditure）。共同海损费用就是由于少扣行为而支出的费用，如租用驳船、托盘费等。共同少扣费用和共同海损牺牲一样，一般都是按照《1974 年约克-安特卫普规则》处理。

9.3　国际货物运输保险条款

如上所述，进行国际物流实务中会遇到风险、遭受损失及产生费用，为此需要对所运货物进行投保。不同的投保人由于其所运送的商品不同，载货船舶航经路线和港口不同，运输的季节不同等原因，货物所遇到的风险损失也不相同。在投保时就会选择不同的险别、不同条款进行投保。按照保险人承担的保险责任不同，海洋货物运输保险条款可分为不同的险别。视保险公司承保责任的大小、被保险人交付保险费的多少，投保人在投保时，必须首先确定保险险别。海洋货物运输保险的险别一般分为 3 类，即基本险、附加险和专门险。

基本险是指可以独立投保的险种，如我国的平安险、水渍险和一切险；ICC（A）、ICC（B）和 ICC（C）等。

附加险是指在投保了基本险的基础上附加承保的险种。附加险是不能单独投保的，它必须是在投保了基本险的情况下才可以投保，如 ICC（恶意损害险）。

专门险是指对于有些特殊货物，由于其属性不同于一般货物，需要有针对其特点的专门条款来承保。专门险可以单独承保，不必附属于基本险项下，如海洋运输冷藏货物保险、海洋运输散装桐油保险；各种协会专门险条款等。

在我国的国际物流实务中一般都采用中国保险条款（Chinese Insurance Clause，CIC）。但也可应对方的要求，使用国际上通用的 ICC 条款或对方国家的条款。因此，下面除了介绍中国人民财产保险股份有限公司的海洋运输货物保险条款外，也对 ICC 条款进行介绍。

按照国家保险习惯，可将海洋运输货物保险分为主要险别、一般附加险和特殊附加险几种。

9.3.1　我国海洋运输货物保险条款

原中国人民保险公司（现为中国人民财产保险股份有限公司）1981 年 1 月 1 日修订的海洋运输货物保险条款规定，我国海洋运输货物的保险险别，主要有基本险与附加险，以及根据海上运输特性承保的专门险别，基本险所承保的主要是自然灾害和意外事故所造成的损失或费用，附加险承保的是其他外来风险所造成的损失或费用。

1. 主要险别

（1）平安险（Free from Particular Average，FPA）。平安险这一名称在我国保险行业中沿用甚久。其英文原意是指单独海损不负责赔偿。根据国际保险界对单独海损的解释，它是指部分损失。因此，平安险的原来保障范围只赔偿全部损失。但在长期实践的过程中，人们对平安险的责任范围进行了补充和修订，当前平安险的责任范围已经超出只赔全损的限制。概括起来，这一险别的责任范围主要包括：

1）在运输过程中，由于自然灾害和运输工具发生意外事件，造成被保险货物的实际全损或推定全损。

2）由于运输工具遭搁浅、触礁、沉没、互撞、与其他物体碰撞及失火、爆炸等意外事故，造成被保险货物的部分损失。

3）只要运输工具曾经发生搁浅、触礁、沉没、焚毁等意外事故（不论这个事故发生之前或以后运输工具是否曾在海上遭恶劣气候、雷电、海啸等自然灾害），所造成的被保险货物的部分损失。

4）在装卸转船过程中，被保险货物一件或数件落海所造成的全部损失或部分损失。

5）运输工具遭自然灾害或意外事故，在避难港卸货所引起被保险货物的全部损失或部分损失。

6）运输工具遭自然灾害或意外事故，需要在中途的港口或在避难港口停靠，因而引起的卸货、装货、存仓及运送货物所产生的特别费用。

7）发生共同海损所引起的牺牲和救助费用。

8）发生了保险责任范围内的危险，被保险人对货物采取抢救、防止或减少损失的各种措施，因而产生合理的施救费用。但是保险公司承担费用的限额不能超过这批被救货物的保险金额。施救费用可以在赔款金额以外的一个保险金额限度内承担。

（2）水渍险（With Particular Average，WPA）。水渍险的责任范围除了包括上列平安险的各项责任外，还负责被保险货物由于恶劣气候、雷电、海啸、地震、洪水等自然灾害所造成的部分损失。

（3）一切险（All Risks）。一切险的责任范围除包括上列平安险和水渍险的所有责任外，还包括货物在运输过程中，因各种外来原因所造成的保险货物的损失。不论全损或部分损失，除对某些运输途耗的货物，经保险公司与被保险人双方约定在保险单上载明的免赔率外，保险公司都给予赔偿。

2. 附加险别

附加险是对基本险的补充和扩大。在海运保险业中，投保人除了投保货物的上述基本险别外，还可根据货物的特点和实际需要，酌情再选择若干附加险别。目前，海洋运输货物保险条款中的附加险有一般附加险和特殊附加险。

（1）一般附加险。一般附加险所承保的是由于一般外来风险所造成的全部或部分损失。一般附加险不能作为一个单独的项目投保，而只能在投保平安险或水渍险的基础上，根据货物的特性和需要加保一种或若干种一般附加险。

一般附加险的种类主要包括：

1）偷窃提货不着险（Theft，Pilferage and Non-delivery Risk，TPND）。在保险有效期内，保险货物被窃走，以及货物运抵目的地以后，整件未交的损失，由保险公司负责赔偿。

2）淡水雨淋险（Fresh Water Rain Damage，FWRD）。货物在运输中，由于淡水、雨水以至雪融所造成的损失，保险公司都应负责赔偿。淡水包括船上淡水舱、水管漏水及汗等。

3）短量险（Risk of Shortage，R. S.）。短量险负责保险货物数量短少和重量的损失，通常是包装货物的短少，保险公司必须要查清外包装是否发生异常现象，如破口、破袋、扯缝等。

4）混杂沾污险（Risk of Intermixture and Contamination）。该险种负责保险货物在运输过程中混进了杂质所造成的损坏，如矿石等混进了泥土、草屑等因而使质量受到影响。此外，保险货物因为和其他物质接触而被沾污，如布匹、纸张、食物、服装等被油类或带色的物质污染因而引起的经济损失。

5）渗漏险（Risk of Leakage）。流质、半流质的液体物质和油类物质，在运输过程中因为容器损坏而引起渗漏损坏，如以液体装存的湿肠衣因为液体渗漏而发生腐烂、变质等损失，均由保险公司负责赔偿。

6）碰损破碎险（Risk of Clash and Breakage）。碰损主要是对金属、木质等货物而言的，破碎则主要是对易碎性物质而言的。前者是指在运输途中，因为受到震动、颠簸、挤压而造成货物本身的损失；后者是在运输途中由于野蛮装卸、运输工具的颠震造成货物破裂、断碎的损失。

7）串味险（Risk of Odor）。例如，茶叶、香料、药材等在运输途中受到一起堆储的皮张、樟脑等异味的影响使品质受到损失。

8）受热受潮险（Damage Caused by Heating and Sweating）。例如，船舶在航行途中，由于气温骤变，或者因为船上通风设备失灵等使舱内水汽凝结、发潮、发热造起货物受损。

9）钩损险（Hook Damage）。保险货物在装卸过程中因为使用手钩、吊钩等工具所造成的损失，如粮食包装袋因吊钩钩坏而造成粮食外漏所造成的损失，保险公司应予以赔偿。

10）包装破裂险（Breakage of Packing Risk）。该险种负责由于包装破裂造成物资的短少、沾污等损失。此外，对于因保险货物运输过程中货运安全需要而产生的候补包装、调换包装所支付的费用，保险公司也应负责。

11）锈损险（Risk of Rust）。保险公司负责保险货物在运输过程中因为生锈造成的损失，不过这种生锈必须在保险期内发生。

上述 11 种附加险不能独立承保，必须附属于主要险别中。也就是说，只有在投保了主要险别以后，投保人才允许投保附加险。投保一切险后，上述险别均包括在内。

（2）特殊附加险。特殊附加险属于附加险类，但不属于一切险的范围之内。它与政治、国家行政管理规章所引起的风险相关联。中国人民财产保险股份有限公司承保的特别附加险别有：

1）战争险（War Risk）。战争险负责赔偿直接由于战争、类似战争行为和敌对行为、武装行为或海盗行为所致的损失，以及由此所引起的捕获拘留、扣留、禁止、扣押所造成的损失；各种常规武器（包括水雷、鱼雷、炸弹）所致的损失，以及由上述责任范围而引起的共同海损的牺牲、分摊和救助费用，不负责赔偿使用原子或热核武器造成的损失。

战争险的保险责任起讫是以水上危险为限，即自货物在启运港装上海轮或驳船时开始，直到目的港卸离海轮或驳船为止。如果不卸离海轮或驳船，则从海轮到达目的港的当日午夜起算满 15 天，保险责任自行终止。如果在中途港转船，不论货物是否在当地卸货，保险责任以海轮到达该港或卸货地点的当日午夜起算满 15 天为止，再装上续运海轮时恢复有效。

2）罢工险（Strike Risk）。罢工险赔偿的范围包括被保险货物由于罢工工人被迫停工或参加工潮暴动等因人员的行动或任何人的恶意行为所造成的直接损失和上述行动或行为所引起的共同海损的牺牲、分摊和救助费用。不赔偿的范围包括：罢工期间由于劳动力短缺或不能使用劳动力所造成的被保险货物的损失；因罢工引起的动力或燃料缺乏使冷藏机停止工作所致的冷藏货物的损失；因无劳动力搬运货物使货物堆积在码头淋湿受损。

罢工险对保险责任起讫的规定与其他海运货物保险险别一样采取"仓至仓"条款。按国际保险业惯例，已投保战争险后另加保罢工险，不另增收保险费；如果仅要求加保罢工险，则按战争险费率收费。

3）黄曲霉素险（Aflatoxin Risk）。该险种负责对被保险货物因所含黄曲霉素超过进口国的限制标准被拒绝进口、没收或强制改变用途而遭受的损失负责赔偿。

4）交货不到险（Failure to Delivery Risks）。对不论由于任何原因，从被保险货物装上船舶时开始，不能在预定抵达目的地的日期起 6 个月内交货的，负责按全损赔偿。

5）舱面险。对被保险货物存放舱面时，除按保险单所载条款外，还包括被抛弃或被风浪冲击落水在内的损失，保险公司负责赔偿。

6）进口关税险（Import Duty Risk）。当被保险货物遭受保险责任范围以内的损失，而被保险人仍须按完好货物价值完税时，保险公司对损失部分货物的进口关税负责赔偿。

7）拒收险。对被保险货物在进口港被进口国的政府或有关当局拒绝进口或没收，按货物的保险价值负责赔偿。

8）货物出口到香港或澳门存仓火险责任扩展条款（Fire Risk Extension Clause for Storage of Cargo at Destination HongKong, Including Kowloon, or Macao）。被保险货物运抵目的地香港（包括九龙在内）或澳门卸离运输工具后，如果直接存放于保单载明的过户银行所指定的仓库，本险种对存仓火险的责任至银行收回押款解除货物的权益为止，或者运输险责任终止时起满 30 天为止。

3. 除外责任

所谓除外保险责任，是指保险公司明确规定不予承保的损失和费用。保险公司对于下列损失不负责赔偿：

1）被保险人的故意行为或过失所造成的损失。

2）属于发货人的责任所引起的损失。

3）在保险责任开始前，被保险货物已存在的品质不良或数量短差所造成的损失。

4）被保险货物的自然损耗、本质缺陷、特性及市价跌落、运输延迟所引起的损失和费用。

5）属于战争险条款和罢工险条款所规定的责任范围和除外责任。

4. 责任范围比较

从三种基本险别的责任范围来看，平安保险范围最小，它对自然灾害造成的全部损失和意外事故造成的全部和部分损失负赔偿责任。水渍险的责任范围比平安险的责任范围大，凡因自然灾害和意外事故所造成的全部和部分损失，保险公司均负责赔偿。一切险的责任范围最大，除包括平安险、水渍险的责任范围外，还包括被保险货物在运输过程中由于一般外来风险所造成的全部或部分损失，如货物被盗窃、钩损、碰损、受潮、受热、淡水雨淋、短量、包装破裂和提货不当等。由此可见，一切险是平安险和水渍险加一般附加险的总和。

5. 保险责任的起讫

保险责任的起讫主要采用"仓至仓"条款，即保险责任自被保险货物运离保险单所载明的启运地仓库或储存处所开始，包括正常运输中的海上、陆上、内河和驳船运输在内，直至该项货物运抵保险单所载明的目的地收货人的最后仓库或储存处所或被保险人用作分配分派或非正常运输的其他的储备处所为止。

上述三种险别都有货物运输的基本险别，被保险人可以从中选择一种投保。此外，保险人可以要求扩展保险期。例如，对某些内陆国家出口货物，如在港口卸货转运内陆，无法按保险条款规定的保险期内到达目的地，即可申请扩展。经保险公司出具凭证予以延长，每日加收一定保险费。

9.3.2 伦敦保险协会的海洋运输货物保险条款

在世界海运保险中，英国历史悠久，业务比较发达。长期以来，它所制定的各种保险规章制度，其中包括海运保险单格式和保险条款，对世界各国有着广泛的影响。目前，世界上有很多国家在海上保险业务中直接采用了英国伦敦保险协会制定的协会货物条款（Institute Cargo Clauses）[Θ]，或者在制定本国保险条款时参考或部分地采用了上述条款。在我国按 CIF 或 CIP 条件成交的出口交易中，如果国外客户要求按 ICC 条款投保，可酌情接受。

1. 1982 年协会货物条款的种类

1982 年 1 月 1 日生效的协会货物条款，即 ICC（1982）是与新的保险单格式配套使用的，与 ICC（1963）的对照见表 9-1。

表 9-1 新旧条款名称对照

旧条款名称	新条款名称
协会货物一切险条款 Institute Cargo Clauses-All Risks	协会货物条款（A） Institute Cargo Clauses（A）
协会货物水渍险条款 Institute Cargo Clauses-W.A.	协会货物条款（B） Institute Cargo Clauses（B）
协会货物平安险条款 Institute Cargo Clauses-F.P.A	协会货物条款（C） Institute Cargo Clauses（C）
协会战争险条款（货物） Institute War Clauses-(Cargo)	协会战争险条款（货物） Institute War Clauses-(Cargo)
协会罢工险条款（货物） Institute S.R.C.C.Clauses-（Cargo）	协会罢工险条款（货物） Institute Strikes Clauses-（Cargo）
—	恶意损害险条款 Malicious Damage Clauses

ICC（A）、ICC（B）、ICC（C）三种险别都有独立完整的结构，对承保风险及除外责任均有明确规定，因而都可以单独投保。战争险和罢工险也具有独立完整的结构，如征得保

Θ 简称 ICC 条款。

险公司同意，必要时才可作为独立的险别投保。唯有恶意损害险属于附加险别，故其条款内容比较简单。

2. 1982年协会货物条款的承保范围

1982年协会货物条款中的ICC（A）、ICC（B）、ICC（C）的承保责任范围是由三个条款构成的，它们是风险条款、共同海损条款和船舶互撞责任条款。

（1）风险条款（Risk Clause）。为了便于理解，现将ICC（A）、ICC（B）及ICC（C）三种险别中保险人承保的风险列表进行比较，ICC（A）、ICC（B）、ICC（C）承保责任范围对照见表9-2。

表9-2　ICC（A）、ICC（B）、ICC（C）承保责任范围对照表

承保风险	ICC（A）	ICC（B）	ICC（C）
① 火灾、爆炸	√	√	√
② 船舶、驳船的触礁、搁浅、沉没、倾覆	√	√	√
③ 陆上运输工具的倾覆或出轨	√	√	√
④ 船舶、驳船或运输工具同除水以外的任何外界物	√	√	√
⑤ 在避难港卸货	√	√	√
⑥ 地震、火山爆发或雷电	√	√	√
⑦ 共同海损牺牲	√	√	√
⑧ 共同海损分摊和救助费用	√	√	√
⑨ 运输合同订有船舶互撞责任条款，根据该条款的规定应由货方负责船方的损失	√	√	√
⑩ 投弃	√	√	√
⑪ 浪击落海	√	√	×
⑫ 海水、湖水或河水进入船舶、驳船、运输工具、集装箱大型海运箱或储存处所	√	√	×
⑬ 货物在船舶或驳船装卸时落海或跌落造成任何整件的全损	√	√	×
⑭ 由于被保险人以外的其他人（如船长、船员等）的故意违法行为所造成的损失或费用	√	×	×
⑮ 海盗行为	√	×	×
⑯ 由于一般外来原因所造成的损失	√	×	×

注：1. "√"代表承保风险；"×"代表免责风险或不承保风险。

　　2. ⑬项即"吊索损害"。⑭项即"恶意损害"。

（2）共同海损条款（General Average Clause）。ICC（1982）各险别条款中关于共同海损条款的规定是完全相同的，共同海损条款的具体内容是："本保险承保共同海损和救助费用，其理算与确定应依据海上货物运输合同和/或准据法及习惯。该项共同海损和救助费用的产生，应为避免任何原因所造成的或与之有关的损失所引起的，但本保险规定的不保风险和除外责任引起的除外。"

根据共同海损条款的规定，货物在海上运输途中发生的共同海损牺牲、共同海损费用、共同海损分摊及救助费用，只要是保单承保风险造成的，或者为了避免保单承保风险而产生的，保险公司均负责赔偿。

（3）互有责任碰撞条款（Both to Blame Collision Clause）。这一条款也称互有过失碰撞责任条款。ICC（1982）各险别条款中关于船舶互撞责任条款的规定是完全相同的。船舶互撞责任条款的具体内容是："本保险扩大对被保险人的赔偿范围，根据运输契约的船舶互撞责任条款的规定，应由被保险人承担的比例责任，称为保险单项下应予赔偿的损失。如果船舶所有人根据上述条款提出任何索赔要求，被保险人同意通知保险人，保险人有权自负费用为被保险人就此项索赔进行辩护。"

1）构成船舶碰撞的条件如下：①两艘或两艘以上的船舶之间必须发生实际接触或冲撞；②接触或冲撞的结果必须有损害事实发生。

2）碰撞损失和碰撞责任损失。碰撞损失是指因船舶碰撞造成的船体和船上所载货物的损失。碰撞责任损失是指有过失的船舶对遭受碰撞损失的船舶依法应承担的损失赔偿责任。碰撞责任损失又分为对被撞船舶的损失责任和对货物的损失责任。

两艘船舶发生碰撞，因碰撞原因不同造成不同的损失。对于有过失的一方而言，碰撞既造成碰撞损失，又造成碰撞责任损失，即过失一方不仅要承担碰撞造成的自身船舶的损失，还要承担因碰撞造成的被撞船舶和船上货物的损失；对于无过失的一方而言，碰撞只造成碰撞损失，而不产生碰撞责任损失。

协会货物条款承保范围中的船舶互撞责任条款有两层意思，保险人承保这项责任一方面是为了对被保险人（货主）提供更加全面的保险保障，另一方面也是为了保障保险人的利益。这项条款规定，如果载货承运人依据运输契约中的船舶互撞责任条款向本船货主（被保险人）提出偿还要求，被保险人必须及时通知保险人，以便保险人自付费用，以被保险人的名义对承运人的索赔进行抗辩。

3. 1982 年协会货物条款的除外责任

为了明确保险人承保的责任，为了方便合同当事人，1982 年协会货物条款将除外责任分为四类，即一般除外责任条款、不适航与不适货除外责任条款、战争险除外责任条款和罢工险除外责任条款。

（1）一般除外责任条款（AU Exclusions Clause）。一般除外责任条款包括以下各项：

1）因被保险人的故意违法行为所致的灭失、损害或费用。

2）保险标的正常的漏损、重量或容量的正常减少或自然损耗。

3）由于保险标的的包装或准备不充分或不适当引起的灭失、损害或费用。

4）由于保险标的的固有缺陷或性质而导致的灭失、损害或费用。

5）尽管迟延是由承保风险造成的，以迟延为近因的灭失、损害或费用。

6）由船舶所有人、管理人、租船人或经营人的破产或不履行债务造成的灭失、损害或费用。

7）由于任何人（们）的恶意行为而导致的保险标的全部或部分的损害或破坏。

8）因使用任何原子或核子裂变或聚变或其他的同类反应，或者由于使用放射能或放射性物质的武器而产生的灭失、损害和费用。

（2）不适航与不适货除外责任条款（Unseaworthiness and Unfitness Exclusion Clause）。不

适航与不适货除外责任条款包括：

1）保险货物在装船时，如被保险人或其雇用人员已经知道船舶不适航，以及船舶、驳船、运输工具、集装箱或起重运货车的不适货，则由不适航与不适货而造成保险货物的灭失、损害或费用，保险人不负赔偿责任。

2）只要被保险人或雇用人员知道船舶等运输工具的不适航、不适货，则保险人对因违反船舶适航性及适货性的默示保证造成的货物损失不承担赔偿责任。

（3）战争险除外责任条款（War Insurance Exclusion Clause）。战争险除外责任条款中的各项责任均为协会货物战争险条款承保的风险责任，鉴于有协会货物战争险条款承保战争风险，因此将战争险承保的各项责任列为标准条款，即 ICC（A）、ICC（B）、ICC（C）的除外责任。

（4）罢工险除外责任条款（Strikes Exclusion Clause）。罢工险除外责任条款中的各项责任均为协会货物罢工险条款承保的风险责任，鉴于有协会货物罢工险条款承保罢工风险，因此将罢工险承保的各项责任列为标准条款的除外责任。

4. 1982 年协会货物条款的保险期限

ICC（A）、ICC（B）、ICC（C）有关保险期限的规定是完全相同的，主要反映在运输条款、运输契约终止条款及航程变更条款三项条款之中。

（1）运输条款（Transit Clause）。运输条款主要由"仓至仓"条款和扩展责任条款构成。

1）"仓至仓"条款（Warehouse-to-Warehouse Clause）。在正常运输情况下，保险责任期限采用"仓至仓"条款。它的基本内容是：保险人对被保险货物所承担的保险责任，是从货物运离保险单所载明的启运地发货人仓库或储存处所开始运输时生效，包括正常运输过程中的海上、陆上、内河和驳船运输在内，直至该项货物运到保险单所载明的目的港（地）收货人的最后仓库或储存处所，或者被保险人用作分配、分派或非正常运输的其他储存处所为止；如未抵达上述仓库或储存所，则以被保险货物在最后的卸载港全部卸离海轮后满 60 天为止；如在上述 60 天内将被保险货物转运到非保险单所载明的目的地时，则于货物开始转运时终止。

2）扩展责任条款。在海上运输过程中，如果出现被保险人不能控制的意外情况，保险期间将按下列规定办理：当出现由于被保险人无法控制的运输延迟、绕道、被迫卸货、重新装载、转载或承运人运用运输契约赋予的权限做任何航海上的变更时，在被保险人及时将获知的情况通知保险人并加缴保险费的情况下，保险人可继续承担责任。

按照国际海洋保险的惯例，载货船舶在运输途中发生的上述非正常运输情况改变了保险承担的货物运输风险，保险人完全有权利解除保险合同。但为了保护被保险人的利益，保险人在被保险人履行了规定义务的前提下，仍然向被保险人提供合同规定的保险责任。因此，这个条款被称为扩展责任条款。

（2）运输契约终止条款（Termination of Contract of Carriage Clause）。运输契约终止条款主要规定：由于被保险人无法控制的原因，被保险货物在运抵保险单载明的目的地之前，运输契约即在其他港口或处所终止，则在被保险人立即通知保险人并在必要时加缴一定保险费的条件下，保险继续有效，直到货物在这个卸载港口或处所送交之时为止，但最长时间以不超过货物到达该港口或处所满 60 天为限。

（3）航程变更条款（Change of Voyage Clause）。航程变更条款主要规定：在保险责任开始之后，如果被保险人要求变更保险单所载明的目的地，则在立即通知保险人并另行确定保险费及保险条件的情况下，保险继续有效。

5. 协会货物战争险条款和协会货物罢工险条款

（1）协会货物战争险的承保范围。协会货物战争险的承保范围包括：

1）战争、内战、革命、叛乱、造反，或者由上述原因而引起的内乱，或者交战国的或针对交战国的任何敌对行为，造成保险货物的损失。

2）由于上述承保风险引起的捕获、拘留、扣留及其后果，或者任何有关企图，造成保险货物的损失。

3）遗弃的水雷、鱼雷、炸弹或其他遗弃的战争武器造成的保险货物的损失。

4）为避免或与避免上述承保风险有关的行动所引起的共同海损和救助费用。

（2）协会货物战争险的除外责任。协会货物战争险的除外责任除以下两点以外，其余各项与 ICC（A）的除外责任基本相同。

1）在一般除外责任中增加了"航程挫折条款"。承保航程的丧失和挫折是指载货船舶由于某种原因必须改变航线或不能继续驶往原定的目的港。

2）对原子武器等所致灭失或损害，规定由于敌对行为使用原子武器等以致灭失或损害的，保险人不负赔偿责任。

（3）协会货物战争险的保险期限。保险人承担的货运保险期限为"仓至仓"条款，货物在陆地上发生的与航海有关的风险和损失也包括在保险承保责任的范围之内。然而战争风险不同于海洋运输保险的承保风险，将战争险的承保范围限定在水域上，而不再对陆上发生的战争风险承担责任。

协会货物战争险条款关于保险期限的具体规定如下：

1）正常运输情况下的"水上危险"条款。本保险负责自被保险货物被装上船舶时开始，到被保险货物的全部或其一部分在最终的卸货港卸离海轮时为止，若保险货物不卸离轮船，则本保险的责任期限从船舶到达最终卸载港之日午夜 12 时起算满 15 天为限。

2）中途转运的情况。如果货物在中途港卸下，改由其他船舶或飞机续运，可在加缴一定保险费的条件下（需要时），保险责任延展到船舶抵达中途港口或避难港当日午夜开始计算满 15 天终止。

3）驳船驳运的情况。对于在装货港码头与海轮之间，以及在海轮与卸货港码头之间需经驳船转运的货物，保险人仅对已装在驳船上的、由于驳船触及水雷或遗弃的鱼雷而导致的货物损失负赔偿责任。除非另有协议，保险人对从海轮上卸入驳船的货物的承保期限为 60 天。这一条规定要特别注意，我国的条款对这种情况下的保险时间仍规定为 15 天。

（4）协会货物罢工险的承保范围。协会货物罢工险的承保范围包括：

1）罢工者、被迫停工工人或参与工潮、暴动的人员所致的货物的灭失或损害。

2）任何恐怖主义者或任何出于政治目的采取行动的人的直接行为引起的保险货物的灭失或损害。

3）为避免或与避免上述承保风险有关的行动所引起的共同海损和救助费用。

（5）协会货物罢工险的除外责任。协会货物罢工险的除外责任除以下两点以外，其余各项与 ICC（A）的除外责任基本相同：

1）因罢工等产生的各种劳动力不足、缺乏，以及供给的阻塞所引起的货物灭失、损害或费用，不予承保。

2）因罢工所支出的各种必需的追加费用，如装卸费用、保管费等，不予承保。

（6）协会货物罢工险的责任期限。协会货物罢工险的保险责任期限采用"仓至仓"条款。

6. 协会货物恶意损害险条款

协会货物恶意损害险条款（Institute Malicious Damage Clause）是 1982 年协会货物条款中唯一附加险别。它承保的责任范围具体如下：

1）因任何人或人们的恶意行为而造成保险货物的全部或一部分的有意损害或破坏。

2）由于破坏行为或故意破坏行为造成的保险货物的灭失或损害。

对协会货物恶意损害险条款承保的责任，ICC（A）的承保责任中包括，而 ICC（B）及 ICC（C）的承保风险中不包括，因此，投保 ICC（B）或 ICC（C）的投保人可以通过加保恶意损害险获得此项风险的保障。

协会货物恶意损害险同协会货物罢工险在承保责任上是不同的，罢工险承保的风险是恐怖主义者或有组织、有政治动机的人员的故意行为造成的保险货物的损毁或灭失。

7. 协会专门险条款

在伦敦保险市场，人们把 1982 年生效的 ICC（A）、ICC（B）、ICC（C）等条款称为标准条款，而将按照国际商品类别制定的各种货物运输条款称为协会专门险条款。这些条款是按商品的类别划分的，是为各类商品专用的条款。协会专门险条款有：①协会煤炭条款；②协会散装石油条款；③协会生橡胶条款（液状生橡胶除外）；④协会黄麻条款；⑤协会木材贸易条款；⑥协会冷冻食品（不含冷冻肉）条款；⑦协会冷冻肉条款；⑧协会日用品贸易条款。这些专门险条款具有下列特点：

1）承保有关海洋风险的专门险条款，完全依照 1982 年 ICC 的结构而制定，承保战争险及罢工险的专门险条款也同样依照 1982 年 ICC 战争险条款和 ICC 罢工险条款的结构而制定。

2）考虑到各类商品的特性，各类专门险条款中对除外责任都做了宽松的规定。

在海洋运输中，根据货物种类的不同，保险人应该选择适当的险别投保。主要货种的险别选择见表 9-3。

表 9-3　主要货种险别选择表

货物种类	常见危险	险别选择
粮谷类	短量，霉烂，发热	一切险 水渍险+短量险
油脂类	短量，渗露，沾污	水渍险+短量险+渗漏险+混杂沾污险
食品类	受损，包装生锈，被盗	一切险 平安险+偷窃提货不着险+包装破裂险
咖啡豆、可可豆	吸湿、受潮	水渍险+受热受潮险+淡水雨淋险
原糖	短量，吸湿，被盗，可能发生爆炸，或受油渍等沾污	一切险

（续）

货物种类	常见危险	险别选择
冻品类	解冻，腐烂变质	冷藏货物条款（协会货物条款细分为冷冻食品和冻肉两类条款）
活牲畜，家禽，活鱼	死亡	活牲畜、家禽海陆空运输保险条款
酒，饮料	破碎，被盗	一切险 平安险+偷窃提货不着险+碰损破碎险
玻璃，陶瓷制品，家电，工艺品，仪器仪表类	破碎，被盗	平安险+偷窃提货不着险+碰损破碎险
杂货类	水湿，被盗	水渍险+淡水雨淋险+偷窃提货不着险
原棉	水湿，受潮，沾污，火灾	一切险，在国外还常加保原产地损失险，即货物在装船时不能从外观上发现的在内陆发生的雨淋、沾污等损害
毛绒类，纺织纤维类	水湿，色变，霉烂	一切险 水渍险+混杂沾污险
麻类	受潮、受热，变质，自燃	水渍险/平安险+受热受潮险
鱼粉，豆饼	受潮、受热自燃	水渍险/平安险+受热受潮险+自燃险
皮张类	受潮、受热，清除沾污费用高，价高	水渍险/平安险+受热受潮险+偷窃提货不着险+混杂沾污险
盐渍肠衣，兽皮类	渗漏，变质	平安险+渗漏险
石油，液体化工产品类	沾附短量，爆炸，沾污	协会散装石油条款 平安险+爆炸险+混杂沾污险
散装矿石类	短量	平安险+短量险
袋装水泥和其他粉状化工品类	水湿结块，包装破裂	水渍险+包装破裂险+淡水雨淋险
建材类，机械类	破碎	平安险+碰损破碎险
木材，车辆	浪击落海或被抛弃	平安险+木材投甲板险/纸浆则投保一切险
旧成套设备	原残复杂	保险人只同意承保水渍险/平安险+碰损破碎险
新的成套设备	碰损、锈蚀、丢失等多种危险，并且价高	一切险 水渍险/平安险+碰损破碎险 此外，还附加诸多特别条款，如：①机械修缮（承保空运费）特别条款；②机械修缮（含进口税）特别条款；③装前卸后条款；④省略检验条款；⑤开箱延期（隐蔽损害）条款等
天然橡胶	吸湿变质，沾污，挤压	协会生橡胶条款承保任何原因引起的湿损
原煤	自燃	协会煤炭条款承保火灾、爆炸或发热（即使是由货物的本质缺陷引起的），保险期间限于海运

9.4 其他运输方式下的货运保险

货物在国际运输过程中，可能因遇到自然灾害和意外事故而遭受损失，为了转嫁货物在运输过程中的风险损失，需要办理货物运输保险。货物通过投保运输险，将不定的损失变为固定的费用，在货物遭到承保范围内的损失时，可以及时从保险公司得到经济上的补偿，这不但有利于在物流操作中加强经济核算，而且也有利于企业保持正常营业，从而有效地促进国际物流的发展。

对外贸易运输货物保险是以对外贸易货物运输过程中的各种货物作为保险标的的保险。对外贸易货物的运送有海运、陆运、空运及通过邮政送递等多种途径。对外贸易运输货物保险的种类以其保险标的的运输工具种类相应地分为四类：海洋运输货物保险、陆上运输货物保险、航空运输货物保险、邮包保险。

有时一批货物的运输全过程使用两种或两种以上的运输工具，这时，往往以货运全过程中主要的运输工具来确定投保的险种。

9.4.1 陆上运输货物保险

陆上运输货物保险合同是指保险人与投保人之间达成的，以陆上运输过程中的货物作为保险标的，由保险人对于被保险货物因自然灾害或意外事故造成的损失承担赔偿责任的协议。陆上运输货物保险合同根据其适用范围分为国内陆上运输货物保险合同和国际（涉外）陆上运输货物保险合同。

根据原中国人民保险公司 1981 年 1 月 1 日修订的陆上运输货物保险条款规定，陆上运输货物保险险别分为基本险、附加险及适用于陆运货物的专门险——陆上运输冷藏货物险。我国陆上运输货物保险的基本险别分为陆上运输险和陆上运输一切险。两种险别的责任范围仅限于铁路和公路运输。

1. 陆上运输险的责任范围

陆上运输险的责任范围包括被保险货物在运输途中遭受暴风、雷电、洪水、地震等自然灾害；或者由于运输工具遭受碰撞、倾覆、出轨；或者因在驳运过程中驳运工具遭受搁浅、触礁、沉没、碰撞；或者由于遭受隧道坍塌、崖崩或失火、爆炸等意外事故所造成的全部或部分损失；被保险人对遭受承保责任内危险的货物采取抢救，防止或减少货损的措施而支付的合理费用，但以不超过该批被救货物的保险金额为限。

2. 陆上运输一切险的责任范围

陆上运输一切险除包括上列陆上运输险的责任外，还对被保险货物在运输途中由于外来原因所造成的货物短少、短量、偷窃、渗漏等全部或部分损失负责赔偿。

3. 国内陆上运输货物保险合同的除外责任

保险人对被保险货物在运输过程中，因下列原因造成的损失不负赔偿责任：

1）战争和军事行动。
2）核事故或核爆炸。
3）被保险货物本身的缺陷或自然损耗，以及由于包装不善造成的损失。
4）被保险人的故意行为或过失所造成的损失。

5）全程公路运输货物的盗窃和整件提货不着的损失。

6）其他不属于保险责任范围内的损失。

4. 国际陆上运输货物保险合同的除外责任

保险人对下列损失不承担保险责任：

1）被保险人的故意行为或过失所造成的损失。

2）属于发货人责任所引起的损失。

3）在保险责任开始前，被保险货物已存在的品质不良或数量短差所造成的损失。

4）被保险货物的自然损耗、本质缺陷、特性及市价跌落、运输延迟所引起的损失或费用。

5）陆上运输货物的战争险条款和罢工除条款规定的保险责任范围和除外责任。

5. 保险责任起讫

陆上运输的险与陆上运输一切险的责任起讫采用"仓至仓"条款。除外责任与海洋运输货物险的除外责任相同。索赔时效为从被保险货物在最后目的地车站全部卸离车辆后起算，最多不超过 2 年。

陆上运输的冷藏货物险的责任范围除陆运险所列举的自然灾害和意外事故所造成的全部或部分损失外，还负责赔偿由于冷藏机器或隔温设备在运输途中损坏所造成的被保险货物解冻溶化而腐败的损失。但对于因战争、工人罢工或运输延迟而造成的被保险冷藏货物的腐败或损失及被保险冷藏货物在保险责任开始时未能保持良好状况，整理、包扎不妥或冷冻不合格所造成的损失则除外。一般的除外责任条款也适用于本险别。责任起讫采用"仓至仓"条款，但最长保险责任的有效期以被保险货物到达目的地车站后 10 天为限。索赔时效从被保险货物在最后目的地全部卸离车辆后起算，最多不超过 2 年。

此外，还有陆上运输货物的战争险是陆上运输险的一种附加险，只有在投保了陆上运输险或陆上运输一切险的基础上才能加保，并且仅适用于铁路运输。

6. 被保险人的义务

被保险人应按照以下规定的应尽义务办理有关事项，如因未履行规定的义务，保险公司对有关损失有权拒绝赔偿：

1）当被保险货物运抵保险单所载目的地以后，被保险人应及时提货，当发现被保险货物遭受任何损失，应立即向保险单上所载明的检验、理赔代理申请检验。如果发现被保险货物整件短少或有明显残损痕迹，应立即向承运人、受托人或有关当局索取货损货差证明，如果货损货差是由承运人、受托人或其他有关方面的责任所造成的，应以书面方式提出索赔，必要时还需取得延长时效的认证。

2）对遭受承保责任内危险的货物，应迅速采取合理的抢救措施，防止或减少货物损失。

3）在向保险人索赔时，必须提供下列单证：保险单正本、提单、发票、装箱单、磅码单、货损货差证明、检验报告及索赔清单。如果涉及第三方责任，还必须提供向责任方追偿的有关函电及其他必要单证或文件。

9.4.2 航空运输货物保险

1. 责任范围

航空运输货物保险分为航空运输险和航空运输一切险两种。被保险货物遭受损失时，本保险按保险单上载明承保险别的条款负赔偿责任。

（1）航空运输险。航空运输险负责赔偿的内容如下：

1）被保险货物在运输途中遭受雷电、火灾、爆炸或由于飞机遭受恶劣气候或其他危难事故而被抛弃，或者由于飞机遭碰撞、倾覆、坠落或失踪意外事故所造成的全部或部分损失。

2）被保险人对遭受承保责任内危险的货物采取抢救措施以防止或减少货损而支付的合理费用，但以不超过该批被救货物的保险金额为限。

（2）航空运输一切险。除包括上列航空运输险责任外，航空运输一切险还负责被保险货物由于外来原因所致的全部或部分损失。

2. 除外责任

航空运输货物保险对下列损失不负赔偿责任：

1）被保险人的故意行为或过失所造成的损失。

2）属于发货人责任所引起的损失。

3）保险责任开始前，被保险货物已存在的品质不良或数量短差所造成的损失。

4）被保险货物的自然损耗、本质缺陷、特性及市价跌落、运输延迟所引起的损失或费用。

3. 责任起讫

1）航空运输货物保险负"仓至仓"责任，自被保险货物运离保险单所载明的启运地仓库或储存处所开始运输时生效，包括正常运输过程中的运输工具在内，直至该项货物运达保险单所载明的目的地收货人的最后仓库或储存处所或被保险人用作分配、分派或非正常运输的其他储存处所为止。如果未运抵上述仓库或储存处所，则以被保险货物在最后卸载地卸离飞机后满30天为止。如果在上述30天内被保险的货物需转送到非保险单所载明的目的地时，则以该项货物开始转运时终止。

2）由于被保险人无法控制的运输延迟、绕道、被迫卸货、重新装载、转载或承运人运用运输契约赋予的权限所做的任何航行上的变更或终止运输契约，致使被保险货物运到非保险单所载目的地时，在被保险人及时将获知的情况通知保险人，并在必要时加缴保险费的情况下，本保险仍继续有效，保险责任按下述规定终止：①被保险货物如在非保险单所载目的地出售，保险责任至交货时为止，但不论任何情况，均以被保险的货物在卸载地卸离飞机后满30天为止；②被保险货物在上述30天期限内继续运往保险单所载原目的地或其他目的地时，保险责任仍按上述规定终止。

4. 被保险人的义务

被保险人的义务同陆上运输货物保险。

5. 索赔期限

航空运输货物保险索赔时效，从被保险货物在最后卸载地卸离飞机后起计算，最多不超过2年。

9.4.3　邮包保险

邮包保险承保通过邮局邮包寄递的货物在邮递过程中发生保险事故所致的损失。

以邮包方式将货物发送到目的地可能通过海运，也可能通过陆上或航空运输，或者经过两种或两种以上的运输工具运送。不论通过何种运送工具，凡是以邮包方式将贸易货物运达目的地的保险均属邮包保险。邮包保险按其保险责任分为邮包险和邮包一切险两种。前者与海洋运输货物保险的水渍险的责任相似，后者与海洋运输货物保险的一切险的责任基本相同。

1. 责任范围

邮包保险的责任范围包括：

1）被保险邮包在运输途中由于恶劣气候、雷电、海啸、地雷、洪水等自然灾害或由于运输工具遭受搁浅、触礁、沉没、碰撞、倾覆、出轨、坠落、失踪及由于失火爆炸等意外事故所造成的全部或部分损失。

2）被保险人对遭受承保责任内危险的货物采取抢救、防止或减少货损的措施而支付的合理费用，但以不超过该批被救货物的保险金额为限。邮包一切险的责任除上述邮包险的各项责任外，还负责被保险邮包在运输途中由于外来原因所致的全部或部分损失。

2. 责任起讫

本保险责任自被保险邮包离开保险单所载启运地点寄件人的处所运往邮局时开始生效，直至该项邮包运达本保险单所载目的地邮局，自邮局签发到货通知书当日午夜起算满15天终止。但在此期限内邮包一经递交至收件人的处所时，保险责任即行终止。

邮包战争险只有在投保了邮包险和邮包一切险的基础上才能加保。加保邮包战争险后，保险公司负责赔偿在邮包运输过程中由于战争、敌对行为或武装冲突及各种常规武器包括水雷、鱼雷爆炸所造成的损失。此外，保险公司还负责被保险人对遭受以上承保责任内危险的物品采取抢救、防止或减少损失的措施而支付的合理费用，但保险公司不承担因使用原子或热核制造的武器所造成的损失的赔偿。

3. 被保险人的义务

被保险人应按照以下规定的应尽义务办理有关事项，如因未履行规定的义务，保险公司对有关损失有权拒绝赔偿：

1）当被保险邮包运抵保险单所载明的目的地以后，被保险人应及时提取包裹，当发现被保险邮包遭受任何损失，应即向保险单上所载明的检验、理赔代理人申请检验。如发现被保险邮包整件短少或有明显残损痕迹，应立即向邮局索取短、残证明，并应以书面方式提出索赔，必要时还必须取得延长时效的认证。

2）对遭受承保责任内危险的邮包，应迅速采取合理的抢救措施，防止或减少邮包的损失。被保险人采取此项措施，不应视为放弃委付的表示；保险公司采取此项措施，也不得视为接受委付的表示。

3）在向保险人索赔时，必须提供下列单证：保险单正本、邮包收据、发票、装箱单、磅码单、货损货差证明、检验报告及索赔清单。如果涉及第三方责任，还必须提供向责任方追偿的有关函电及其他必要单证或文件。

4. 索赔期限

本保险索赔时效，从被保险邮包递交收件人时起算，最多不超过2年。

邮包运输货物保险的除外责任和被保险人的义务与海洋运输货物保险相比较，其实质是一致的。

9.5 我国货物运输保险实务

在国际物流货物运输中，保险的作用不言而喻，但如何办理货物运输的保险业务，则需要考虑以下五个方面的内容：选择合适的保险险别、拟订恰当的保险条款、确定准确的保险金额、履行必要的保险手续和缮制正确的保险单据。

9.5.1 投保

我国出口货物一般采取逐笔投保的办法。按 FOB 或 CFR 术语成交的出口货物，卖方没有办理投保的义务，但卖方在履行交货之前，货物自仓库到装船这一段时间内，仍承担货物可能遭受意外损失的风险，需要自行安排这段时间内的保险事宜。按 CIF 或 CIP 等术语成交的出口货物，卖方负有办理保险的责任，一般应在货物从装运仓库运往码头或车站之前办妥投保手续。我国进口货物大多采用预约保险的办法，各公司或其收货代理人同保险公司事先签有预约保险合同。签订合同后，保险公司负有自动承保的责任。

9.5.2 保险金额确定和保险费的计算

投保人在投保货物运输保险时应向保险人申报保险金额。保险金额是被保险人对保险标的实际投保金额，是保险人计算保险费的依据，也是发生损失时赔偿的依据和最高限额。保险金额是根据保险价值确定的。保险价值是被保险人对保险标的所具有的可保利益的货币表现形式，一般包括货价、运费、保险费及预期利润等。

国际贸易采用 CIF 或 CIP 贸易术语成交，买卖合同一般均规定保险金额，并且保险金额通常还必须在发票金额的基础上增加一定的百分率，即投保加成率。如果合同未做规定，按 INCOTERMS 2020 和 UCP600 及国际保险市场的习惯做法，卖方应按 CIF 或 CIP 价格的总值另加10%作为保险金额。这部分增加的保险金额是买方进行这笔交易所支付的费用和预期利润。如果买方要求适当提高投保加成率，按较高保险金额投保，在保险公司同意承保的前提下，卖方可考虑接受，但因此而增加的保险费原则上应由买方支付。保险金额的计算公式为

$$保险金额 = CIF（或 CIP） \times (1+投保加成率)$$

在实际工作中，如果已有成本价或运费加成本价，CIF（或 CIP）的价格计算公式为

$$CIF（或 CIP） = \frac{FOB（或 FCA）+运费}{1-[保险费率 \times (1+投保加成率)]}$$

$$= \frac{CFR（或 CPT）}{1-[保险费率 \times (1+投保加成率)]}$$

我国进口货物的保险金额，原则上按进口货物的 CIF 或 CIP 价格计算。若进口合同采用 FOB（或 FCA）或 CFR（或 CPT）条件，为简化手续、方便计算，中国人民财产保险股份公司拟订了平均运费率和平均保险费率，其保险金额的计算公式为

$$保险金额 = FOB（或 FCA） \times (1+平均运费率+平均保险费费)$$

或

$$保险金额 = CFR（或 CPT） \times (1+平均保险费率)$$

上述进口保险金额即估算的 CIF（或 CIP）价不另外加成，如果投保人要求在 CIF 或

CIP 价基础上加成投保，保险公司也可接受。

保险费率是指收取的保险费占保险金额的比例值。保险费率是保险人计算保险费的依据，是由保险人根据保险标的可能遇到的危险性大小、损失率、赔付率高低和经营费用多少等因素，并按不同商品、不同目的地及不同的投保险别加以规定的。一般情况下，损失率越高，保险费率也越高。

9.5.3　保险单据

国际物流业务中，常用的保险单据主要有四种形式。

1. 保险单

保险单（Insurance Policy，Policy）俗称大保单，是保险人和被保险人之间成立保险合同关系的正式凭证，因险别的内容和形式有所不同，海上保险最常用的形式有船舶保险单、货物保险单、运费保险单、船舶所有人责任保险单等。其内容除载明被保险人、保险标的（如是货物段填明数量及标志）、运输工具、险别、起讫地点、保险期限、保险价值和保险金额等项目外，还附有有关保险人责任范围及保险人和被保险人的权利和义务等方面的详细条款。如果当事人双方对保险单上所规定的权利和义务需要增补或删减时，可在保险单上加贴条款或加注字句。保险单是被保险人向保险人索赔或对保险人上诉的正式文件，也是保险人理赔的主要依据。保险单可转让，通常是被保险人向银行进行押汇的单证之一。在 CIF 合同中，保险单是卖方必须向买方提供的单据。

2. 保险凭证

保险凭证（Insurance Certificate）俗称小保单，是保险人签发给被保险人，证明货物已经投保和保险合同已经生效的文件。凭证上无保险条款，表明按照本保险人的正式保险单上所载的条款办理。保险凭证具有与保险单同等的效力，但在信用证规定提交保险单时，一般不能以保险凭单的简化形式办理。

3. 预约保险单

预约保险单是保险人承保被保险人在一定时期内分批发运的货物所出立的保险单，是保险人对被保险人将要装运的属于约定范围内的一切货物自动承保的合同单据。

4. 批单

批单是在保险单出立后，投保人需要补充或变更其内容时，向保险公司申请，经同意后由保险公司出具的。批单上应注明补充、更改的内容，并且批单应粘附在原保险单上，成为保险单的组成部分，保险人则按补充、修改的内容承担责任。

9.5.4　保险索赔

保险索赔是指当被保险人的货物遭受承保责任范围内的风险损失时，被保险人向保险人提出的索赔要求。在国际物流中，如果由卖方办理投保，卖方在交货后即将保险单背书转让给买方或其收货代理人，当货物抵达目的港（地），发现残损时，买方或其收货代理人作为保险单的合法受让人，应就地向保险人或其代理人要求赔偿。中国人民财产保险股份公司为便利我国出口货物运抵国外目的地后及时检验损失，就地给予赔偿，已在多个国家建立了检验或理赔代理机构。至于我国进口货物的检验索赔，则由有关的专业进口公司或其委托的收货代理人在港口或其他收货地点，向中国人民财产保险股份有限公司当地机构要求赔偿。被保险人或其代理人向保险人索赔时，应做好下列四项工作：

1）当被保险人得知或发现货物已遭受保险责任范围内的损失，应及时通知保险公司，并尽可能保护现场。由保险人会同有关方面进行检验，勘察损失程度，调查损失原因，确定损失性质和责任，采取必要的施救措施，并签发联合检验报告。

2）当被保险货物运抵目的地，被保险人或其代理人提货时发现货物有明显的受损痕迹、整件短少或散装货物已经残损，应即向理货部门索取残损或短量证明。如果货损涉及第三方的责任，则首先应向有关责任方提出索赔或声明保留索赔权。在保留向第三方索赔权的条件下，可向保险公司索赔。被保险人在获得保险补偿的同时，须将受损货物的有关权益转让给保险公司，以便保险公司取代被保险人的地位或以被保险人的名义向第三方责任方进行追偿。保险人的这种权利叫作代位追偿权。

3）采取合理的施救措施。保险货物受损后，被保险人和保险人都有责任采取可能的、合理的施救措施，以防止损失扩大。因抢救、阻止、减少货物损失而支付的合理费用，保险公司负责补偿。被保险人能够施救而不履行施救义务，保险人对于扩大的损失甚至全部损失有权拒赔。

4）备妥索赔证据，在规定时效内提出索赔。保险索赔时，通常应提供的证据有：保险单或保险凭证正本；运输单据；商业票和重量单、装箱单；检验报告；残损、短量证明；向承运人等第三方责任方请求赔偿的函电或其证明文件；必要时还需提供海事报告；索赔清单，主要列明索赔的金额及其计算数据，以及有关费用项目和用途等。根据国际保险业的惯例，保险索赔或诉讼的时效为自货物在最后卸货地卸离运输工具时起算，最多不超过2年。

9.5.5 在洽商保险条款时应注意的几个问题

在洽商保险条款时应尊重对方的意见和要求。如果国外客户要求我方按ICC条款投保，我方可以接受客户要求，将此写入合同。经托收方式收汇的出口业务，成立价应争取用CIF价格条件成交，以减少风险损失。

9.5.6 国际货物运输保险合同的内容

国际运输货物保险合同的内容主要包括下列几项：保险人名称；被保险人名称；保险标的；保险价值；保险金额；保险责任和除外责任；保险期间；保险费和保险费率。

1）保险合同的当事人：保险人和被保险人。

2）保险标的：货物，包括贸易货物和非贸易的货物。

3）保险价值：被保险人投保的财产的实际价值。

4）保险金额：保险合同约定的保险人的最高赔偿数额。

5）保险责任和除外责任。保险责任是保险人对约定的危险事故造成的损失所承担的赔偿责任。保险人承保的风险可以分为保险单上所列举的风险和附加条款加保的风险两大类，前者为主要险别承保的风险，后者为附加险别承保的风险。我国现行的海洋运输货物保险条款对于除外责任的规定，主要参考了英国《1960年海上保险法》的有关除外责任的规定。

6）保险期间：保险责任的期间，有3种确定方法：①以时间来确定；②以空间的方法来确定；③以空间和时间两方面来对保险期间进行限定的方法。

7）保险费和保险费率。保险费率是计算保险费的百分率。保险费率有逐个计算法和同类计算法之分。

9.6　案例分析

保险公司代位索赔及承运人无权享受责任限制案

【案情】

原告：保险公司。

被告：远洋运输公司。

国内某进口公司从巴基斯坦进口白糖 12000t，价格条件为 CFR 437 美元/t。2022 年 4 月 17 日，被告"三江"轮在巴基斯坦港装载袋装白糖 12000t。装船过程中，5 月 5 日船长向托运人和装货人发出书面声明和抗议，指出：货物在码头堆放无任何遮盖物，已发生污染，宣布货物为不清洁；抗议装卸工人用手钩装货和装载破包货物；理货员理货不准确，理货数量与船方水尺计重结果相差很大。5 月 8 日装船人致函船长，承诺船舶在卸货港无须对货物任何情况负责。5 月 9 日船长再次声明，船上货物只有 11602t，船东对卸货港货物短少不负责。该声明由船长、托运人代理人及装货人三方签字确认。随后，船长签发清洁提单。提单记载白糖 12000t，收货人凭指示，目的港北海港。货物装船后，进口公司向保险公司办理货物保险。

"三江"轮于 5 月 23 日抵达北海港，日后卸下全部货物。经北海理货公司理货，确认货物少了 3608 包，破空袋 2559 包，破损 4745 包，大副在理货单上签字，同时批注："重新灌包 3070 包"。经进出口商品检验局检验，确认货损 405.57t。按照货物到岸实际价值计算，经济损失为 177234.527 美元。2023 年 1 月原告根据保险合同支付了赔款 194957.98 美元，并取得了进口公司的权益转让证书。

原告于 2023 年 5 月向海事法院提起诉讼，请求法院判令被告赔偿经济损失 194957.98 美元及利息和检验费，并承担本案诉讼费。

被告答辩认为，原告索赔项目中应扣除收货人已经从破损包中收回并重新灌包的 3070 包糖款。此外，被告的责任与免责应依据提单背面条款的规定，并适用《海牙规则》。根据《海牙规则》第四条第五款有关承运人责任限制的规定，如果被告对原告所宣称的损失 405.57t 货物负责，最多赔付 62936.75 美元。

【审判】

法院认为，提单是海上货物运输合同的证明，有关承运人与提单持有人、收货人之间的权利、义务关系应当依据提单确定。原告作为提单项下货物的保险人，赔偿提单持有人进口公司保险货物损失后，合法取得进口公司的权益转让，有权向承运人提出追偿。

本案事实表明，"三江"轮装货时船长已发现：货物发生污染，装船使用手钩，包装破损，装船后水尺计重确定重量不足。但是，船长仍然认可托运人说明的货物重量和数量，未如实在提单上批注。被告作为承运人，应当按照提单所记载的货物数量、重量交付货物，对所交货物不符合提单记载，应承担赔偿责任。被告明知装船的货物破损、数量短少，仍签发清洁提单，属于明知可能造成损失而轻率不作为。根据《海牙规则》和《中华人民共和国海商法》规定，如果货物灭失或损坏是由于承运人故意或者明知可能造成损失而轻率地作为或不作为造成的，则承运人无权享受责任限制的权利。但是，赔偿数额不能以原告依据保险合同向被保险人赔付的数额为准，而是实际损失的货物价值。

最后法院判决，被告赔偿原告货物损失 177234.527 美元及其他费用。

（资料来源：《国际物流学》，逯宇铎，北京大学出版社。）

案例思考：

1. 本案中，承运人的行为在哪些方面有违货运提单的权利和义务？

2. 法院判决的依据是什么？

 复习与思考

1. 简述保险的基本原则。

2. 简述货运保险在国际贸易中的作用。

3. 我国海洋运输货物保险基本险别有几种？其责任范围有何区别？

4. 我国海洋运输货物保险的附加险有哪些？

第10章

国际物流成本管理

国际物流成本管理是对国际物流企业生产经营全过程所发生的所有费用和成本的形成，进行预测、计划、核算、分析、考核和采取降低成本措施等一系列的管理活动。它是涉及企业各部门的一项综合性、规划性的管理工作，是企业管理的重要组成部分。加强国际物流成本管理对促进国际物流企业增产节支、降低成本、提高经济效益具有重要意义。

国际物流是按国际分工的原则，依照国际惯例，利用国际物流网络、物流设施和物流技术，实现商品国际交换，促进区域经济的发展和世界资源优化配置。国际物流企业是为国际贸易和跨国经营服务的。如何选择最佳方式与路径，以降低费用和风险，保质、保量、适时地将商品从一国运到另一国，是国际物流企业管理的目标。

国际物流企业在开展国际物流业务时，手续繁多，情况复杂多变。如何选择适当的业务操作模式，既加快业务运作，又节约业务运作成本，是国际物流企业面临的一个亟待解决的问题。

10.1 国际物流企业成本管理的特点

物流管理随着社会经济的发展而不断改进，物流已进入供应链管理时代，国际物流企业更应该把握物流供应链的发展趋势。国际物流供应链的战略趋势决定了国际物流企业成本管理的特点。

1. 加快运输速度以降低物流成本

越来越多的企业已认识到时间与速度是影响市场竞争力的关键因素之一。最初，企业关注产品的设计与制造的时间和速度，现在对时间与速度的重视已扩大至其他领域，尤其是在供应链环境下，时间与速度也被看作提高整体竞争优势的主要因素，供应链中的各个企业通过各种手段实现他们之间物流、信息流的紧密连接，以提高客户满意度为最终目的。

2. 提高物流业绩以增强供应链质量

物流供应链涉及许多环节，需要环环紧扣，并确保每一个环节的质量。各个环节的成败，最终影响用户对产品质量、时效性及价格的评价。企业开始察觉到，即使产品在其他方面都有出色的表现，一旦交付延迟或损坏，客户也不能接受。劣质的物流业绩会毁灭产品在其他方面的出色表现。

3. 提高资产周转率以减少存货成本

另一个改变物流供应链的因素是资产周转率。在改进资产周转率方面，存货水平的降低和存货周转速度的加快，因为存货所发生的费用是资产占用的重头部分，减少存货可以减少存货成本。固定设施如仓库的投资也是影响资产周转率的重要方面，通过减少存货和利用公共仓库而减少自有仓库已成为明显趋势。改进资产周转率不仅仅是注重减少企业内部的存货，更重要的是减少供应链中的存货。供应链中的企业开始共享数据，以减少在整个供应链中的存货。

4. 物流供应商联盟可优势互补，降低物流成本

当前对物流供应链有重要影响的一个趋势是货主开始考虑减少物流供应商的数量，这个趋势非常明显。跨国公司客户更愿意将他们的全球物流供应链外包给少数几家，最好是一家物流供应商。因为这样不仅有利于管理，而且有利于在全球范围内提供统一的标准服务，更好地显示出全球供应链管理的整体优势。虽然跨国公司希望只采用有整合全球供应链能力的少数几家物流供应商，但目前还没有一家物流供应商能够完全依靠自身实力满足这些大型公司的要求，因此，物流供应商间的联盟应运而生，企业之间优势互补，降低物流成本。

5. 提高客户满意度

另一个对物流供应链具有影响的趋势是对客户服务与客户满意的重视。传统的量度是以"订单交货周期""完整订单的百分比"等来衡量的，而且前者更注重客户对服务水平的感觉，服务水平的量度也是以它为标准的。客户服务重点的转变，结果是重视与物流公司的关系，并把物流公司看成提供高水平服务的合作者。

物流公司力图采用更加灵活的方式满足客户的特殊要求，鼓励雇员创造性增加客户的价值。物流再次在客户服务领域内起到重要的作用。提高水平服务才能保持在市场的竞争中取得优势地位。

10.2 物流成本管理概述

从物流管理的发展历史看，降低物流成本是最初的出发点，当前仍是人们采用现代物流技术和管理手段的主要原因。物流成本管理与运输管理、库存管理、配送管理等职能性管理不同，它贯穿物流管理的全过程，涉及人（劳动）、设备和技术、资金、物料等全部生产要素。掌握物流成本的分析与控制方法，是合理组织物流、进行各层次物流系统决策分析的基础。

物流成本是指物流活动中所消耗的物化劳动和活劳动的货币表现，具体表现为物流各个环节所支出的人力、物力和财力的综合。不同的物流企业对物流成本的理解不同。对专业物流企业而言，企业的全部营运成本都可理解为物流成本；工业企业则是指物料采购、储存和产品销售过程中为了实现物品的物理性空间运动而引起的货币支出，但通常不包括原材料、半成品在生产加工中运动产生的费用；商品流通企业则是指商品采购、储存和销售过程中商品实体运动所产生的费用。

10.2.1 国际物流企业成本现状

物流成本问题的特殊性说明仅仅采用一般的成本管理方法是不够的，需要从更高层次、更广阔的领域来控制物流成本。

1）传统的采购管理强调通过供应商之间的竞争而降低进价，却往往导致仓储费用、资金占用成本上升，供应风险增加。从供应链管理的视角上看，强调与供应商形成合作伙伴关系，从而使企业采购风险大大下降，实现准时采购（JIT）与"零库存"，结果其仓库费用、资金占用成本降低带来的效益可能大大超过进价降低的获益。

2）多频率、少批量配送会增加运输成本，缩短顾客的订货周期和订货的满足率会增加仓储成本。

3）一般企业都十分重视降低外购物流费用，而企业内部物流成本却较少关注。多数物流成本发生在企业内部，重视企业内部成本的控制，是降低物流总成本的主要途径。

4）缺少及时、准确、全面的信息是产生车辆空载、重复装卸、对流运输等无效物流现象的根源，也是导致库存周转慢、库存总数量大的重要原因。

5）物流程序不标准，包括物流技术、作业规范、服务、成本核算等，无形中增加了物流成本。

10.2.2　物流成本控制方法

1. 从供应链的视角来降低物流成本

从一个企业的范围来控制成本的效果是有限的，应该从原材料到最终用户的整个供应链过程来考虑提高物流效率和降低成本。

2. 通过提高客户满意度来削减成本

一般来说，提高服务水平会增加物流成本，如高频率、少批量配送会增加运输成本，缩短顾客的订货周期和订货的满足率，会增加仓储成本。我们不可能通过降低服务水平来削减物流成本，我们可以通过对优化客户服务、提高服务水准，从而降低物流成本。优化顾客服务，第一步是要明确顾客需要的服务项目和水平。企业必须与顾客全方位沟通，深入了解顾客的生产、经营活动的特点；要经常站在顾客的立场考虑问题，模拟顾客的行为。第二步是消除过度服务。超过必要的物流服务必然带来成本上升，而顾客的满足度并没有得到有效提高。换句话说，任何不能使顾客满意度有效提高的服务都是过度服务，都必须削减。第三步是实现物流服务的规模化、网络化、专业化。物流服务的规模化、网络化可以使顾客就地就近、随时随地得到服务，并得到专业化的服务，从而有效降低物流成本。

3. 重视企业内部物流成本控制

一般企业都十分重视降低外购物流费用，而对企业内部物流成本却较少关注。

多数物流成本发生在企业内部，重视企业内部成本的控制，是降低物流总成本的主要途径。为此，企业内部应设立专门的物流项目，分清物流成本控制的关键点；应用管理会计方法分析物流成本，改善企业物流成本管理。

4. 借助与现代化信息系统的构筑降低物流成本

缺少及时、准确、全面的信息是产生车辆空载、重复装卸、对流运输等无效物流现象的根源，也是导致库存周转慢、库存总数量大的重要原因。为此，企业必须依靠建立现代化信息系统，提高物流管理的科学性、精确性，降低物流成本。

5. 通过物流外包降低成本

将企业物流业务及物流管理的职责部分或全部外包给外部的第三方企业，并形成物流联盟，也是降低成本的有效途径。一个物流外包服务提供者可以使一个公司通过实现规模经济、更多的"门到门"运输、减少车辆空驶等方面措施节约物流费用，并体现出利用这些专业人员与技术的优势。

6. 依靠标准化降低物流成本

物流标准化包括物流技术、作业规范、服务、成本核算等方面的标准化，对于降低物流成本有重要意义。技术上的标准化可以提高物流设施、运输工具的利用率和相互的配套性；

物流作业和服务的标准化可以消除多余作业和过度服务；物流成本核算的标准化能使各个企业的成本数据具有可比性，从而使标杆学习法可以在物流管理中推广、发挥作用。

10.3　国际物流企业成本管理优化

10.3.1　联运作业（以集装箱联运为例）流程优化

国际物流企业国际集装箱联运作业流程如图 10-1 所示。

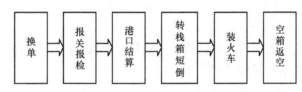

换单 → 报关报检 → 港口结算 → 转栈箱短倒 → 装火车 → 空箱返空

图 10-1　国际物流企业国际集装箱联运作业流程

由图 10-1 可知，整个作业过程是一个链式系统，每一个作业环节的工作完成质量的好坏都对整个货物转运工作产生重大的影响。国际物流企业的业务成本与整个业务流程的完成时间有密切的关系。加速业务流程的运转，压缩集装箱的在港停留时间，不但可以直接降低集装箱的在港存储费和滞箱费，而且为能够与集装箱公司协调，减少集装箱的转栈，进而减少转栈费和短倒费创造有利的条件。

物流成本可分为不变成本和可变成本。通常企业在强调成本管理的时候，主要关注管理费用、营运费用及财务费用等，这些费用被视为可控成本，而业务成本被视为不可控成本。国际物流企业在成本管理时有着其独特性。因为国际物流企业的产品是"服务"，面对的环境是随时变化的，这就使得国际物流企业的业务流程是一个弹性的工作流程，进而使主营业务成本也具有一定的弹性。

国际物流企业在进行成本控制时，应将注意力放在业务流程的控制与重组上，努力压缩弹性流程，消除一些可控流程，降低物流企业成本。国际物流企业在港口代理国际集装箱运输时，降低成本的关键是消除或减少集装箱的转栈作业。在集装箱码头的货位紧张的情况下，集装箱必须尽快装火车运出，集装箱公司不可能将重箱长时间留下待装火车。这就要求国际物流企业能够在短期内办理完联运货物的各项手续，通过火车运输将到达重箱转运出新港。所以，能否降低物流成本，关键在于国际物流企业能否加快业务运作。而要想加快业务运作，需要国际物流企业所有从业人员同心协力，做好业务流程中的每一个作业环节。

国际物流企业可以通过加强内部管理，与外部相关单位紧密协调，重组业务流程等手段，达到改进业务流程的目的。国际物流企业国际集装箱联运作业改进流程如图 10-2 所示。

国际物流企业改进后的业务流程和以前的业务流程相比，减少了业务环节。大幅度减少业务费用，间接增加了供应链上的其他企业效益。国际物流企业的所有业务人员齐心协力，内部做好运作管理，加快业务的运作，同时外部做好沟通协调，必将大幅度降低营业成本。

国际物流企业降低业务成本的关键是能够采用改进后的流程进行业务运作，而前提是国际物流企业自身能够加快业务的进展。以下从组织结构、沟通方式方面，提出加快业务运作和改进后业务流程运作的实施办法。

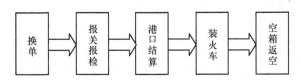

图 10-2 国际物流企业国际集装箱联运作业改进流程

10.3.2 组织结构分析和设计

国际物流企业面对的是一个复杂多变的环境。国际物流企业的管理者应使每一个业务员都能充分了解组织中存在的大量信息，同时必须使每一个员工明白效率和协作的重要性，让他们能够自己对随机的、无法预测的环境做出合理的反应。为了快速、准确地对外界环境的变化做出合理的反应，必须设计与企业相适应的组织结构形式，国际物流企业可以采用以下两种组织形式：

1. 无边界组织

横向边界是由工作专门化和部门化形成的，纵向边界是将员工划归不同组织层级的结果，而外部边界是将组织与顾客、供应商及其他利益相关者分离开来的"隔墙"。通过运用诸如跨层次团队和参与式决策等结构性手段，可以取消组织的纵向边界，从而使级层结构扁平化。管理者还可以通过跨职能团队及围绕工作流程而不是职能部门组织相关的工作，取消组织的横向边界。企业可以与供应商建立战略联盟，或者通过体现价值链管理思想的顾客与企业联系手段等削弱或取消组织的外部边界。

无边界组织设计采用"无边界组织"的思想，是现代组织设计的一种形式。所谓无边界组织，是指其横向的、纵向的或外部的边界不由某种预先设计的结构限定或定义的组织设计。这一组织设计的目的是为了取消公司内部的纵向的和横向的边界，并打破公司与客户单位和供应商之间存在的外部边界障碍。

无边界组织力图取消指挥链，保持合适的管理跨度，以授权的团队取代部门。

2. 学习型组织

学习型组织是指由于所有组织成员都积极参与与工作有关问题的识别与解决中，从而使组织形成了持续适应和变革能力的组织。在学习型组织中，员工通过不断获取和共享新知识，参加到组织的知识管理中来，并有意愿将其知识用于制定决策或做好他们的工作。

在学习型组织中，成员在整个组织范围内跨越不同职能专长和不同组织层级，共享信息、协同工作这样必须通过削弱或取消已有的结构和物理边界实现。在学习型组织中，管理者承担起推动者、支持者和倡导者的角色。

不论选择哪种组织结构设计，都应该能够帮助员工以他们所能做到的最好方式最有效率地完成工作。结构是实现目标的手段，结果设计要能帮助而不是阻碍组织的成员有效地开展工作。

10.3.3 信息处理方式

通过前面的分析，我们知道协调在国际物流企业的运作管理中起着非常重要的作用。只有做好协调工作，才能加快业务运作，消除不必要的业务环节，降低业务成本。做好协调工作，是企业管理者的一项重要工作，其不仅需要合适的组织结构作为保障，还需要合适的信息处理方式。

1. 设立专职协调员职位

专职协调员是为了协调而专门设立的职位或部门，是一种强有力的横向联系的手段。专职协调员不需要对参与合作的某个职能部门负责，而是独立于各个部门之外，负责多个部门之间的协调。专职协调员应具备出色处理人际关系的能力，需要把员工组织起来，获得他们的信任，帮助他们正确面对问题，并从组织利益出发来解决冲突与分歧。专职协调员必须是强有力的，能够实现协调，但又必须防止员工与原来直线部门的疏远；同时，专职协调员应随时与公司领导沟通，根据业务进展情况及时协调外部关系。

2. 国际物流企业沟通协调方式

国际物流企业可以采用如图 10-3 所示的沟通协调方式。

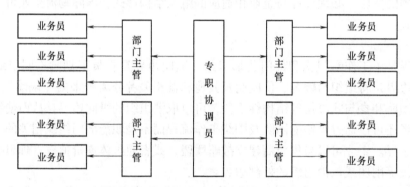

图 10-3　国际物流企业内部沟通协调方式

由图 10-3 可以看出，对国际物流企业来说，有效沟通协调的关键是专职协调员这一岗位。通过专职协调员的协调，公司内部的所有业务人员都能及时了解相关信息，共同管理相关业务，加快业务进度。同时，专职协调员也要及时与公司领导和公司外部相关单位协调，为公司业务的顺利进行创造有利的外部条件。

10.4　国际物流企业成本管理技术指标

监督评价是为了追踪以往的物流系统的绩效，并报告给管理者和客户。控制评价通常是追踪正在进行的工作，改进物流程序，以便在超过标准时能将它带入和谐状态。应用控制的一个例证是对运输损失的追踪。如果一个系统处于不时地报告产品有损坏的境地，物流管理层就应该识别其原因，并根据需要调整作业程序。

根据国际物流企业的港口业务特点，为了及时了解业务开展状况，确保能够采用改进后的业务流程进行业务运作和管理，国际物流企业的管理者在日常的业务管理时，可参考以下四个技术指标：

1. 货物在港停留时间

货物在港停留时间是指一批货物由抵达港口的次日开始算起，至此批货物完全由港口发运的次日的这段时间。这是用来衡量业务运作效率的一个指标。具体应用时应根据历史数据，确定一个基准时间，如果超出这一基准者应具体分析原因，努力找出改进措施。

2. 集装箱转栈率

集装箱抵达港口后，由于港口集装箱货位紧张或由于信息不畅，未能及时协调造成集装箱的转栈。集装箱的转栈不仅增加了业务成本，而且延缓了货物的转运时间。此指标可以按月计，也可以按年计，要和历史指标进行比较。当集装箱转栈率大大降低时，应对业务人员进行奖励，因为这是他们努力工作的结果。集装箱转栈率可用下面公式计算：

$$集装箱转栈率 = \frac{一段时期内集装箱的转栈数}{此时期内所运作的集装箱总数}$$

3. 集装箱的滞箱率

这是一个反映集装箱货物运转效率的指标。

$$集装箱的滞箱率 = \frac{一段时期内集装箱的滞箱数}{此时期内所运作的集装箱总数}$$

4. 集装箱转栈费率

这既是一个反映集装箱在港口运作的效率指标，也是一个反映运作成本的指标。可用下式计算：

$$集装箱转栈费率 = \frac{当月集装箱转栈费}{当月业务总成本}$$

一个切实可行的指标评价体系，不仅能够让国际物流企业的管理者及时了解公司业务的开展情况，发现薄弱环节，找出应对措施，而且也是根据指标评价结果进行奖励的依据。公司应该设专职人员对各种业务数据进行处理，设定合理的指标值，用来指导当期业务的进行。

10.5 案例分析

百胜物流——降低连锁餐饮企业运输成本之道

对于连锁餐饮这个锱铢必较的行业来说，依靠物流手段节省成本并不容易。然而，作为肯德基、必胜客等业内巨头的指定物流提供商，百胜物流公司抓住运输环节大做文章，通过合理运输安排、降低配送频率、实施歇业时间送货等优化管理方法，有效地实现了物流成本的"缩水"，给业内管理者指出了一条细致而周密的降低物流成本之路。

对于连锁餐饮业来说，由于原料价格相差不大，物流成本始终是企业成本竞争的焦点。据有关资料显示，在一家连锁餐饮企业的总体配送成本中，运输成本占到60%左右，而运输成本中的55%~60%又是可以控制的。因此，降低物流成本应当围绕运输这个核心环节。

运输排程的含义在于，尽量使车辆满载，只要货量许可，就应当进行相应的调整，以减少总行驶里程。由于连锁餐饮业餐厅的进货时间是事先约定好的，这就需要配送中心就餐厅的需要，制作一个类似列车时刻表的主班表，此表是针对连锁餐饮餐厅的进货时间和路线详细规划制定的。众所周知，餐厅的销售存在着季节性波动，因此主班表至少有旺季、淡季两套方案，有必要的话，应该在每次营业季节转换时重新审核运输排程表。安排主班表的基本思路是，计算每家餐厅的平均订货量，设计出若干条送货路线，覆盖所有的连锁餐厅，最终实现总行驶里程最短、所需驾驶员人数和车辆数最少的目标。

规划主班表远不止人们想象的那样简单。运输排程的构想最初起源于运筹学中的路线原理，从起点 A 到终点 O 有多条路径可供选择，每条路径的长度各不相同，要求找到最短的路线。实际问题要比这个模型复杂得多。首先，需要了解最短路线的送货点数，因为送货点若从几个点增加到成百甚至上千个，路径的数量也相应增加到成千上万条；其次，每个点都有一定数量的货物流需要配送或提取，因此要寻找的不是一条串联所有点的最短路线，而是每条串联几个点的若干条路线的最优组合；最后，还需要考虑许多限制条件，如车辆满载能力、车辆数目、每个点在相应的时间开放窗口等，问题的复杂度随着约束数目的增加呈几何级数增长。要解决这些问题，需要用线性规划、整数规划等数学工具，目前市场上有一些软件公司能够以这些数学解题方法作为引擎，结合连锁餐饮业的物流配送需求，做出优化运输路线安排的软件。

在主班表确定以后，就要进入每日运输排程，也就是每天审视各条路线的实际货量，根据实际货量对配送路线进行调整。通过对所有路线逐一进行安排，可以去除几条送货路线，至少也能减少某条路线的行驶里程，最终达到增加车辆利用率、增加驾驶员工作效率和降低总行驶里程的目的。

对于产品保险要求很高的连锁餐饮业来说，尽力和餐厅沟通，减少不必要的配送频率，可以有效地降低物流配送成本。如果连锁餐饮餐厅要将其每周配送频率增加 1 次，会对物流运作的哪些领域产生影响？在运输方面，餐厅所在路线的总质量不会发生变化，但配送频率上升，结果会导致运输里程上升，相应油耗、过路桥费、维护保养费和驾驶员人工时都要上升。在客户服务方面，餐厅下订单的次数增加，相应的单据处理作业也要增加。餐厅来电打扰的次数相应上升，办公用品（纸、笔、计算机耗材等）的消耗也会增加。由此可见，配送频率增加会影响配送中心的几乎所有职能，最大的影响在于运输里程上升所造成的运费上升。因此，减少不必要的配送，对于连锁餐饮企业显得尤其关键。

还有，就是提高车辆的利用率。车辆时间利用率也是值得关注的，提高货车的时间利用率可以从增大货车尺寸、改变作业班次、二次出车和增加每周运行天数四个方面着手。

由于大型货车可以每次装载更多的货物，配送更多的餐厅，由此延长了货车在途时间，从而增加了其有效作业的时间。这样做还能减少干路运输里程和总运输里程。虽然大型货车单次的过路桥费、油耗和维修保养费高于小型货车，但其总体上的使用费用绝对低于小型货车。

运输成本是最大项的物流成本，所有别的职能都应该配合运输作业的需求。所谓改变作业班次，就是指改变仓库和别的职能的作业时间，适应实际的运输需求，提高运输资产的利用率，否则，朝九晚五的作业时间表只会限制发车和收货时间，从而限制卡车的使用。如果配送中心实行 24h 作业，货车就可以利用晚间二次出车配送，大大提高车辆的时间利用率。在实际物流作业中，一般会将餐厅分成可以在上午、下午、上半夜、下半夜四个时间段收货，据此制定仓储作业的配套时间表，从而将货车利用率最大化。

最后，尝试歇业时间送货。目前，我国城市的交通限制越来越严，货车只能在夜间时段进入市区。由于连锁餐厅运作一般到夜间 24 时结束。如果赶在餐厅下班前送货，车辆的利用率势必非常有限，随之而来的解决办法就是利用餐厅的歇业时间送货。

歇业时间送货避开了城市交通高峰时间，既没有顾客的打扰，也没有餐厅运营的打扰。

由于餐厅一般处在繁华路段，夜间停车也不用像白天那样有许多顾忌，可以有充裕的时间进行配送，由于送货窗口拓宽到了下半夜，使货车可以二次出车，提高了车辆利用率。

在餐厅歇业时段送货的最大顾虑在于安全，餐厅没有员工留守，驾驶员必须拥有餐厅钥匙，掌握防盗锁的密码，餐厅安全相对多了一层隐患。货车送货到餐厅，餐厅没有人员当场验收货物，一旦发生差错就很难分清到底是谁的责任，双方只有按诚信的原则妥善处理纠纷。歇业时间送货要求配送中心和餐厅之间有很高的互信度，如此才能将系统成本降低。所以，这种方式并非在所有地方都可行。

（资料来源：《现代物流案例分析》，张理，中国水利水电出版社。）

案例思考：

1. 百胜物流在为餐饮业的配送服务中的精细管理是否需要一定的管理环境？你认为其在我国的企业管理中适用吗？

2. 你认为"利用餐厅的歇业时间送货"是利大还是弊多？为什么？

 复习与思考

1. 简述国际物流企业成本管理的特点。
2. 物流成本控制方法有哪些？
3. 简述国际物流企业成本现状。
4. 国际物流成本评价指标有哪些？

智 慧 物 流

智慧物流是指传统物流借助大数据、云计算、人工智能等智慧化技术和智能设备设施，使物流系统像人一样具备思维、感知、学习、分析判断、推理决策等智慧执行能力，以提高物流系统智慧化水平，实现物流活动降本增效的现代物流系统。

11.1 智慧物流概述

11.1.1 智慧物流定义

智慧物流是科学技术和生产实践发展到一定阶段之后物流的一个高级阶段，其概念首先由 IBM 提出，随后引起社会各界的广泛关注，并逐渐成为企业实践和专家学者研究的热点。就目前发展而言，智慧物流仍然处于起步阶段，关于智慧物流还没形成统一认识。表 11-1 是本书收集的目前较为权威的表述。

表 11-1 智慧物流定义的权威表述

年份	来源	定义
2010	北京邮电大学李书芳教授	智慧物流是在物联网的应用基础上，利用先进的信息采集、信息处理、信息流通和信息管理技术，完成包括运输、仓储、配送、包装、装卸等多项基本活动的货物从供应者向需求者移动的整个过程，为供方提供最大化的利润，为需方提供最佳的服务，同时也应消耗最少的自然资源和社会资源。最大限度地保护好生态环境，形成完备的智慧社会物流管理体系
2011	国家发展和改革委员会综合运输研究所所长汪鸣	智慧物流是指在物流行业领域广泛应用信息技术、物联网技术和智能技术，在匹配的管理和服务技术的支撑下，使物流业具有整体智能特征、服务对象之间具有紧密智能联系的发展状态
2013	中国物联网校企联盟	借助集成智能化技术，让物流系统模仿人的智能，具备思维、学习、感知、推理判断、解决问题等能力，以对物流过程中出现的各种难题自行解决
2017	京东物流联合中国物流与采购联合会发布的《中国智慧物流 2025 应用展望》	智慧物流是通过大数据、云计算、智能硬件等智慧化技术与手段，提高物流系统思维、感知、学习、分析决策和智能执行的能力，提升整个物流系统的智能化、自动化水平，从而推动中国物流的发展，降低社会物流成本，提高效率
2022	天津大学刘伟华教授	智慧物流是借助大数据、云计算等智能技术，使物流系统模仿人的智能，具备思维、学习、感知、推理判断、解决问题等能力，以提高物流系统的智能化水平，实现物流活动降本增效

纵观各位专家学者对智慧物流的理解，发现所有概念都紧紧围绕"信息技术""智能""能力"等关键词，可见智慧物流的核心在于利用新技术提升传统物流系统的服务能力和效率。主要体现在以下几个方面：

智慧物流是大数据、云计算、物联网等新技术与传统物流系统的融合创新。大数据、云计算、物联网以及人工智能等新技术是物流系统可以实现智慧的前提，集成化的智能技术和优化算法使得物流系统可以实现状态感知、实时分析、科学决策和精准执行，进而提高物流效率。

智慧物流具有一定的智慧能力，可以实现自感知、自学习以及自决策。智慧物流区别于传统物流最重要的一点是智慧物流系统可以模仿人的智慧，在无人指引的情况下借助智能技术和算法可以实现自动感知、自主学习以及智慧决策。

智慧物流可以实现物流的自动化、可视化、智能化与网络化，从而提高物流效率，降低物流成本。物流智慧化的最终目标依旧是降本增效，提供良好服务，物流的自动化、可视化、智能化与网络化的实现都是以此为目的的。

因此，本书将智慧物流定义为：智慧物流是指传统物流借助大数据、云计算、人工智能等智慧化技术和智能设备设施，使物流系统像人一样具备思维、感知、学习、分析判断、推理决策等智慧执行能力，以提高物流系统智慧化水平，实现物流活动降本增效的现代物流系统。

11.1.2 智慧物流构成

1. 智慧物流体系架构

智慧物流体系包括支撑层、核心层、应用层（见图11-1）。支撑层是智慧物流发展的软件基础，主要包括技术创新、组织创新、管理创新、模式创新、政策创新等；核心层是智慧物流发展的硬件基础，主要可概括为先进物流设施网络、智慧物流设备集群以及智慧物流信息平台；应用层是智慧物流的发展及应用方向，智慧物流目前已经在多个行业多个领域得到了初步应用。

（1）智慧物流体系支撑层。技术、组织、管理、模式及政策的创新使得物流智慧化成为可能，是智慧物流发展的创新来源和动力支撑，也是促进物流业高效稳定发展的重要保障，其共同构成了智慧物流体系的支撑层。

1）智慧物流的技术创新主要体现在传统物流对新技术的应用。表11-2展示了智慧物流如何运用当前典型技术实现对传统物流的智慧转型。

2）智慧物流的组织创新主要表现为：组织边界网络化、管理层级扁平化、组织结构柔性化、组织环境全球化。随着经济全球化的发展，供应链上各企业之间的横向以及纵向合作逐渐加深，相比于传统物流而言，智慧物流更加强调组织的柔性化以及组织成员之间的协同化，各物流组织之间的界限逐渐模糊，组织结构也更加灵活多变。

3）随着物流业智慧化程度的逐渐加深，智慧物流管理方式开始呈现出精细化、标准化、协同化以及无人化的特征。随着消费者需求逐渐向个性化、定制化转变，对于物流的需求也随之发生变化。与此同时，新的技术和模式被应用于物流领域，技术变革、模式创新，随之带来的则是管理方式的变革。

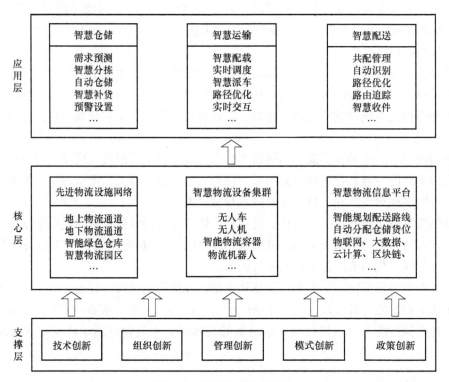

图 11-1 智慧物流体系架构

表 11-2 智慧物流的技术创新

类型	用途	典型技术
感知技术	感知技术是物联网核心技术,感知技术的应用可以实现物流信息的实时收集与物流状态的实时追踪,是实现物品自动感知与联网的基础	编码技术、自动识别技术、传感技术以及追踪定位技术等
数据处理技术	信息时代消费及物流数据激增,高性能数据处理技术的应用,可以实现信息资源的有效管理,提高企业物流系统思维、感知、学习、分析决策和智能执行的能力	大数据技术、机器学习技术以及区块链技术等
数据计算技术	运用智能算法挖掘物流大数据中的有效信息,预测用户需求,结合实际的智慧物流应用场景,实现更快速的反应和实时的操作,达到统筹资源、快速响应的目的	大数据、云计算技术等
网络通信技术	网络通信是智慧物流的神经网络,是智慧物流信息传输的关键,智慧物流以信息协同共享为主要前提,对于网络通信技术的要求也较高	无线局域网技术以及物联网技术
自动化技术	自动化技术是智慧物流系统的应用层执行操作的基础,自动化技术在物流领域的应用,可以很大程度上解放人力,提高物流运作效率,进而降低物流成本	自动分拣技术、智能搬运技术、自动化立体库技术以及智能货运与配送技术

4)智慧物流的模式创新主要体现在平台模式、全渠道模式、即时物流和主动配送几个方面。平台模式是指借助互联网网络建立一个开放、透明、信息共享的数据应用平台,从而

为物流公司、发货企业或个人车源、货源等提供一个高效业务对接的平台，促进物流资源的整合集聚及信息共享。全渠道模式是指企业为了满足消费者任何时候、任何地点、任何方式购买的需求，采取实体渠道、电子商务渠道和移动电子商务渠道整合的方式销售商品或服务，为顾客提供无差别的购买体验。即时物流的技术变革解决了传统点对点配送的大规模、高延时、不确定等问题，又通过与新零售、电商物流前端配送系统以及供应链系统的对接，打通了物流"最后一公里"的末端配送网络，推动着物流系统的变革。主动配送模式是指基于大数据、物联网及各种智能优化算法，从 Internet 或本地网络中搜索、发现、挖掘用户服务需求并主动提供用户需要的配送服务的一种新型智慧配送模式。

5）智慧物流的政策创新主要体现在发展方向政策、软件基础政策、硬件基础政策、绿色物流政策四个方面。

a）发展方向政策以推动物流业与互联网深度融合，促进物流智能化、智慧化发展为主要目标，发展以科技为导向的"互联网+"高效物流，鼓励发展共享经济，利用互联网平台统筹优化社会闲散资源，推动物流高效化与集约化。

b）软件基础政策以打造大数据支撑、网络化共享、智能化协作的智慧供应链体系为主要目标，鼓励物流企业应用物联网、云计算、大数据、移动互联网等先进技术，研究推广物流云服务，促进智能技术在物流领域的深度应用。

c）硬件基础政策以鼓励智能物流设施设备的制造、研发和应用为主要目标，加大投资力度，鼓励企业积极开发智能物流设备，提升物流装备的整体智能化水平，加速物流智能化与无人化，同时创新人工智能产品和服务。

d）绿色物流政策以保障物流业绿色可持续发展为主要目标，积极推动新能源汽车及绿色包装在物流中的应用，鼓励企业采取绿色物流举措，推动绿色仓储、绿色运输、绿色配送在物流企业中的广泛实施。

（2）智慧物流体系核心层。智慧物流体系核心层主要包括先进物流设施网络、智慧物流设备集群以及智慧物流信息平台。智慧物流设施及设备是智慧物流系统的物质技术基础，是实现物流自动化、智能化以及智慧化的重要手段。智慧物流信息平台是实现智慧物流信息化管理的基础，是促进物流各环节之间有效衔接的重要手段。

1）先进物流设施网络由物流通道、智能仓库、智慧物流园区构成。

a）物流通道是指连接物流园区、物流基地、物流中心等之间以及它们和外部交通基础设施（包括铁路、公路、水运、航空等货运站场）之间的货运道路系统。通过构建快速畅通的货运道路体系，保证物流中心、物流园区等物流节点之间的各项物流功能的顺利实施，达到货畅其流的目的。

b）智能仓库是以立体仓库和配送分拣中心为产品的表现形式，由立体货架、有轨巷道堆垛机、出入库托盘输送机系统、检测浏览系统、通信系统、自动控制系统、计算机监控系统等构成，综合了自动控制、自动输送、场前自动分拣及场内自动输送等功能，通过货物自动录入、管理和查验货物信息的软件平台，实现仓库内货物的物理活动及信息管理的自动化及智能化。

c）智慧物流园区是指以物联网、云计算和大数据等新一代信息技术为基础，全面动态感知、分析和整合商圈内方方面面的数据，集成多种物流功能及物流服务，从而营造更高效、更便捷和更繁荣的商业环境，实现用户体验人性化、营销服务精准化、运维管理细致化和消费环境融合化的新型商圈形态。

2）智慧物流中的智慧物流设备主要包括无人机、无人车、智能物流容器以及物流机器人等。具体见图 11-2。

图 11-2　智慧物流设备

3）智慧物流信息平台基于智慧物流理念，融合大数据、云计算、物联网等先进技术，整合物流信息、物流监管、物流技术和设备等资源，通过网络的统一管理和调度计算，为社会化物流需求用户提供信息服务、管理服务、技术服务和交易服务等多重服务形式。

（3）智慧物流体系应用层。随着互联网及智能技术的发展，智慧物流已经在仓储、运输、配送、流通加工、信息处理等各个物流环节取得了初步的应用，智慧物流先进技术设备及管理模式的应用，大大降低了物流各个环节的成本，促进了生产商、批发商、零售商相互协作，实现了信息共享，进而提高了物流运作效率。

2. 智慧物流技术架构

智慧物流技术架构包智慧物流感知层、智慧物流网络层、智慧物流应用层。智慧物流感知与识别技术包括条码技术、EPC 及 RFID、传感器技术与无线传感网、跟踪定位技术、区块链技术等。智慧物流通信与网络技术包括近距离通信、移动互联网、无线局域网、IPv6、车联网技术等。智慧物流数据处理与计算技术包括大数据技术、云计算技术、智能控制技术、数据挖掘技术、视频分析技术等。智慧物流信息系统贯穿在整个物流活动，包括智慧运输系统、智慧配送系统、智慧仓储系统、智慧装卸搬运系统等。智慧物流信息平台是智慧物流信息系统的外在体现，包括运输管理系统、仓储监管系统、配送管理系统、物流金融服务系统、安全管理与应急保障系统、大数据应用服务系统等。

11.1.3 智慧物流的内涵、功能与特征

1. 智慧物流的内涵

智慧物流是由新技术、新模式、新管理组成的耦合系统（见图 11-3）。新技术、新模式、新管理在物流领域的应用是智慧物流区别于传统物流的主要特征，物流新技术的出现催生新模式，而新模式的应用需要新技术的加持。新模式的出现促进新的管理方式的产生，而新模式的运营需要新管理的控制与协调。新管理方式的出现带动了物流新技术的创新和研发，而新管理方式的实施也需要新技术的保障。新技术、新模式、新管理的耦合使智慧物流呈现出新的功能和特征。

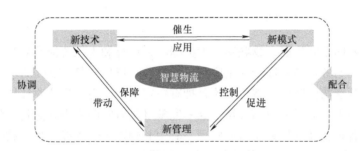

图 11-3　智慧物流的耦合系统

2. 智慧物流的功能与特征

（1）智慧物流的功能。

1）即时感知功能：运用物联网、大数据及 RFID 等先进技术实现物流数据的实时感知与获取，使得参与各方准确掌握货物、车辆和仓库等相关信息，实现数据的实时收集传输。

2）智能分析功能：利用大数据、云计算及智能处理系统等先进技术，对实时物流数据进行分析，挖掘数据特点，监控数据状态，随时发现物流作业活动中的漏洞或者薄弱环节。

3）科学决策功能：结合特定需要，综合评估物流成本、配送时间、服务质量、服务能力及其他标准，预测物流需求，制定配载方案，规划配送路线，评估风险概率，协同制定决策，提出最合理有效的解决方案。

4）精准执行功能：智慧物流中各个系统之间密切联系，共享数据，实现资源优化配置，能够按照最有效的解决方案，自动遵循快捷有效的路线运行，并在发现问题后自动修正，备用在案，方便日后查询。

（2）智慧物流的特征。

1）数据化：数据化特征反映了智慧物流以数据驱动决策与执行的运作原理。通过物流信息及业务的数据化，促进信息在物流各环节、各节点之间的互联互通和信息共享，实现物流系统全过程透明化和可视化，并利用大数据、云计算及各种智能信息系统实现数据的科学分析及决策。

2）智能化：智能化特征是智慧物流的典型特征，贯穿于智慧物流活动的全过程。智慧物流通过人工智能技术、自动化技术及移动通信等技术的应用，可实现整个物流过程的自动化及智能化管理，主要表现为需求及库存水平的精准预测、车辆及道路的智能配置以及分拣、搬运及监控过程的智能控制等。

3）柔性化：柔性化特征反映了智慧物流"以顾客为中心"的服务理念。人们个性化需求不断增加，对于物流服务的需求也呈现出明显的差异化，柔性化在物流服务中的重要性开始凸显。主要表现为根据用户需求制定行之有效的物流方案，实时监控并适时调整，从而为用户提供高度可靠的、及时的、高质量的物流服务。

4）协同化：协同化特征指的是物流领域跨集团、跨企业、跨组织之间深度协同。随着时代发展，单一孤立的物流组织弊端逐渐凸显，物流组织之间协同化程度不断加深。智慧物流基于物流系统全局优化思想，打破传统企业边界，深化企业分工协作，实现存量资源的社会化转变与闲置资源的最大化利用。

11.2 智慧物流的关键技术

随着科学技术的不断发展，物联网、大数据、云计算和人工智能等新兴技术逐渐从理论走向实际，在社会的各行各业逐步开始应用，推进着一场场"智慧的变革"，我国的物流行业也逐步进入了智慧物流时代。智慧物流是拥有一定智慧能力的现代物流体系，其智慧主要体现在信息获取→提炼分析→权衡决策，这一完整且具有鲜明人类智慧特点的行为过程，在物流各环节借助各种新技术使系统自主实现。其中起到基础性支撑作用的技术包括：

1）物联网技术——对全环节物流信息的实时采集与共享。

2）云计算技术——对海量数据集中存储与高效计算。

3）大数据技术——对物流信息的组织管理以及对物流数据进一步的挖掘整理。

4）人工智能技术——数据信息向智能决策的转变。

上述四项技术被认定为智慧物流的关键技术，下面依次对上述技术展开具体介绍。

11.2.1 物联网技术

1. 物联网的概念

物联网就是"物物相连的互联网"，是通过例如射频识别（RFID）、红外感应、激光扫描、卫星定位等信息传感技术与设备，按约定的协议，根据需要实现物品互联互通的网相连接，进行信息交换和通信，以实现智能化识别、定位、跟踪、监控和管理的智能网络系统。

从本质上看，物联网是现代信息技术发展到一定阶段后出现的一种聚合性应用与技术提升，将各种感知技术、现代网络技术和人工智能与自动化技术聚合与集成应用，使人与物智慧对话，创造一个智慧的世界。物联网技术的发展几乎涉及信息技术的方方面面，是一种聚合性、系统性的创新应用与发展，因此亦被称为是信息技术的"第三次革命性创新"。

物联网的本质主要体现在三个方面：一是互联网特征，即对需要联网的物一定要能够实现互联互通的互联网络；二是识别与通信特征：即纳入联网的"物"一定要具备自动识别与物物通信（Machine-to-Machine，M2M）的功能；三是智能化特征：即网络系统应该具有自动化、自我反馈与智能控制的特点。

2. 物联网的特点

（1）连通性。连通性是物联网的本质特征之一。国际电信联盟认为，物联网的连通性有三个维度。一是任意时间的连通性（Anytime Connection），二是任意地点的连通性（Any Place Connection），三是任意物体的连通性（Anything Connection）。

（2）智能性。物联网使得人们所处的物质世界得以实现最大限度的数字化、网络化，使得世界中的物体不仅以传感方式，也以智能化方式关联起来，网络服务也得以实现智能化。物联网具有智能化感知性，它可以感知人们所处的环境，最大限度地支持人们更好地洞察、利用各种环境资源，以便人们做出正确的判断。

（3）嵌入性。物联网的嵌入性表现在两个方面。一是各种各样的物体本身被嵌入人们所生活的环境中；二是由物联网提供的网络服务将被无缝嵌入人们日常的工作与生活中。

3. 物联网的工作原理

物联网的工作原理是先通过末端节点感知信息，然后在节点简单处理，再通过传输网络传输到信息处理中心并做出相应处理，最后根据需要将处理结果反馈给人或直接控制智能设备进行相应操作。详细过程如下：

（1）信息的感知。一是物联网终端设备需要对物体属性进行标识，物体属性包括静态属性和动态属性，静态属性可以直接存储在标签中，动态属性需要先由传感器实时探测。二是在识别设备完成对物体属性的读取后，需要进一步将信息转换为适合网络传输的数据格式。

（2）信息的传输处理。通过感知采集过程将物体属性转化为信息，并通过网络传输到信息处理中心。处理中心可能是分布式的，如家用计算机或者手机；也可能是集中式的，如互联网数据中心等。由处理中心完成对物体信息的相关计算，并将有效信息进行集中处理。

（3）信息的应用。物体的有效信息分为两个应用方向：一个是经过集中处理反映给"人"，通过"人"的高级处理后根据需求进一步控制物；另一个是直接对"物"进行智能控制，而不需要由"人"授权。

4. 物联网技术在智慧物流中的典型应用

表 11-3 显示了物联网技术在智慧物流活动中的应用情况。

表 11-3　物联网技术在智慧物流活动中的应用

序号	物流活动	主要物联网技术
1	对"物"进行识别	RFID 技术、条码自动识别技术等
2	对"物"进行分类、拣选	RFID 技术、激光技术、红外技术等
3	对"物"进行定位、追踪	卫星定位技术、GIS 地理信息系统技术、RFID 技术、车载视频技术等
4	对"物"进行监控	视频识别技术、RFID 技术、卫星定位技术等
5	对"物"进行调度	互联网技术、卫星定位系统、GIS 技术等
6	物流信息网络通信	无线移动通信技术、4G 技术、5G 技术、M2M 技术、现场总线技术等

11.2.2　云计算技术

1. 云计算的概念

云计算（Cloud Computing）这个概念的起源是亚马逊 EC2（Elastic Compute Cloud 的缩写）产品和 Google-IBM 分布式计算项目。这两个项目直接使用了"Cloud Computing"这个概念。

之所以采用这样的表述形式，很大程度上是由于这两个项目与网络的关系十分密切，而"云"的形象又常用来表示互联网。因此，云计算的原始含义即为"将计算能力放在互联网上"。随着云计算发展至今，社会对云计算的认知早已超越了其原始的概念。

2008年研究机构Gartner发布的《云计算安全风险评估》认为，"云计算是一种使用网络技术，并由IT使其具有可扩展性和弹性能力作为服务，提供给多个外部用户的计算方式。"

维基百科对云计算的定义是："云计算是一种基于互联网的计算方式，通过这种方式，共享的软硬件资源和信息可以按需求提供给计算机和其他设备。"

美国国家标准与技术研究院（NIST）：云计算是一种按使用量付费的模式，这种模式提供可用的、便捷的、按需的网络访问，使用者进入可配置的计算资源共享池（资源包括网络、服务器、存储、应用软件、服务），这些资源能够被快速提供，管理者只需投入很少的管理工作，或与服务供应商进行很少的交互。

2. 云计算的分类

云计算按照使用用户类型可以分为公有云（Public Cloud）、私有云（Private Cloud）、混合云（Hybrid Cloud）和社区云（Community Cloud）。

公有云通过网络及第三方服务供应者开放给客户使用，用户只要注册一个账号，就能创建一台虚拟电脑。

私有云与公有云的共性如弹性、适合提供服务等。两者的差别在于：私有云的数据与程序皆在组织内管理，且不会受到网络带宽、安全疑虑、法规限制等的影响。

混合云模式中，用户通常将非企业关键信息外包，并在公有云上处理，但掌控企业关键服务及数据。

社区云是将云端资源分配给两个及以上特定单位内员工使用的服务模式，除上述规定人群外，任何机构和人员都无权租赁和使用云端计算资源。参与社区云的单位组织往往业务具有相关性，存在隶属关系，或者具有共同的服务模式需求，如云服务模式、安全级别等。

3. 云计算的优点

（1）灵活弹性。云计算技术使用户能够快速和廉价地利用基础设施资源；大部分的软件和硬件都对虚拟化有一定支持，各种资源、软件、硬件都被虚拟化放在云计算平台中统一管理，通过动态的、扩展虚拟化的层次达到对应用进行扩展的目的；用户在无须了解云计算的具体机制的情况下，可以从任何位置利用他们正在使用的设备获得服务。

（2）成本低廉。在云计算系统中众多用户分享云计算服务商提供的资源，用户不需要为了一次性或非经常性的计算任务购买昂贵的设备，避免单一用户承担较高费用。同时，以计算量为计费标准也降低了客户对IT设备相关知识的要求。

（3）安全可靠。供应商能够将足够的资源用于安全审计和解决安全，云计算系统由大量商用计算机组成机群向用户提供数据处理服务，而一般的客户往往受限于能力或资金。此外，由于云计算服务商利用多种硬件和冗余机制，使得云端用户得以保证业务的连续。

（4）高效环保。计算机及相关的基础设施是主要的消费能源，而云计算服务商无论出于成本考虑或可持续发展等各方面考虑，都会提高计算资源的利用率，建设更有效的云端系统，降低整体能耗。

4. 云计算的特征

（1）弹性服务。服务的规模可快速伸缩，以自动适应业务负载的动态变化。用户使用的资源同业务的需求相一致，避免了因为服务器性能过载或冗余而导致的服务质量下降或资源浪费。

（2）资源池化。资源以共享资源池的方式统一管理。利用虚拟化技术，将资源分享给不同用户，资源的放置、管理与分配策略对用户透明。

（3）按需服务。以服务的形式为用户提供应用程序、数据存储、基础设施等资源，并可以根据用户需求自动分配资源，不需要系统管理员干预。

（4）泛在接入。用户可以利用各种终端设备（如 PC 电脑、笔记本电脑、智能手机等）随时随地通过互联网访问云计算服务。

5. 云计算的架构

云计算的基础架构由四部分组成，它们分别是：基础设施层、平台层、软件服务层、客户端等（见图 11-4）。

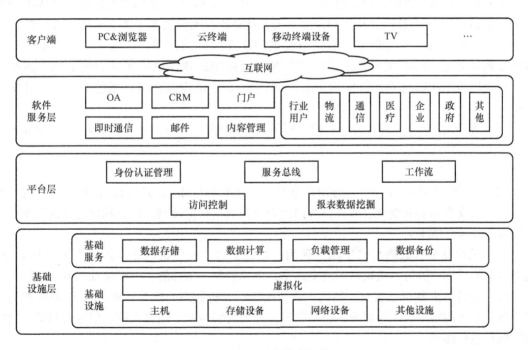

图 11-4　云计算技术架构

（1）基础设施层。云计算服务商提供虚拟的硬件资源（Infrastructure as a Service，IaaS），即"设施即服务"。如虚拟的主机、存储设备、网络设备、安全设备等资源，用户无须购买服务器、网络设备和存储设备，只需通过网络租赁即可搭建自己的应用系统。IaaS 定位于底层，向用户提供可快速部署、按需分配、按需付费、高安全性与可靠性的各类服务，如数据存储、数据计算、负载管理、数据备份等，并可为应用提供开放的云基础设施服务接口，用户可以根据业务需求灵活定制租用相应的基础设施资源。例如，IBM 公司依托其在 IT 基础设施及中间件领域的丰富经验，建立了云计算中心，为企业提供云计算基础设施的租用服务。

（2）平台层。云平台是云计算服务商直接提供计算平台和解决方案的一种服务（Platform as a Service，PaaS），即"平台即服务"，以方便的应用程序部署从而节省购买和管理底层硬件和软件的成本。

PaaS 是指应用服务引擎，如互联网应用程序接口（API）或运行平台，用户基于服务引擎构建该类服务。PaaS 服务给客户带来的好处是显而易见的。从用户角度来说，这意味着他们无须自行建立开发平台，也不会在不同平台兼容性方面遇到困扰；从供应商的角度来说，可以进行产品多元化和产品定制化。例如 Salesforce 公司的云计算平台，就是作为一个服务运行在 Internet 上，是完全即时请求的，并以账号登录为收费标准。Salesforce 公司让更多的独立软件提供商成为其平台的客户，从而开发出基于他们平台的多种 SaaS 应用，使其成为多元化软件服务供货商（Multi-Application Vendor），扩展了其业务范围。

（3）软件服务层。云计算服务商还将软件研发的平台作为一种服务（Software as a Service，SaaS），以 SaaS 的模式提交给用户，即"软件即服务"，是指用户通过标准的 Web 浏览器来使用 Internet 上的软件。从用户角度来说，这意味着他们前期无须在服务器或软件许可证上耗费成本；从供应商角度来看，与常规的软件服务模式相比，维护一个应用软件的成本要相对低廉。SaaS 供应商通常是按照客户所租用的软件模块来进行收费的，因此用户可以根据需求按需订购软件应用服务，而且 SaaS 的供应商会负责系统的部署、升级和维护。

（4）客户端。云客户端即专为提供云服务的计算机软、硬件终端，如苹果手机（iPhone）、谷歌浏览器（Google Chrome）。

6. 云计算技术在智慧物流中的应用

（1）云计算基础服务层面。为物流企业提供互联网应用所需的云计算服务器，按需响应、按使用收费和基础设施服务，提升物流企业在数据存储及网络资源利用方面的效率，减少物流企业经营成本。

（2）云计算平台数据存储层面。利用云计算平台，提供物流企业所需要的具体数据，包括数据的查询、分析，实现资源完全共享，以及资源自动部署、分配和动态调整。

（3）云计算业务服务层面。物流企业利用经过分析处理的数据，通过 Web 浏览器为其客户提供丰富的特定应用与服务，包括物流监控、智能检索、信息查询、信息码扫描、物品的运输传递扫描等。

11.2.3 大数据技术

1. 大数据的概念

大数据是由数量巨大、结构复杂、类型众多的数据构成的数据集合。大数据技术是通过对数据的整合、共享、交叉复用，形成智力资源和知识服务能力，并从各种类型的数据中快速获得有价值信息的一种数据处理与应用模式。它是一种基于云计算的数据处理与应用模式，是可以为人们带来利益的一门新技术。

2. 大数据技术应用的基本环节

（1）数据采集。数据采集是大数据价值挖掘最重要的一环，其后的集成、分析、管理都构建于采集的基础。大数据采集技术就是通过不断发展的数据收集方法及技术获取海量有价值的数据，包括普通文本、照片、视频、链接信息等。主要是从本地数据库、互联网、物联网等数据源导入数据，包括数据的提取、转换和加载。大数据的来源多种多样，既包括企业 CRM、ERP 等内部数据库、网页索引库或 SNS 等公众互联网，也可包括传感网或 M2M 等物联网，不仅数量庞大，而且质量参差不齐。这就要求系统在采集环节能够对数据去粗取精，同时还能尽可能保留原有语义，以便后续分析时参考。

（2）数据存储。大数据在进行存储管理前，需要使用预处理技术完成对已接收数据的辨析、抽取、清洗等操作。因获取的数据可能具有多种结构和类型，数据抽取过程可以将这些复杂的数据转化为单一的或者便于处理的结构和类型，以达到快速分析处理的目的；大数据并不全是有价值的，因此要清洗数据从而提取出有效数据。

（3）数据计算与挖掘。在数据计算环节，需要根据处理的数据类型和分析目标采用适当的算法模型快速处理数据。海量数据处理要消耗大量的计算资源，分布式计算成了大数据的主流计算结构。由于数据的价值会随着时间的推移不断降低，保证实时性成了大数据处理的关键。而数据规模巨大、种类繁多、结构复杂，使得大数据的实时处理极富挑战性。

对于非结构化、多源异构的大数据集的分析，往往由于缺乏先验知识，很难建立数学模型，这就需要发展更加智能的数据挖掘技术。据国际数据公司（IDC）统计，2012 年，若经过标记和分析，数据总量中 23% 将成为有效数据，大约为 643EB；但实际上只有 3% 的潜在有效数据被标记，大量的有效数据不幸丢失。具有隐藏价值的数据量和价值真正被挖掘出来的数据量之间差距巨大，因此对多源异构数据集进行交叉分析的技术，是大数据的核心技术之一。

（4）知识展现。大数据技术的意义不在于掌握庞大的数据信息，而在于对这些大量有隐藏价值的数据进行专业化处理后，将结果展现出来。数据知识展现主要是借助图形化手段，清晰有效地传达与沟通信息。依据数据及其内在模式和数据之间的关系，利用计算机生成的图像来获取信息与知识。数据知识展现环节主要是以直观的便于理解的方式将分析结果呈现给用户，进而通过对数据的分析和形象化推导出量化计算结论，并付诸实践。

3. 大数据技术在智慧物流中的应用

（1）需求预测。依靠数据挖掘及分析，大数据技术能够帮助企业勾勒出其客户的行为和需求信息，通过真实而有效的数据反映市场的需求变化，从而对产品进入市场后的各个阶段做出预测，以提高服务质量。

亚马逊对每个用户的搜索内容、产品记录、最后购买产品等数据进行挖掘，使得亚马逊能够掌握消费者的喜好、购物习惯等，并通过对数据分析了解消费者的潜在需求。

京东白条通过对用户长期的购买习惯与退货记录，以及所购买商品的层次分析，为每一个用户进行市场定位，以此来为每一位客户定制小额放贷，促进销售额，增加盈利。

菜鸟物流数据平台引入包括消费者的物流数据、商家的物流数据、物流公司数据、其他社会数据（气象数据、交通实况的数据）等相关数据，展开对各地区日常物流需求的全方面预测。

各大电商平台在"双11"期间，都会根据历史数据，以及当年参与"双11"活动的商家名单、备货量等信息进行综合数据分析预测，用于指导线上卖家、物流快递公司、消费者的物流信息联动，并运用物流数据雷达服务提供详细的区域和网点预测，保证物流效率。大数据技术能够更加客观地帮助电商平台和快递公司做决策，优化物流体系，能够最大限度地帮助快递公司分拨中心实现不爆仓，提升快递"最后一公里"的服务质量。

（2）仓储作业优化。以货位分配方面为例，合理地安排商品储存位置对于提高仓库利用率和搬运分拣效率有着极为重要的意义。对于商品数量多、出货频率快的物流中心，各货物拣选作业的关联性、货物存储时间的长短等因素决定着商品在仓库货架中的存放位置。而储位安排的合理与否很大程度上决定着拣选作业的效率高低和仓库效益多少。为解决这一问题，可以综合利用各种大数据技术实现仓库的储位优化。

可使用密度聚类算法、高斯混合模型和自组织映射算法对消费者进行聚类。

可使用Apriori算法挖掘消费者消费商品的关联关系，使用基于异构信息的网络聚类方法得到商品簇类，使用贝叶斯网络定量化描述不同商品需求间的相互影响。

基于商品需求的影响因素（包括商品需求间相互作用），建立深度表征学习算法模型，对消费者需求进行预测。

最后，依据消费者的订单需求预测、在拣货前按照商品出库频次以及相关性等因素把货物分配到最佳货位上。

（3）配送作业优化。

1）主动配送。主动配送服务是基于消费者历史行为大数据预测企业应向客户提供服务的内容和时间，构建基于客户实时需求的统一信息平台，有针对性地进行服务资源的动态匹配。通过实现配送路线的智能化决策、提货送货时快速验货、配送货物库区内快速分拣、根据消费者行为特征制定个性化的配送服务，提升配送作业效率，降低配送成本，提高消费者的物流体验。此外，主动物流服务也将有助于缩短企业服务响应时间，变被动服务为主动服务，提高客户对产品的使用满意度，提供更好的消费体验，不断促进消费升级。

2）配送线路优化。配送线路的优化是一个典型的非线性规划问题，它一直影响着物流企业的配送效率和配送成本。物流企业运用大数据来分析商品的特性和规格、客户的不同需求等问题，从而用最快的速度对这些影响配送计划的因素做出反应（比如选择哪种运输方案、哪种运输线路等），制定最合理的配送线路。而且企业还可以通过配送过程中实时产生的数据，快速分析配送路线的交通状况，对事故多发路段做出预警。精确分析配送整个过程的信息，使物流的配送管理智能化，提高了物流企业的信息化水平。

11.2.4　人工智能技术

1. 人工智能的概念

人工智能（AI）是研究、开发用于模拟、延伸和扩展人的智能的理论、方法、技术及应用系统的一门新的技术。AI是计算机科学的一个分支。它企图了解智能的实质，并生产出一种新的能以人类智能相似的方式做出反应的智能机器，该领域的研究包括机器人、语言识别、图像识别、自然语言处理和专家系统等。人工智能是对人的意识、思维的信息过程的模拟。人工智能不是人的智能，但能像人那样思考、也可能超过人的智能。

根据人工智能的应用，人工智能可以分为专有人工智能、通用人工智能、超级人工智能；根据人工智能的内涵，人工智能可以分为类人行为（模拟行为结果）、类人思维（模拟大脑运作）、泛智能（不再局限于模拟人）。

现阶段，人工智能正在从专有人工智能向通用人工智能发展过渡，人工智能已不再局限于模拟人的行为结果，而是拓展到"泛智能"应用，即更好地解决问题、有创意地解决问题和解决更复杂的问题。人工智能的技术在物流行业的影响主要聚焦在智能搜索、推理规划、以及智能机器人等领域。

2. 人工智能的体系结构

人工智能的体系结构由基础层、技术层和应用层构成。

（1）基础层。基础层包括海量的非结构化数据以及用于收集、存储、处理、计算相关数据的设施设备与技术手段。

（2）技术层。人工智能的技术层又可以细分为底层框架、算法和通用技术。其中底层框架是指 TensorFlow，Caffe、Theano、Torch、ROS 等框架或操作系统。算法指的是对数据的处理方法。通用技术包括语音识别、图像识别、人脸识别、传感器融合等技术。

（3）应用层。人工智能的应用层则主要关注将人工智能与下游各领域结合起来，主要是采用了"AI+垂直行业"的方式渗透传统各行业，"AI+物流"的新模式正在逐步形成，催生我国传统物流业向"智慧物流"的转型。

3. 人工智能在智慧物流中的应用

（1）选址决策。人工智能技术通过收集与选址任务和目标相关的丰富历史数据，挖掘对仓储选址决策有普遍指导意义的知识，并将历次整理总结的知识存入云端数据库，以建立一个基于大数据的人工智能选址决策系统。当遇到新的选址决策问题时，在系统中输入选址目标与相关参数，人工智能系统可以兼顾新问题的特殊性和历史选址方案的通用性，直接得到最接近最优目标，且不受人的主观判断与利益纠纷影响的选址结果。并且随着案例数量的增加，知识库中的数据将不断丰富，未来的人工智能系统将越来越智能。

（2）库存管理。人工智能技术基于海量历史消费数据，通过深度学习、宽度学习等算法建立库存需求量预测模型，对以往的数据进行解释并预测未来的数据，形成一个智能仓储需求预测系统，以实现系统基于事实数据自主生成最优的订货方案，实现对库存水平的动态调整。同时，通过订单数据的不断增多，预测系统训练集的规模将会不断扩大，预测结果的灵敏性与准确性能够进一步提高，使企业在保持较高物流服务水平的同时，还能持续降低成本库存。

（3）无人仓。得益于机器视觉、进化计算等人工智能技术，自动化仓库中的搬运机器人、货架穿梭车、分拣机器人、堆垛机器人、六轴机器人、无人叉车等一系列物流机器人可以对仓库内的物流作业实现自感知、自学习、自决策、自执行，实现更高程度的自动化。

（4）配送机器人。配送机器人先是根据目的地自动生成合理的配送路线，在行进途中避让车辆、过减速带、绕开障碍物，到达配送机器人停靠点后就会向用户发送短信提醒通知收货，用户可直接通过验证或人脸识别开箱取货。

（5）无人机快递。无人机快递是指利用无线电遥控设备和自备的程序控制装置操纵的无人驾驶低空飞行器运载包裹，自动将包裹送达目的地。其优点主要在于解决偏远地区的配送问题，提高配送效率，同时减少人力成本。但是其缺点在于，在恶劣天气下无人机将无法执行派送任务；在飞行过程中，无法避免人为破坏等。目前尚未大范围使用。

（6）智能测算。通过对商品数量、体积等基础数据进行分析，利用深度学习算法技术，由系统智能地计算并推荐耗材和打包排序，从而合理安排箱型和商品摆放方案。

（7）图像识别。卷积神经网络技术可用于手写识别，可有效提高准确率并减少工作量。计算机视觉技术也可应用于仓内机器人的定位导航，以及无人运输中识别远处的车辆位置等。

（8）决策辅助。利用机器学习等技术自动识别物流运行场景内的人、物、设备、车的状态，学习优秀管理和操作人员的指挥调度决策等，逐步实现辅助决策和自动决策。

11.3 智慧物流功能与场景结合

智慧物流的价值最直观体现是在日常应用过程中，如大型电商应用自动分拣机器人等物流自动化技术。这令很多人将自动化运作与智慧物流对等起来，但这只相当于智慧物流"发达的四肢"，智慧物流的价值更多体现在其"机智的大脑""灵敏的感官"上，对物流数据的分析应用，以及对整条供应链的协同运作、精益管理、快速响应也是其魅力所在。

11.3.1 自动化运作

1. 物流自动化运作概述

智慧物流的应用场景十分丰富，典型的有智慧码头、智慧堆场、智慧配送等。目前，制约我国物流行业发展的瓶颈，是持续增长的物流需求和劳动力人口数量的逐年下降、人力成本逐年上升之间的矛盾。2019年冬季暴发的疫情阻隔了人们之间的联系，无人化物流服务需求持续增长。随着技术的发展和现实的需要，智慧物流进入涵盖水陆空的无人港、无人仓、无人机的"无人"物流时代，自动化运作水平不断提高。物流自动化运作即充分利用各种机械设备、计算机系统，综合作业协调等技术手段，对物流系统进行整体规划，既可使物流的各个作业环节更加高效、节约、合理，又能够极大地节约用人成本。不少互联网巨头、电商平台、创业公司都纷纷投入自动化、无人化物流市场，抢占市场先机。政府对无人化的智慧物流也在持续加大扶持力度。大量的政策支持和资本进入有利于形成产业集聚，有效满足自动化物流装备的制造需求，还能进一步通过标准化、系统化、规模化的生产降低生产成本与研发成本，供应链体系日渐成熟。

2. 智慧仓储

智慧仓储（见图11-5）的作业流程与传统仓储相同，主要作业内容均为入库、拣选、出库、盘点和报表查询，只是智慧仓储在整个作业流程中最大限度实现了自动化、无人化。

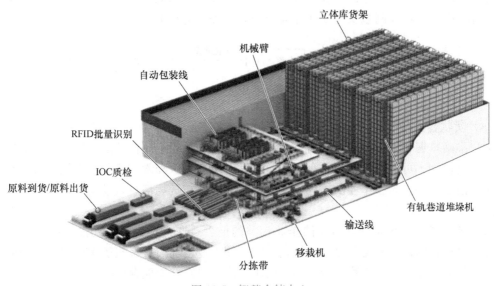

图 11-5　智慧仓储中心

（1）入库作业流程。如图11-6所示。货物由输送系统运输到入库台。货物条码识别系统先对货物上的条码进行扫描，条码标签携带的信息被传递给中央服务器。控制系统依据中央服务器返回的信息，进一步判断货物是否入库以及确定货位位置。确定货物入库后，控制系统发送包含货位坐标的入库指令给执行系统。自动堆垛机或者物流机器人接受指令后自动寻址，将货物存放到指定货位。

（2）拣选作业流程。如图11-7所示。拣选出库时，自动堆垛机或者物流机器人到指定货位将货物取出并放置在巷道出库台，搬运机器人取货后将货物运至拣选台，在拣选台上由自动分拣设备进行分拣。分拣完成后可以直接出库，或者由物流机器人送回巷道入库台，由自动堆垛机或者物流机器人将货物再次入库。

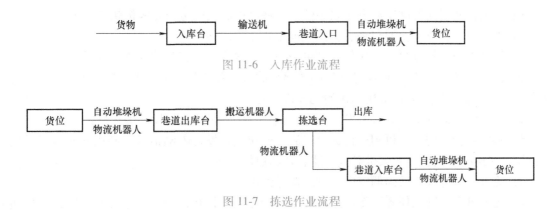

图 11-6　入库作业流程

图 11-7　拣选作业流程

（3）出库作业流程。如图11-8所示。依据生产或客户的取货需求，中央服务器自动进行库存查找并按照先进先出、均匀出库、就近出库等原则生成出库作业指令，传输到终端控制系统中。控制系统根据当前出库作业及自动堆垛机状态，安排自动堆垛机或物流机器人的作业序列，将安排好的作业命令逐条发送给相应的设备。物流机器人到指定货位取出货物放置到出库台上，并向控制系统返回作业完成信息，等待进行下一个作业。

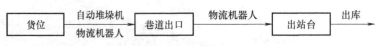

图 11-8　出库作业流程

（4）货物盘点。货物盘点是为了保持账目库存数量和实际库存数量一致，防止货物遗漏缺失，准确掌握货物资源状况。盘点分为循环盘点和总盘点。循环盘点通常是针对部分货位或某几类货物，可随时进行。总盘点通常是针对所有货位和库存货物，定期进行。在智慧仓储中，由于货物出入库作业及拣选作业过程中将货位与货物信息自动化录入，可逐渐实现零盘点仓库作业。

（5）报表查询。用于处理与仓储作业相关的信息。通过报表查询功能，系统将已完成的作业信息进行筛选、分类与分析，综合反映仓储作业情况。查询报表主要包括仓储业务报表和汇总报表，用于反映货物一定时间内的出入库情况及仓库储存状况。

智慧仓储作业过程运用的技术十分丰富，包括条码识别、机器视觉、自动堆垛、机器人搬运、立体仓库技术等，实现仓储物流过程的高度自动化。

3. 无人配送

电子商务的快速发展，给快递物流业发展带来了强大推力，同时也对物流企业的末端配送能力提出了巨大挑战。2019年冬季疫情的发生也为无接触配送提供了更多的需求场景。物流配送领域发生着巨大的变化，无人机、无人车、智能快递的应用越来越多，逐渐使人力得到解放，配送效率大幅提升。

（1）无人机配送。无人机（见图11-2）配送使用无线电遥控设备和自带的程序控制装置操纵的无人驾驶低空飞行器运载包裹，自动将包裹送至目的地。无人机配送的优点主要是可以解决偏远地区的配送问题，减少人力成本的同时提高配送效率。

无人机调度步骤如下：

1）无人机实时向调度中心发送状态信息，调度中心实时更新无人机状态列表。

2）发货快递柜收到快递包裹后，向调度中心发送发件信息。

3）调度中心依据接收到的件信息更新快递投送表，从投送表中取出优先级最高的快递编码及其所在的发货快递柜编号和目的快递柜编号，并从关联相应快递柜的无人机到达时刻表中取出具备续航能力且最快到达的无人机编号。

4）调度中心向选中的无人机发送指令，包括发件坐标位置和投件坐标位置。

5）接收到指令的无人机到达目标位置后，向快递柜发送着陆请求。利用北斗等卫星定位系统，快递柜精确引导无人机对接着陆、装卸快件。

6）无人机装卸快件后向调度中心发送快递到位报告。

7）无人机若有其他任务，将依据调度中心指令继续执行；若无其他任务，将接收快递柜引导停靠临时停机台的让位指令。

8）快递柜在快递入柜后向调度中心发送快递到位确认报告，同时向用户发送包括提取密码以及超时收费和退还原地等温馨提示的手机短信，提醒用户及时收取。

（2）快递自提柜。快递自提柜（见图11-2）是目前较为普遍的一种配送设施。一些专业企业已经在一些城市的住宅小区、商务楼宇和各大高校投放了智能快速柜，自助快递终端服务模式已开始在很多场所运营。快递自提柜的工作原理如下：

1）智能快递柜的每个储物柜都是一个基站，每个基站均与电商或快递公司的数据库连接。顾客在某购物平台上购物时，平台会依据顾客留下的配送信息提供配送服务，顾客可自主选择人工配送还是快递柜自提。

2）快递员先刷卡确认存件，然后扫描快件上的条码，待确认后输入顾客的手机号码。当快递员关门的时候，系统会自动发送一条包含取货码、取货时间等在内的密码短信给顾客，同时系统也会自动检测储物柜里面有无物品，然后向总服务器反馈。

3）顾客凭借短信密码到快递柜自主取件。当顾客取完件关门时，系统会同时发送短信告知顾客取走包裹的具体时间，同时总服务器也会收到基站包括有无物品遗留（如有遗留此柜会自动锁定）以及取走包裹的时间等的反馈信息。

（3）机器人配送。短途配送中，无人车（见图11-2）等机器人配送也占有重要地位。此类机器人需要在一个预先设定好的小片区域内，通过智能导航和路线规划，自主地为用户提供中小型物品的配送服务。

它们通常具备以下技术特点：

1）由于需要实现无人化短途配送，此类机器人都具备智能感知和避让的能力。它们通常可以通过摄像头、距离传感器甚至雷达等收集外界环境的信息，通过内置的智能算法对这些信息进行建模和加工，形成对外部世界的抽象理解，并根据自身的运行轨迹进行实时避让。

2）作为短途自主配送机器人，路线规划自然是一项必备技能。除了由操作人员预先设定的简单方式之外，此类机器人还可以参照卫星定位和地图测算，根据行驶过程中景物的变化实时改变既定路线。

3）随着技术的发展，这些机器人逐渐具备一些其他技能。例如它们可以通过无线信号与建筑物内部的电子控制器通信，加上智能感知的技能，完全自主地乘坐电梯到目标楼层，甚至可以根据电梯拥挤情况选择是否乘坐。

4. 自动化集装箱码头

与传统集装箱码头相比，自动化集装箱码头是以科技手段实现集装箱装卸、水平运输、堆场装卸全过程自动化的新型码头，其最大特点是在码头运作现场无人操作。上海洋山港四期自动化集装箱码头（见图11-9）是我国首个码头管理系统（TOS）和设备管理系统（ECS）均拥有自主知识产权的全自动化码头，也是目前全球单体最大、综合自动化程度最高的码头。在日常的码头运作过程中，整个洋山深水港四期码头和堆场内空无一人，只有自动化的岸桥、场桥、AGV小车有序作业。仅保留了少量的码头操作员转移到监控室，对着计算机屏幕即可完成全部作业，实现了码头集装箱装卸、水平运输、堆场装卸环节的全过程智能化操作。

5. 智能冷藏集装箱

冷藏集装箱作为运输冷链货物的专用集装箱，由于对运输实效性和运输条件的特殊要求，其自动化水平和智能程度较普通集装箱更高。

智能冷藏集装箱系统主要由冷藏集装箱、安装于冷藏集装箱机组控制箱内的物联网终端设备、信息处理平台和服务应用系统组成。在交通运输部印发的《智能冷藏集装箱终端设备技术指南》中，智能冷藏集装箱系统要求具有冷藏集装箱状态跟踪与监控、与冷藏集装箱机组数据交互、定位与授时、数据动态采集和策略调整、数据通信、数据安全、远程控制、设备自检、异常恢复、边缘计算等十大功能。这些功能的实现依赖于智能冷藏集装箱物联网终端设备技术。

图 11-9　上海洋山港四期自动化集装箱码头

11.3.2　数据化运营

1. 大数据与智慧物流概述

大数据的经典定义可以归纳为四个"V"：海量的数据规模（Volume）、快速的数据流转和动态数据体系（Velocity）、多样的数据类型（Variety）和巨大的数据价值（Value）。大数据不是简单的传统数据统计，它更贴近人工智能，在新的模式下，海量数据信息经处理、整理、管理、撷取，转变为有价值的知识资产。

对于物流行业来说，大数据处理海量信息、预测未来的能力，可以帮助物流企业提高管理水平，实现智能决策，精准预测的目的。大数据技术可以在物流行业开展多种应用，如物流网点的智能布局、运输路线的优化、公司层面的智能决策、配送员的智能推荐等，利用大数据技术，智慧物流将在效率、成本、用户体验方面产生不可比拟的优势。如何利用大数据在数据应用方面的优势对来自消费者、制造商、供应商、零售商的数据进行有效分析，将其中蕴藏的经济价值充分挖掘出来，是物流行业面临的最大挑战。

2. 大数据在智慧物流中的应用

物流企业数据化运营的场景、视角、技术应用都是多种多样的，本小节以数据挖掘技术为例，介绍大数据技术在智慧物流方面的应用。

数据挖掘也称数据库中的知识发现过程，是指在大量不完全的、随机的、模糊的、有噪声的数据中发现具有潜在实用价值或者新颖、有效的信息，并表示为模式、概念、规律、规则等形式的过程。应用场景如下：

（1）需求预测。生活中我们常常调侃一些购物平台装上了"摄像头"，因为它们往往能精准推荐符合我们喜好的商品，这便是大数据时代数据挖掘技术的作用。大数据技术能通过数据挖掘及分析，帮助企业精准勾勒出客户的行为和需求能息，通过真实而有效的数据，反映市场的需求变化，从而对产品进入市场后的各个阶段做出预测，并及时做出应对措施，从而提高服务质量。

（2）仓储作业优化。在仓储作业中，能否合理地安排货物储存位置，对货物进行合理的货位分配，对提高仓库利用率、提高分拣搬运效率、提升仓库效益十分重要。货物数量大、出入频率高的物流中心，各类货物拣选作业的关联性、存储时间的长短等因素决定着货物在仓库货架中的存放位置。数据挖掘分析技术可以很好地实现仓库储位优化。

（3）路径优化。基于大数据的路径优化是一个典型的非线性规划问题，它一直影响着物流企业的运输效率和运输成本。如在快递配送过程中，物流企业通过大数据分析商品的特性和规格、客户的需求属性等问题，从而用最快的速度对这些影响配送计划的因素做出反应，比如选择哪种运输方案与线路、以时间最短为目标还是以成本最小为目标制定最合理的配送线路。物流企业还可以通过配送过程中实时产生的数据，快速地分析配送路线的交通状况，对事故多发路段做出预警。在物流平台运营过程中，平台企业对上传到服务器的海量运输车辆实时定位信息，进行数据化管理，及时获取车辆位置、车速等车辆运行数据，用于完善行车作业计划、合理调度车辆、制定班次，实时优化运输线网。

11.4 人工智能和智慧物流

随着数据规模的逐渐庞大以及计算成本的下降，人工智能技术已经被广泛应用于医疗、金融、教育、娱乐等领域，在物流领域也发挥着越来越重要的作用，自动化运作、数据化运营、智慧化供应链无一不体现着人类智能在物流领域的延伸和拓展。人工智能技术也在不断发展，2022年11月由美国人工智能研究实验室开发的聊天机器人ChatGPT是人工智能技术在自然语言处理（NLP）领域的进一步探索。ChatGPT是一种基于模型的人工智能技术，可以分析和理解人类语言的含义，并生成回应，从而实现和人类的交互。与其他人工智能技术相比，ChatGPT更为接近自然语言的表现形式，可以更好地模拟人类对话的流程和语境。

由于ChatGPT主要的表现形式是模拟人类对话的流程和语境，因此，ChatGPT在物流领域的应用主要围绕与人类的沟通展开（见图11-10）。

物流行业的客户服务往往需要进行大量的人际交互，而ChatGPT可以通过对话的方式与顾客进行交流，了解客户需求并给予相应的回应。这可以提高客户的满意度，并且可以有效减少客户咨询时间和人力成本。

ChatGPT可以根据运输计划和配送方案的情况，与调度员进行沟通，预测潜在的问题并给予提醒。这可以帮助物流企业及时处理问题和调整物流策略，并使得整个物流流程更加高效和规范。

物流企业需要根据客户需求、时间限制等因素进行货物追踪，而ChatGPT可以与运营人员进行交流，并记录相应的信息。这可以提高物流企业货运的及时性和精确度，从而减少物流过程中可能出现的错误。

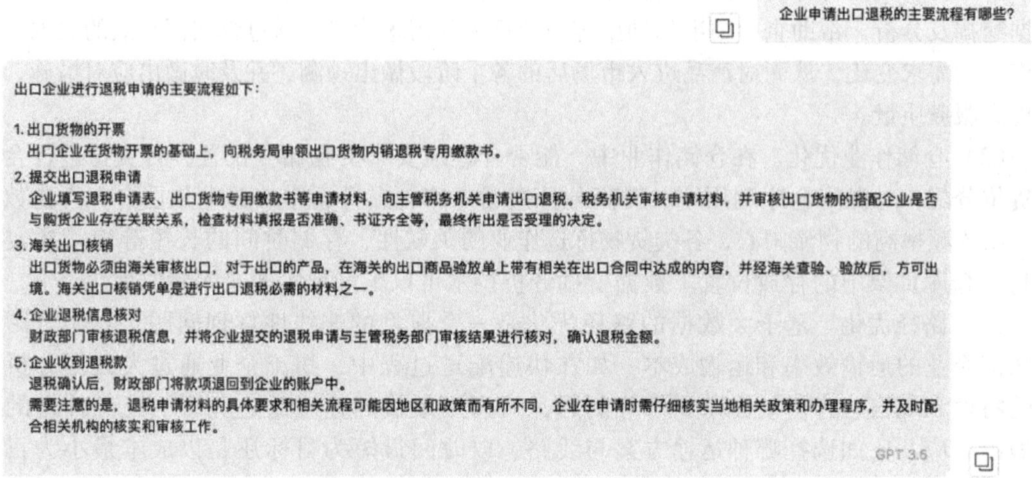

企业申请出口退税的主要流程有哪些?

出口企业进行退税申请的主要流程如下:

1. 出口货物的开票
出口企业在货物开票的基础上,向税务局申领出口货物内销退税专用缴款书。

2. 提交出口退税申请
企业填写退税申请表、出口货物专用缴款书等申请材料,向主管税务机关申请出口退税。税务机关审核申请材料,并审核出口货物的搭配企业是否与购货企业存在关联关系,检查材料填报是否准确、书证齐全等,最终作出是否受理的决定。

3. 海关出口核销
出口货物必须由海关审核出口,对于出口的产品,在海关的出口商品验放单上带有相关在出口合同中达成的内容,并经海关查验、验放后,方可出境。海关出口核销凭单是进行出口退税必需的材料之一。

4. 企业退税信息核对
财政部门审核退税信息,并将企业提交的退税申请与主管税务部门审核结果进行核对,确认退税金额。

5. 企业收到退税款
退税确认后,财政部门将款项退回到企业的账户中。
需要注意的是,退税申请材料的具体要求和相关流程可能因地区和政策而有所不同,企业在申请时需仔细核实当地相关政策和办理程序,并及时配合相关机构的核实和审核工作。

GPT 3.5

图 11-10　ChatGPT 交流界面演示

ChatGPT 在物流领域具有广阔的应用前景,可以提高物流企业的效率、客户服务及预测能力。同时,ChatGPT 的应用也面临着来自社会各界人士的担忧,这也是人工智能技术自存在以来便存在的问题——对行业岗位的替代性以及可能引发的一系列伦理问题。因此,虽然人工智能技术在物流领域的应用逐步深入,但其全面应用还有一定的实现困难。

11.5　元宇宙和智慧物流

什么是元宇宙呢? 维基百科对元宇宙定义为:通过虚拟增强的物理现实,呈现收敛性和物理持久性特征的,基于未来互联网的,具有连接感知和共享特征的 3D 虚拟空间。元宇宙是映射现实世界的在线虚拟世界,是与现实世界高度互通的虚拟世界。元宇宙是通过整合多种新技术生成的现实世界的镜像,将虚拟世界与现实世界在经济系统、社交系统、身份系统上密切融合,提供沉浸式体验,并且允许每个用户进行内容生产。

元宇宙在现代物流领域的应用处于起步阶段。元宇宙在某个领域应用的前提是已经建立了较好的数字化基础,这是实现现实与虚拟空间信息交互的必要条件。

当前物流业数字基础设施、标准规范、安全保护等还不健全,元宇宙应用难以深度落地,但是数字孪生、虚拟现实、增强现实、仿真计算等技术要素已在一些港航物流应用场景中得到成功应用。

1. 数字孪生技术还原码头生产场景

通过数字孪生和虚拟现实(VR)技术将港区生产计划、车辆监控、航道监控、船舶监控、气象传感和物联网数据等多模态数据融合,还原码头生产场景(见图 11-11),辅助港口经营决策。如超大型集装箱码头数字孪生管控系统,实现码头运行情况复现、生产指标监测、机械配置优化、智能决策验证与故障预判等功能。

图 11-11 数字孪生对码头生产的场景还原

海上交通数字孪生 VR 系统实现了码头靠离泊作业、主要进出港航道、锚地船供作业的数字孪生，除了船舶和码头还提供气象、洋流、潮汐等多种海况的第一人称视角的 VR 可视化，可用于海上交通流管理、事故场景还原、仿真预测等方面。

2. 人工智能（AI）和增强现实（AR）技术辅助船舶驾驶

通过红外摄像人工智能（AI）视频识别算法与传统的雷达、AIS 数据融合，并将水面航道和船舶分布等驾驶辅助信息通过增强现实（AR）技术叠加在驾驶台的操控系统上，实现船舶靠泊可视化（见图 11-12）。如 AR 船舶智能导航系统（见图 11-13）利用了人工智能视觉识别技术主动通过 AI 技术识别视频中的水面目标、推算距离和方位等。船舶态势感知系统成功应用于船舶可视化靠泊辅助、航道安全预警、智能船舶感知系统等场景之中。

图 11-12 船舶靠泊可视化

图 11-13　AR 船舶智能导航系统

3. 虚拟现实（VR）技术辅助港航业务操作培训

利用虚拟现实技术最大限度还原港航业务操作培训场景，预先让人在模拟环境中沉浸式体验，可以大量降低现场培训的成本。如通过船供油操作规范 VR 仿真系统提升供油人员服务能力；船舶消防多人协同 VR 训练平台提供了低成本、高效率、常态化的培训方案等。

目前，物流领域的数字化应用场景仅涉及人工智能（AI）、增强现实（AR）等部分元宇宙的关联技术，并未实现元宇宙的完全落地。除了物流业本身数字化水平的制约因素，元宇宙技术本身的成熟还需要一个较长的时期。

11.6　案例分析

外卖物流配送

1. 问题背景

餐饮 O2O 行业连接线上线下的订餐需求，将传统的到店消费模式改造成更加灵活便捷的到家消费模式，降低了用户的消费成本和商户的固定成本。外卖平台在这里扮演的角色除了促进线上需求向线下转化，也包括达成订单的"最后一公里"任务——物流配送。高效的物流配送能力是决定外卖平台商业模式成败的关键，也是 O2O 经济区别于传统经济的根本，即运用大数据、云计算、深度学习和可视化技术提升行业效率，创造并满足新的民生需求。

在外卖物流调度的真实场景中，用户点了餐，就希望能按时送到，骑士上了路就希望每趟路线能多配送几单，商家接了餐就希望骑士快来取餐，平台则关心如何以最小的运力承接最大的配送压力，而且能扛住高峰时段突如其来的巨大订单量。更加困难的是，这些目标有时就是互相矛盾的，满足了一方，势必会影响另一方，调度订单是非常复杂的多目标动态规划决策过程。

2. 问题描述

举一个简单的配送问题的例子，有店1、店2、店3三个外卖店，各自有10个、8个、5个外卖订单待配送，分别送往小区1、小区2两个小区，现有两个外卖配送员。其中店1有4个外卖订单送往小区1，其余送往小区2；店2有6个外卖订单送往小区1，其余送往小区2；店3有2个外卖订单送往小区1，其于送往小区2。他们之间的配送距离如图11-14所示。

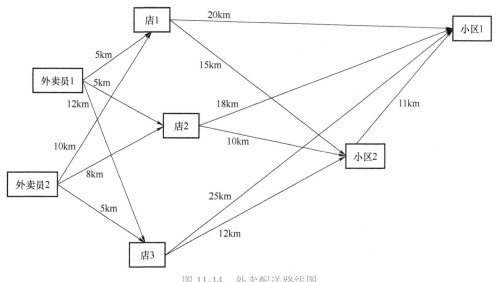

图 11-14　外卖配送路线图

配送成本与配送距离成正比，在不考虑路况、超时成本等因素的情况下，如何规划配送路线使配送成本最小？

实际情况中，订单数量巨大，计算问题的规模带来了求解的难度。同时，影响订单分配的因素很多，从订单生成那一刻开始，调度系统就要考虑订单的取餐地址、用户的配送地址、商圈内的骑士数量和状态、订单的预期送达时间。每一个订单并不是孤立存在，要想得到全局最优的配送方案，还要必须考虑这一时段内其他订单的配送情况，尽可能做合并，提高整体的配送效率。如果再考虑不同城市、商圈、天气、节假日、工作日和商圈骑士运力配置等情况，事情就变得更加复杂起来。

智能调度系统需要将以上所有因素统统考虑在内，实时采集整个商圈里各方的动态数据，依托海量历史订单数据、骑士定位数据、精准的商户特征数据，针对骑士实时情景（任务量、配送距离、并单情况、评级），对订单进行智能匹配，在1ms内做出在时间跨度和空间范围内的最优分配序列，让骑士轨迹能无缝衔接起整个配送流程，让每个环节耗费的时间降到最低，让分摊到有限运力上的配送成本费用降到最低，实现自动化调度以及资源的全局最优配置。

案例思考：

上述物流网络中只有3个外卖店、2个小区，当把配送范围扩大到一个街道呢？扩大到一个市区呢？该如何分配运力并规划运输路线才能使运输成本最小、运输时间最短？请尝试基于上述背景对外卖配送问题进行建模，并了解哪些智能算法可解决此类问题。

复习与思考

1. 什么是智慧物流？
2. 简述物联网的特点。
3. 智慧仓储的作业流程有哪些？

参 考 文 献

[1] 杨长春，顾永才. 国际物流 [M]. 北京：首都经济贸易大学出版社，2003.

[2] 徐勇谋. 国际物流管理 [M]. 北京：化学工业出版社，2004.

[3] 徐勇谋. 国际物流 [M]. 上海：上海财经大学出版社，2005.

[4] 蒋长兵. 国际物流学教程 [M]. 2 版. 北京：中国物资出版社，2012.

[5] 林正章. 国际物流 [M]. 北京：机械工业出版社，2006.

[6] 白世贞，沈欣. 国际物流学 [M]. 北京：科学出版社，2010.

[7] 乐美龙. 国际物流 [M]. 上海：上海交通大学出版社，2012.

[8] 崔介何. 物流学 [M]. 2 版. 北京：北京大学出版社，2010.

[9] 逯宇铎，陈阵，李正锋. 国际物流学 [M]. 北京：机械工业出版社，2012.

[10] 魏凤，刘志硕，等. 物联网与现代物流 [M]. 北京：电子工业出版社，2012.

[11] 牛鱼龙. 世界物流经典案例 [M]. 深圳：海天出版社，2003.

[12] 杨千里，等. 电子商务技术与应用 [M]. 北京：电子工业出版社，1999.

[13] 毕春霞. 电子商务对国际物流配送的影响 [D]. 北京：对外经济贸易大学，2007.

[14] 张晓琪，廖建勇. 电子商务理论与实务 [M]. 刘纬铠，阮明灿，译. 台北：全华科技图书公司，2001.

[15] 鄢天金. 全球卫星定位系统 GPS 卫导仪 [M]. 大连：大连海事大学出版社，1994.

[16] 张铎，王耀球. 条码技术与电子数据交换 [M]. 北京：中国铁道出版社，1998.

[17] 费振原. 条码技术及应用 [M]. 上海：上海科学技术文献出版社，1992.

[18] 丁立言，张铎. 国际物流学 [M]. 北京：清华大学出版社，2000.

[19] 王之泰. 现代物流学 [M]. 北京：中国物资出版社，1995.

[20] 彭欣. 全球经济发展中的国际物流标准化研究 [J]. 技术与市场，2009 (7).

[21] 周旻晏. 浅析国际物流标准化及其在我国的发展情况 [J]. 经营管理者，2011 (7).

[22] 郭鹏. 国际物流供应链安全标准体系及应用分析 [J]. 对外经贸实务，2012 (3).

[23] 邢金有. 国际航运概论 [M]. 大连：大连理工大学出版社，2004.

[24] 丁立言，张铎. 物流基础 [M]. 北京：清华大学出版社，2000.

[25] 门峰. 现代物流概论 [M]. 上海：上海财经大学出版社，2005.

[26] 寇亚明. 国际物流学 [M]. 成都：西南财经大学出版社，2003.

[27] 李苏剑，等. 物流管理信息系统理论与案例 [M]. 北京：电子工业出版社，2005.

[28] 于宝琴，赵家俊. 现代物流信息管理 [M]. 北京：北京大学出版社，2004.

[29] 王晓东，胡瑞娟等. 现代物流管理 [M]. 北京：对外经济贸易大学出版社，2001.

[30] 张铎. 电子商务与物流 [M]. 北京：清华大学出版社，2000.

[31] 王焰. 一体化的供应链战略：设计与管理 [M]. 北京：中国物资出版社，2002.

[32] 宋力刚. 国际化企业现代物流管理 [M]. 北京：中国石化出版社，2001.

[33] 宋华，胡左浩. 现代物流与供应链管理 [M]. 北京：经济管理出版社，2000.

[34] 宋华. 现代物流与供应链管理案例 [M]. 北京：经济管理出版社，2001.

[35] 宋远方. 供应链管理与信息技术 [M]. 北京：经济科学出版社，2000.

[36] 逯宇铎，等. 国际电子商务 [M]. 大连：大连理工大学出版社，2003.

[37] 梅邵祖. 电子商务与物流 [M]. 北京：人民邮电出版社，2001.

[38] 逯宇铎，侯铁珊. 国际贸易实务 [M]. 大连：大连理工大学出版社，2003.

[39] 丁立言，张铎. 物流系统工程 [M]. 北京：清华大学出版社，2000.

[40] 阎子刚. 物流运输管理实务 [M]. 北京：高等教育出版社，2006.

[41] 邹龙. 物流运输管理 [M]. 重庆：重庆大学出版社，2008.

[42] 鲍尔索克斯，克劳斯. 物流管理：供应链过程的一体化 [M]. 林国龙，等译. 北京：机械工业出版社，1999.

[43] 中国交通企业管理协会. 现代物流管理全书 [M]. 北京：中国对外经济贸易出版社，2001.

[44] 王斌义. 国际物流人员业务操作指引 [M]. 北京：对外经济贸易大学出版社，2003.

[45] 散襄军. 国际物流系统架构与运作 [M]. 北京：中国财政经济出版社，2005.

[46] 吴清一. 现代物流概论 [M]. 北京：中国物资出版社，2003.

[47] 倪凤琴. 物流成本管理 [M]. 北京：电子工业出版社，2005.

[48] 鲍新中. 物流成本管理与控制 [M]. 北京：电子工业出版社，2005.

[49] 刘建燕. 国际物流企业成本管理探索 [D]. 昆明：昆明理工大学，2008.

[50] 韩东亚，余玉刚. 智慧物流 [M]. 北京：中国财富出版社，2018.

[51] 刘伟华，李波，彭岩. 智慧物流与供应链管理 [M]. 北京：中国人民大学出版社，2022.

[52] 施先亮，等. 智慧物流与现代供应链 [M]. 北京：机械工业出版社，2020.

[53] 缪兴锋，别文群，林钢，等. 智能物流技术 [M]. 北京：中国人民大学出版社，2021.

[54] 燕鹏飞. 智能物流 [M]. 北京：人民邮电出版社，2016.

[55] 胡奇英. 现代供应链 [M]. 北京：科学出版社，2019.

[56] 苑春林，喻晓蕾. 国际物流 [M]. 北京：中国经济出版社，2018.

[57] 杨长春，顾永才. 国际物流 [M]. 7 版. 北京：首都经济贸易大学出版社，2020.

[58] 黄新祥，宋娟娟，陈雅萍. 国际物流 [M]. 2 版. 北京：清华大学出版社，2020.

[59] 张良卫. 国际物流学 [M]. 北京：机械工业出版社，2019.

[60] 刘学之，沈凤武. 国际物流学 [M]. 北京：化学工业出版社，2017.

[61] 宋光，穆东. 国际物流 [M]. 北京：北京工业大学出版社，2018.

[62] 吕明哲，王正旭，张海燕. 国际物流 [M]. 5 版. 大连：东北财经大学出版社，2021.

[63] 杨霞芳. 国际物流管理 [M]. 2 版. 上海：同济大学出版社，2015.

[64] 鲁力群. 国际物流学 [M]. 北京：北京大学出版社，2020.

[65] 逯宇铎. 跨境电商物流 [M]. 北京：人民邮电出版社，2021.